Albin Hänseroth

Elemente einer integrierten empirischen Theaterforschung

Dargestellt an Entwicklungstendenzen des Theaters in der Bundesrepublik Deutschland

HAAG + HERCHEN

Verlag · Frankfurt/Main 50

ISBN 3-88129-012-5

6000 Frankfurt/Main 50, Oberfeldstraße 30

Umschlagentwurf: Herbert Meyer, Köln
Druck: difo-druck schmacht, Bamberg
Printed in Germany

Inhaltsverzeichnis

Seite:

Einige Vorbemerkungen zur Situation des Theaters in der Bundesrepublik Deutschland

1. Im Jahre 1951 erhielten in der Bundesrepublik Deutschland 112 Theater in 70 Orten DM 96.120.000,-- Zuwendungen aus Mitteln der Öffentlichen Hand. Das entsprach einem Betriebszuschuß von DM 4,48 je verkaufter Eintrittskarte.

   Im Jahre 1970 erhielten 194 Theater in 77 Städten der Bundesrepublik Deutschland DM 564.525.000,-- Zuweisungen aus Mitteln der Öffentlichen Hand (einschl. Rundfunk, Lotto und sonstigen Stellen). Das entsprach einem Betriebszuschuß von DM 27,41 je verkaufter Eintrittskarte (1).

   Die Zuweisungen und der Betriebszuschuß stiegen also innerhalb von 20 Jahren um etwa 500 %. Damit gehört die Bundesrepublik im internationalen Vergleich zu den Staaten, die für den Bereich Theater die höchsten öffentlichen Zuwendungen bereitstellen (2).

2. Im gleichen Zeitraum stieg das Platzangebot der betreffenden Theater lediglich um etwa 50 % von 84.301 im Jahre 1951 auf 127.333 im Jahre 1970, während die Zahl der Besucher zwar einen absoluten Zuwachs von 15.711.203 im Jahre 1951 auf 17.655.373 im Jahre 1970 aufwies, im Verhältnis zur Einwohnerzahl der betreffenden Theatergemeinden allerdings von 94 je 100 Einwohner auf 89 je 100 Einwohner sank (3).

---

(1) Siehe tabellarische Obersicht 6, S.260.

(2) Siehe Unesco (Hrsg.), Statistical Yearbook 1970, Paris 1971, S. 754 ff.

(3) Siehe tabellarische Obersicht 7, S. 261.

Außerdem ist zu bemerken, daß zwischenzeitlich, und zwar seit dem Jahre 1964 bis zum Sommer 1971, auch die absoluten Zuschauerzahlen um ca. 2,5 Millionen gesunken sind (1).

3. Der Tatbestand stagnierender bzw. rückläufiger Besucherzahlen bei ständigem Anstieg der Gesamtausgaben und vermehrtem Subventionsbedarf zur Aufrechterhaltung des Theaterbetriebs wird in den nachstehenden Übersichten (2), die sich allein auf den Zeitraum 1957 - 1968 beziehen, augenfällig:

---

(1) Ibid. Bei Abschluß dieser Arbeit wurden vom Deutschen Bühnenverein Zwischenzählungen der Besucherentwicklung an den Theatern der BRD für die Spielzeit 1973/74 (bis Frühjahr 1974) veröffentlicht, die auf einen bescheidenen Anstieg der Zuschauerzahlen deuten. Ob dieser Besucheranstieg endgültigen oder nur temporären Charakter hat, läßt sich erst dann endgültig beurteilen, wenn die Gesamtzahlen der betreffenden Spielzeit und die Zahlen der Spielzeit 1974/75 vorliegen. Es ist durchaus möglich, daß der zeitweilige Besucheranstieg in Zusammenhang mit den Rationierungsmaßnahmen in der Energieversorgung und den sonntäglichen Fahrverboten für PKW im Winter 1973/74 zu sehen ist, was zu einer erhöhten Benutzung lokaler Freizeitangebote beigetragen haben mag. Vgl. B. Mewes, Die Besucherkurve stieg!, in: Die Deutsche Bühne, 46. Jg., Nr. 5, 1975, S. 4.

(2) Quelle: Deutscher Bühnenverein (Hrsg.), Vergleichende Theaterstatistik 1949 - 1968, Köln 1970, S. 6 und 10.

Öffentliche Theater: Plätze, Veranstaltungen und Besucher 1957/58 - 1968/69

1957/58 = 100

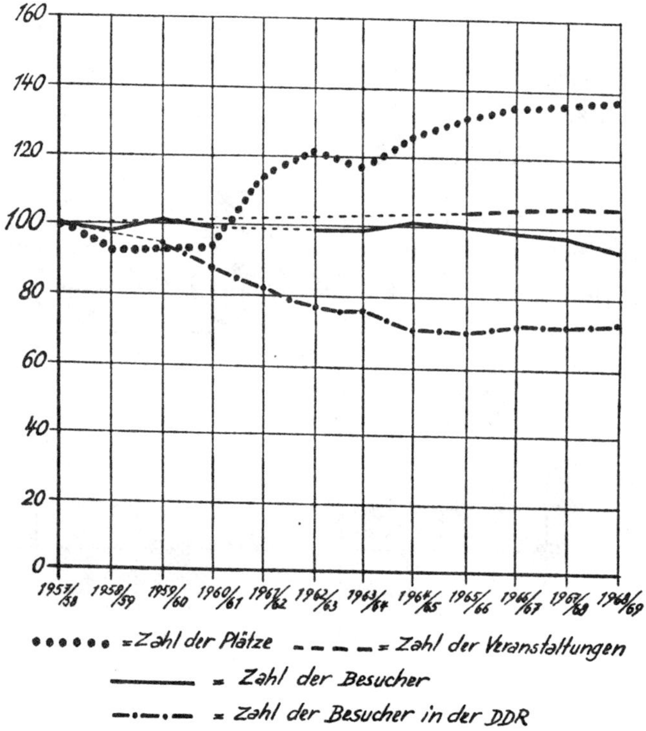

Öffentliche Theater: Ausgaben, Einnahmen und Zuweisungen 1957 - 1968

1957 = 100

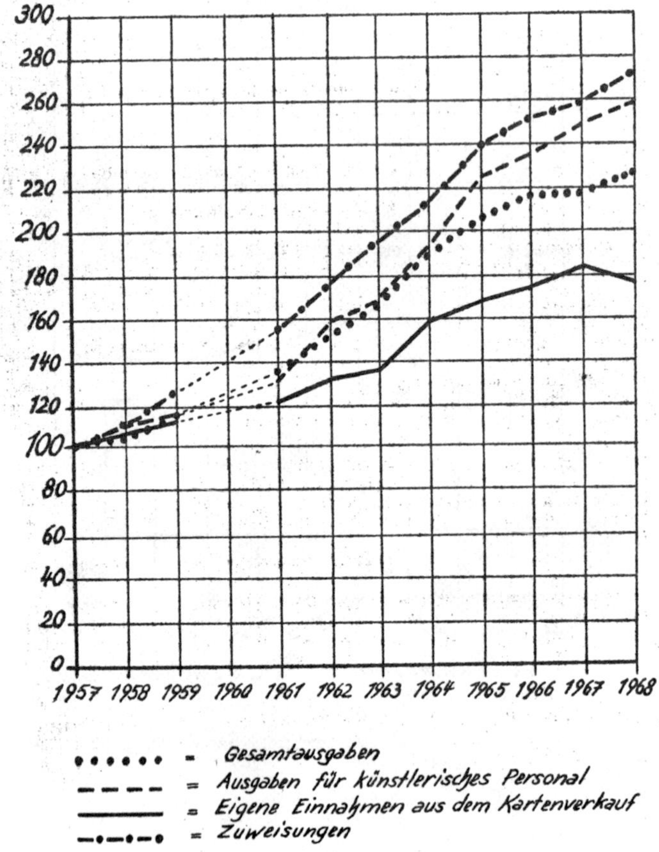

4. Die Institution Theater in ihrer spezifisch deutschen Ausprägung als Förderungsbereich der öffentlichen Kulturpflege ist aufgrund der vorstehend skizzierten Entwicklung vielerorts zu einer als Belastung empfundenen Einrichtung geworden, die den Kommunalhaushalt in einem Maß blockiert, daß kultur- oder bildungspolitisch als gleichwertig angesehene Förderungsbereiche - wie z. B. die Erwachsenenbildung - nicht in dem erwünschten Umfang entwickelt werden können. Sehr schnell sind in der Diskussion Argumente bei der Hand, die die Subventionswürdigkeit des deutschen Theatersystems in seiner gegenwärtigen Form verneinen. Die in fast allen Bundesländern einberufenen Kommissionen, die mit der Erstellung von Plänen zur Reform der Theaterstruktur befaßt sind, behandeln ihre Aufgabe zu Recht vorwiegend unter dem Aspekt des rationelleren Einsatzes der vorhandenen personellen, technischen und finanziellen Mittel. Rücksichtnahme auf historisch gewachsene sogen. "Theaterlandschaften" ist ein sekundäres Entscheidungskriterium bei den Reformplänen (1). Die bekannten - und deshalb nicht ausführlich zu belegenden - Klagen über die "Verschwendung von Steuergeldern für die Theater" oder die Forderung "Baut Kindergärten statt Theater" sind Ausdruck eines weitverbreiteten, wenn auch zumeist unreflektierten Mißbehagens über die öffentliche Förderung einer kulturellen Institution, deren unmittelbarer Nutzen nicht eingesehen wird, und die darüber hinaus als letzte "Trutzburg" privilegierter Schichten gescholten wird, wobei die Anstrengungen vieler Theater, ihren Häusern neue Publikumsschichten zuzuführen, zu Recht als untauglich erkannt und belächelt werden (2). Selbst von internationalen Gremien

---

(1) Vgl. Kulturdezernat der Stadt Bonn (Hrsg.), Köln-Bonner Theaterfusion - ein Zukunftsmodell?, Bonn 1973.

(2) Siehe hierzu Kapitel 2.4, S. 185 ff.

werden Zustand und Entwicklung des Theaters skeptisch beurteilt. "In the Western world the theatre has gradually left its popular origins behind and has become a form of expression for the élite; it is guided chiefly by conservative middle-class taste, the aesthetic promptings of avant-garde artists, or by an intellectual desire to challenge society" (1).

Bis in die Äußerlichkeiten des Theaterbesuchs finden sich Merkmale, die ursprünglich dem Zweck sozialer Differenzierung dienten, so z. B. das in das 18. Jahrhundert zurückgehende Preisstaffelungssystem für Eintrittskarten. Die Preisstaffelung bezieht sich sowohl auf die Platzarten vom Parkett bis in die Ränge als auch auf die Erhöhung der Eintrittspreise zu bestimmten Anlässen wie z. B. Premieren. Die von N. Demuth beschriebene Vervierfachung der Preise für Vorstellungen in Anwesenheit von Mitgliedern der königlichen Familie finden wir gegenwärtig noch in Großbritannien bei der sogen. "Royal Performance" (2). Im Zuge der historischen Entwicklung hat u. a. dieser Aspekt des Theaterbesuchs als Mittel der sozialen Differenzierung und Zeichen sozialen Prestiges nicht unwesentlich dazu beigetragen, daß dem heterogenen, alle Schichten umfassenden Theaterpublikum der griechischen Antike in der Gegenwart ein vergleichsweise homogen strukturierter Bevölkerungsausschnitt als Theaterpublikum gegenübersteht (3).

---

(1) Unesco (Hrsg.), Cultural Policy - A Preliminary Study, 2. Aufl., Paris 1969, S. 29.

(2) Siehe N. Demuth, The New Paris Opera, in: N. F. Cantor und M. S. Werthman (Hrsg.), The History of Popular Culture, New York/London 1968, S. 358 ff.

(3) Siehe A. E. Haigh, The Audiences of Greek Drama, in: N. F. Cantor und M. S. Werthman (Hrsg.), op. cit., S. 12 ff.

Wenn auch die Bedeutung einer alle Bevölkerungsschichten berücksichtigenden Kulturpolitik in immer neuen programmatischen Erklärungen nachdrücklich unterstrichen wird (1), das Theater befindet sich wegen seines vermeintlich elitären Charakters in einer permanenten Legitimationskrise und wird in seiner Bedeutung gemessen an "populäreren", ebenfalls kulturelle Inhalte vermittelnden Medien wie Film und Fernsehen (2).

---

(1) Siehe Unesco (Hrsg.), op. cit., S. 9.

(2) Vgl. hierzu W. Liwanec, Theater, Kino, Fernsehen. Zusammenhänge und Tendenzen, Detailfragen der Kulturpolitik, Wien 1964.

1. Das Theater als Gegenstand der Soziologie

Angesichts der deutlichen Legitimationskrise, in der sich das Theater in der BRD als Bereich öffentlicher Förderung befindet, entstand die vorliegende Arbeit in der Absicht, die diagnostischen Möglichkeiten der empirischen Sozialforschung sowohl generell als auch für die konkrete Situation des Theaters in Deutschland zu präzisieren. Ausgangspunkt ist die Tatsache, die zu belegen sein wird, daß aus unterschiedlichen Gründen weder eine spezielle, den Theaterbereich betreffende Soziologie noch die Theaterwissenschaft als Einzelwissenschaft in der Vergangenheit in der Lage waren, komplexe Problemstellungen des institutionalisierten Theaters, die traditionell mit dem Terminus "Theaterkrise" umschrieben werden, zu bearbeiten.

Die für das deutsche Theatersystem spezifischen Konfliktsituationen, die sich aus der Beziehung zwischen den drei Bereichen Öffentlichkeit - Theaterorganisation - Theaterpublikum ergeben und zu zahlreichen dysfunktionalen Erscheinungen führten, haben geradezu ubiquitären Charakter und berühren ebenso die ökonomische, kultur-, sozial- und berufspolitische Sphäre als auch den juristischen und verwaltungstechnischen Bereich.

Im folgenden wird eine jüngere Publikation zum Anlaß genommen, die Chancen soziologischer Befassung mit dem Theater erneut zu überdenken und durch die Analyse aktueller Fragestellungen zu überprüfen. Der Schwerpunkt wird deshalb nicht auf einer erneuten retrospektiven Zusammenfassung verfügbarer wissenschaftlicher Arbeiten liegen (1), sondern auf der kritischen Kommentierung theaterstatistischer Daten und Befragungsergebnisse, die

---

(1) Vgl. hierzu A. Silbermann, Empirische Kunstsoziologie, Stuttgart 1973, S. 174 ff. Der Autor führt allein für den Bereich des Theaters mehr als einhundert wissenschaftliche Arbeiten an.

durch Eigen- oder Fremderhebungen gewonnen wurden und die Gegenwart bzw. jüngere Entwicklungsgeschichte des Theaters betreffen.

1.1. Soziologische Theaterforschung und Theaterpraxis ("Soziologie des Theaters" oder "Theatersoziologie"?)

Es wäre zu einfach, in krisenhaften Erscheinungen ausschließlich ein konstitutives Element des Theaters und seiner institutionellen Entwicklung zu sehen (1). In dem bereits klassischen Werk von 1931, dessen Titel zum erstenmal eine Verbindung zwischen den Wörtern "Theater" und "Soziologie" herstellte, schrieb J. Bab: "Es herrscht ein lebhafter Streit darüber, was das Theater innerhalb der Gesellschaft leistet, ob es überhaupt einen Wert habe und welchen" (2). Beobachtet man die heutigen Theaterdiskussionen, so scheint ein Großteil der gedanklichen Anstrengungen immer noch auf die Beantwortung dieser Fragestellung verwendet zu werden (3), obwohl aus der Sicht der Soziologie und ihrer diversen Denkrichtungen diese Fragestellung längst überständig geworden sein dürfte. Das dem nicht so ist, zeigen bis in die Gegenwart die zahlreichen Publikationen, die sich ausgesprochen oder unausgesprochen als soziologische Analysen verstehen, in Wirklichkeit jedoch recht unwissenschaftliche Fragestellungen

---

(1) Die Theatergeschichtsschreibung widmet diesem Aspekt nur marginale Beachtung. Vgl. hierzu E. Bentley, What is Theatre?, Boston (Mass.) 1956; H. Kindermann, Theatergeschichte Europas, 10 Bde., Salzburg 1957-1974; K. MacGowan u. W. Melnitz, The Living Stage: A History of the World Theatre, Hemel Hempstead 1955.

(2) J. Bab, Das Theater im Lichte der Soziologie, Leipzig 1931, S. 4 (unveränderter Nachdruck erschienen als Bd. 1 der von A. Silbermann, R. König u. a. hrsg. Reihe "Kunst und Gesellschaft", Stuttgart 1974).

(3) Siehe hierzu die Diskussion "Brauchen wir das Theater?", in: Dokumente, 29. Jg., Nr. 3, 1973, S. 187 ff. mit Beiträgen von M. Butcher, H.-L. von Canitz, J. Duvignaud, R. Görtz, P. Iden, M. Marianelli, H. W. Sabais und R. Ströbingen.

erkennen lassen, wie z. B. Arbeiten von C.-H. Bachmann (1), R. Lübbren (2), H. J. Schaefer (3), um nur einige typische Beispiele zu nennen, abgesehen von der Tatsache, daß internationale Symposien weiterhin dieser Frage nachgehen (4).

Hinter den Fragestellungen dieser Autoren steht das Bestreben, einen möglichst eindeutigen Funktions- oder Wirkungsbereich der Kunstform "Theater" zu umreißen. Spurlos scheinen an diesen Autoren die Erkenntnisse der Soziologie vorbeigegangen zu sein, wie sie z. B. von R. Mukerjee für die verschiedenen Kunstformen zusammengefaßt worden sind (5), wenn man einmal absehen will von anderen Denkansätzen wie die der Theoretiker eines normativen sozialästhetischen Handelns (6). Speziell für das Theater hat A. Silbermann wiederholt die geläufigen und erwähnten falschen Fragestellungen auf- und angegriffen, indem er auf die Multifunktionalität des Theaters nachdrücklich hingewiesen hat (7).

---

(1) C.-H. Bachmann, Über ein dialektisches Theater: Was kann die Bühne heute leisten?, in: Theater und Zeit, 11. Jg., Nr. 2, 1963, S. 21 ff.

(2) R. Lübbren, Ist das Theater eine moralische Anstalt?, in: Theater und Zeit, 10. Jg., Nr. 4, 1962, S. 61 ff.

(3) H. J. Schaefer, Das Theater: Spiegel oder Anreger der öffentlichen Meinung?, Bad Homburg v. d. H./Berlin/ Zürich 1967.

(4) So z. B. das internationale Dramatiker-Treffen 1969 in Köln.

(5) R. Mukerjee, The Social Function of Art, New York 1950, der in Reflektion gesellschaftlicher Tatbestände, Formkraft auf die Gesellschaft, Ausübung sozialer Kontrolle u. a. die zum Teil konkurrierenden bzw. gleichwertigen Funktionsbereiche jeder künstlerischen Äußerung sieht.

(6) Siehe z. B. K. Pfaff, Kunst für die Zukunft. Eine soziologische Untersuchung der Produktiv- und Emanzipationskraft Kunst, Köln 1972.

(7) So z. B. in seiner Arbeit: Theater und Gesellschaft,in: M. Hürlimann (Hrsg.), Das Atlantisbuch des Theaters, Zürich 1966, S. 387 ff., bes. S.398 ff.

Wenn man dem Postulat einer gegenwartsbezogenen Sozialforschung gerecht werden will, so ist abzusehen von der fruchtlosen Erörterung prinzipieller Fragestellungen, vielmehr sollte bei allem Wissen um historische Bedingtheiten die vorgefundene Situation Ausgangsdatum der Analyse sein unter Zuhilfenahme angemessener theoretischer Bezugsrahmen (1). Ein gutes Beispiel ist die Arbeit von J. S. R. Goodlad (2), die, ohne theaterhistorischen oder literaturkritischen Wertungen zuviel Gewicht beizumessen, die Lage des kommerziellen Theaters im Londoner Westend unter funktionalistischem Aspekt analysiert. Der Ansatz dieser Arbeit kann allerdings nicht auf die Bundesrepublik Deutschland übertragen werden; denn wegen des wie auch immer umschriebenen, von außen an die Theater herangetragenen kulturpolitischen "Auftrages" kann Erfolg oder Schwäche des deutschen Theatersystems im Gegensatz zu einem "auftragslosen" kommerziellen Theatersystem - wie es für das Londoner Theater typisch ist - nicht ausschließlich vermittels des Indikators Publikumszuspruch gemessen werden.

Doch nicht allein die Soziologie befaßt sich bereits seit langem mit der sozio-kulturellen Institution des Theaters - das bereits zitierte Werk von J. Bab (3) kann für den deutschsprachigen Bereich als das erste Hauptwerk

---

(1) Um dem möglichen Mißverständnis vorzubeugen, ein derartiger Ansatz beschränke sich auf reine Datenerhebung und sei im Grunde der Markt- oder Meinungsforschung gleichzusetzen, sei verwiesen auf R. König, Die Rolle der Sozial- und Meinungsforschung in der Gegenwartsgesellschaft, in: Ders., Soziologische Orientierungen, Köln/Berlin 1965, S. 533 ff., besonders S. 541.

(2) J. S. R. Goodlad, A Sociology of Popular Drama, London 1971.

(3) J. Bab, op. cit.

bezeichnet werden (1) -, die Beschäftigung mit dem Theater führte zum Entstehen einer eigenständigen wissenschaftlichen Disziplin, der Theaterwissenschaft, die in der Vergangenheit durch eine betont historiographische Ausrichtung gekennzeichnet war, wie die umfangreichen Arbeiten zweier ihrer verdienstvollsten Vertreter, C. Nießen und H. Kindermann, exemplarisch belegen (2).

Die Hauptinteressengebiete der "traditionellen" Theaterwissenschaft können kaum besser belegt werden als durch die im Verlag der Österreichischen Akademie der Wissenschaften, Wien, herausgegebenen theaterwissenschaftlichen Publikationen. Der jüngste verfügbare Katalog (1974) führt ca. 25 Werke an, die von W. Binal, "Deutschsprachiges Theater in Budapest. Von den Anfängen bis zum Brand des Theaters in der Wollgasse" bis zu G. Zechmeister, "Die Wiener Theater nächst der Burg und nächst dem Kärntnerthor von 1747 bis 1776" überwiegend historische Aspekte in den Vordergrund stellen. Auch im nicht-deutschsprachigen Raum wird Theater vorwiegend unter dem historisch-deskriptiven Aspekt behandelt (3).

Zwar traten bereits zu Beginn der 60er Jahre Theaterwissenschaftler mit Äußerungen an die Öffentlichkeit, die andeutungsweise einen Gärungsprozeß innerhalb der

---

(1) Die Veröffentlichung des Werkes von J. Bab fällt für Deutschland generell in eine Phase verstärkter soziologischer Diskussion über den Bereich Kunst. Vgl. hierzu K. H. Busse, Diskussion über "Soziologie der Kunst", in: Verhandlungen des Siebenten Deutschen Soziologentages vom 28. September bis 1. Oktober 1930 in Berlin, Tübingen 1931, S. 182 ff.

(2) C. Nießen, Handbuch der Theaterwissenschaften, Emsdetten 1939; H. Kindermann, op. cit.

(3) Die Arbeit von M. Descotes, Le public de théâtre et son histoire, Paris 1964, z. B. beschränkt sich auf Frankreich und endet mit dem Jahre 1865.

etablierten Theaterwissenschaft vermuten ließen (1), doch erst in den 70er Jahren erfolgte eine Neuorientierung und entschiedene Hinwendung zu Gegenwartsfragen der Theaterpraxis. Wenn auch in der Diktion von teilweise schwer erträglichem Pathos und oft belastet mit vermeintlich notwendigen "anti-bürgerlichen" Parolen, wurde von jungen Theaterwissenschaftlern erstmals ein über die historische Dimension hinausweisendes Konzept empirischer Forschung für das Theater entwickelt (2), das durchaus Berührungspunkte mit anderen wissenschaftlichen Disziplinen, vor allem mit den Sozialwissenschaften, aufweist.

Doch weder Theatersoziologen noch Theaterwissenschaftler waren bisher in der Lage, in Krisensituationen den Theaterverantwortlichen wirksame Hilfestellung zu leisten oder durch ihre Arbeit die öffentliche Diskussion nachhaltig zu beeinflussen, was zu einem nicht unbeträchtlichen Teil zurückzuführen ist auf die Zurückhaltung und Skepsis der Theaterschaffenden und Theaterverantwortlichen gegenüber Einflußnahmen aus vermeintlich inkompetenten, d. h. mit künstlerischen Ausdrucks- und Verhaltensformen nicht vertrauten Sphären. Die zunehmende öffentliche Skepsis gegenüber dem Theater angesichts der sich immer weiter öffnenden Schere zwischen Besucherzahlen und Subventionsbedarf zwang gewissermaßen die Theaterverantwortlichen, ihre Öffentlichkeitsarbeit zu intensivieren.

---

(1) Z. B. P. Kleinschmidt, Workshop Theatre und Theaterwissenschaft, in: Theater und Zeit, 10. Jg., Nr. 9, 1963, S. 167 ff.; W. Semper, Theater und Theaterwissenschaft, in: Theater und Zeit, 11. Jg., Nr. 3, 1963, S. 41 ff.

(2) Siehe Arbeitsgemeinschaft Theaterpraxis (Hrsg.), Zur Forschung im subventionierten städtischen, staatlichen oder Landes-Theater im Rahmen eines Studiums der Theaterwissenschaft, Köln o. J. (wahrscheinlich 1971), hektogr.

Dabei kam es zu kuriosen Erscheinungen, wie sie an anderer Stelle beschrieben werden (1). Wenn auch die Neuorientierung auf höchst laienhaften Anschauungen basierte, die Einigelungstaktik gegenüber der Öffentlichkeit wurde zumindest aufgegeben. Die ersten Kontakte mit der Demoskopie und später auch mit der Soziologie fielen zwar eher zaghaft und oberflächlich aus: zaghaft in Hinsicht auf die Höhe der bereitgestellten Mittel für Theateruntersuchungen, oberflächlich in Hinblick auf die Zielsetzung.

Die Öffnung der Theater für eine wissenschaftliche Analyse erfolgte aber erst in dem Augenblick, als in der nicht unmittelbar am Theater interessierten Öffentlichkeit - und das ist der größere Teil - bereits das Verdikt über diese Institution gesprochen war, obwohl seit vielen Jahren die Existenzgefährdung des Theaters prognostiziert worden war und zahlreiche Versuche unternommen worden waren, die verantwortlichen Kulturpolitiker und Theaterleute für eine soziologische Analyse dieser traditionsreichen, ehrwürdigen Institution zu gewinnen (2).

Wohlgemerkt geht es nicht in erster Linie darum, erneut einer Teildisziplin der Soziologie das Wort zu reden. Im Gegenteil - die Bemühungen "Theatersoziologie" oder "Soziologie des Theaters" als *eigenständige* Disziplin zu entwerfen, erscheinen wenig nützlich, da immer die Gefahr besteht, über den Versuchen der Identitätsfindung eines Wissenschaftszweiges den Gegenstand der Bemühungen, in diesem Fall: das Theater und seine Interdependenz mit anderen gesellschaftlichen Subsystemen, in den Hintergrund zu drängen. Wenig nützlich erscheinen diese Abgrenzungsbemühungen auch deshalb, als sie den Bemühungen zuwiderlaufen, sich inter- und intradisziplinär komplexen

---

(1) Siehe Kapitel 2.4.,S. 185 ff.

(2) Vgl. A. Hänseroth, Über die Notwendigkeit und Wege einer empirischen Soziologie des Theaters, in: Kölner Zeitschrift für Soziologie und Sozialpsychologie, 21. Jg., 1969, S. 550 ff.

Forschungsgegenständen zuzuwenden. Das jüngste Beispiel gibt U. Rapp mit seinem Werk "Handeln und Zuschauen", wenn er schreibt: "Die prinzipielle Möglichkeit einer soziologischen Disziplin, die das Theater zum Objekt hat, ist offensichtlich gegeben, und die Anzahl der bisher vorliegenden Forschungsarbeiten... berechtigt zu der Annahme, daß Thema und Problematik schon hinreichend bestimmt sind und der weitere Ausbau nun Sache einer eigenen Forschungstradition werden kann" (1). Wie bereits aus dem Untertitel hervorgeht, bemüht sich der Autor weniger um eine Analyse des Verhältnisses von Theater und Gesellschaft, sondern er versucht im Rückgriff auf die aus der Diskussion um das soziologische Rollenkonzept bekannten Analogien "Die Welt als Theater" oder "Alle Menschen sind Schauspieler", die Diskussion um Anwendungsberechtigung dieser Gleichsetzungen neu zu beleben. "Die Vermutung, das Gleichnis sei mehr als nur eine metaphorische Ausdrucksweise, die Affinität könne für Soziologie wie für Theatertheorie von weitgehender Bedeutung sein, führt zur Formulierung einer neuen Richtung der Theoriebildung und der Forschungsprogrammierung, die zum Unterschied von der "Soziologie des Theaters" in einem Wort "Theatersoziologie" genannt werden kann" (2). Dieser methodischen Grundlegung einer "Theatersoziologie" ist der größte Teil des Werkes gewidmet. Oberspitzt könnte man kritisch zusammenfassen: Die vereinfachende und unpräzise metaphorische Gleichsetzung von rollenspielenden Schauspielern mit menschlichem Sozialverhalten wird erweitert zu der Gleichung: Theater ist das Miniaturbild der menschlichen Gesellschaft.

Mit Blick auf das soziologische Konzept des Symbolischen Interaktionismus schreibt U. Rapp über den Rollenbegriff:

---

(1) U. Rapp,Handeln und Zuschauen. Untersuchungen über den theatersoziologischen Aspekt in der menschlichen Interaktion, Darmstadt und Neuwied 1973, S. 11.

(2) Ibid., S. 12.

"Doch auch hier begnügt man sich zumeist mit der Annahme, es handle sich um eine konvenierte Analogie. Demgegenüber soll hier behauptet werden,..., daß es sich um weit mehr handelt: das Theater konnte durch viele Generationen hindurch als Metapher und Analogie zur menschlichen Lebenswelt dienen, weil es in sich selbst ein Abbild und Symbol menschlicher Interaktion ist... Obwohl also vollkommen klar ist, daß Analogien keine Schlüsse sind und keine Beweiskraft besitzen, scheint der Gebrauch der Analogien, die im Theatergleichnis enthalten sind, nicht der Entschuldigung zu bedürfen, da die Analogie selbst das Thema ist..." (1). Diesem Konzept ist entgegenzuhalten: "...während die Menschen auf der Bühne die Konflikte des Lebens, die sie darstellen, jederzeit ab- und umwenden können, das heißt, absichtlich die Rollen vertauschen können, ist es unter Beachtung der Realität des Kollektivlebens und der verschiedenen sozialen Strukturen unserer Gesellschaft dem einzelnen, der Gruppe oder der Klasse unmöglich, den sozialen Rollen, die zu spielen sie veranlaßt sind, zu entgehen. Hinzu kommt, daß im Gegensatz zum Theater, bei dem die Rollen im voraus entworfen und zugeteilt sind, die soziale Wirklichkeit unvorhergesehene, ersehnte und nicht realisierte Rollen kennt" (2).

---

(1) Ibid., S. 30 f.

(2) A. Silbermann, Von den Aufgaben des Theaters heute und morgen, in: Zeitwende, 40. Jg., Nr. 10, 1969, S. 664. Zur Kritik an der Gleichsetzung von rollenspielenden Schauspielern und menschlichem Sozialverhalten vgl. auch R. Dahrendorf, Homo Sociologicus, Köln u. Opladen 1965, II., S. 16 ff. (zuerst: 1958).

Die Forderung Rapps nach einer "eigenen Forschungstradition" und die sich daraus ableitende Forderung nach einer Unterscheidung zwischen "Soziologie des Theaters" und "Theatersoziologie" ist zwar verständlich, da die vorliegenden Arbeiten zu Fragen des Theaters keinen einheitlichen theoretischen oder methodischen Ansatz erkennen lassen und darüber hinaus von Vertretern unterschiedlichster Wissenschaftsbereiche stammen, gleichzeitig provozieren diese Forderungen geradezu eine erneute grundlegende Kontroverse wissenschaftstheoretischen Charakters über die Berechtigung einer eigenständigen soziologischen Disziplin zum Gegenstandsbereich "Theater" (1).

Wenn überhaupt eine Forderung nach einer "eigenen Forschungstradition" unterstützt werden kann, dann nicht im Sinne einer zusätzlichen Verengung des Forschungsgegenstandes - wie es u. E. durch U. Rapp geschieht, sondern durch Nutzbarmachung und Integration der vorliegenden Anregungen. So sind z. B. die Arbeiten von J. Duvignaud und besonders von G. Gurvitch über die existenziellen Grundbedingungen und Grundbeziehungen von Theater und Gesellschaft, Theater und Individuum bis heute weder im angelsächsischen noch im deutschsprachigen Bereich für inhaltliche Theaterforschung nutzbar gemacht worden (2), obwohl auch die Arbeiten von Duvignaud vornehmlich als historisch-phänomenologische Analysen denn als genuin soziologisch anzusehen sind (3).

---

(1) Vgl. zu der Frage nach der Spezifität und Abgrenzung wissenschaftlicher Disziplinen J. Hoffmeister (Hrsg.), Wörterbuch der philosophischen Begriffe, 2. Aufl., Hamburg 1955, S. 673.

(2) G. Gurvitch, Sociologie du théâtre, in: Les lettres nouvelles, 4. Jg., Nr. 35, 1956, S. 196 ff.
J. Duvignaud, Sociologie du théâtre. Essai sur les ombres collectives, Paris 1965; Ders., L'Acteur, Esquisse d'une sociologie du comédien, Paris 1965.

(3) Vgl. die Kritik von A. Silbermann an J. Duvignaud, in: Kölner Zeitschrift für Soziologie und Sozialpsychologie, 19. Jg., 1967, S. 383 ff.

Der Forderung U. Rapps muß auch deshalb widersprochen werden, da in solchen Äußerungen die unausgesprochene Haltung mitschwingt, die Soziologie habe es bis heute nicht vermocht, das geeignete analytische Instrumentarium zu entwickeln für eine Institution wie das Theater, dessen Sinnbereich sich durch einige Eigentümlichkeiten von anderen Institutionen als einzigartig hervorhebt (1). Im Übrigen findet Rapps Unterscheidung zwischen "Soziologie des Theaters" und "Theatersoziologie" bereits bei D. Steinbeck (2) eine Entsprechung und die als "Theatersoziologie" bezeichnete Thematik kann letztlich auf die soziologische Interaktionsanalyse zurückgeführt werden, wie Rapp im Untertitel seiner Arbeit "Untersuchungen über den theatersoziologischen Aspekt in der menschlichen Interaktion" bereits ausdrückt.

Realistischer und erfolgversprechender wäre es, wenn um das Theater bemühte Soziologen es sich angelegen sein ließen, das Theater als Forschungsobjekt aus dem Zustand der quantité négligeable herauszuführen und vorliegende Theorieansätze mit den entsprechenden empirischen Belegen beispielhaft auf das Theater anzuwenden und dem Theater nutzbar zu machen. So harren die seit J. Bab 1931 auch in der deutschsprachigen einschlägigen soziologischen Literatur zum Ausdruck gekommenen Anregungen vielfach bis heute der Auswertung, obwohl die entsprechenden Publikationen zu den "Standard-Titeln" jeder Theaterbibliographie gehören. Als Beispiele namentlich bekannter, inhaltlich kaum rezipierter Publikationen

---

(1) Siehe hierzu U. Rapp, op. cit., Kapitel 1.2. Die Theatersoziologie als methodischer Ansatz, S. 29 ff.

(2) D. Steinbeck, Einleitung in die Theorie und Systematik der Theaterwissenschaft, Berlin 1970, besonders S. 225 ff.

können die Arbeiten von K. Poerschke (1), K. Sauermann (2), H. Scheerer (3), B. Schöne (4) und M. Wagner (5) genannt werden.

Vor allem die in den verschiedenen Fachzeitschriften zahlreich veröffentlichten Hypothesen zu Einzelaspekten des Theaters könnten nutzbringend für die Theaterforschung operationalisiert werden. Um die in der jüngeren Vergangenheit in der BRD diskutierte Frage nach der Angemessenheit der architektonischen Gestaltung von Theaterneubauten herauszugreifen, sei z. B. auf A. Moles verwiesen, der in den von vielen Theaterpraktikern bevorzugten Studio- oder Werkraumtheatern mit geringer Zuschauerkapazität einen Indikator fortschreitender Trennung, also letztlich Entfremdung, des modernern Theaters von der Gesellschaft sieht (6).

---

(1) K. Poerschke, Das Theaterpublikum im Lichte der Soziologie und Psychologie, in: Die Schaubühne, Bd.41, 1951.

(2) K. Sauermann, Die sozialen Grundlagen des Theaters, Emsdetten 1947.

(3) H. Scheerer, Die sozialen Prozesse im Theater, Köln 1947.

(4) B. Schöne, Schauspiel und Publikum, Diss., Frankfurt/ Detmold 1927.

(5) M. Wagner, Die Wirkungen des Theaters auf die Öffentlichkeit. Eine Untersuchung zur Soziologie des Theaters, Diss., Heidelberg 1948.

(6) A. Moles, Die Synthese von Theater und Technik, in: Theater und Zeit, 9. Jg., Nr. 1 u. Nr. 2, 1961, S.215 ff. u. S. 227 ff. "Dieser Theatertypus (Anm. des Verfassers: gemeint ist Studio-, Werkraumtheater) hebt aus der sozialen Totalität Mikrogruppen heraus, die das abwechselnde Publikum jedes Abends bilden, ohne in irgendeiner Weise eine Musterauswahl für die jeweilige Stadtbevölkerung darzustellen. Denn das "Lyrische Theater", von dem wir sprachen, stellte ganz im Gegenteil ein Volkstheater dar, indem man dort eine Auswahl aller Gesellschaftsschichten antreffen konnte,... Muß man hieraus schließen, daß eine Trennung zwischen der Gesellschaft und dem modernen Theater besteht?".

Die Anwendung des Instrumentariums soziologischer Analyse auf das Theater ist notwendig angesichts der Orientierungslosigkeit, mit der die Diskussionen um das Theater geführt werden, angesichts der Hilflosigkeit der für das Theater arbeitenden Menschen, wenn sie von Subventionen bewilligenden Gremien aufgefordert sind, ihre Ansprüche an das Gemeinwesen zu formulieren und legitimieren.

Notwendig ist eine problemorientierte soziologische Befassung mit dem Theater fernerhin angesichts der konfliktreichen Beziehung zwischen den Theaterschaffenden, dem Theaterpublikum und den Personenmehrheiten, die nicht als Theaterbesucher anzusehen sind, eine konfliktreiche Beziehung, die sich in verschiedener Art manifestiert und generell mit dem Terminus "Theaterkrise" umschrieben wird.

Besonders die immer deutlicher werdende Zurückhaltung des Publikums gegenüber den Angeboten der Theater hat zu verzweifelten und überhasteten Aktionen geführt. Es geht allerdings nicht an, dieser Theaterkrise allein zu begegnen mit den standardisierten Methoden des Marketing und der Konsumgüterwerbung, mit deren Hilfe es zwar gelingen kann, die manifesten Konfliktindikatoren zurückzudrängen, z. B. durch kurzfristig höhere Besucherzahlen, die jedoch nicht die den Konflikten zugrundeliegenden Faktoren fixieren oder gar beseitigen können (1).

Die Vorsicht, die bei Marketing- bzw. Werbekampagnen geboten erscheint, soll nicht als Ablehnung generell mißverstanden werden, sondern bezieht sich allein auf den

---

(1) Vgl. H. Swedner, Drei Perspektiven zum Theater: Marketing, Interaktion, Sozialer Wandel, in: A. Silbermann u. R. König (Hrsg.), Künstler und Gesellschaft, Sonderheft 17 der Kölner Zeitschrift für Soziologie und Sozialpsychologie, 1974, S. 265 ff.

Zeitpunkt der Anwendung. Auch teilen wir nicht die gerade unter den aktiven Theaterleuten anachronistische Leugnung des Warencharakters von Kunstprodukten (1); denn trotz aller durch unterschiedliche individuelle Wertsysteme bedingten Vorbelastung, die manchem ein vorurteilsloses Abwägen erschweren oder unmöglich machen mag, hat der Aspekt des Warencharakters von Kunsthervorbringungen die Chance eröffnet, die einer nüchternen und sachlichen Atmosphäre für soziologische Analysen nur dienlich sein kann. Ohne Zweifel ist es dem bis in unsere Tage nachwirkenden visionär-diffusen Kunstbegriff vergangener Jahrhunderte, vor allem des ausgehenden 19. Jahrhunderts, zuzuschreiben, daß die Tabuschranken, die einer systematischen wissenschaftlichen Erforschung des Bereichs Kunst als Hindernis entgegenstehen, nur partiell überwunden sind (2).

---

(1) Die Diskussion über den Warencharakter von Kunst ist in der Literatur so ausführlich dokumentiert, daß es sich in diesem Zusammenhang erübrigt, dem Thema neue Aspekte abgewinnen zu wollen. A. Hauser beantwortet die Frage nach dem Warencharakter von Kunstwerken lapidar wie folgt: "Kunstwerke wurden von jeher als Waren hergestellt,denn sie waren ... zumeist für Abnehmer und nicht für Eigenbedarf bestimmt. Zu dem aber, was man heute unter 'Waren' versteht, entwickelten sie sich erst allmählich. Der entscheidende Schritt erfolgte mit dem Eintritt der Verhältnisse, unter welchen der Abnehmer, im Gegensatz zum früheren Arbeitgeber und Brotherrn, dem Künstler in der Regel unbekannt war und für ihn einen unpersönlichen Charakter trug. Zur Ware im vollen Sinne wurde das künstlerische Erzeugnis erst infolge der Entwicklung, in deren Verlauf es, der Massenproduktion der Industriewirtschaft entsprechend, hergestellt und abgesetzt, in Mode gebracht und überholt, wertlos und in diesem Sinne 'verbraucht' zu werden schien".(Soziologie der Kunst, München 1974, S. 637.) Vgl. auch K. Eckstein, Zur Soziologie der Kulturindustrie, Diss., München 1951.

(2) Siehe z. B. F. Adler, Stichwort "Kunstsoziologie", in: W. Bernsdorf (Hrsg.), Wörterbuch der Soziologie, 2. Ausgabe, Stuttgart 1969, S.616 ff. Die Beschreibung des Objektbereichs der Kunstsoziologie reflektiert deutliche Reste eines vorwissenschaftlichen Kunstverständnisses. Die neuen, auf technischen Innovationen des 20. Jahrhunderts beruhenden Ausdrucksformen der Kunst wie z.B. der Film gestatten eine von Traditionen unbelastete Analyse. Vgl. für den Film das Werk von P. Bächlin, Der Film als Ware, Basel 1947 (als Diss. 1945). Diese Analyse wurde als grundlegender, wenn auch nicht einschränkungslos akzeptierter Beitrag zu einer Soziologie des Films erkannt

So wenig dienlich es erscheint, eine methodisch und theoretisch eigenständige Soziologie des Theaters zu entwickeln, so müßig ist es zu fragen, welcher wissenschaftlichen Disziplin das Theater besonders nahesteht. Je nach Fragestellung und Problembereich ist aus dem Spektrum der Wissenschaften die Ökonomie, Geschichte, Psychologie, Soziologie usw. zu entsprechenden Analysen und Aussagen befähigt. Innerhalb der Soziologie wird es nötig sein, intradisziplinär die verschiedenen etablierten Teildisziplinen mit den ihnen adäquaten Methoden in Anspruch zu nehmen, sei es nun die Soziologie der Kunst, der Massenkommunikation, der Freizeit, der Berufe oder der Organisation. Ob sich aus der Interpretation von Ergebnissen aus den Einzel- und Teildisziplinen Erkenntnisse von größerer allgemeinerer Aussagekraft ergeben werden, ob sich weiterhin aus Einzelergebnissen ein geschlossenes soziologisches Konzept entwickeln wird, ob die Einzelergebnisse letztlich zu Fragestellungen führen, die den thematischen Bereich der Einzeldisziplinen erweitern oder übersteigen, all dies sind Fragen, die zu diesem Zeitpunkt nicht beantwortet werden können, wie die folgende Behandlung einiger soziologischen Teildisziplinen unter dem Aspekt ihres möglichen Beitrags für die Theaterforschung zeigen wird.

---

und rezipiert. Siehe auch W. Dadek, Die Filmwirtschaft. Grundriß einer Theorie der Filmökonomik, Freiburg 1957.

1.2. Die Soziologie der Kunst

Die Feststellung, daß die meisten als Kunstsoziologie bezeichneten Arbeiten "sich eines Gemischs psychologischer, historischer, soziologischer, psychoanalytischer, anthropologischer, philosophischer, ästhetischer, metaphysischer und politisch-ideologischer Erkenntnisse (bedienen)" (1), kann nicht verwundern, da die allzu lange geübte Ehrfurchtshaltung gegenüber den als Kunst klassifizierten menschlichen Hervorbringungen eine frühzeitige Strukturierung des Forschungsprozesses verhindert hat. Kaum eine der zahlreichen Arbeiten, die in der Gegenwart das Thema Kunst und Gesellschaft behandeln, versäumt den Hinweis auf die ersten kunstsoziologischen Denkansätze, die historisch mit der beginnenden Entwicklung der Soziologie als eigenständiger Wissenschaftsdisziplin zusammenfallen. Namen wie J. F. de la Harpe, Madame de Staël, und vor allem H. Taine, deren Soziologieverständnis wohl am besten zusammengefaßt wird in der sogenannten "Theorie der Kunst als Spiegelung gesellschaftlicher Erscheinungen (Spiegelungs- oder Spiegelbildtheorie)" (2), werden in diesem Zusammenhang immer wieder als Anreger genannt, die bis in das 20. Jahrhundert den analytischen Rahmen der Kunstsoziologie abgrenzten und

---

(1) A. Silbermann, Stichwort "Kunst", in: R. König (Hrsg.), Soziologie, Neuausgabe, Frankfurt/M. 1967, S. 164.

(2) Zur Kritik an der Spiegelbildtheorie siehe L. L. Schücking. Die Soziologie der literarischen Geschmacksbildung, 3. Aufl., Bern und München 1961, S. 11, sowie B. DeVoto, The Literary Fallacy, Boston 1944. Beide Autoren verweisen auf die Möglichkeit von Scheinkorrelationen, wenn aus künstlerischen Quellen das Bild eines Zeitalters oder einer bestimmten Gesellschaft herausgefiltert und mit dem "historisch verbürgten" Bild dieser Epoche verglichen wird, das seinerseits zu einem früheren Zeitpunkt möglicherweise gleichfalls aus diesen oder ähnlichen Quellen gewonnen wurde. Die zwangsläufige Obereinstimmung der Befunde wird dann fälschlicherweise als Bestätigung der Spiegelbildkonzeption gewertet werden.

deren Position in trivialisierter Form bis auf den heutigen Tag zum Rüstzeug der professionellen Kunstkritik dient, wie ein Blick in den Literatur- bzw. Rezensionsteil jeder Tages- oder Wochenzeitung bestätigt.

Mag man den aus soziologischer Sicht vorwiegend spekulativen Charakter journalistischer Aussagen über kunstsoziologische Fragen mit dem Hinweis auf die generell zu konstatierende langsame Diffusionsgeschwindigkeit soziologischer Erkenntnisse erklären können, die zahlreichen mit formalen Mängeln behafteten, intersubjektiv nicht überprüfbaren kunstsoziologischen Analysen der Gegenwart können nicht mit diesem Hinweis entschuldigt werden.

So ist z. B. W. Mellers zweibändiges Werk über Musik und Gesellschaft (1) als typisches Exemplar einer Spezies von Literatur anzusehen, die den Anspruch erhebt, die Entwicklung der Kunst (hier: der Musik) aus dem Zusammenhang mit den historischen und gesellschaftlichen Verhältnissen aufzuzeigen, diesen Anspruch jedoch nicht einlösen kann und sich auf pure Musikgeschichte beschränkt, die anekdotisch umrankt ist mit unpräzisen Verweisen auf vermeintlich soziale Determiniertheiten in der Biographie bedeutender Komponisten. Während Mellers Arbeit in keinem Punkt soziologische Analyse erkennen läßt, sind andere Autoren darum bemüht, systematische Abgrenzungen für eine kunstsoziologische Analyse zu finden, verfallen jedoch wieder in vorwiegend kunstästhetische bzw. kunsthistorische Betrachtungen, wie z. B. P. Francastel, einer der hervorragendsten Kunstästhetiker des französischen Sprachgebietes, mit seinem "Programm für eine Kunstsoziologie" (2). Von den durch Francastel propagierten Bereichen

---

(1) W. Mellers, Musik und Gesellschaft, 2. Bde., Frankfurt/M. 1964/65.

(2) P. Francastel, Problèmes de la sociologie de l'art, in: G. Gurvitch (Hrsg.), Traité de sociologie, Bd. 2, Paris 1960, bes. S. 291 ff.

kunstsoziologischer Beschäftigung läßt seine "sociologie des groupes et typologie des civilisations" eine spezifisch soziologische Perspektive erkennen, hingegen sind alle übrigen Programmpunkte - angefangen bei der "sociologie des oeuvres" und der "sociologie des objets figuratifs et des moyens d'expression" bis zur "sociologie artistique comparée", gemeint sind Zeichen (signes) und Symbole (symboles) - traditionelle Bereiche der Kunstwissenschaft.

Der für die empirische Sozialforschung begrenzte Nutzen der stellvertretend genannten Arbeiten von Mellers und Francastel führt zu der wissenschaftssoziologischen Frage nach der Stellung der Kunstsoziologie innerhalb der Wissenschaften und speziell der Soziologie, wobei man zu dem Ergebnis kommen müßte, daß nach M. Weber (1) und G. Simmel (2) "die Kunst in der weiteren Entwicklung der empirisch-komparativen Soziologie an Bedeutung eher verloren als gewonnen hat" (3).

Im Gefolge theoretischer Neuorientierung geraten die wenigen bedeutenden Arbeiten der jüngeren Vergangenheit allmählich in Vergessenheit. Mit der graduellen Abwendung der kontinentaleuropäischen Soziologie von der funktionalistischen soziologischen Analyse widerfuhr dies vor allem dem Werk R. Mukerjees, der in der zweiten Hälfte der 40er

---

(1) M. Weber, Wirtschaft und Gesellschaft, Anhang: Die rationalen und soziologischen Grundlagen der Musik, in: Grundriß der Sozialökonomik, 2. Halbband, 3. Aufl., Tübingen 1947, S. 818 ff. (zuerst: 1921), sowie die Arbeit von A. Silbermann, Wax Webers musikalischer Exkurs. Ein Kommentar zu seiner Studie: "Die rationalen und soziologischen Grundlagen der Musik", in: Sonderheft 7 der Kölner Zeitschrift für Soziologie und Sozialpsychologie, 1963, S. 448 ff.

(2) Vgl. K. P. Etzkorn, Georg Simmel and the Sociology of Music, in: Social Forces, Vol. 43, 1964, S. 101 ff.

(3) E. Weingarten, Konzepte und Methoden in der Kunstsoziologie, Dipl. Arb., Köln 1967/68, S. 12.

Jahre ein geschlossenes kunstsoziologisches System entwickelt hat (1).

Die akademische Kontroverse, die Th. W. Adorno und A. Silbermann, der immer wieder nachdrücklich auf R. Mukerjee hinweist, zum Thema Kunstsoziologie austrugen (2), zeigt die bereits in grundsätzlichen Punkten auftretenden Verständigungsschwierigkeiten. Selbst der marxistisch argumentierenden Kunstsoziologie fehlt es weitgehend an gemeinsamen Kriterien, wie der marxistische Kunstsoziologe R. Supek in einer Auseinandersetzung mit den Theoretikern des sozialistischen Realismus von Lukács bis Timofeev zeigen konnte (3). Die Schwierigkeit, einheitliche theoretische Konzepte zu finden, die es erlauben, konkrete Fragestellungen systematisch zu bearbeiten, kann noch nicht als überwunden angesehen werden. Insofern hat H. N. Fügens Analyse der literatursoziologischen Hauptrichtungen und ihrer Methoden, die gerade die Divergenz der Standpunkte aufgedeckt hat, bis auf den heutigen Tag kaum Folgen gezeitigt im Sinne einer Konvergenz zumindest

---

(1) R. Mukerjee, The Meaning and Evolution of Art in Society, in: American Sociological Review, Vol. 10, 1945, S. 496 ff.; Ders., The Sociological Approach to Art, in: Sociology and Social Research, Vol. 30, 1945-1946, S. 177 ff.; Ders., The Social Function of Art, op. cit.

(2) Th. W. Adorno, Thesen zur Kunstsoziologie, in: Ders., Ohne Leitbild. Parva Aesthetica, Frankfurt/M. 1967, S. 94 ff. (zuerst veröffentlicht in: Kölner Zeitschrift für Soziologie und Sozialpsychologie, 19. Jg., 1967, S. 87 ff.), sowie A. Silbermann, Anmerkungen zur Musiksoziologie. Eine Antwort auf Theodor W. Adornos "Thesen zur Kunstsoziologie", in: Kölner Zeitschrift für Soziologie und Sozialpsychologie, 19. Jg., 1967, S. 538 ff.

(3) R. Supek, Soziologie und Sozialismus, Freiburg 1970, S. 223 ff. (zuerst: Zagreb 1966).

in den Methoden, wenn schon nicht in den Fragestellungen (1). R. Escarpit glaubt die Erklärung für den Rudimentärzustand der Kunstsoziologie in der generellen Entwicklung der Soziologie als eigenständige Wissenschaft gefunden zu haben. "Ihrerseits hat sich die Soziologie mit Comte, Spencer, Le Play, Durkheim u. a. m. auf vollständige Autonomie hin orientiert. Die Literatur ließ sie allerdings als ein kompliziertes Gebiet mit äußerst unsicheren Grundlagen und Begriffsbestimmungen, das gewissermaßen durch eine Art menschliche Scheu abgeschirmt wurde, beiseite. Die Bestrebungen der Soziologie haben demgemäß im Laufe des letzten Jahrhunderts in einzelnen großen Leitideen ihren Ausdruck gefunden. Ein zusammenhängendes methodisches Lehrgebäude fehlte. Manchmal haben sie sich in unserem Forschungsgebiet auch formalistischen Tendenzen angeschlossen" (2). Neben dieser zweifellos nicht zu übersehenden wissenschaftshistorischen Komponente stehen kunstspezifische Barrieren einer "allgemeinen" Kunstsoziologie entgegen, die zum einen aus der Unterschiedlichkeit der Kunstformen hinsichtlich ihrer materiellen - Darstellende Kunst vs. Literatur vs. Musik - als auch ihrer dimensionalen Ausprägung - Raum vs.Zeit - resultieren. So verdeutlicht H. D. Duncan am Beispiel der Interpretation sprachlicher Symbole für den Bereich der Literatursoziologie die Einzigartigkeit form- bzw. medienspezifischer Fragestellungen, die nicht übertragbar sind auf andere Kunstformen., in diesem Fall nicht einmal von der literarischen Form auf die sprachlich-gestische

---

(1) H. N. Fügen, Die Hauptrichtungen der Literatursoziologie und ihre Methoden, Bonn 1964.

(2) R. Escarpit, Das Buch und der Leser, Köln und Opladen 1961, S. 13.

theatralische Ausdrucksform (1). Augenfällig wird diese Schwierigkeit an den Erörterungen, die sich seit Aufkommen des Fernsehens mit dem Kunstcharakter bzw. formalästhetischen und dramaturgischen Transponierungs- und Veränderungsphänomenen bei Fernsehspielen beschäftigen (2). Doch zusätzlich zu medienspezifischen Aspekten sind der unterschiedliche gesellschaftliche Institutionalisierungsgrad der Kunstarten, der sich daraus ableitende Organisationsgrad nebst Organisationsformen ebenso auffällig wie hinderlich für integrierende theoretische und methodologische Ansätze.

Selbst in funktionaler Betrachtung unter Anwendung der relativ allgemeinen Axiome der frühen Funktionalisten oder deren Vorläufer wird die unterschiedliche instrumentelle Bedeutung der verschiedenen Kunstarten für ein Sozialsystem deutlich, womit die Existenz funktionaler, nicht kulturell zu relativierender Konstanten der Kunst allgemein nicht bestritten wird (3).

---

(1) H. D. Duncan, Language and Literature in Society, A Sociological Essay on Theory and Method in the Interpretation of Linguistic Symbols with a Bibliographical Guide to the Sociology of Literature, Chicago 1953.

(2) Vgl. S. R. Elghazali, Literatur als Fernsehspiel, Hamburg o. J.; G. Gumpert, Television Theatre as an Art Form, Wayne State University 1963/64.

(3) Hinsichtlich der allgemeinen Axiome des Funktionalismus vgl. z. B. B. A. Malinowski, The Functional Theory, in: Ders., A Scientific Theory of Culture and Other Essays, Chapel Hill 1960 (zuerst: 1944), bes. S. 150 ff. Oder vgl. auch für eine umfassende Darstellung N. S. Timasheff, Sociological Theory: Its Nature and Growth, 3. Aufl., New York 1967. Für den Bereich Kunst siehe R. Mukerjee, The Social Function of Art, op. cit.; Ders., The Meaning and Evolution of Art in Society, op. cit. Eine Anwendung funktionalistischer Analyse im Bereich der Kunst stellt immer noch die Arbeit über die Filmindustrie Hollywoods dar von der Anthropologin H. Powdermaker, Hollywood. The Dream Factory, Boston 1950.

Das Verdienst der Kunstsoziologie ist weniger darin zu sehen, bereits einzelne Kunstformen erforscht zu haben, sondern die Bedeutung künstlerischer Hervorbringungen für und ihre Bedingtheit durch soziale Organisationen verdeutlicht zu haben und dieser Betrachtungsweise allgemeine Anerkennung verschafft zu haben (1). Zwar finden sich auch außerhalb der als rein soziologisch zu kategorisierenden Literatur vielfältige Hinweise auf soziale Bedingtheiten künstlerischer Entwicklungen, doch wird erst in jüngerer Vergangenheit systematisch darauf eingegangen. Um nur ein Beispiel herauszugreifen: J. Burckhardt hat bereits 1860 das oftmals fälschlich als besonderes Merkmal unserer Zeit geltende Star- bzw. Virtuosentum zurückverfolgt in das geistige Klima des Italiens der Renaissance (2).

Die Kunstsoziologie löste philosophische oder ausschließlich historisch akzentuierte Anschauungen ab und setzte an ihre Stelle eine wirklichkeitsnahe Vorstellungsweise, die nur den Objektivationen von Kunst, dem konkreten Ausdruck von Kunst, soziologischen Realitätswert beimißt. Eine solche Betrachtungsweise ebnete den Weg zur Überwindung der dichothomischen Trennung zwischen einer als wertvoll erachteten Elitekultur und einer mit dem Odium

---

(1) Vgl. z. B. das nur mit dem Erfolg populärwissenschaftlicher Literatur zu vergleichende Werk von H. Read, Kunst und Gesellschaft, Wien-Frankfurt o. J. (zuerst: London 1937).

(2) J. Burckhardt, Die Kultur der Renaissance in Italien, Stuttgart 1947 (zuerst: 1860). "Indem wir daher die Geschichte der musikalischen Komposition gänzlich auf sich beruhen lassen, suchen wir die Stellung der Musik zur damaligen Gesellschaft auszumitteln. Höchst bezeichnend für die Renaissance und für Italien ist vor allem die reiche Spezialisierung des Orchesters, das Suchen nach neuen Instrumenten, d. h. Klangarten, und - in engem Zusammenhang damit - das Virtuosentum, d. h. das Eindringen des Individuellen im Verhältnis zu bestimmten Instrumenten" (S. 365).

des Geringwertigen behafteten Populärkultur (1). Konsequenterweise stehen im Zentrum kunstsoziologischer Aufmerksamkeit die Prozesse, die durch die im Kunstwerk vermittelte Begegnung zwischen Künstler und Publikum ausgelöst werden, das sogenannte Kunsterlebnis - ein soziokultureller Prozeß, als dessen Elemente Künstler, Kunstwerk und Publikum anzusehen sind. Das Kunstwerk resultiert aus der Interaktion des Künstlers mit seiner soziokulturellen Umgebung, die wiederum ihrerseits auf das Kunstwerk reagiert (2).

---

(1) Zu dem weitläufigen Thema Elite- vs. Populärkultur, das in inniger Verbindung mit dem Konzept der Massengesellschaft zu sehen ist, kann in diesem Rahmen lediglich verwiesen werden auf H. Blumer, Über das Konzept der Massengesellschaft, in: A. Silbermann (Hrsg.), Militanter Humanismus, Frankfurt/M. 1966, S. 19 ff. sowie E. Shils, Mass Society and Its Culture, in: N. Jacobs (Hrsg.), Culture for the Millions?, Princeton 1961, S. 1 ff.

(2) Dieses kunstsoziologische Konzept, das zurückzuführen ist auf das Konzept des "soziologischen Tatbestandes" - oder präziser übersetzt: "sozialen Tatbestandes" (fait social) - im Durkheimschen Sinne wurde von A. Silbermann in zahlreichen Arbeiten ausgeführt, so z. B. u. a. in: Ders., Wovon lebt die Musik? Die Prinzipien der Musiksoziologie, Regensburg 1957; Ders., Die Ziele der Musiksoziologie, in: Kölner Zeitschrift für Soziologie und Sozialpsychologie, 14. Jg., 1962, S. 322 ff.; Ders., Die Pole der Musiksoziologie, in: Kölner Zeitschrift für Soziologie und Sozialpsychologie, 15. Jg., 1963, S. 425 ff.; Ders., Die soziologischen Aspekte des Theaters, in: Ders. (Hrsg.), Militanter Humanismus, op. cit., S. 173 ff. Zu dem Konzept "Kunstprozess (art process)" vgl. auch J. H. Barnett, The Sociology of Art, in: R. K. Merton, L. Broom, L. S. Cottrell, Jr., (Hrsg.), Sociology Today, New York 1959, S. 210 f.

Auf diese Weise ist eine deutliche Abgrenzung erreicht worden zwischen einer empirischen Kunstsoziologie und der Kunstgeschichte bzw. Kunstwissenschaft traditioneller Prägung, "...indem die Kunstwissenschaft sich auf die Untersuchung der eigentlich ästhetischen Faktoren des Kunstwerks und die Kunstsoziologie sich auf die Analyse der spezifisch sozialen Determinanten der Kunstproduktion, des Kunstwerks und seiner Rezeption in der Gesellschaft hin orientiert" (1).

Daraus folgert A. Silbermann in Hinblick auf die häufig zu beobachtende Einführung a priori fixierter ästhetischer Kategorien in kunstsoziologische Arbeiten: "Daher bleiben Aussagen über das Kunstwerk selbst und seine Struktur außerhalb kunstsoziologischer Betrachtungen..." (2). Silbermann erteilt damit gleichzeitig dem Soziologismus in der Kunstbetrachtung eine klare Absage.
Nun ist diese Position nicht mißzuverstehen als Forderung, die Erforschung ästhetischer Standards generell aus der Kunstsoziologie auszuklammern oder auf die ausschließlich "instrumentalistische" Perspektive J. Deweys zu reduzieren (3). Im Gegenteil: Sowohl die Künstlerästhetik (4) als auch die Rezipientenästhetik sind grundsätzlich der empirischen Sozialforschung zugänglich: "Als Untersuchungsgegenstand der Kunstsoziologie ist die individuelle Kunstkompetenz insofern von Bedeutung, als sie einerseits das Verhalten des Rezipienten im Umgang mit Kunstwerken bestimmt und andererseits selbst gesellschaftlich vermittelt ist. Sie entsteht nicht erst innerhalb

(1) H. P. Thurn, Soziologie der Kunst, Stuttgart 1973,S.16.

(2) A. Silbermann, Stichwort "Kunst", op. cit., S. 166.

(3) Vgl. J. Dewey, Art as Experience, New York 1934.

(4) Vgl. hierzu besonders R. König, Das Selbstbewußtsein des Künstlers zwischen Tradition und Innovation, in: A. Silbermann und R. König (Hrsg.), Künstler und Gesellschaft, op. cit., S. 341 ff., bes. S. 344 ff.

des jeweiligen Kunsterlebnisses, sondern wird als ästhetische Soziabilität innerhalb der allgemeinen Sozialisationsprozesse mitgeformt. Der Anteil der verschiedenen Sozialisationsinstanzen wie Familie, Spielgruppe, Schule usw. am Prozeß der Ausbildung der individuellen Kunstkompetenz müßte in diesem Zusammenhang soziologisch intensiver untersucht werden als bisher. Die systematische Klärung der in diesen Kontext gehörenden Fragen könnte Aufschlüsse liefern auch darüber, inwieweit die ästhetische Sozialisation in unserer Gesellschaft schichtenspezifisch verläuft bzw. von nicht schichtenspezifischen Gesichtspunkten mitgeprägt wird" (1).

Zwar werden die bei der Erforschung der Rezipientenästhetik zu berücksichtigenden Aspekte seit geraumer Zeit diskutiert (2), doch liegen bis heute kaum gesicherte empirische Daten vor. A. A. Moles hat deutlich auf die Schwierigkeiten hingewiesen, die sich aus informationstheoretischer Sicht einer gültigen repräsentativen Fixierung ästhetischer Standards entgegenstellen (3).

Unabhängig von einer bestimmten Gruppen- oder Schichtzugehörigkeit ist der apperzeptive Hintergrund und damit das Kunsterlebnis, das z. B. ausgelöst wird durch ein Bild von Otto Dix, bei jedem Betrachter potentiell unterschiedlich ebenso wie unterschiedliche soziale Situationen oder andere Faktoren den kreativen Prozeß z. B. von Bühnenschriftstellern in verschiedene Richtungen führen. Gefallen oder Mißfallen, Akzeptierung oder Ablehnung,

---

(1) H. P. Thurn, op. cit., S. 30 f.

(2) So z. B. umfassend von P. Bourdieu, Outline of a Sociological Theory of Art Perception, in: International Social Science Journal, Vol. 20, Nr. 4, 1968, S. 589 ff.

(3) A. A. Moles, Informationstheorie und ästhetische Wahrnehmung, Köln 1971, bes. Teil V, S. 165 ff. sowie Teil VII, S. 234 ff.

emotionale Stimulierung oder Teilnahmslosigkeit, all dies sind Komponenten des Kunsterlebnisses als einem durch das Kunstwerk ausgelösten, also vermittelten Kommunikationsprozesses (1). Wie jeder Kommunikationsprozeß kann auch ein Kunstwerk zu unterschiedlichen Gelegenheiten selbst ein- und demselben Rezipienten unterschiedliche Bedeutungsinhalte vermitteln und somit Kunsterlebnisse unterschiedlicher Qualität bewirken. "To take an obvious example: Hamlet can be accepted as melodrama by a playgoer whose taste favours this, but the playgoer with an ear for undertone hears something totally different; each interpretation is complete in itself, the two dramas coexisting in a single text (2). "A great deal of failure in communication has been ascribed to schema incompatibility between sender and receiver. The human being interprets the external world in terms of the schemas which various influences have established in him. When he encounters the work of someone whose schemas resemble his own, understanding is easily set up; when the divergence is great, communication is made difficult" (3).

A. Zweig hat einen weiteren, historischen Aspekt hinzugefügt, der auf die Gegenwart bezogen die Kommunikationsmöglichkeiten zwischen Künstler und Publikum erheblich einschränkt, aber auch differenzierteren, individuell freizügigeren Kunst"konsum" bzw. Kunst"zugang" gewährleistet. "..der Dichter, der für bestimmte geschlossene Gemeinwesen dichtet, (vermag) sich auf einen unendlich viel größeren Vorrat gemeinsamer Affektassoziationen zu

---

(1) Vgl. hierzu die Ausführungen von A. Silbermann, Schwerpunkte der empirischen Soziologie der Bildenden Kunst, in: Festschrift Klaus Lankheit, hrsg. von W. Hartmann, Köln 1973, S. 33 ff., besonders S. 33 f.

(2) J. Parry, The Psychology of Human Communication, London 1967, S. 166.

(3) Ibid., S. 167.

verlassen. Da er, seine Schauspieler und sein Publikum auf dieselbe Wellenlänge abgestimmt sind, vermögen sie leichter gemeinsam zu schwingen, vermag er mit größerer Sicherheit Voraussetzungen, ungeschriebene und ungesprochene, zu machen, die er als Dynamik und Hemmung in sein Stück einbaut, ohne sie erst mühselig explizieren zu müssen. Dies aber hat mit dem Wesen des Theaters und Dramas nicht mehr zu tun, als daß es die Entladung von Gruppenaffekten gleichsam eindeutig richtet und leichter zur Verständlichkeit erhebt. Denn in genau der gleichen Lage, in der der attische Komödiendichter, der spanische Tragiker oder William Shakespeare war, ist heute der für eine Volksklasse dichtende proletarische oder aristokratische Verfasser (S. 99) ... so bleibt für Publikum als wichtigste Funktion eben jene ästhetische übrig: die der Öffentlichkeit, die desLeidenschaftsechos und der Leidenschaftssteigerung. Und darum nun ist das moderne Publikum eine Erschwerung für den Dramatiker und die Bühne, weil in ihm, entsprechend unserer Übergangszeit, die verschiedenen Schichten der Gesellschaft durcheinandergewirrt in ihren Vertretern enthalten sind, und sich so ihr Ja und Nein nur zum Teil multipliziert, zum Teil gegenseitig aufhebt (S. 100)" (1).

Völlig außer acht gelassen bleibt bis jetzt ein das Kunsterlebnis prägender und kanalisierender Faktor, der zu umschreiben wäre als das vorwiegend normativ geprägte Verhaltensritual des Kunstbetrachters oder Kunstkonsumenten. Der Charakter steifer, ehrfürchtiger Feierlichkeit, der für das Theaterpublikum - zumindest im deutschen Sprachraum - bis in die Gegenwart weithin charakteristisch ist und trotz zahlreicher Gegenbekundungen noch nicht einer

(1) A. Zweig, Juden auf der deutschen Bühne, Berlin 1928.

Entkrampfung gewichen ist, steht in krassem Gegensatz zu der durch Hedonismus geprägten, ungezwungenen Form, mit der zum Beispiel das Publikum des aufgeklärten 18. Jahrhunderts Kunsterlebnisse suchte (1). Projiziert man die vorstehenden Beispiele auf die Varietät konkreter künstlerischer Ausdrucks- und Erlebnisformen, so entzieht sich das Kunsterlebnis als Forschungsgegenstand der Kunstsoziologie endgültigen Fixierungsversuchen und ist keinesfalls losgelöst von den weitergreifenden und sich ständig verändernden soziostrukturellen Bedingungen zu analysieren. Auf diesen Tatbestand spielt R. König an, wenn er unter Verweis auf die Happening-Bewegung der sechziger Jahre und ihre provozierende Wirkung auf Teile der Öffentlichkeit anmerkt: "Im Gegensatz zu der allgemein bürgerlichen Vorstellung der erhabenen Kunst, die gewissermaßen mit ihren Gipsgestalten oben auf den Büchergestellen hockt, wo sie bestenfalls verstaubt, aber keine lebendige Rolle spielt, kehrte hier die Kunst in die Wirklichkeit zurück. Ja, die Kunst wurde Wirklichkeit oder die Wirklichkeit zur Kunst. Beides kann nicht genau geschieden werden.

Das schafft eine Art Extremsituation, bei der der Kommunikationsvorgang zwischen Künstlern und Publikum abreißt" (2).

---

(1) Vgl. die Schilderungen des Publikumsverhaltens bei D. J. Grout, A Short History of Opera, 2. Aufl., New York 1966, S. 199 f.: "We must realize that those things which were the very life of the performance were just the things which could never be written in the score - the marvelous, constantly varied embellishments by the singers, the glamour of famous names, the intoxication of the lights and scenery, above all the gay, careless society of the eighteenth century, the game of chess during the recitatives, and the gabble of conversation, hushed only for the favorite aria and the following rapturous applause".

(2) R. König, Kunst und Gesellschaft heute, in: H. Koschwitz und G. Pötter (Hrsg.), Publizistik als Gesellschaftswissenschaft, Konstanz 1973, S. 391.

Übersieht man die kunstsoziologische Literatur aus diesem Gesichtswinkel, so stellt man zwar fest, daß der soziale Charakter von Kunstformen zumindest implizit in die Analysen und Betrachtungen Eingang gefunden hat, jedoch stellt man auch fest, daß erst wenige Mosaiksteine zusammengetragen werden konnten, die auf konkrete Fragestellungen konkrete Antworten zu geben vermögen. So trifft es wohl zu, "daß die einzelnen Betrachter ihren soziologischen Hebel dort ansetzen, wo sie glauben, am besten eine gewisse Facette der Gesamtkonstellation beleuchten zu können" (1). Eine aufschlußreiche Bestätigung geben die empirischen Untersuchungen, die den "Kunstbereich" betreffen. Je nach Fragestellung werden anwendbare Modelle und Konzepte anderer Wissenschaftsdisziplinen oder soziologischer Teilbereiche herangezogen, wie z. B. der Berufssoziologie, der Massenkommunikationssoziologie, der Psychologie oder Sozialpsychologie (2). Die drei von A. Silbermann (3) genannten Untersuchungsrichtungen der Kunstsoziologie - das dynamische, das funktionale oder beschreibende sowie das vergleichende Studium - werden von ihm folgerichtig als "Perspektiven" (4) und nicht als

---

(1) A. Silbermann, Stichwort "Kunst", op. cit., S. 171.

(2) Vgl. z. B. die Beiträge in den Sammelbänden von M.C. Albrecht, J. H. Barnett u. M. Griff (Hrsg.), The Sociology of Art and Literature, London 1970; R. N. Wilson (Hrsg.), Das Paradox der kreativen Rolle. Soziologische und sozialpsychologische Aspekte von Kunst und Künstler, erschienen als Bd. 2 der von A. Silbermann, R. König u. a. hrsg. Reihe "Kunst und Gesellschaft", Stuttgart 1975 (Originalausgabe: The Arts in Society, Englewood Cliffs 1964) oder die Untersuchung von R. König und A. Silbermann, Der unversorgte selbständige Künstler, Köln/Berlin 1964 sowie die zahlreichen auf inhaltsanalytischer Grundlage aufbauenden Arbeiten von L. Lowenthal, wie z. B. Ders., Biographies in Popular Magazines, in: B. Berelson und M. Janowitz (Hrsg.), Reader in Public Opinion and Communication, New York 1950, S. 289 ff. (zuerst 1943); Ders., Literatur und Gesellschaft, Neuwied und Berlin 1964.

(3) A. Silbermann, op. cit., S. 173 f.

(4) Ibid., S. 173.

Bilanz des augenblicklichen Standes dieser Disziplin bezeichnet. Die Schwierigkeit, bestimmte Kunstformen allein unter dem Blickpunkt einer einzigen wissenschaftlichen oder soziologischen Teildisziplin umfassend zu analysieren, artikuliert sich deutlich am Beispiel des Films, ein Bereich, der in der Soziologie sowohl unter dem Etikett der Kunstsoziologie als auch dem der Massenkommunikationssoziologie behandelt wird. L. Gesek unternimmt in einem älteren Beitrag den Versuch eines systematischen Überblicks der bis Anfang der 50er Jahre verfügbaren filmwissenschaftlichen Literatur. Unausgesprochen steht hinter dieser Arbeit der Wunsch, einen einheitlichen Bezugsrahmen für die Filmforschung zu etablieren, ein Bestreben, vor dem der Autor kapitulieren muß, wenn er feststellt: "Aber das Gebiet des Films, eines der größten Industriezweige der Vereinigten Staaten, eines Mittels öffentlicher Meinungsbildung, das in manchen Staaten im Dienste der Staatsführung steht, erwiesenermaßen auch ein neues Ausdrucksmittel für künstlerische Gestaltung, ist so umfassend und weitläufig und wirft so viele Probleme eigener Art auf, daß es als bloßes Randgebiet anderer Disziplinen nicht mehr zu überschauen ist. Man wird dieser neuen Erscheinung nur dann gerecht, wenn man sie zusammenfassend unter genauer Kenntnis ihrer Entwicklung und ihrer Gesetze erforscht" (1). Inzwischen hat sich die Filmforschung erfolgreich zu einem wahrhaft interdisziplinären Vorgehen bereitgefunden wie die zahlreichen Anthologien - unabhängig vom wissenschaftstheoretischen Ausgangspunkt der jeweiligen Autoren - belegen (2).

---

(1) L. Gesek, Wo steht die Filmwissenschaft?, in: Wissenschaft und Weltbild, 4. Jg., Nr. 10, 1951, S. 347.

(2) Vgl. hierzu die beiden Reader von D. Prokop (Hrsg.), Materialien zur Theorie des Films, München 1971 sowie A. Silbermann (Hrsg.), Mediensoziologie Band I: Film, Düsseldorf und Wien 1973.

Aufschlußreich ist die durchgehend in der Literatur zu konstatierende Ambiguität vor allem deshalb, als die Analyse des Films als Massenkommunikationsmittel vom filmischen Kunstgehalt meist gänzlich abstrahiert, die Analyse des Films als Kunstform hingegen seinen massenmedialen Aspekt vernachlässigt und in weitgehender Loslösung von sozialen Prozessen der Produktion und Konsumtion allenfalls Filminhalte als Abbild sozialer Wirklichkeit im Sinne der Spiegelbildtheorie analysiert. Eine dritte Variante ist die sozio-ökonomische bzw. soziopolitische Analyse. Jede dieser auf bestimmte Ausschnitte beschränkt bleibenden Betrachtungsweisen kommt durch Akzentuierung von Details zu eigenständigen Ergebnissen, ist der Komplexität des Forschungsgegenstandes angemessen, verhindert somit vorschnelle apodiktische Globalaussagen (1).

Die Ambiguität in der Behandlung des Mediums Film verweist auf die Möglichkeit, die theatralische Kunstform unter dem Aspekt der Soziologie der Massenkommunikation zu behandeln, vor allem auch deshalb, weil der stimulierende Einfluß, den filmspezifische dramaturgische Elemente auf theatralische Darstellungsformen ausgeübt haben wie z. B. bei E. Piscator, nicht unerwähnt bleiben kann. Selbst die Stückdramaturgie manch anerkannter Bühnenautoren weist deutlich auf filmische Vorbilder zurück (2).

---

(1) Am Rande sei erwähnt, daß gerade die Filmforschung die Eigenart - um nicht zu sagen Beschränktheit - von Wissenschafts- und Forschungstradition in formal vergleichsweise eindeutig abgrenzbaren Gesellschaften oder Sprachräumen belegt. Die geisteswissenschaftlich-philosophisch geprägte romanische Wissenschaftstradition strukturierte von Anfang an die Filmforschung in Frankreich in nicht minderem Maße als die empirisch-pragmatische Forschungstradition die Filmwissenschaft in den USA und äußert sich bis in die Gegenwart sowohl in deutlichen Vorbehalten gegenüber der jeweils anderen Forschungspraxis als auch in einem zögernden Informationsaustausch.

(2) K. Rülicke-Weiler hat z. B. nachgewiesen, daß die stoffliche Behandlung in Brechts Stücken mit hoher Wahrscheinlichkeit auf Anregungen zurückgeht, die Brecht in Filmen von S. Eisenstein gefunden hat. Siehe K. Rülicke-Weiler, Die Dramaturgie Brechts, Berlin 1968, besonders S. 111.

1.3. Die Soziologie der Massenkommunikation

Auf der Suche nach geeigneten Bezugsrahmen für die empirische Erforschung des Theaters ist schon früher auf die Soziologie der Massenkommunikation verwiesen worden. "Will man eine wirkliche und wissenschaftlich fundierte Soziologie des Theaters etablieren,...sollte nie übersehen werden, daß, neben anderem, hierbei sowohl die Erkenntnisse der Soziologie der Kunst als auch die der Massenkommunikation im Vordergrund zu stehen haben" (1).

Dieser Vorschlag wurde zum Teil zustimmend aufgenommen und hat praktische Konsequenzen gezeitigt, allerdings weniger im Bereich der Soziologie als unter Theaterwissenschaftlern. Bemängelt wurde das Fehlen bzw. die unausgesprochene Ablehnung normativer Grundlinien (2). Eine erneute Überprüfung müßte allerdings zu kritischen Einwänden anderen Charakters führen. Zum einen ist es unzulässig, die ausführlichen Bemühungen um eine Definition der Massenkommunikationsmittel marginal zu behandeln und so einer Präzisierung des Forschungsbereiches entgegenzuwirken. Beispiele der jüngsten Vergangenheit zeigen, daß eine zu flexible Beantwortung der Frage, welche Medien als Massenmedien zu klassifizieren sind, pseudosoziologischen Analysen Tür und Tor öffnet und inkommensurable Medien nebeneinander stellt, ein Vorgehen, das nur bei detaillierter Fragestellung möglich und sinnvoll ist (3).

---

(1) A. Silbermann, Sammelbesprechung zur Kunstsoziologie, in: Kölner Zeitschrift für Soziologie und Sozialpsychologie, 18. Jg., 1966, S. 184. Zu dem Verhältnis Massenkommunikations- und Theaterforschung siehe auch A. Hänseroth, op. cit. und F. Sack, Mißverständnisse um die Soziologie des Theaters, in: Theater und Zeit, 9. Jg., Nr. 3, 1961, S. 241 ff.

(2) So bei J. Hofmann, Theorie des Theatralischen als Wirkungskritik mimetischer Praxis, Stuttgart 1970, S. 23 f.

(3) Z. B. unter dem Gesichtspunkt einer integrierten Kulturpolitik. Siehe hierzu W. Liwanec, op. cit.

Zu welch absurden Ergebnissen der leichtfertige Umgang mit dem Terminus "Massenmedium" führt, belegt T. Osterwold, der den traditionellen Massenmedien das Schaufenster hinzufügt und in einer Art Medientaxonomie meint: "Im kulturellen Gesamtbau unserer Umwelt gehören die Schaufenster zu den wirkungsvollsten und einflußreichsten Kommunikationsmitteln ... So dringt das Schaufenster als Massenmedium, als Massenkommunikationsmittel, in die Lebenszentren ein" (1). Soziologischer Dilettantismus dieses Typs führt dann zu Erwägungen über das Rollenverhalten von Schaufenstern: "In dem Rollenspiel zwischen Schaufenster und Passant versucht das Schaufenster, als Regisseur die Führung zu übernehmen, damit die Verhaltensabläufe draußen vor dem Fenster vom Fensterinneren ausgehen" (2). Dieses Beispiel sei angeführt als Warnung vor allzu großzügiger Auslegung des Terminus "Massenmedium"; denn die Tatsache allein, daß theatralische Darstellungen einen Kommunikationsprozeß herstellen, an dem eine Vielzahl von Personen gleichzeitig beteiligt ist, erfüllt nicht die definitorischen Bedingungen eines Massenkommunikationsmittels. Selbst wenn man eine der in allgemeinverständlichen Einführungswerken üblichen Minimaldefinitionen anzuwenden versucht, die Massenkommunikation als die "Verbreitung bestimmter symbolischer Inhalte vermittels besonderer technischer Veranstaltungen ... über weitverstreute Menschenmengen" (3) beschreibt, ist es nur unter Hinzunahme weiterer Annahmen möglich, theatralischen Darstellungen die Qualität einer Massenkommunikation zuzuschreiben.

---

(1) T. Osterwold, Das Schaufenster als Massenmedium, in: Württembergischer Kunstverein (Hrsg.), Schaufenster - Die Kulturgeschichte eines Massenmediums, Stuttgart 1974, S. 6.

(2) Ibid., S. 7.

(3) R. König, Stichwort "Massenkommunikation", in: Ders., op. cit., S. 181.

Zwar werden "symbolische Inhalte" in Form von Schauspielen, Opern usw. übermittelt in der besonderen Form von Veranstaltungen in eigens zu diesem Zweck hergerichteten Gebäuden, die mehr oder weniger gleichmäßig über eine bestimmte Region verteilt sind und einem großen Personenkreis zugänglich sind, doch stellt sich die Frage, inwieweit die Bedingungen der "besonderen technischen Veranstaltung" für "weitverstreute Menschenmengen" mit diesem Sachverhalt getroffen werden. Bei einer weiten Auslegung könnte diese Frage gewiß positiv beantwortet werden:

a. Die Herstellung von Theateraufführungen ist abhängig von und erfolgt innerhalb technisch und organisatorisch hochdifferenzierter Betriebe, sodaß es gerechtfertigt erscheint, von "besonderen technischen Veranstaltungen" zu sprechen.

b. Theatervorstellungen finden statt in der Regel vor mehrhundert- oft mehrtausendköpfigem Publikum an weit voneinander entfernten Orten, so daß es auch gerechtfertigt erscheint, von "weitverstreuten Menschenmengen" zu sprechen.

Entsprechend dieser Minimaldefinition könnte Theater als ein Mittel der Massenkommunikation angesehen werden (1). Allerdings scheint der Zweck aller definitorischen Bemühungen um das Erkenntnisobjekt, nämlich eine präzise Abgrenzung zu erzielen, verfehlt zu sein. Die vordergründige Übereinstimmung verschleiert, daß mit den Termini "besondere technische Veranstaltungen" und "weitverstreute Menschenmengen" gemeint ist, daß aufgrund technischer Verarbeitungs-, Vervielfältigungs- und Übermittlungsprozesse

(1) Vgl. hierzu E. Freidson, Communications Research and the Concept of the Mass, in: American Sociological Review, Vol. 18, 1953, S. 313 ff.

identische symbolische Inhalte weitverstreuten Personenmehrheiten potentiell zugänglich sind. Die formale Stimulusidentität, die fraglos durch Drucktechnik und elektronische Techniken sichergestellt ist, ist bei Theateraufführungen zu keinem Zeitpunkt gegeben, nicht einmal in einem en suite spielenden Theater, das Abend für Abend monatelang dasselbe Schauspiel aufführt. Der durch das Text- und Regiebuch festgelegte Dialog ist insofern lediglich als das Skelett einer Theateraufführung anzusehen, das den Gestaltungsfähigkeiten der Darsteller immer einen Spielraum läßt, abgesehen davon, daß Schauspieler und Sänger nicht mehrmals mechanisch bis in Nuancierungen übereinstimmende Leistungen abzuliefern vermögen. Die allabendliche Erneuerung des theatralischen Vorgangs, die für den Zuschauer nicht vorhersehbare Elemente beinhaltet und deshalb seine Erlebnisfähigkeit vermeintlich schärft und aktiviert, wird gern verschwommen als das "erregende" Moment des Theaters gegenüber den "vorproduzierten" Bildern des Fernsehens und Films als Diskriminierungsmerkmal positiv hervorgehoben. Wie treffend diese Unterscheidung auch sein mag, für die Mehrheit der Theaterbesucher ist sie wahrscheinlich allein deswegen belanglos, als nur eine kleine Zahl von Kennern oder Fans ein- und dieselbe Inszenierung eines Theaterstückes mehrmals ansehen und etwaige Unterschiede von Vorstellung zu Vorstellung feststellen kann, einmal ganz abgesehen von der Frage, ob das Publikum in seiner Mehrheit überhaupt hinreichende Kenntnisse von Schauspiel- oder Gesangstechnik besitzt, um abendliche Variationen wahrnehmen zu können. Zutreffender wird die typologische Einzigartigkeit des Theaters gegenüber anderen vermeintlich oder tatsächlich konkurrierenden Medien von S. Kracauer charakterisiert. "Filme sind ... in einzigartiger Weise dazu geeignet, physische Realität wiederzugeben und zu enthüllen, und streben ihr deshalb auch unabänderlich zu ...

Man denke zum Beispiel an eine Theateraufführung oder ein Gemälde: auch sie sind real und wahrnehmbar... Ein Theaterbesuch zum Beispiel suggeriert eine Welt für sich, die unverzüglich in sich zusammenfiele, würde man sie auf ihre reale Umwelt beziehen" (1).

Zusammenfassend meinen wir, daß das Theater typologisch nur dann zu den Massenkommunikationsmitteln gerechnet werden kann, wenn man eine nomenklatorische Übereinstimmung mit den Anforderungen der Minimaldefinition für Massenkommunikationsmedien als hinreichend ansieht, die dem gemeinten Sinn jedoch nicht gleichmäßig entspricht. Hinsichtlich der verbreiteten Inhalte und der technischen Veranstaltung zwecks Verbreitung an weitverstreute Menschenmengen enthält jede Theateraufführung unterschiedliche Informationen für das Publikum, die Stimuluskonstellation ist auf der Seite des Produzenten einmalig, in identischer Form nicht wiederholbar und ist somit nur den Zuschauern verfügbar, die an einem exakt bestimmbaren Ort und Zeitpunkt anwesend sind. Die Bedenken werden mit zunehmender definitorischer Spezifizierung unüberwindbar. Wenn man wie H. K. Platte die gängigen Definitionen untersucht und sich dazu versteht, als Massenkommunikationsmittel alle Mittel anzusehen "..., die zur Übermittlung von massenintensiven Gehalten einen technischen Träger benutzen und durch die Darstellung des jeweiligen kommunikativen Gehaltes in allgemein verständlichen Bedeutungszeichensystemen primäre Kommunikation ohne Rücksicht auf die Gruppenzugehörigkeit der je einzelnen Kommunikanten im Zeitpunkt der Gleichzeitigkeit ermöglichen und herausfordern" (2), so erhebt

(1) S. Kracauer, Theorie des Films, Frankfurt/M. 1964, S. 66.

(2) H. K. Platte, Soziologie der Massenkommunikationsmittel, München/Basel 1965, S. 16.

sich für das Theater neben anderen die Frage, ob die von Sprech- und Musiktheater benutzten Bedeutungszeichensysteme das Kriterium der Allgemeinverständlichkeit ohne Rücksicht auf die Gruppenzugehörigkeit erfüllen. Diese Frage muß angesichts der Ausdrucksmittel des Theaters aus kommunikationswissenschaftlicher Sicht wohl eindeutig verneint werden, da für das Verständnis literarischer und musikalischer Inhalte wenn schon keine formale Ausbildung, so doch eine langfristige Eingewöhnung vorausgesetzt werden muß (1). Das heißt, die von einem Kunstwerk im Sinne eines symbolischen Gutes angebotene Information existiert nur für denjenigen, der aufgrund eines spezifischen Erziehungs- oder Lernprozesses die im Sprachgebrauch als "Kunstverständnis" bezeichnete Decodierungsfähigkeit besitzt, um

---

(1) Vgl. hierzu z. B. die Ausführungen von J. R. Pierce, Phänomene der Kommunikation, Düsseldorf und Wien 1965 (zuerst New York 1961). "...Der Wortschatz einer Sprache ist sehr groß, wenn auch ... festgestellt wurde, daß relativ wenig Wörter den Hauptteil eines Textes ausmachen. Die grammatikalischen Regeln sind so kompliziert, daß sie noch nicht exakt formuliert werden konnten. Dennoch haben die meisten Menschen einen großen Wortschatz, und sie können die grammatikalischen Regeln so anwenden, daß sie eine Sprache zu lesen und zu schreiben vermögen. Die Annahme liegt nahe, daß eine ähnlich überraschend große Kenntnis musikalischer Elemente und ihrer Beziehungen bei den Menschen, die Musik häufig, aufmerksam und verständnisvoll hören, besteht. Natürlich ist es nicht nötig, daß der Hörer diese Kenntnisse formulieren kann; ebenso wie jemand, der etwas schreibt, dabei nicht alle grammatikalischen Regeln aufsagen muß. Er braucht nicht einmal Musikstücke gemäß den Regeln niederschreiben zu können, ... Der musikalisch geschulte Hörer kennt trotzdem unbewußt gewisse Regeln der Musik und macht beim Zuhören davon Gebrauch...
... ein Wissen um die Sprache der Musik kann erst durch langjährige praktische Erfahrung erworben werden, wie das auch bei der gesprochenen Sprache der Fall ist. Nur durch diese Kenntnis ist es möglich, den Stil und die Individualität eines Werkes zu erkennen, ganz gleich ob auf literarischem oder musikalischem Gebiet...
Die offensichtliche Mannigfaltigkeit der Musik wird den ungeschulten ebenso wie den nur mit einem Stil vertrauten Zuhörer überwältigen" (S. 287 f.).

sich das Kunstwerk anzueignen (1).

Historisch ist das Theater zweifellos als ein funktionaler Vorläufer der Massenkommunikationsmedien zu betrachten. In einer Zeit, da die Entwicklung der technischen Vervielfältigungs- und Übertragungsverfahren noch bevorstand bzw. weite Bevölkerungskreise noch nicht über die Kenntnis ihrer Benutzung verfügten (z. B. Analphabetismus), waren die durch Theateraufführungen vermittelten Inhalte und Wertmuster hinsichtlich ihrer Integrationskraft für Gesellschaftssysteme von höchster Bedeutung, sei es, daß sie systemstabilisierende Wirkung hatten, sei es, daß sie innovatorischen Ideen Ausdruck verliehen (2). Nur mit dieser historischen Einschränkung kann man mit Silbermann "...die Mysterienspiele des Mittelalters als Diener der Festigung des Glaubens sehen; das Theater des ancien régime als rationale Rechtfertigung der monarchischen Macht; das Theater unter den liberalen Regimes des Kapitalismus als Erholung und Divertissement der besitzenden Klasse..." (3) ansehen und seiner Schlußfolgerung zustimmen, die

(1) Vgl. hierzu P. Bourdieu, op. cit.; vgl. auch Ders., Zur Soziologie der symbolischen Formen, Frankfurt/M. 1970, bes. S. 159 ff.

(2) Siehe z. B. J. Carcopino, Bread and Circuses, in: N. F. Cantor und M. S. Werthman (Hrsg.), op. cit.,S.53 ff. Seine Feststellungen bezüglich der Schaustellungen im antiken Rom stützen diese Ansicht. "Thus the spectacles of Rome, though not forming an integral part of the governmental system of the empire, helped to sustain its structure..." (S. 53). Siehe hinsichtlich der dem Publikum der heutigen Massenmedien vergleichbaren Publikumsheterogenität A. E. Haigh, op. cit.: "The audience at the dramatic performances... was drawn from every class of the population, Men, women, boys, and slaves were all allowed to be present" (S. 13). Um die historische Bedeutung theatralischer Darstellungen hinsichtlich der sozio-kulturellen Integration abzuschätzen, vgl. die grundsätzlichen Ausführungen von W. Breed, Mass Communication and Sociocultural Integration, in: Social Forces, Vol. 37, 1958, S. 109 ff. Abgedruckt in: L. A. Dexter und D. M. White (Hrsg.), People, Society, and Mass Communications, London 1964, S. 183 ff.

(3) A. Silbermann, Die soziologischen Aspekte des Theaters, op. cit., S. 191.

lautet: "...dann erst kann von Funktionen die Rede sein, die heute allesamt zusammenlaufen in der Konzeption des Theaters als einem Massenkommunikationsmittel" (1).

Zweifellos ist das Theater auch heutzutage anzusehen als ein möglicher Kanal für kulturelle Aktion, so wie es Presse, Film, Fernsehen sind, und Expertenkommissionen für Bildungsfragen sehen ebenso wie Theaterpraktiker in den theatralischen Darstellungsformen ein wichtiges, die Formalausbildung ergänzendes Medium in der Sekundärsozialisierung. Die Unesco schließt in ihr Programm zur "kulturellen Entwicklung" ausdrücklich das Theater ein. "In a civilization which is dominated by technology, cultural action has an increasing role to play, supplementing educational work and scientific effort by giving them an aim. Its function is to ensure that development serves the mind... Cultural development must now catch up on and keep in step with technological and scientific progress, ..." (2). Es erscheint also sinnvoll, Theater zwar nicht als Massenkommunikationsmittel, sondern aus der Sicht der Massenkommunikationsforschung zu behandeln. Zu verweisen ist in diesem Zusammenhang auf die unter dem Namen "theory of uses and gratifications" bekanntgewordene Betrachtungsweise (3). Diese von der individuellen Bedürfnisbefriedigung des Rezipienten ausgehende Richtung innerhalb der Soziologie der Massenkommunikation beinhaltet die Möglichkeit, die vom Theater verbreiteten Inhalte den Inhalten der Massenmedien Film und Fernsehen gleichzusetzen, und die Aspekte, unter denen Fernsehen und Film analysiert werden,

---

(1) Ibid.

(2) Unesco (Hrsg.), op. cit., S. 9.

(3) Zur Darstellung und Kritik der "Theory of Uses and Gratifications" siehe D. Chaney, Processes of Mass Communication, London 1972, besonders S. 22 ff.

analog für das Theater zu bearbeiten (1). Die damit angesprochene Substitutionskonkurrenz zwischen dem Theater und den Massenmedien, wie z. B. Film und Fernsehen, wird in Theaterkreisen weithin als gegeben angenommen. Ein Großteil der Theaterwerbung basiert entsprechend auf der Strategie der Produktdifferenzierung (2). Über den Intensitätsgrad der Substitutionskonkurrenz gehen die Ansichten weit auseinander, ohne durch empirische Daten abgesichert zu sein. So hatte der "Bund der Theatergemeinden" auf die Tagesordnung seiner Jahreshauptversammlung 1973 eine Diskussion des Themas "Theater und Fernsehen" gesetzt. Die Ausführungen der Referenten gipfelten in Feststellungen wie "Eines ist sicher, Fernsehen ohne Theater ist kaum denkbar, Theater ohne Fernsehen dagegen durchaus. Frage: Kann man den Einfluß des Fernsehens auf das Theater verändern? Antwort: Man muß ihn verändern, wo es durch Fortentwicklung im Grundverhalten der Fernsehanstalten zum Theater und in der Einstellung der Theater zu ihrer eigenen Zukunft möglich ist" (3).

Diese allgemeinen und nichtssagenden Leerformeln, vorgetragen vom gegenwärtigen Intendanten der Münchner Kammerspiele, H.-R. Müller, wurden ergänzt durch ebensolche Analysen des Intendanten des Zweiten Deutschen Fernsehens, K. Holzamer, der "anschaulich die gemeinsame Stückenot an die Wand (zeichnete). Theater und Fernsehen sollten sich ihres Vermittlungscharakters bewußt sein, wenn auch das Fernsehen reales Theater nicht machen könne. Die Rollenverteilung müsse daher 'angemessen' sein" (4).

---

(1) Vgl. Hans Bredow-Institut (Hrsg.), Fernsehen im Leben der Erwachsenen, Hamburg 1968, besonders S. 12 ff.

(2) Vgl. Theaterwerbeslogans wie "Theater ist lebendiger als Kino", "Das Theater hat das größere Fernsehbild".

(3) M. Högel, Theater und Fernsehen, in: Theater Rundschau, 19. Jg., Nr. 7/8, 1973, S. 5.

(4) Ibid.

Rechtfertigt der Ansatz der "uses and gratifications", im Prinzip eine modifizierte funktionalistische mikrosoziologische Verfahrensweise, bereits die Anwendung mediensoziologischer Analysen, so legt eine Durchsicht der deutschsprachigen Theaterpresse zusätzlich nahe, das "Theater" aus der Sicht der Medienforschung zu untersuchen; denn die spezifische Fragestellung der Massenkommunikationsforschung schließt a priori aus, daß philosophische und besonders pseudo-philosophische sowie ästhetische Gesichtspunkte die Oberhand gewinnen und den Forscher in Sphären führen, die sich einer beurteilenden Kontrolle entziehen.

Kaum eine Sonderdisziplin in der Soziologie ist in ihren Forschungsansätzen so gegenwartsbezogen und praxisnah ausgerichtet wie die Massenkommunikationsforschung. Der Bindung an Tagesprobleme und der Notwendigkeit, auf Fragen, die aus unterschiedlichen gesellschaftlichen Bereichen an sie herangetragen werden, eine Antwort zu geben, verdankt die Soziologie der Massenkommunikation bei allen in Kauf zu nehmenden Nachteilen die Entwicklung eines Forschungsinstrumentariums, das schnell und zuverlässig zu handhaben ist und in seinen Ergebnissen kontrollierbar bleibt.

Ebensowenig wie die Theaterforschung verfügt die Massenkommunikationsforschung über ein wirkliches theoretisches Fundament. Die mit theoretischem Anspruch auftretenden Titel aus dem Bereich der Massenkommunikation können nicht als echte Theorieetablierung angesehen werden (1).

---

(1) Als bekanntes Beispiel sei verwiesen auf W. Stephenson, The Play Theory of Mass Communication, Chicago/ London 1967 sowie auf E. Feldmann, Theorie der Massenmedien, München/Basel 1962; Ders., Neue Studien zur Theorie der Massenmedien, München/Basel 1969.

Im Prinzip ist bis auf den heutigen Tag die Zusammenfassung der Massenkommunikationsforschung verbindlich, die B. Berelson Ende der 50er Jahre mit skeptischem Blick auf die zukünftige Entwicklung unternahm (1). Berelsons Pessimismus bestätigte sich insofern, als in der Tat keine grundsätzlich neuen Perspektiven in der Medienforschung eröffnet wurden. Andererseits hat sich sein Pessimismus nicht bestätigt, weil die Medienforschung ihren interdisziplinären Anspruch inzwischen weitgehend eingelöst hat. In den diversen soziologischen Theorien und Modellen ist dem System der Massenkommunikation jeweils ein bestimmter Stellenwert eingeräumt (2), der den Rahmen der praktischen Forschung absteckt. Theoretische, Massenkommunikation betreffende Erörterungen sind jeweils möglich im Einklang mit der theoretischen, die Gesamtgesellschaft betreffenden Ausgangsposition (3); Detailfragen, wie z. B. die Frage nach den Auswirkungen massenmedialer Brutalitäts- und Gewaltdarstellungen, können unter Zuhilfenahme aller den jeweiligen Problembereich berührenden wissenschaftlichen Disziplinen bearbeitet werden. Um eine Systematisierung der verschiedenen Wissenschaftsdisziplinen zugehörenden und aus verschiedenen theoretischen Ausgangspositionen erarbeiteten Ergebnisse zu ermöglichen, bedarf es übersichtlicher Ordnungsschemata.

Nun hat H. D. Lasswell der Massenkommunikationsforschung frühzeitig eine inzwischen klassisch gewordene Formel an

---

(1) B. Berelson, The State of Communication Research, in: Public Opinion Quarterly, Vol. 23, 1959, S. 1 ff.

(2) Vgl. M. L. De Fleur, Theories of Mass Communication, New York 1966.

(3) Vgl. z. B. die Darstellung massenmedialer Systeme bezogen auf systemtheoretische, strukturell-funktionale oder neomarxistische Ansätze bei A. Silbermann u. U. M. Krüger, Soziologie der Massenkommunikation, Stuttgart 1973, S. 82 ff. oder die Ausführungen zur "Kritischen Theorie der Massenkommunikation" bei H. Holzer, Kommunikationssoziologie, Reinbek bei Hamburg 1973, bes. S. 93 ff.

die Hand gegeben, die bis heute als systematischer - nicht jedoch, wie oft geschehen, als theoretischer - Rahmen der Massenkommunikationsforschung anzusehen ist: "Who Says What in Which Channel To Whom With What Effect?" (1). Diese Formel hat sich bewährt und erscheint uns sehr wohl geeignet für eine Übernahme in den Bereich des Theaters, wobei sie dem in der Kunstsoziologie überaus beliebten Schema Autor-Werk-(Interpret-) Publikum aus einem gewichtigen Grund vorzuziehen ist: Während das Autor/Publikum-Schema statische Züge trägt und den Eindruck einer beim Autor beginnenden und beim Publikum endenden linearen Kausalkette suggeriert, wird bei Anwendung der Lasswell-Formel deutlich zum Ausdruck gebracht, daß es sich beim Theater um ein dynamisches Phänomen handelt, daß hier ein sozialer Prozeß vorliegt, der nicht linear ist, sondern die Möglichkeit und Wahrscheinlichkeit des "feedback" einzelner Elemente berücksichtigt.

Anhand der Lasswell-Formel ließe sich fürs Theater der Katalog der zu erforschenden Aspekte ohne weiteres neu gliedern. Eine praxisnahe Forschung wird jedoch manchen Untersuchungsfeldern eine vorrangige Behandlung gewähren müssen und gewisse Prioritäten setzen. Nun ist es aber nicht so, daß bereits Übereinstimmung darüber besteht, welche Aspekte gegenüber anderen vorzuziehen sind, vielmehr müssen diese erst einmal untersucht und hypothetisch formuliert werden, will man nicht von vornherein in arbiträre Entscheidungen abgleiten. Der zuverlässigste Weg zur Entwicklung einer Prioritätenskala bleibt die Analyse der in der Öffentlichkeit diskutierten Fragen. Sieht man

---

(1) H. D. Lasswell, The Structure and Function of Communication in Society, in: L. Bryson (Hrsg.), The Communication of Ideas, New York 1964 (zuerst 1948), S. 37.

einmal ab von den moralisierenden, soziologisch unerheblichen Reflexionen, dann verbleibt ein beachtlicher Rest an schriftlichen und mündlichen Äußerungen, die vor allem von Theaterleuten vorgetragen werden und in ihrer Substanz eine teils bewußte, teils unbewußte Rat- und Hilflosigkeit des Theaters gegenüber den Erscheinungen des sozialen Wandels demonstrieren (1). Diese Feststellung beschränkt sich nicht allein auf den deutschsprachigen Bereich, sondern trifft international zu (2). Konkret ausgedrückt bedeutet dies, und hiermit tragen wir Thesen vor:

Das Theater hat - wie manch anderer soziale Teilbereich - nicht Schritt gehalten mit den allgemeinen sozialen Veränderungen.

Das deutsche Theater befindet sich in einem Anpassungsprozeß, der zu gravierenden Spannungen gegenüber anderen Teilbereichen geführt hat. Die mangelnde Anpassung ist vor allem eine Folge der durch Subventionen und andere öffentliche Maßnahmen gewährleisteten institutionellen Scheinstabilität des Theaters, die den im und für das Theater tätigen Personen und Gruppen eine relativ große persönliche Sicherheit garantiert und die gleichzeitig dem Theater auf Grund der meist unter kommunaler Verantwortung stehenden Verwaltungspraxis den Charakter einer "Behörde" verleiht, die, wie die zahlreichen soziologischen Untersuchungen über Bürokratisierungsprozesse und über den Wandel bürokratischer Institutionen zeigen, häufig jedem Wandel widerstreben (3).

---

(1) Vgl. die Ergebnisse einer Befragung von 33 Theaterpraktikern und Wissenschaftlern zu Theorie und Praxis sozialwissenschaftlicher Theaterforschung von T. Heinze, Theater zwischen Wirklichkeit und Möglichkeit, Köln/Wien 1973.

(2) Vgl. A. Nicolai, The Author Must Become a Man of the Theatre, in: International Theatre Informations, Winter 1971, S. 13 f.; R. Szydlowski, Le théâtre et la personnalité de l'homme, in: Le Théâtre en Pologne, 12. Jg., Nr. 6/7, 1970, S. 3 ff.; L. F. Rebello, Identification... Distanciation... Participation, in: International Theatre Informations, Winter 1971, S. 20 f.

(3) Vgl. zu der Frage nach der Flexibilität bzw. Starrheit bürokratischer Organisationen M. Crozier, Le phénomène bureaucratique, Paris 1963.

Zum anderen befreit die durch Subventionen aufrechterhaltene Sicherheit das Theater von dem Zwang des Existenzkampfes, d. h. weniger pathetisch gesagt, von dem über die Dauer eines Theaterabends hinausgehenden Kontakt mit dem Publikum.

Die Oberzeugung, daß das Theater als Teil der institutionalisierten Kultur nicht Schritt gehalten hat mit den allgemeinen sozialen Veränderungen bzw. sich in einem wachsenden Spannungszustand zu anderen gesellschaftlichen Teilbereichen befindet, ist inzwischen allgemein verbreitet, nachdem nicht nur Angehörige der jüngeren Generation die Theaterstruktur zu verändern suchen, sondern in der allgemeinen bildungs- und kulturpolitischen Diskussion der politischen Parteien und Interessengruppen das Theatersystem in seiner gegenwärtigen Form zunehmend in Frage gestellt wird. Gewiß dachte R. K. Merton nicht an die soziokulturelle Institution des Theaters, sondern an weiterreichende, die Individualsphäre bedeutend nachhaltiger berührende Institutionen als er versuchte, die Theorie funktionaler Analyse anzuwenden auf Fragen des sozialen und kulturellen Wandels. Doch ist das Konzept der Spannung, des Widerspruchs und der Diskrepanz zwischen den sozialen und kulturellen Strukturelementen als möglicher Ausgangspunkt für Wandlungsprozesse ein allgemein anwendbares Konzept. "The key concept bridging the gap between statics and dynamics in functional theory is that of strain, tension, contradiction, or discrepancy between the component elements of social and cultural structure. Such strains may be dysfunctional for the social system in its then existing form; they may also be instrumental in leading to changes in that system. In any case, they exert pressure for change. When social mechanisms for controlling them are operating effectively, these strains are kept within such bounds as to limit change of the social structure" (1).

---

(1) R. K. Merton, Social Theory and Social Structure, rev.ed., Glencoe/London 1957, S. 122.

Für eine soziologische Theaterforschung ergibt sich forschungsstrategisch folgender Ansatz:

a. Es ist die innere Struktur des Theaters bzw. des Theaterbetriebes zu erforschen, um Aufschluß zu erhalten über die disruptiven und integrativen Momente, über die Richtungen und Möglichkeiten der auf einen endogenen Strukturwandel hindeutenden Prozesse;

b. es ist zu untersuchen, welche (veränderten) Anforderungen bzw. (veränderten) Erwartungen von außen an das Theater herangetragen werden.

Aus der Fixierung dieser beiden Untersuchungsrichtungen ergeben sich die Prioritäten einer empirischen Erforschung des Theaters in soziologischer Richtung. Das Hauptaugenmerk sollte gerichtet werden auf die bei jeder Theateraufführung einander gegenübertretenden Gruppen: einerseits die Produzenten des Theaters bzw. der Theateraufführungen, die sich wiederum in eine Vielzahl von Einzelgruppen formaler und informaler Art auffächern lassen, andererseits die Konsumenten des Theaters, das Publikum. Noch umfassender ausgedrückt kann man sagen: Es müssen alle sozialen Gruppen und Institutionen untersucht werden, die für die Theaterproduktion verantwortlich sind und einen ideellen oder materiellen Beitrag leisten, und alle übrigen sozialen Gruppen, soweit sie in irgendeiner Beziehung zum Theater treten oder treten können.

Wenn an dieser Stelle vorgeschlagen wird, sich der empirischen Erforschung des Theaters unter dem Aspekt des sozialen bzw. institutionellen Wandels zuzuwenden und auszugehen von den Erkenntnissen und Ordnungsprinzipien der Massenkommunikationsforschung, so ist damit zwar ein möglicher Orientierungsrahmen abgesteckt, gleichzeitig zeigt sich aber erneut die Notwendigkeit, bei der Realisierung einer derart komplexen forschungsstrategischen Skizze an mehreren Stellen Querverbindungen herzustellen zu anderen soziologischen Teildisziplinen wie der Soziologie der Freizeit und der Organisationssoziologie, überdies aber auch der Soziologie der Berufe.

1.4. Die Soziologie der Freizeit

Ähnlich der Soziologie der Massenkommunikation ist die Soziologie der Freizeit gekennzeichnet durch eine schier unübersehbare Anzahl von Einzeluntersuchungen, die sich einer integrierenden theoretischen Deutung entziehen. E. K. Scheuch interpretiert diese Schwierigkeiten einer Soziologie der Freizeit als "...Folgen der strukturellen Probleme hochdifferenzierter Gesellschaften. Damit wird die Soziologie der Freizeit notwendig zur Beschäftigung mit den Folgen gesellschaftlicher Differenzierung für die Akteure und für die Gesellschaft als Sozialsystem selbst. In diesem Sinne verstanden verfügen wir erst über Prolegomena einer Soziologie der Freizeit, ungeachtet dessen, wie sehr diese als Spezialzweig einer Beschreibung alltäglichen Verhaltens auch bereits entwickelt sein mag" (1).

Insofern es der Soziologie der Freizeit gelungen ist, menschliches Verhalten in der arbeitsfreien Zeit zu untersuchen, kann sie dann allerdings einen Beitrag leisten bei der Untersuchung des Theaters oder besser des Theaterbesuchs als einer unter zahlreichen möglichen Freizeitaktivitäten. Wenn auch Meinungswidersprüche bestehen, so wird doch ein Theaterbesuch noch eindeutiger dem Freizeitbereich zugeordnet als z. B. Fernsehen (2).

---

(1) E. K. Scheuch, Soziologie der Freizeit, in: R. König (Hrsg.), Handbuch der Empirischen Sozialforschung, II. Bd., Stuttgart 1969, S. 813 f.

(2) Siehe hierzu die tabellarische Übersicht 1 und 2, S. 255 f.

Aus der Fülle der Einzelaspekte, die unter dem Generalthema Freizeit untersucht wurden, lassen sich bedeutsame Einsichten für die spezifische Tätigkeit des Theaterbesuchs ableiten bzw. erheben sich Fragestellungen, die bisher übersehen wurden, da in fast allen vorliegenden Untersuchungen über Freizeitverhalten der "Theaterbesuch" lediglich am Rande behandelt wurde, gänzlich unberücksichtigt blieb oder gleichgesetzt wurde mit vermeintlich äquivalenten Aktivitäten wie Kino- oder Konzertbesuch (1).

Jüngere, international vergleichende Zeitbudget-Studien zeigen die geringe Bedeutung des Theater- oder Opernbesuches im Vergleich zu anderen Tätigkeiten und Freizeitbeschäftigungen und machen die Aggregierung bestimmter Tätigkeiten (wie Museums-, Konzert-, Theater- und Opernbesuch) forschungstechnisch unumgänglich (2).

Darüber hinaus ist es angesichts der sozio-ökonomischen Wandlungsprozesse nicht möglich, von quantitativen Konstanten des Freizeitverhaltens auszugehen, was die in

---

(1) Aus der Literaturfülle sei an dieser Stelle auf einige Werke aus verschiedenen Zeiträumen, für die der dargestellte Sachverhalt zutrifft, hingewiesen: J. S. Coleman, The Adolescent Society. The Social Life of the Teenager, and its Impact on Education, Glencoe 1961; Emnid (Hrsg.), Jugend zwischen 15 und 24, Bielefeld 1955; Jugendwerk der Deutschen Shell (Hrsg.), Jugend - Bildung und Freizeit, o. O. und J. (Datenerhebung erfolgte 1965); W. Strzelewicz, Jugend in ihrer freien Zeit, München 1965.

(2) Vgl. A. Szalai u. a., The Use of Time. Daily Activities of Urban and Suburban Populations in Twelve Countries, Den Haag/Paris 1972, bes. Tabelle 1, S. 114 sowie Teil III, Statistischer Anhang, S. 491 ff.

Umfragen erhobenen Daten schnell veralten läßt und ihnen bestenfalls Indikatorwert beimißt (1).

Wenn in einer Repräsentativerhebung des Jahres 1954 34 % aller Jugendlichen zwischen 15 und 24 Jahren erklärten, noch nie im Theater gewesen zu sein (2), so mag dieser Wert tendenziell noch heute gültig sein ebenso wie die Antworten der Befragten in den Jahren 1958 (3) und 1965 (4), aus denen hervorgeht, daß Theaterbesuch eine nahezu vollständige Bedeutungslosigkeit hat gegenüber anderen Freizeitbeschäftigungen und Interessen wie z. B. Lesen, Sport oder Fernsehen usw. Bedeutsamer als diese von Zeit zu Zeit replizierten Befragungen sind jedoch Fragestellungen, die für viele Theaterpraktiker und Kulturpolitiker als beantwortet gelten und entsprechende Auswirkungen auf theaterunternehmerische und kulturpolitische Entscheidungen haben. Hervorzuheben ist in diesem Zusammenhang die ständig diskutierte Substitutionskonkurrenz zwischen Fernsehen bzw. Film einerseits

---

(1) Vgl. hierzu F. Klausmeier, Jugend und Musik im technischen Zeitalter, Bonn 1963; sowie die Analyse von L. Rosenmayr, E. Köckeis u. H. Kreutz, Kulturelle Interessen von Jugendlichen, Wien und München 1966, bes. VI. Der Theaterbesuch, S. 222 ff.Grundsätzliches zu diesem Punkt äußert E. K. Scheuch, Die Problematik der Freizeit in der Massengesellschaft, in: Universitätstage 1965, Berlin 1966, S. 104 ff. In der kritischen Zusammenfassung der bis Mitte der 60er Jahre vorliegenden Literatur zur Freizeitforschung veranschaulicht sich dieser Aspekt auch bei H. Hänisch, Studien über die vorliegende Literatur zur Soziologie der Freizeit, Frankfurt/M. 1968.

(2) Emnid (Hrsg.), op. cit., S. 113.

(3) R. Fröhner, Das Buch in der Gegenwart, Gütersloh 1961, S. 78 f.

(3) Jugendwerk der Deutschen Shell (Hrsg.), op. cit., S. 102.

und Theater andererseits. Eine Verneinung der Substitutionskonkurrenz aufgrund gezielter Erhebungen würde eine Vielzahl von Theatern vor die Notwendigkeit stellen, ihre Werbekonzepte zu revidieren. Bereits in den 50er Jahren wurde für die behauptete Substitutionskonkurrenz zwischen Theater und Film festgestellt:

"Haben die Jugendlichen, die ins Kino oder ins Theater gehen, grundsätzlich andere Interessensrichtungen, d. h. kann man im ganzen zwischen den Kreisen der Jugend unterscheiden, die das Theater oder das Kino bevorzugen?

Eine Kreuzung der beiden Antwortergebnisse erweist, daß statistisch dafür keine Anhaltspunkte gegeben sind, sondern daß vielmehr die Jugendlichen, die öfter ins Kino gehen, auch mehr das Theater besuchen als jene, die sich nur einmal oder gar nicht im Monat vor der Befragung einen Film angesehen haben.

Ein Drittel der Jugendlichen, die häufig ins Kino gehen, besuchen auch das Theater. Dagegen befinden sich unter den Jugendlichen, die nicht ins Kino gehen, nur ein Viertel Theatergänger" (1).

In einer sekundärstatistischen Analyse zehn deutscher Ballungsräume (Hamburg, Bremen, Hannover, Rhein-Main, Rhein-Neckar, Stuttgart, Nürnberg, München, Rheinland und Ruhr), die im Gegensatz zu den demoskopischen Untersuchungen nicht den einzelnen Besucher sondern die verschiedenen Kultureinrichtungen in den Mittelpunkt stellt und regionale Eigenarten aufzeigt, kommt J. Scharioth zu einer differenzierteren Aussage: "Ein Bild der signifikanten Korrelation zeigt ein Dreieck von Konzert-,

---

(1) Emnid (Hrsg.), op. cit., S. 115. Leider ist dieser Aspekt nur andeutungsweise behandelt worden in einer jüngeren Studie, die trotz zahlreicher möglicher methodologischer Einwände die gegenwärtig weitreichendste Information bietet. Siehe E. Dichter Int. Ltd., Bericht zu einer motivpsychologischen Studie über die Einstellung des deutschen Publikums gegenüber dem Kino bzw. Filmtheater in seiner derzeitigen Erscheinungsform, ausgearbeitet für die Filmförderungsanstalt Berlin, Okt. 1969 (hektogr.).

Musiktheater- und Filmtheaterbesuchern, das untereinander auf dem 5 %-Niveau korreliert" (1).

Eine Gegenüberstellung von Theater und Fernsehen hat unter dem Gesichtspunkt der individuellen funktionalen Bedeutung von Unterhaltungs- und Bildungsinhalten Gemeinsamkeiten, doch kann auch hier nicht von einer Substituierbarkeit der Leistungen, die Theater und Fernsehen anbieten, gesprochen werden. "Ein Wettbewerbsverhältnis von Theater und Fernsehen könnte nur dann angenommen werden, wenn die 'Dienstleistungen' beider ähnlich und weitgehend austauschbar wären. Die Darbietung des Theaters hat jedoch im Vergleich zu Fernsehsendungen für den Zuschauer einen völlig anderen, gesteigerten Erlebniswert. Ein Theaterbesuch setzt die Bereitschaft voraus, zu einer bestimmten Zeit auszugehen, sich einer größeren Gruppe gleichinteressierter Besucher anzuschließen. Der unmittelbare räumliche Kontakt zu den Darstellern und die Konzentration, die zwangsläufig durch die einheitliche Ausrichtung des Publikums auf das Bühnengeschehen gefördert wird, erhöht zweifellos den Erlebniswert gegenüber der Fernsehdarbietung in der vertrauten Heimatmosphäre mit kaum mehr als drei oder vier Personen zur Gesellschaft. Die Möglichkeit, während der Fernsehdarbietung gestört zu werden, die Zwanglosigkeit der häuslichen Umgebung und die Ablenkungsmöglichkeit durch zusätzliche Beschäftigungen mindern die Konzentrationsfähigkeit der Fernsehzuschauer erheblich (2).

(1) J. Scharioth, Kulturveranstaltungen und Publikum, in: R. Schmitz-Scherzer (Hrsg.), Freizeit, Frankfurt/M. 1973, S. 462 f.

(2) Vgl. auch die bei der Beobachtung des tatsächlichen Verhaltens von Fernsehzuschauern während des Rezeptionsprozesses festgestellte Ablenkung und Aktivitätsvielfalt, in: A. Silbermann und E. Zahn, Die Konzentration der Massenmedien und ihre Wirkungen, Düsseldorf und Wien 1970, S. 416 ff.

Daß das gefilmte, flüchtige Fernsehbild, das die Illusion der Realität vermittelt, von geringerer Einprägsamkeit ist als der auf einer Bühne dargestellte reale Handlungsablauf, bedarf keiner näheren Erläuterung. Hinzu kommt, daß über den Erlebniswert hinaus das Theater als gesellschaftliches Ereignis einen höheren Prestigewert aufweist als das Fernsehen. Die entscheidenden Unterschiede, die eine Substituierbarkeit ausschließen, liegen also sowohl in der Darbietungsweise als auch in dem Umfang des Publikums, dessen Situation im Theater eher mit der im Kino vergleichbar ist" (1).

Die Frage nach der Substitutionskonkurrenz zwischen Fernsehen und Theater ist ebenfalls Ausgangspunkt einer noch nicht abgeschlossenen vergleichenden Studie in 10 europäischen und außereuropäischen Ländern (2). Bisher vorliegende Zwischenergebnisse scheinen die These zu bestätigen, daß die Massenmedien Fernsehen und Film eher das Interesse neuer Publikumsschichten zu wecken vermögen als dem Theater Publikum zu entziehen.

Obwohl auch jüngere Untersuchungen zeigen, daß Besitz oder Nichtbesitz eines Fernsehgerätes so gut wie keine Rolle spielt bei der individuellen Häufigkeit von Theater-, Konzert- oder Filmbesuch (3), ist die Vermutung der Substituierbarkeit zweifellos gefördert worden durch die Verwandtschaft der inhaltlichen Angebote aller vermeintlich miteinander konkurrierenden Medien, die eng

---

(1) Aus: Media Perspektiven, Nr. 137, 1970, S. 6. Vgl. auch E. Dichter Int. Ltd., op. cit.

(2) Internationales Institut für Musik, Tanz und Theater in den audio-visuellen Medien (Hrsg.), Das Publikum des Musiktheaters und die technischen Medien, IMDT Doc. - 25/15/9/70, Wien 1970.

(3) Vgl. hierzu Emnid (Hrsg.), Freizeit im Ruhrgebiet, Bielefeld/Essen 1971.

damit verbundenen medienspezifischen Anforderungen an Dramaturgie, Darstellungsstil sowie die Techniken der Transponierung von Bühnen- oder Film- und Fernsehinhalten auf die jeweils anderen Medien (1).

Anknüpfend an die Frage der Substitutionskonkurrenz wäre es sinnvoll zu wissen, mit welcher Intensität soziodemographische Variablen das Freizeitverhalten determinieren (2). Die schwache Determinationskraft der Variable Individual- oder Haushaltseinkommen sollte die Bemühungen, durch Null-Tarife mehr Besucher in die Theater zu locken, abrupt beenden können und die Aufmerksamkeit lenken auf zielgruppenorientierte Werbeansprachen, die auf Variablen mit starker Determinationskraft basieren, Werbeansprachen, die umso dringlicher erscheinen als die normative und insofern verhaltensregulierende Komponente der Freizeittätigkeit "Theaterbesuch" nicht mehr wirksam ist; überdies besitzt "Theaterbesuch" nicht mehr den hohen sozialen Prestigewert,der im Amerika des 19.Jahrhunderts die Goulds und

---

(1) Seit Jahrzehnten schon hat die Frage der Transponierbarkeit reichhaltige Literatur nach sich gezogen. Vgl. z. B. D. Brier, Dramaturgie und Regie des Rundfunks unter Berücksichtigung der Bühne und des Films, Wien 1951; W. Brosche, Vergleichende Dramaturgie von Schauspiel, Hörspiel und Film, Wien 1954; R. C. Burke, A History of Televised Opera in the United States, The University of Michigan 1963/64; S. C. Chenoweth, A Study of the Adaptation of Acting Technique from Stage to Film, Radio and Television Media in the United States, 1900 - 1951, o. O. 1957; R. L.Hilliard, Concepts of Dramaturgical Technique as Developed in Television Adaptions of Stage Plays, New York 1959; G. Müller, Dramaturgie des Theaters, des Hörspiels und des Films, Würzburg 1954; C. Münster, Die Oper im Fernsehen. Technische Voraussetzungen und künstlerische Möglichkeiten, o. O. 1958; A. Nadell, Understanding Theatre Television, New York 1939; G. Wahnran, Studien zur Gestaltung der Handlung in Spielfilm, Drama und Hörspiel, Rostock 1939.

(2) Siehe E. K. Scheuch, Soziologie der Freizeit, op.cit., S. 784.

Vanderbilts dazu bewegte, sich ein eigenes Opernhaus zu erbauen. "The Metropolitan Opera was built not in response to a demand for music, but to meet this need for fashionable display. Grand Opera took its place as one of the most exclusive and fashionable of all diversions" (1).

Die Soziologie der Freizeit hat über die bloße Fixierung manifesten Freizeitverhaltens hinaus Anstrengungen unternommen, die Widersprüche zu erfassen und darzustellen, die bestehen zwischen persönlichem Präferenzsystem, dem vermuteten Präferenzsystem der Bevölkerung allgemein und dem "objektiven" (im Sinne der ausdrücklich bekundeten Akzeptierung traditioneller Wertsysteme) Wert verschiedener Freizeitaktivitäten.

Die nachstehende Übersicht (2) zeigt, als "wertvolle" Tätigkeit nimmt "Theaterbesuch" eindeutig den höchsten Rang ein, befragt nach eigener Präferenz bzw. Einschätzung durch die Gesamtbevölkerung fällt die Freizeitbeschäftigung "Theater- oder Konzertbesuch" nahezu auf den letzten Rang zurück. Die Ursachen dieser Diskrepanz, die bei "Spazierengehen" und "Fernsehen" eine ungefähre Entsprechung im entgegengesetzten Sinn erfährt, bedürfen noch einer Klärung. Allerdings liegt die Vermutung nahe, daß in der sekundären Sozialisierungsphase eine erfolgreiche Vermittlung des Ausschnitts des kulturellen Wertsystems stattgefunden hat, der salopp mit dem Terminus "dramatisches Erbe" umschrieben werden kann. Dies führt dann zwar zu einer "wertschätzenden" Attitüde, die jedoch nicht in manifestes Verhalten umgesetzt wird, da die Einübung dieses Verhaltens nicht oder nur partiell stattgefunden hat, ein Mangel,

---

(1) F. R. Dulles, America Learns to Play, New York 1940, S. 239.

(2) Siehe auch Übersicht 3, Seite 257.

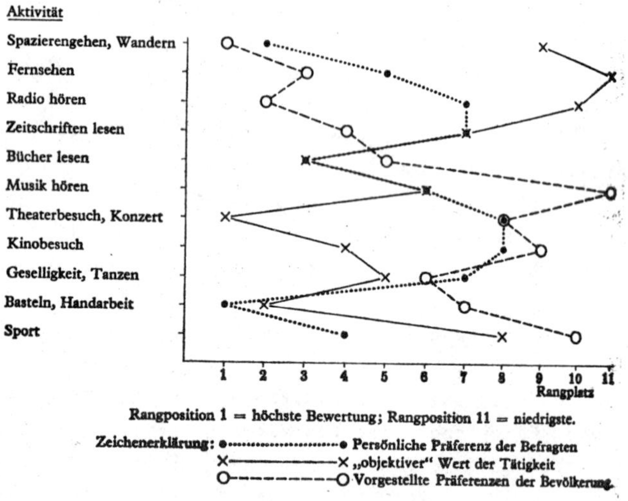

Quelle: E. K. Scheuch, op. cit., S. 786.

der inzwischen erkannt worden ist, wie z. B. die Einrichtung von Lehrveranstaltungen zur Didaktik des Theaterbesuches an vereinzelten Lehrerausbildungsstätten zeigt (1).

---

(1) Vgl. W. Noetzel, Versuch zu einer Didaktik des Theaterbesuchs, in: Der Spielkreis, 21. Jg., Nr.2, 1970, S. 22 f. Bericht über eine Veranstaltung der Pädagogischen Hochschule Bonn in Zusammenarbeit mit dem Theater der Stadt Bonn im Wintersemester 1969/70 anläßlich der Inszenierung von W. Shakespeares Spätwerk "Cymbeline".

Die fehlende Vertrautheit mit dem Theater wird folgerichtig als gewichtige Ursache für den geringen Anteil bestimmter Bevölkerungsschichten am Theaterpublikum angesehen. Um das oft zitierte Beispiel des geringen Arbeiteranteils zu erwähnen: Alle seit der Mitte der 60er Jahre durchgeführten Repräsentativerhebungen über die Struktur des Theaterpublikums kommen unterschiedslos zu einem Arbeiteranteil von weniger als 10 %. Diese Zahlen treffen zu sowohl für die USA, Großbritannien, Frankreich, BRD, als auch für die DDR und Polen (1). Die Daten weisen auf weitgehende Fremdheit des Theaters als Institution und subjektiv empfundenes Unvermögen hin, die theatralischen Ausdrucksformen zu verstehen (2). Infolgedessen werden Theaterangebote von den betreffenden Personen nicht als Freizeitangebote wahrgenommen.

Zweifellos gibt es einige spektakuläre Beispiele aus Vergangenheit und Gegenwart, die Zeugnis sind für die unterschiedliche Anziehungskraft des Theaters. Doch selbst in sozialistischen Staaten wie Polen (3), Rumänien,

---

(1) Vgl. O. V., So-Called "Popular" Theatre, in: International Theatre Informations, Winter 1971, S. 27 ff. In der Analyse von J. Scharioth, op. cit., S. 462 korreliert entsprechend die Anzahl der Besucher verschiedener kultureller Einrichtungen negativ mit dem Arbeiteranteil. In seiner Studie "Arbeiter in der Freizeit" kam D. Hanhart (Bern/Stuttgart 1964) zu dem Ergebnis, daß mehr als 60 % aller Arbeiter noch nie in ihrem Leben im Theater oder im Konzert waren und nur 12 % mehr als zweimal in ihrem Leben (ibid., S. 150).

(2) O. V., So-Called "Popular"Theatre, op. cit., S. 29.

(3) A. Hausbrandt, Polish Theatrical Audiences in Figures (1946-1967), Warschau 1970. Über die Struktur des polnischen Theaterpublikums heißt es dort zusammenfassend: "The theatre is an entertainment, above all for white-collar workers with secondary and higher education.Part of the audience, including participation of regular theatre-goers, consists of persons with primary education. But for a majority of industrial workers, handicraftsmen and manual office-workers, a visit to the theatre is still an occasional, or a holiday pastime (S. 10) ...Undoubtedly the theatre is an entertainment for the élite, and participation in theatrical events is determined, above all, by educational level"(S. 11).

Bulgarien, der Sowjetunion oder der DDR (1) sind es ebensolche Ausnahmefälle wie in Großbritannien, Schweden oder den USA. In einer international vergleichenden Studie heißt es zusammenfassend: "Certainly the experiments here and there gave encouraging results but never in an 'ordinary' milieu - here it was a new town entirely occupied by workers where the official cultural activity was of a very vigourous kind, there it was a group of audacious actors which settled for a few weeks in a mining complexm, here again a company managed to familiarize itself with a small peasant region, sometimes too, certain troupes, particularly in the United States, carry out 'agit-prop' by means likely to reach a quite important fringe of the workers... All comforting things, significant for the future, but with no repercussions, not only on international level but even on a merely regional scale" (2). In allen genannten Fällen würde diese Zuwendung zum Theater erreicht auf der Basis eingehender Kontakte mit dem gewünschten Personenkreis oder langfristiger Einübung in den Theaterbesuch im Rahmen umfassender bildungspolitischer Programme, die teilweise in der Primärschule einsetzten (3).

---

(1) Vgl. hierzu J. Burkhardt, Die Besuchersituation in den Theatern der DDR, in: R. Rohmer u. J. May (Hrsg.), Theater hier und heute, Berlin (Ost) 1968, S. 213 ff.

(2) O. V., So-Called "Popular" Theatre, op. cit., S. 28.

(3) Die einzige Ausnahme stellt Israel dar. Nach Aussagen des israelischen Theaterfachmanns J. Weinberg besuchen dort nicht nur Industrie- und Landarbeiter regelmäßig das Theater, sondern auch große Teile der Immigranten aus Entwicklungsländern, die kaum lesen oder schreiben können, gehören zum ständigen Theaterpublikum (vgl. hierzu O. V., So-Called "Popular" Theatre, op. cit., Frühjahr 1971, S. 15). Da empirische Untersuchungen nicht vorliegen, sind wir hinsichtlich der Ursachen dieses atypischen Erscheinungsbildes in Israel auf Hypothesen angewiesen. In Anbetracht der historischen Entwicklung des Staates Israel und der Tatsache, daß das Bildungsgefälle der diversen Bevölkerungsgruppen unterschiedlicher nationaler und sprachlicher Herkunft besonders deutlich ist, liegt die Vermutung nahe, daß gerade in Israel das Theater noch die funktionale Bedeutung für das Gesellschaftssystem hat, die es in den übrigen hochentwickelten Gesellschaften bereits lange verloren hat (vgl. hierzu Kap. 1.3., S. 43).

Gestützt wird die These mangelnder Vertrautheit mit dem Theater durch die Position der Freizeitbeschäftigung Bücher lesen". Hier stimmen "objektive" Bewertung und persönliche Präferenz überein, da während der Sekundärsozialisierung in der Schulzeit die Vermittlung des positiven Wertes "Literatur" mit der praktischen Einübung in Form der gemeinsamen Klassenlektüre einhergeht. Daß in späteren Lebensabschnitten der Inhalt der individuellen Lektüre oft eher dem Bereich der Trivialliteratur als dem der "wertvollen" Belletristik zuzuordnen ist, hat lediglich sekundäre Bedeutung, da die Tätigkeit "Bücher lesen" losgelöst vom Inhalt für sich bereits als positiv besetzt empfunden wird und die Entwicklung dissonanter Prozesse verhindert. Diese sehr geradlinig vorgetragene Hypothese wäre zu überprüfen, wobei eine Reihe von Hilfshypothesen hinzugezogen werden müßte. Die Klagen über mangelndes Theaterangebot für Kinder, die zögernde Bereitschaft, nennenswerte Etatmittel für Kindertheater zur Verfügung zu stellen, könnten aufgrund einer entsprechenden Analyse eindeutig beurteilt werden.

Zu berücksichtigen wäre fernerhin die mögliche Diskrepanz zwischen erklärtem Interesse am Theater und der objektiven Unfähigkeit, die auf der Bühne benutzten Symbolsysteme zu verstehen (1).

Neben den genannten Komponenten steht gewiß die aus dem Bildungsverständnis des 19. Jahrhunderts hervorgegangene "Ehrfurchtshaltung" vor dem Theater dem aktiven Theaterbesuch entgegen, eine Haltung, die bis heute in dem Unterhaltungswert des Theaters ein Negativum sieht, während

---

(1) Vgl. hierzu das ausschließlich diesem Thema gewidmete Werk von J. M. Trenaman, Communication and Comprehension, London 1967 sowie besonders in Hinblick auf den Bereich der Kunst das grundlegende Werk von E. Cassirer, Philosophie der symbolischen Formen, 2. Aufl., Darmstadt 1953/54 (zuerst 1923-1929).

im historischen Rückblick gerade die nicht primär theatralischen Aspekte, sondern das soziale Umfeld eines Theaterabends einen hervorragenden, wenn nicht den entscheidenden Stimulus gaben (1).

Als nicht weniger bedeutsam für die Zukunftschancen des Theaters wird die Beantwortung der Frage nach dem <u>zukünftigen</u> Freizeitverhalten angesehen. Abgesehen von den methodologischen Schwierigkeiten bei der Anwendung der möglichen Prognosetechniken (2) hat sich die Diskussion zunehmend konzentriert auf die Frage, ob die Freizeitmuster der Zukunft vorwiegend charakterisiert sein werden durch passives bzw. rezeptives Freizeitverhalten oder durch aktiv-kreative Tätigkeitsarten. Die Chance, größere Personenkreise zu Theaterbesuchen anzuregen, ist von der Beantwortung dieser Frage ebenso abhängig wie von der Frage, ob in der Zukunft der Charakter des Freizeitverhaltens dem Arbeitsverhalten entsprechen wird (Kongruenzhypothese) oder in der physischen und psychischen Ausprägung dem Arbeitsverhalten entgegengesetzt ist (Kontrasthypothese) (3).

Wenn es auch nicht unsere Aufgabe sein kann, an dieser Stelle Spekulationen über das zukünftige Freizeitverhalten abzugeben, so glauben wir die Nützlichkeit freizeitsoziologischer Fragestellungen für die Analyse des Teilbereiches der an der Institution Theater konstitutiv beteiligten Theaterbesucher verdeutlicht zu haben. Aus der Inanspruchnahme einer soziologischen Teildisziplin, die weitgehend

---

(1) Vgl. D. J. Grout, op.cit.

(2) Vgl. hierzu H. W. Bierhoff, Zur Voraussage in der Freizeitforschung, in: R. Schmitz-Scherzer (Hrsg.), op. cit., S. 15 ff.

(3) Vgl. hierzu die Arbeit von R. Wippler, Freizeitverhalten: ein multivariater Ansatz, in: R. Schmitz-Scherzer (Hrsg.), op. cit., S. 91 ff., besonders S. 99 f.

perzipiert wird als ein noch nicht über das Stadium des Eklektizistischen vorgeschrittener Wissenschaftszweig, ergeben sich für die Analyse der Institution Theater Perspektiven, die aus dem Blickwinkel anderer Disziplinen notwendigerweise unberücksichtigt bleiben müssen. Daß die empirischen Befunde aus der Soziologie der Freizeit ausschließlich den Bereich der Rezipienten, also des Theaterpublikums, abdecken können, ist nicht als Mangel anzusehen, da für die Untersuchung des Kommunikationsbereichs, oder besser: des Produktionsbereichs von Theatervorstellungen, die Befunde anderer soziologischer Teildisziplinen theaterspezifisch überprüft werden können.

1.5. Die Soziologie der Organisation

Im Rahmen der wissenschaftlichen Beschäftigung mit dem Theater ist die Problematik der inneren Struktur von Theaterbetrieben oder -unternehmen fast gänzlich vernachlässigt worden. Zwar wird bei einer Aufzählung der zu untersuchenden theatralischen Teilbereiche regelmäßig verwiesen auf die Eigenart der innerbetrieblichen Strukturen und Prozesse (1), doch der Verweis ist bis auf programmatische Erklärungen folgenlos geblieben (2), obwohl kulturpolitisch die innere Verfassung oder Struktur einer Institution wie das Theater von eminenter Bedeutung ist (3).

---

(1) Siehe z. B. H.-J. Lieber, Stichwort "Theater", in: W. Bernsdorf (Hrsg.), op. cit., S. 1148 ff.

(2) Vgl. z. B. den von Studierenden der Theaterwissenschaft an der Universität zu Köln entwickelten Forschungsplan, der die Aspekte der Organisationsstruktur ausführlich berücksichtigt: Arbeitsgemeinschaft Theaterpraxis (Hrsg.), op. cit.

(3) Vgl. W. Liwanec, op. cit.; K. Rössel-Majdan, Rundfunk und Kulturpolitik, Köln und Opladen 1962.

Schnell wenden sich die Autoren wieder anderen, scheinbar wichtigeren Aspekten zu wie z. B. dem Verhältnis von Künstlern zu Kunstkonsument, der generellen Beziehung zwischen Gesellschaft und Theater und ähnlichem. Zwangsläufig mußte der Eindruck entstehen, daß Organisationsstruktur und Organisationsablauf in Theaterbetrieben lediglich zweitrangigen Einfluß auf die Produktions- oder Leistungsqualität des Theaters haben und sich dem künstlerischen Wollen des Intendanten oder Regisseurs mehr oder weniger friktionslos anpassen. Ausdruck dieses naiven Glaubens an die individuelle Durchsetzungskraft von Einzelpersönlichkeiten innerhalb von Betrieben, die bis zu 2000 Personen ständig beschäftigen, ist die mit Hingabe betriebene Intendanten-Idolisierung. Nicht erfolgreichen Theatern wird ein abrupter Intendantenwechsel beschert in der Hoffnung, eine "charismatische" Persönlichkeit zu finden, die als "neuer" Mann an der Spitze das "Ruder" herumreißt,obwohl die aus der Psychologie, Soziologie und Sozialpsychologie vorliegenden Ergebnisse der Führungsforschung erfolgreichen "charismatischen" Führungsstil in komplexen Organisationen eher als Ausnahmefall denn als Regelfall erscheinen lassen (1).

Die Auseinandersetzung um einen höheren Subventionsbetrag für das Theater der schweizerischen Stadt Basel im Jahre 1973, die in einer Volksabstimmung mit 24.000 Subventionserhöhung ablehnenden Voten gegenüber 18.000 befürwortenden Stimmen gipfelte, war lediglich oberflächlich ein finanzpolitischer Streit. Im Kern hatte die Argumentation gegen einen höheren Theaterzuschuß das Ziel, den in weiten Kreisen als zu avantgardistisch geltenden Intendanten W. Düggelin zur Aufgabe seines Amtes zu zwingen (2).

---

(1) Vgl. M. Kunczik, Der Stand der Führungsforschung, in: Ders. (Hrsg.), Führung. Theorien und Ergebnisse, Düsseldorf und Wien 1972, S. 260 ff.

(2) Siehe R. Baumgart, Ein Kulturkampf in Basel, in: Süddeutsche Zeitung vom 20./21. 10. 1973, S. 109.

Nur selten wird in der Diskussion über zahlreiche ähnlich gelagerte Fälle in der Bundesrepublik Deutschland die Tatsache erkannt und ausgesprochen, daß der Erfolg eines Theaters im wesentlichen bestimmt wird durch organisationsinterne Faktoren, wie sich erst jüngst wieder zeigte am Fall der Pariser Oper bei der Amtsübernahme durch R. Liebermann, der im persönlichen Gespräch eingesteht, den Hauptteil seiner Arbeitskraft auf die Reorganisation des "Betriebes" zu verwenden, um die Grundlage einer kontinuierlichen Programmpolitik zu schaffen, und der sich konsequenterweise vornehmlich als Betriebsmanager sieht. Das Selbstbild der in der Bundesrepublik tätigen Intendanten ist im Gegensatz dazu deutlich geprägt durch persönliche künstlerische Ambitionen. A. Everding, bis 1976 Intendant der Hamburgischen Staatsoper und anschließend in gleicher Position an die Bayerische Staatsoper in München verpflichtet, ist qua Amt einer der einflußreichsten Theaterleute in der Bundesrepublik. In entsprechenden Stellungnahmen bezeichnet er organisatorische und administrative Ansprüche, die an einen Intendanten gestellt werden, als lästige Begleiterscheinungen der Intendantentätigkeit, die zur Einschränkung der künstlerischen Freiheit der Intendanten geführt haben und letztlich zum Mißerfolg ihrer Arbeit führen müssen (1).

---

(1) A. Everding, Die Stadt und ihr Intendant, in:Deutscher Bühnenverein (Hrsg.), Informationstagung des Deutschen Bühnenvereins am 26. und 27. Oktober 1973 in Freiburg i. Br., Köln 1974 "Ich möchte meinen, wir sind in Wirklichkeit wieder, was der Titel noch in Frankreich verhieß: Intendantur = Wirtschaftsverwaltung eines Heeres, zuständig für Verpflegung, Besoldung, Bekleidung und Unterkunftsangelegenheiten. Aber der Intendant sollte das künstlerische Gewissen einer Stadt sein... Es zählt in unserem Beruf nur der äußere Erfolg, und dieser Erfolg wird größtenteils von Menschen bestimmt,die halt über Erfolge und nicht über Werte bestimmen können... Die Freiheit der Intendanten, die viel besungene, gegenüber der Stadt ist zwar noch gegeben, aber Stadt und Staat haben den Gruppen im Theater so viele Freiheiten gegeben, daß damit die Freiheit des Intendanten aufgegeben wurde". (S. 1 f.). Siehe zu diesem Thema weiter G. Rühle, Was ändert sich am Theater?, in: Die Deutsche Bühne, 43. Jg., Nr. 12, 1972, S. 4 ff.

Das historisch geprägte Selbst- und Fremdbild des Künstlers als individualistische, spontanen Intuitionen nachgebende und geregelte Arbeitsabläufe ablehnende Persönlichkeit wirkt partiell bis in die Gegenwart des konkreten Theaterbetriebes nach und führte zu zahlreichen ungeplanten und unvorhergesehenenen Prozessen, die eher negativ als positiv die Organisationsleistung beeinflußt haben, was wiederum zum Teil begründet werden mag mit dem Hinweis auf die ungeklärte Frage, wieweit Künstlerrollen "...nach Quantität und Qualität als 'Rollen' von der Gesellschaft bereitgestellt werden oder in ihr ohne weiteres beansprucht werden können" (1). Sollte die seit einiger Zeit zu beobachtende Intensivierung des pragmatischen Verhältnisses von Künstler und Gesellschaft allmählich zu einer Etablierung des Künstlers als Öffentlichkeitsberuf führen, so wird sich die Problematik qualitativ verändern (2). Wir teilen nicht die optimistische Ansicht von K. Fohrbeck und A. J. Wiesand, die letztlich eine zunehmende Konvergenz von Selbst- und Fremdbild des Künstlers feststellen, wenn sie aufgrund repräsentativer Befragungsergebnisse ausführen: "Eine Gegenüberstellung von A u f f a s s u n g e n z u r F u n k t i o n / B e d e u t u n g v o n K u n s t bzw. künstlerischer Tätigkeit, wie sie einerseits bei den K ü n s t l e r n selber, andererseits bei der breiten B e v ö l k e r u n g (ermittelt durch Repräsentativ-Umfrage) besteht, ergibt zusammengefaßt folgendes Ergebnis:

---

(1) D. Claessens, Rolle und Macht, 2. Aufl., München 1970, S. 55; vgl. auch R.-D. Herrmann, Über das gesellschaftliche Sein des Künstlers, in: Zeitschrift für Ästhetik und allgemeine Kunstwissenschaft, Bd. 13, Nr. 2, 1968, S. 113 ff.

(2) Vgl. hierzu P. Rech, Engagement und Professionalisierung des Künstlers, in: Kölner Zeitschrift für Soziologie und Sozialpsychologie, 24. Jg., 1972, S. 509 ff.

MEINUNGEN ÜBER DIE AUFGABEN VON KUNST/KÜNSTLERN
(Frageauszug)

Kunst soll/Künstler sollen:	Bevölkerungs-durchschnitt %	Hauptberufl. Künstler insg. %
1. Entspannen, unterhalten	65	41
2. Schönes, Ästhetisches herstellen	52	31
3. Die Umwelt, unsere Städte menschlicher, schöner gestalten	40	53
4. Neue Denk- und Seh-/Hörweisen entwickeln lehren, bilden	37	54
5. Die eigene Phantasie, die eigenen Ausdrucksmöglichkeiten entwickeln helfen	36	51
6. Sich für benachteiligte Gruppen einsetzen, Privilegien abbauen	17	30
Prozentsumme	247	260

Mehrfachnennungen

Daß sich die Mehrheit der Bevölkerung im Anschluß an den Arbeitsalltag, Unterhaltung, Entspannung und 'Schönes' von der Kunst und den Künstlern erwartet, ist nicht weiter verwunderlich. Wenn aber Künstler und Bevölkerung in so hohem Umfang der Kunst gesellschaftszugewandte Funktionen zuschreiben (im Bereich der Umweltgestaltung, der Pädagogik, des kreativen Spiels etc.), wenn Künstler in so hohem Maße an einer Vermittlung und Anwendung ihrer Arbeitsmöglichkeiten und breite Bevölkerungsschichten so sehr an künstlerischer Eigenaktivität interessiert sind, dann geht dieses Ergebnis über das herkömmliche Kunstverständnis erheblich hinaus. Das 'Publikum' will keineswegs nur Konsument oder Käufer sein und die Künstler sehen ihren Beruf, mit dem sie sich zumeist sehr hoch identifizieren, keineswegs nur unter dem Aspekt der eigenen (privilegierten) Selbstverwirklichung" (1).

(1) K. Fohrbeck, A. J. Wiesand, Der Künstler-Report, München-Wien 1975, S. 346.

Die vorwiegend gesellschaftszugewandten Berufsinteressen der Künster ("menschlichere Umwelt", "neue Seh- und Hörweisen entwickeln", "sich für benachteiligte Gruppen einsetzen") korrigieren zwar das Bild vom "elitären Künstler im Elfenbeinturm" (1), sind aber schwerlich in Einklang zu bringen mit den Auffassungen zur Funktion und Bedeutung von Kunst, wie sie in quantitativ hervorstechender Weise in der repräsentativen Bevölkerungsbefragung zum Ausdruck kommen (2).

Der auf eine rezeptiv-passive Haltung hindeutende Wunsch nach Entspannung und Unterhaltung, nach Schönem und Ästhetischem auf der Seite des potentiellen oder tatsächlichen Kunstpublikums läßt auch die Deutung zu, daß gerade die Veränderung des Selbstbildes der Künstler in Richtung auf eine aktivere Mitgestaltung im gesamtgesellschaftlichem Bereich in zusätzliche Konfliktsituationen führen wird bzw. bereits geführt hat wie z. B. der Besucherrückgang in den Theatern der BRD im Gefolge des zunehmenden inner- und außerbetrieblichen politischen Engagements der Theaterschaffenden andeutete (3).

Angesichts der in der Untersuchung von Fohrbeck und Wiesand erarbeiteten Daten über die künstlerische Arbeit

---

(1) Ibid., S. 347.

(2) "Geht man der Rangfolge nach, so genießt der Normalbürger an erster Stelle den Freizeitwert der Kunst, er will im Anschluß an den Arbeitsalltag durch Kunst bzw. Künstler unterhalten und entspannt werden; er will 'Schönes' sehen oder hören. Dagegen will der Künstler selber mit Hilfe der Kunst in erster Linie aktiv verändern, die Umwelt humanisieren und verschönern, die kreativen Fähigkeiten seines Publikums entwickeln helfen".(Ibid., S. 40 f.)

(3) Vgl. Kapitel 2.3.2., S. 154 ff., bes. S. 157 f.

im Spiegel der Öffentlichkeit und im Selbstverständnis der Künstler, angesichts der Daten über Berufszugänge, berufliche Mobilität und Probleme der Berufsstellung (1), scheint die Perspektive solcher Analysen realistischer, die zu dem Schluß kommen, daß die "...Künstler-Rolle durch eine übertragende Anwendung von berufssoziologischen Definitionskriterien nicht ausreichend zu erfassen ist, da die Künstler-Rolle in der Vergangenheit und Gegenwart kein Beruf im traditionellen Sinne war noch ist und da sie für die Zukunft darauf angelegt zu sein scheint, aufgrund des ihr innewohnenden innovativen Potentials die Klammern beruflichen Handelns eher zu sprengen als sich von ihnen fesseln zu lassen" (2).

Besonders die Diffusität des Rollenbildes nach berufssoziologischen Kriterien wie Brauchbarkeit, Erwerbschancen, Statusabsicherung führt im aktuellen Verhalten des Künstlers zu Manifestationen, die sich innerhalb eines hochdifferenzierten Theaterbetriebes in dysfunktionalen, zumindest unvorhergesehenen Abläufen äußern. Gerade den unvorhergesehenen oder ungeplanten Erscheinungen in Organisationen gilt im Gegensatz zur betriebswissenschaftlichen Organisationslehre die besondere Aufmerksamkeit der Organisationssoziologie.

Die relativ junge Teildisziplin, die allerdings im Gegensatz zur Soziologie der Massenkommunikation oder Soziologie

---

(1) K. Fohrbeck, A. J. Wiesand, op. cit., S. 84 ff.

(2) H. P. Thurn, "Berufsrolle" Künstler?,in: Kölner Zeitschrift für Soziologie und Sozialpsychologie, 25. Jg., 1973, S. 162.

der Freizeit sehr bald eine theoretische Festigung erfuhr (1), wandte ihr empirisches Interesse vornehmlich solchen Organisationstypen zu, deren Bedeutung für das gesamtgesellschaftliche System augenfälliger ist als das Theater, wie z. B. Organisationen der Produktions- und Dienstleistungssphäre wie Großindustrie und öffentliche Verwaltung. Fraglos ist der moderne Organisationsbegriff, so wie er sich aus dem systemtheoretischen und kybernetischen Ansatz entwickelt hat, zutreffend für das Theater (2), fand allerdings noch keine beispielhafte Anwendung in Form spezifisch organisationssoziologischer Untersuchungen. Die Frage nach den konkreten Aspekten, unter denen das Theater von der Organisationssoziologie zu untersuchen ist, ist pauschal schnell beantwortet: Wenn der moderne Organisationsbegriff auf Merkmale hinweist, "die - mit Ausnahme der nicht durch die Definition festgelegten Aspekte - Gleichartigkeiten zwischen allen in seinen Anwendungsbereich fallenden sozialen Gebilden konstituieren, dann müssen diese Gebilde gleichfalls wichtige gemeinsame Probleme haben" (3).

Obwohl letztlich alle Untersuchungen, die aus der Interessenlage konkreter Organisationen oder Organisationsbereiche - wie z. B. dem Theater - initiiert werden, mit der Erwartung verbunden sind, "Rezepte" zur Steigerung der Organisationseffizienz zu erhalten, kann der Wunsch

---

(1) Vgl. den Oberblick über die Entwicklung der Organisationssoziologie bei R. Mayntz und R. Ziegler, Soziologie der Organisation, in: R. König (Hrsg.), op. cit., S. 444 ff., besonders I. Theoretische Perspektiven, S. 444-467.

(2) Vgl. A. Kuhn, The Study of Society, Homewood (Ill.), London 1963, besonders S. 414, 430 ff., 445 ff.

(3) R. Mayntz und R. Ziegler, op. cit., S. 451. Hinsichtlich der allen Organisationen gemeinsamen Merkmale siehe R. Mayntz, Soziologie der Organisation, Reinbek bei Hamburg 1963, S. 36.

nach "normativen Leitlinien" von der Organisationssoziologie nicht zusammenfassend und allgemeinverbindlich befriedigt werden. Deshalb sollte ein erstes Ziel der organisationssoziologischen Analyse des Theaters zu sehen sein in der Überprüfung der bereits entwickelten generellen Konzepte und Fragestellungen, die soweit als möglich in der Reihenfolge ihrer Bearbeitung den Präferenzen der Theaterverantwortlichen entsprechen können.

Der Katalog möglicher Fragestellungen umfaßt den gesamten Erkenntnisbereich der Organisationssoziologie. Die Äußerungen führender Theaterleute und Kulturpolitiker einerseits, andererseits die Themen, an denen sich innerbetriebliche Konflikte entzünden sowie die von den Theatern nur noch zum Teil erfüllten Erwartungen der Öffentlichkeit - abzulesen an rückläufigen bzw. stagnierenden Besucherzahlen sowie an heftigen Kontroversen innerhalb der Fachkritik über die vermuteten Intentionen prominenter Regisseure - all dies sollte organisationssoziologische Arbeiten über das Theater hinlenken auf die Fragen der Zielsetzung, der Zielkonflikte und Zielverschiebung sowie auf die Frage des Interdependenzverhältnisses zwischen dem Theater und den umgebenden Systemen.

Unter dem letztlich hinter allem Bemühen stehenden pragmatischen Aspekt der Leistungseffizienz sind diese Untersuchungen ebenso nützlich wie sie im Vergleich einen Fortschritt in Richtung einer einheitlichen Theorie zielgerichteter sozialer Systeme darstellen können. Es ist wenig sinnvoll, die aus der Analyse des Organisationsziels "Theater" resultierenden Fragestellungen katalogartig aufzulisten, angefangen von der Untersuchung der Rollenstruktur über Formalisierungsgrad, Kommunikations-, Autoritätsstruktur bis hin zu Fragen der Gruppenkohäsion, des Mitgliederverhaltens und der Rekrutierungsgewohnheiten. Aus der besonderen Perspektive organisationssoziologischer Analyse wäre es begrüßenswert, wenn in vergleichenden organisationssoziologischen Untersuchungsansätzen, wie sie bereits vor mehr als einer Dekade für komplexe Organisationen entwickelt wurden (1), auch Organisationstypen aus dem Bereich der institutionalisierten Kultur - wie das Theater - Berücksichtigung fänden.

Die Soziologie der Kunst sieht das Theater als soziokulturelle Institution und setzt damit den Akzent auf eine vorwiegend gesamtgesellschaftlich bzw. komparativ bezogene Perspektive, die den Weg zu ausschnitthaften Detailfragen erschwert (2), die Soziologie der Massenkommunikation und die Soziologie der Freizeit entwickeln ihre Fragestellungen infolge der Forschungstradition bzw. aus der Natur ihres Erkenntnisobjektes vornehmlich in Hinblick auf die Individualsphäre.

Im Gegensatz zu den vorgenannten Disziplinen zentriert die Organisationssoziologie ihre Aufmerksamkeit auf abgrenzbare Sozialgebilde - in diesem Fall zielgerichtete Teilsysteme - und untersucht deren Strukturen und Prozesse sowohl bezogen auf das Teilsystem "Organisation" als auch bezogen auf Interdependenzen mit den jeweiligen Umweltsystemen (3).

---

(1) Wie z. B. von A. Etzioni, A Comparative Analysis of Complex Organizations, New York 1961.

(2) Siehe das wohl über den Fachbereich der Soziologie hinaus bekannteste Konzept einer makrosoziologisch ausgerichteten Soziologie der Kunst von H. Read, op. cit.

(3) Seitdem T. Parsons auf die Bedeutung der externen Beziehungen formaler Organisationen nachdrücklich hingewiesen hat, hat dieser Aspekt organisationssoziologischer Analyse zunehmend an Bedeutung gewonnen. Vgl. T. Parsons, Some Ingredients of a General Theory of Formal Organization, in: Ders., Structure and Process in Modern Societies, Glencoe (Ill.) 1960, S. 59 ff.

Neben der Befriedigung theoretischen Interesses kann diese Perspektive für die Beurteilung der historisch-aktuellen Lage des Theaters und seiner zukünftigen Entwicklung bzw. Chancen bedeutsame Befunde zeitigen, wenn man sich entschlösse, die organisationssoziologische Betrachtungsweise den bereits erörterten der Kunst-, Massenkommunikations- und Freizeitsoziologie in einem quasi intradisziplinären Ansatz hinzuzufügen.

Die Unabdingbarkeit bzw. der enge Zusammenhang mit berufssoziologischen Analysen sollte ebensowenig übersehen werden wie die Berührungspunkte mit der Gemeinde- bzw. Stadtsoziologie (1). Für das Medium Film wurde dieser Weg beschritten, wie zahlreiche angelsächsische Untersuchungen zeigen, die inzwischen auch im deutschen Sprachbereich anregend gewirkt haben (2). Allerdings stagnierte die Filmforschung in dem Augenblick als das "neue" Medium Fernsehen seinen Aufschwung erlebte und all die Fragen bezüglich sozialer oder individueller Auswirkungen von Filminhalten sowie bezüglich der ökonomischen Aspekte der Filmwirtschaft nun für das Medium Fernsehen gestellt wurden. Das in jüngerer Vergangenheit zu konstatierende Wiederaufleben der Filmliteratur ist hingegen vorwiegend kunstästhetisch orientiert und birgt die Gefahr einer Abwendung von der sozialen Realität, wie sie sich bereits vor längerer Zeit bei der französischen Filmzeitschrift "Cahiers du Cinema" abzeichnete und gegenwärtig an dem deutschen Periodikum "Filmkritik" manifestiert.

---

(1) Vgl. z. B. R. M. Fisher (Hrsg.), The Metropolis in Modern Life, Garden City (N. Y.)1955, bes. S. 117; vgl. auch S. Riemer, The Modern Society, New York 1952, bes. S. 281 f.

(2) Eine Durchsicht der Literaturhinweise in einschlägigen Anthologien fördert eine Vielzahl von Arbeiten zutage, die diese Ansicht belegen. Siehe z. B. A. Silbermann, Empirische Kunstsoziologie, op. cit., S. 208 ff.; aber auch: D. Prokop (Hrsg.), op. cit., eine Textsammlung, die bezeichnenderweise im Untertitel drei mögliche Perspektiven nebeneinanderstellt: "Ästhetik, Soziologie, Politik".

2. Drei Bereiche der Theaterforschung und ihre Bedeutung für die zukünftige Entwicklung des Theaters in der Bundesrepublik Deutschland

Die vorgehend skizzierten Teilbereiche soziologischer Forschung bieten zahlreiche Bezugspunkte, an die eine Erörterung und Analyse theorie- oder praxisbezogener Fragen des Theaters angeschlossen werden kann. In Kapitel 1.3. wurde vorgeschlagen, die Institution des Theaters unter dem Aspekt des sozialen Wandels sowie der damit einhergehenden Anpassungsprozesse zu untersuchen. Es versteht sich, daß die im Theater zu konstatierenden Wandlungsprozesse unter Zuhilfenahme unterschiedlicher soziologischer Konzepte und Modelle beschrieben werden können; eine Anlehnung an die Konflikttheoretiker des sozialen Wandels ist ebenso denkbar wie z. B. der Versuch, die Institution Theater im Sinne von T. Parsons als eine rückständige "Nische" (1) im Prozeß der Systementwicklung zu sehen. Jedoch reichen die über das Theater zur Verfügung stehenden Daten kaum für eine aktuelle Zustandsbeschreibung aus,

---

(1) Zwar entlehnt Parsons den Begriff "Nische" dem biologischen Bezugssystem als vorbereitenden Schritt zur Erklärung Einzelsysteme übergreifender evolutionärer Universalien, doch steht u. E. nichts der Möglichkeit entgegen, das Konzept rückständiger "Nischen" gleichfalls auf Teilsysteme begrenzter Reichweite anzuwenden. Vgl. T. Parsons, Evolutionary Universals in Society, in: American Sociological Review, Vol. 29, 1964, S. 339 ff.; deutsche Übersetzung: Evolutionäre Universalien der Gesellschaft, in: W. Zapf (Hrsg.), Theorien des sozialen Wandels, Köln/Berlin 1969, S. 55 ff., bes. S. 56. Im übrigen stimmt dieses Konzept weitgehend überein mit dem funktionalistischen Begriff des Funktionsverlustes, das letztlich auf E. Durkheim zurückgeht: "...daß eine Erscheinung existieren kann, ohne irgendwie zu nützen, sei es, daß sie niemals irgendeinem vitalen Zweck gedient hat, sei es, daß sie ihre Nützlichkeit in der Folge eingebüßt und ihre Existenz durch die bloße Macht der Gewohnheit fortgeführt hat...". (E. Durkheim, Die Regeln der soziologischen Methode, hrsg. v. R. König, 2. Aufl., Neuwied u. Berlin 1965, S. 177).

noch weniger gestatten sie eine Zuordnung nach differenzierteren Kriterien. Selbst die Statistiken, die periodisch für die BRD vom Statistischen Bundesamt sowie dem Deutschen Bühnenverein veröffentlicht werden, sind für die Frage nach den Wandlungstendenzen des Theaters nur partiell benutzbar, bedürfen kritischer Prüfung und zusätzlicher Aufbereitung, wie in den folgenden Kapiteln zu zeigen sein wird.

Bei Erörterung der Veränderungsprozesse im deutschen Theater werden in der Fachdiskussion folgende Faktoren unterschieden:

1. Ablösung der Intendanten - Generationskonflikt.
2. Der zunehmende Einfluß politischer Parteien auf die Theater.
3. Die Mitbestimmungsdiskussion.
4. Veränderungen der thematischen und ästhetischen Standards.
5. Die Kommunikation zwischen Publikum und Theater.
6. Die Fragwürdigkeit des die Subventionen begründenden traditionellen Bildungsauftrages der Theater.
7. Die objektive finanzielle Verschlechterung der Theaterträger (1).

Diese unsystematische Auflistung der kritischen Bereiche beschreibt letztlich drei größere Komplexe, die zu untersuchen sind:

<u>Komplex a)</u> Der Wandel kulturpolitischer Zielvorstellungn von Kommunen, Ländern (und Bund).

- aa) Die konkurrierenden Ziele öffentlicher Kulturförderung.
- ab) Der kulturpolitische Stellenwert des Theaters als Legitimationsgrundlage öffentlicher Förderung.

---

(1) Vgl. G. Rühle, op. cit.

Im Rahmen allgemeiner vertraglicher Regelungen ist die Leitung eines öffentlich geförderten Theaterbetriebes entsprechend den Grundgesetznormen in ihren künstlerischen und spielplanbezogenen Entscheidungen unabhängig. Die formale Kontrolle der Theaterbetriebe durch politische Instanzen erstreckt und beschränkt sich auf die Einhaltung haushalts- und verwaltungsrechtlicher Vorschriften. Dennoch können Versuche politischer Einflußnahmen auf die Führung eines Theaterbetriebes nicht in Abrede gestellt werden. Die meist langwierige Suche nach geeigneten Kandidaten für vakante Intendanzen ist ebenso oft die Suche nach dem Intendanten, der nicht allein den qualitativen Anforderungen des Metiers, sondern auch den politischen Vorstellungen des Theaterträgers entspricht, wie die vielerorts zu beobachtenden parteipolitischen Auseinandersetzungen bei anstehender Intendantenwahl belegen. Da aber sowohl die Theaterträger als auch die Bewerber um Intendantenposten meist keine kultur- oder theaterpolitischen Konzepte explizit formulieren können oder wollen, sondern sich auf diffuse programmatische Erklärungen zurückziehen ("Theater für Köln", "Weltstadttheater", "engagiertes Theater", "Theater für alle Bevölkerungsschichten" etc.), die zudem noch unterschiedliche inhaltliche Interpretationen zulassen, ist bereits eine latente Konfliktsituation gegeben, die einen ersten Störfaktor darstellt. Nun kann es nicht Aufgabe dieser Arbeit sein, diffus formulierte kulturpolitische Konzepte theatertragender Gemeinden oder Länder spekulativ hinsichtlich ihrer normativen Zielsetzung zu interpretieren. Es kann lediglich konstatiert werden, daß die formale künstlerische Freiheit und Unabhängigkeit der Theater bzw. Theaterverantwortlichen durch ein reichhaltiges Sanktionsinstrumentarium der theatertragenden Institutionen (personelle, finanzielle Sanktionen etc.) relativiert wird, wie Beispiele in der gesamten BRD aufzeigen. Daß die verantwortlichen Kulturpolitiker - und somit die politischen Kräfte in der BRD - nicht mehr länger gewillt sind und auch in Anbetracht der finanziellen Situation der öffentlichen Haushalte nicht mehr länger in der Lage sind, die Theaterstruktur unangetastet zu lassen, sondern zumindest durch eine Theater-Gebietsreform eine rationellere Verwendung der jährlich bereitgestellten Mittel zu erreichen, läßt sich an den in fast allen Bundesländern eingesetzten Kommissionen zur Strukturreform des Theaters deutlich ablesen, ein Sachverhalt, der als ein gewichtiger Indikator theaterexogener Wandlungsfaktoren zu bewerten ist. Die Notwendigkeit, auf administrativ-politischem Wege in die Theaterstruktur einzugreifen, wird nicht allein von den um ihre Arbeitsplätze fürchtenden Theaterschaffenden bestritten, sondern auch von zahlreichen Kommunen, die aus nicht näher zu untersuchenden Motiven ihr "heimatstädtisches" oder "regionales" Theater erhalten wissen wollen. Zur besseren Beurteilung dieser Kontroverse gilt es, als ersten Untersuchungsschritt die Entwicklung der gegenwärtigen Standortstruktur und Kapazitätsausnutzung der öffentlichen Theater in der BRD darzustellen.

Komplex b) Der Wandel innerhalb der Formalorganisation "Theaterbetrieb"

In einem zweiten Untersuchungsschritt werden nach Maßgabe thematischer Schwerpunkte in den periodischen Publikationen der Theater-Tarifpartner (1) die für Wandlungs- und Anpassungsprozesse indikativen Konfliktbereiche innerhalb der Theaterbetriebe fixiert.

---

(1) Es handelt sich dabei um die folgenden Publikationen:
- Die Deutsche Bühne, Herausgeber: Deutscher Bühnenverein, Köln.
- bühnengenossenschaft (früher: Die Bühnengenossenschaft), Fachblatt der Genossenschaft Deutscher Bühnen-Angehörigen in der Gewerkschaft Kunst des DGB, Hamburg.
- Oper und Tanz, Organ der Vereinigung Deutscher Opernchöre und Bühnentänzer e. V. in der DAG, Köln.

Komplex c) Der Wandel der Beziehung zwischen den Theaterproduzenten als Kommunikatoren und dem Theaterpublikum als Rezipienten.

In der breiten Öffentlichkeit steht dieser Fragenkomplex im Vordergrund der Diskussion, insofern als Publikumsstruktur und stagnierende bzw. rückläufige Besucherzahlen einerseits sowie andererseits veränderte inhaltliche und ästhetische Standards der Theaterprodukte als Reflexe oder Auswirkungen der in Komplex a) und b) genannten Faktoren interpretiert werden.

In einer Inhaltsanalyse des Spielplans der deutschsprachigen Theater über einen Zeitraum von 10 Jahren wird die Frage nach signifikanten Veränderungen der inhaltlichen Angebote in verschiedene Einzelaspekte aufgelöst und diskutiert (dritter Untersuchungsschritt). In Bezug auf die Rezipientenseite ist innerhalb dieses Komplexes in einem vierten Untersuchungsschritt die Frage zu stellen, ob die bisherige Praxis der Publikumsforschung für das Theater gültige Aussagen über Struktur und Motivation der Theaterbesucher erlaubt sowie über die aktuelle und zukünftige Bedeutung des Theaterbesuchs innerhalb des Musters möglicher Freizeitaktivitäten.

Die Ergebnisse der einzelnen Untersuchungsschritte sind dann anschließend zusammenzufassen unter der Fragestellung, ob Richtung und Intensität der fixierten Wandlungstendenzen des deutschen Theaters in Einklang stehen mit Richtung und Intensität, in der sich die äußeren Faktoren ändern bzw. bleibt zu untersuchen, welche Disproportionalitäten des Wandels bestehen, die zu vermehrten Anpassungsdefiziten führen.

2.1. Die Entwicklung der Standortstruktur des Theaters in der Bundesrepublik Deutschland

2.1.1. Allgemeine Tendenzen

Deutschland wird von der ganzen Welt um seine Theaterlandschaft beneidet - so oder so ähnlich lautet der Tenor, wenn die Vorzüge des Theatersystems in der BRD beschrieben werden. Ein Blick auf die internationalen Statistiken zeigt, daß die öffentlichen Ausgaben für Kultur — und innerhalb des Kulturbereichs für die Institution Theater — in der BRD in der Tat die entsprechenden Aufwendungen vergleichbarer Staaten beträchtlich übersteigen (1), wie überhaupt die zahlreich verfügbaren Studien unter statistischem und kulturpolitischem Aspekt die Situation der Theater in der BRD in einem ganz besonders günstigen Licht erstehen lassen (2). Dieser Vergleich umschließt zahlreiche Einzelaspekte und beinhaltet die Feststellung, daß kaum ein Land der Erde so dicht überzogen ist mit Theaterbauten, in denen regelmäßig Aufführungen des Sprech- und/oder Musiktheaters stattfinden, und zwar zum überwiegenden Teil von festen

---

(1) Siehe Unesco (Hrsg.), Statistical Yearbook 1970, op. cit., S. 754 ff.

(2) Siehe Unesco (Hrsg.), Cultural Policy - A Preliminary Study, op. cit.; M. Green u. a., La politique culturelle en Grande-Bretagne, Paris 1970; M. Marek u. a., Cultural Policy in Czechoslovakia, Paris 1970; Ch. C. Mark, La politique culturelle aux Etats-Unis, Paris 1969; Service des études et recherches du Ministère des affaires culturelles, Aspects de la politique culturelle française, Paris 1970; A. A. Zvorykine u. a., La politique culturelle en Union des républiques socialistes soviétiques, Paris 1970; vgl. besonders die periodisch mit Unterstützung der Unesco vom Internationalen Theaterinstitut veröffentlichten "International Theatre Informations", die sich ausführlich der Entwicklung des Theaters in den Ländern der Dritten Welt zuwenden.

Ensembles, die einen großen Teil des Jahres fast täglich ihrem Publikum Theateraufführungen anbieten. Hinzu kommen die zahlreichen, vor allen Dingen seit dem Ende der 60er Jahre in Blüte gekommenen Tourneetheater, die mit einem oder mehreren prominenten Film- und Fernsehstars und erprobten, publikumsbewährten Theaterstücken über die Lande ziehen - meist in solche Mittel- und Kleinstädte, die kein eigenes Stadt-Theater unterhalten. Diese Reisetruppen erhalten teilweise einen Publikumszuspruch, der die Marktchancen gastierender Stadttheaterensembles bereits merklich beeinträchtigt. Zum anderen stellen sie aber auch eine nicht zu unterschätzende Konkurrenz für die festen Theater dar, indem sie den traditionellen Einzugsbereich der Stadttheater, also das Hinterland, bespielen und somit die Nachfrage nach Theater zumindest quantitativ befriedigen können. Die Zahl der durch die Bundesrepublik reisenden Gastspielbetriebe schwankt von Jahr zu Jahr zwischen 20 und 30. Die schnelle Markteroberung durch Tourneetheater zeigt sich in einer Gegenüberstellung der Zahlen aus der Spielzeit 1967/68 mit den entsprechenden Daten des Jahres 1971/72 in der nachstehenden Obersicht:

Gastspiele auswärtiger Bühnen 1967/68 und 1971/72 (1)

Größen-gruppe		Zahl der Gastspiele					
		Gemeinden	Öffentl. Theater	Landes-bühnen	Tournee-theater	Sonstige Bühnen	Insge-samt
				Spielzeit 1967/68			
B +)		9	237	33	108	41	419
	vH		56,6	7,9	25,8	9,8	100,0
C +)		27	334	285	241	120	980
	vH		34,1	29,1	24,6	12,2	100,0
D +)		105	288	398	421	195	**1302**
	vH		22,1	30,6	32,3	15,0	100,0
E +)		9	21	25	10	19	75
	vH		28,0	33,4	13,3	25,3	100,0
Zus.		150	880	741	780	375	2776
	vH		31,7	26,7	28,1	13,5	100,0
				Spielzeit 1971/72			
B +)		9	374	29	131	51	585
	vH		63,9	5,0	22,4	8,7	100,0
C +)		37	338	349	551	187	1425
	vH		23,7	24,5	38,7	13,1	100,0
D +)		95	220	279	686	189	1374
	vH		16,0	20,3	49,9	13,8	100,0
E +)		9	17	31	11	17	76
	vH		22,4	40,8	14,5	22,3	100,0
Zus.		150	949	688	1379	444	3460
	vH	,	27,4	19,9	39,9	12,8	100,0

+) B = Gemeinden mit 100.000 bis 200.000 Einwohnern
C = Gemeinden mit 50.000 bis 100.000 Einwohnern
D = Gemeinden mit 20.000 bis 50.000 Einwohnern
E = Gemeinden **unter** 20.000 Einwohnern

(1) Quelle: Die Deutsche Bühne, 44. Jg., Nr. 5, 1973, S. 8.

"Wer die Sache positiv sieht wie die Kulturdezernenten in den Städten ohne Theater und mit einer Kulturhalle, die gefüllt werden muß, der weist darauf hin, daß in dem Angebot nicht nur zugkräftige Stars zu finden sind, sondern viele passable Stücke" (1). Die Leistungsqualität dieser Unternehmen wird durchweg negativ beurteilt. "Warum die Kritik nahezu nichts mehr von diesem Star-Reisekult hält, weil er völlig unfruchtbar und steril für das lebendige Theater ist, kann derjenige erfahren, der an einem kleineren Ort mit einem sehr ordentlichen Provinztheater ständig - nicht nur bei den zweifellos vorhandenen Ausnahmen - die miserablen Leistungen vieler Tournee-Gastspiele zum Vergleich sieht. Erst dann wird erkennbar, wie schlimm es im Durchschnitt um das Tourneetheater steht" (2). Die mangelnde Qualität wird von den ausschließlich privatwirtschaftlich tätigen Tourneetheatern nicht ernsthaft abgestritten, sie verweisen allerdings darauf, daß sich das Stückangebot der Tourneetruppen nach den Wünschen der Abnehmer richtet, im allgemeinen also nach den Kulturämtern der Städte, die die Vorstellungen terminieren. "Die Zusammenarbeit mit Städten, in denen ... Fachleute entscheiden, etwa frühere Dramaturgen, Intendanten etc., ist ungleich fruchtbarer, anregender und einfacher als mit Städten, in denen zwar der gute Wille zu einem guten Spielplan besteht, aber kein Fachmann entscheidend zu dessen Gestaltung beiträgt", klagt H. Duna, der Leiter des Tourneetheaters Neue Schaubühne (3).

---

(1) P. Hübner, Ärgernis und Chance. Zur Problematik des Tournee-Theaters, in: Theater Rundschau, 20. Jg., Nr. 4, 1974, S. 1.

(2) Ibid.

(3) H. Duna, Qualität vom Abnehmer bestimmt, in: Bühne und Parkett, Volksbühnen-Spiegel, 18. Jg., Nr. 9, 1972, S. 4.

Doch sollte die Überheblichkeit subventionierter Theater nicht so weit gehen, die kommerziellen Unternehmen a priori als künstlerisch indiskutabel anzusehen. Der Qualitätsunterschied trifft gewiß - wenn auch nicht immer - zu bei einem Vergleich hochsubventionierter Großstadtbühnen mit Tourneetheatern. Es ist allerdings ebenso anzunehmen, daß ein Teil der weniger gut ausgestatteten mittelstädtischen Theater - wenn auch bemühtes - so doch nicht qualitativ besseres Theater ihrem Publikum anbietet als es durch Tourneeunternehmen geschieht.

Inzwischen erstreben auch die etablierten Theater, vor allem die unmittelbar mit den Tourneetheatern konkurrierenden Landesbühnen, einen Attraktivitätszugewinn durch die Verpflichtung prominenter Fernsehstars (1). Durch die Aktivität der reisenden Theaterensembles ist - rein quantitativ - das Theaterangebot an die Bevölkerung beträchtlich erweitert worden. Somit sind Theatervorstellungen in der BRD ständig fast allerorts verfügbar. Ein erster Blick auf die Statistiken wirkt als Bestätigung, Bestätigung sowohl für die Zahl der Theater als auch der dort angebotenen Plätze und Vorstellungen. Mit Ausnahme der im allgemeinen sich über die zwei Sommermonate Juli und August erstreckenden Ferienzeit geht in der BRD jeden Abend auf 265 Bühnen "der Vorhang hoch".

Die Tabellen (2) geben diesen Eindruck deutlich wieder. Ein Zeitreihenvergleich über die Jahre 1949- 71 zeigt nun eine fast stetige Zunahme der Städte mit eigenen

---

(1) Vgl. W. Schulze-Reimpell, Konkurrenz für Tourneetheater, in: Die Deutsche Bühne, 45. Jg., Nr. 1, 1974, S. 6; Ders., Thespis im rollenden Einsatz, in: Die Deutsche Bühne, 44. Jg., Nr. 5, 1973, S. 7 ff.

(2) Siehe tabellarische Übersichten 7 und 9, S. 261 und 263.

Spielstätten bis in die jüngste Vergangenheit. Seit der Spielzeit 1966/67 pendelt sich die Zahl der Theaterstädte zwischen 75 und 80 ein, bei schwankender Spielstättenzahl (1). Man darf die Statistik nicht in der Interpretation überziehen. Zeitweilige Schwankungen in Bühnenzahl und zur Verfügung stehenden Plätzen haben kaum theaterkonjunkturelle Gründe, sondern sind teils bedingt durch Schließungen einiger Häuser wegen Umbau, teils aus der Schließung von Studiobühnen, die ohnehin nur an wenigen Abenden im Jahr genutzt werden (2), teils aus der Erschließung neuer Freilichtspielstätten usw.

---

(1) Siehe Tabelle 7, S. 261.

(2) So ist in der Bühnenstatistik 1969/70 z. B. das Düsseldorfer Schauspielhaus mit drei Spielstätten erfaßt: Altes Haus, Neues Haus (Große Bühne), Neues Haus (Kleine Bühne). Allerdings wurden niemals drei Bühnen bespielt; denn mit Fertigstellung des Neuen Hauses wurde das Alte Haus geschlossen. Dies ist ein extrem gewähltes statistisches Kuriosum.

Im übrigen seien zur Verdeutlichung der Schwankungsursachen die Veränderungen der Spielstättenzahl von der Spielzeit 1969/70 zur Spielzeit 1970/71 im einzelnen aufgeführt. Folgende Veränderungen gegenüber dem Vorjahr sind eingetreten. Nicht mehr aufgeführt: Düsseldorf, Schauspielhaus, Altes Haus; Bonn, Kammerspieltheater, Bühne Theater; Osnabrück, Kammerspiele; Darmstadt, Liebig-Haus; Fürth, Stadttheater (nur noch Gastspielbetrieb); Gießen, Studio. Hinzugekommen sind folgende Spielstätten: Hamburg, Deutsches Schauspielhaus, Malersaal; Bremen, Concordia; Gelsenkirchen, Schauburg-Theater (Gelegenheitsspielstätte für Weihnachtsmärchen); Bonn, Stadttheater Bad Godesberg; Lübeck, Stadthalle; Mainz, Theater im Haus der Jugend, Theater in der Universität; Freiburg, Podium-Bühne; Koblenz, Studio-Bühne; Würzburg, Freilichtbühne Hofgarten; Trier, Freilichtbühne Kaiserthermen, Freilichtbühne Kurfürstl. Palais; Detmold, Studio, Aula der Musikakademie; Coburg, Ausweichspielstätten Saal Haus der Evangl. Gemeinde, Saal Coburger Hofbräu.

Diese Schwankungen bedeuten auf keinen Fall, daß Städte ihre Theater gänzlich geschlossen hätten oder sich Städte zur Errichtung eines Stadttheaters entschlossen hätten (1). Nehmen wir die zum Zeitpunkt der Erhebung bekannten Daten, so verfügte am 31. 12. 1970 die BRD über 194 öffentliche Theater in 77 Gemeinden zuzüglich 71 Privattheater in 28 Gemeinden (2).

Wie stellt sich die Situation dem potentiellen Theaterbesucher dar? Ist ihm Theater jederzeit zur Verfügung, hat er - unabhängig von der geographischen Lage seines Wohnortes - immer ein Theater vor der Haustür? Diese Frage soll ausschließlich unter statistischem, also quantitativem Aspekt, gesehen werden. Wir sind uns sehr wohl bewußt, daß andere Elemente unberücksichtigt bleiben müssen, wie z. B. die Qualität des Gebotenen. Zweifellos hat ein Hamburger oder Berliner Bürger ein qualitativ anderes Theater zur Verfügung als ein Bürger in einer von den Metropolen so weit entfernten Stadt wie Coburg. Eine Einbeziehung des qualitativen Aspektes kann nicht Gegenstand dieser Analyse sein.

---

(1) Hier sind in den letzten Jahren nur die Städte Oberhausen und Cuxhaven zu erwähnen. Oberhausen reduzierte im Verlauf weniger Jahre seinen Dreisparten-Betrieb auf Operetten bzw. Spielopernbetrieb, Cuxhaven schloß das Theater vollständig im Jahre 1972.

(2) Siehe Tabellen 7 und 9, S. 261 und 263.
Es muß nochmals auf die statistische Bedeutung des Begriffs "Theater" hingewiesen werden. "Als Theater gilt in der Statistik stets die einzelne Bühne, die Spielstätte, nicht das Theatergebäude oder das Theaterunternehmen. Ein Großes und ein Kleines Haus oder eine Studiobühne ein und desselben Theaterunternehmens sind daher jedes für sich gezählt worden. Säle mit Behelfsbühnen, die ständig für Theaterzwecke benutzt werden, sind ebenfalls in die Statistik einbezogen worden" (aus: Deutscher Bühnenverein (Hrsg.), Theaterstatistik 1970/71, Köln 1972, S. 44).

Ohne Qualitätsurteile einzuschließen, fragen wir nach der Standortstruktur der Theater, nach dem Platzangebot, nach den von diesen Theatern betriebenen Sparten, nach der Zahl der Vorstellungen, kurz nach einer Differenzierung der statistischen Globaldaten.

2.1.2. Die Zahl der öffentlicher Theater Gesamtzahlen

Die Statistiken weisen für den Zeitraum der Spielzeit 1970/71 eine Zahl von 194 öffentlichen Theatern in 77 Orten der BRD aus.

Die regionale Verteilung ist der nachstehenden Übersicht (1) zu entnehmen und gibt den Eindruck einer wenn nicht gleichmäßigen, so doch zumindest hinreichend gestreuten Verteilung über das Areal der BRD. Somit entspricht die BRD dem von der Unesco als erstrebenswertes Ziel öffentlicher Kulturpolitik propagierten Prinzip flächendeckender Theaterdezentralisierung (2).

Verteilung nach Gemeindegrößengruppen

Ein erster Vergleich auf der Basis von Gemeindegrößengruppen zeigt bereits die Konzentration auf Großstädte. Auf der Grundlage der Verteilung nach dem Kriterium der Gemeindegrößengruppen, das sowohl in den Statistiken des Deutschen Bühnenvereins als auch in den Arbeiten des Statistischen Bundesamtes Anwendung findet, ergibt sich folgendes Bild (3):

---

(1) Siehe auch Übersicht 10, S. 264.

(2) Unesco (Hrsg.), op. cit., besonders S. 9 f.

(3) Quelle: Deutscher Bühnenverein (Hrsg.), op. cit., S. 44, siehe auch tabellarische Übersicht 11, S. 265.

s
tsche
eater-
stem

Die regionale Verteilung der Theater in der BRD

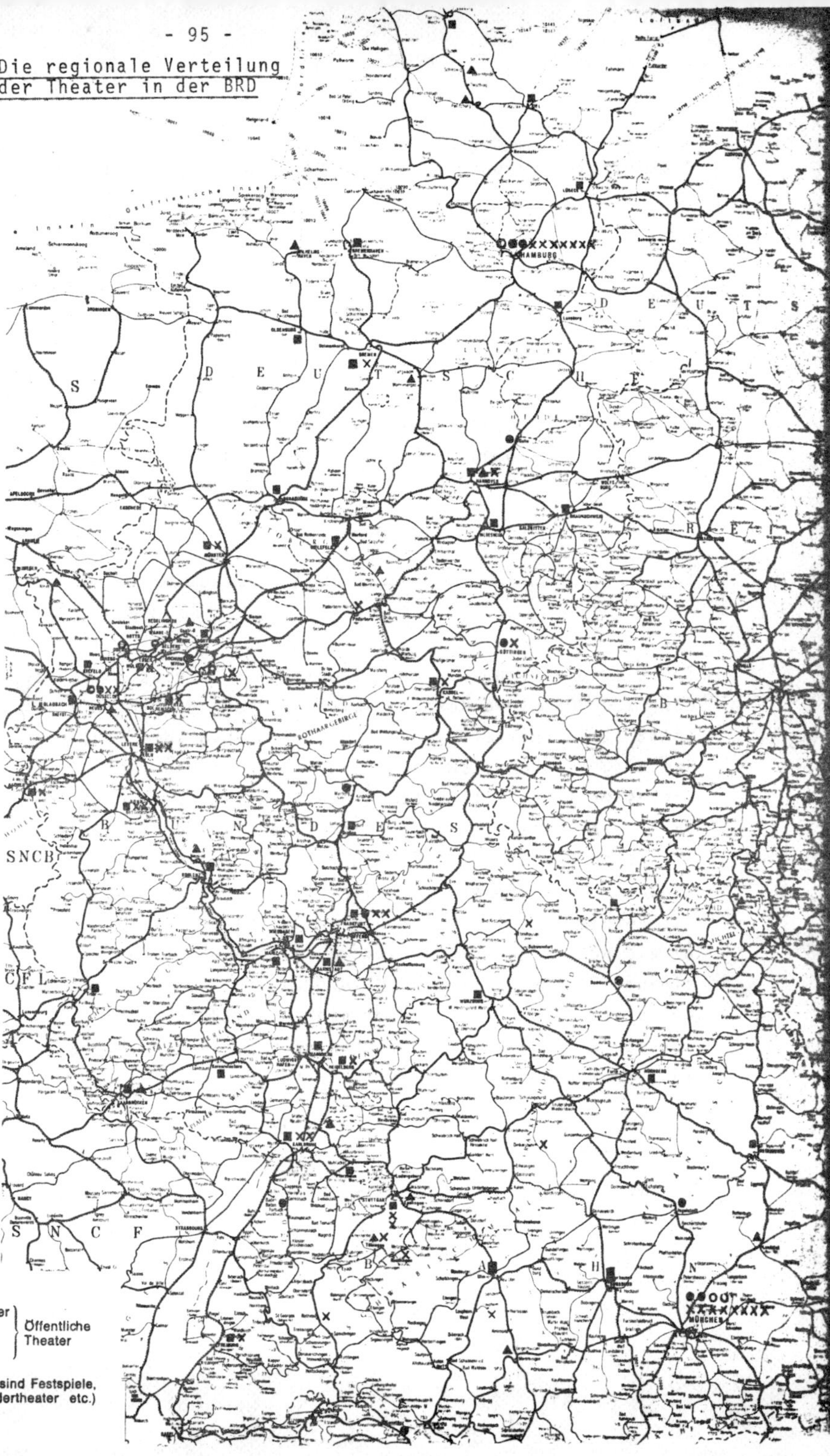

Quelle: Theater 1973, S. 63, und Ergänzungen nach Unterlagen des Deutschen Bühnenvereins.

ehrspartentheater
hauspieltheater
siktheater
ndesbühne
vattheater
berücksichtigt sind Festspiele,
httheater, Kindertheater etc.)

Öffentliche Theater

Gemeindegrößengruppe	Zahl der Gemeinden mit Theatern		Zahl der Spielstätten	
	abs.	%	abs.	%
A1 1 Mill. und mehr Einwohner	3	3,9	15	7,7
A2 500.000 - 1 Mill. Einwohner	8	10,4	29	14,9
A3 200.000 - 500.000 Einwohner	17	22,1	47	24,2
B 100.000 - 200.000 Einwohner	20	26,0	54	27,8
C 50.000 - 100.000 Einwohner	18	23,4	35	18,1
D 20.000 - 50.000 Einwohner	10	12,9	13	6,7
E 10.000 - 20.000 Einwohner	1	1,3	1	0,5
	77	100,0	194	99,9

Somit sind nahezu 50 % der öffentlichen Theater in Städten über 200.000 Einwohnern angesiedelt. Rein quantitativ zeigt sich einerseits, daß die Millionen-Städte Berlin, Hamburg, München als Theaterzentren anzusehen sind mit insgesamt 15 öffentlichen Theatern. Hinzuzurechnen sind 36 Privattheater (= 50 % aller Privattheater in der BRD) in diesen Städten (1), wodurch allein Berlin, Hamburg, München über insgesamt 51 Theater verfügen. Mit abnehmender Gemeindegröße nimmt sowohl die Zahl der Spielstätten ab als auch die Zahl der Städte, die überhaupt ein eigenes Theater betreiben. Die Gründe brauchen nicht näher erläutert zu werden, sondern sind einfach in der Tatsache mangelnder Finanzkraft der Gemeinden zu sehen, abgesehen von strukturellen Gründen.

(1) Vgl. Deutscher Bühnenverein (Hrsg.), op. cit., S.41 f.

Gemeinden der BRD am 16. 5. 1970 nach Gemeindegrößenklassen (1)

Gemeinde mit... bis unter.... Einwohnern		BRD insgesamt abs.	%	davon mit eigenem Theater abs.	%
A1+A2	500.000 und mehr	11	100	11	100
A3	200.000 - 500.000	18	100	17	94
B	100.000 - 200.000	31	100	20	65
C	50.000 - 100.000	64	100	18	28
D	20.000 - 50.000	229	100	10	4
E	10.000 - 20.000	429	100	1	-
		782	100	77	

Der Vergleich zwischen den Gemeinden mit eigenem Theater und den theaterlosen Gemeinden der BRD belegt nochmals die große Abspielbasis der Tournee-Ensembles, die sich in den ca. 700 Gemeinden zwischen 10.000 und 100.000 Einwohnern bietet und auch genutzt wird. Die unleugbaren qualitativen Unterschiede zwischen Tourneetheatern und festen Ensembles haben angesichts eines so großen unerschlossenen Marktes allenfalls sekundäre Bedeutung (2).

(1) Nach: Statistisches Bundesamt (Hrsg.), Statistisches Jahrbuch für die Bundesrepublik Deutschland 1971, Stuttgart und Mainz 1971, S. 34; siehe auch tabellarische Übersicht 12, S. 266.

(2) Siehe S. 88 ff.

2.1.3. Spartenangebot der öffentlichen Theater

Die Abhängigkeit der Theaterzahl von der Gemeinde- bzw. Stadtgröße findet eine Entsprechung im Spartenangebot der öffentlichen Theater. Kennzeichnend für das deutsche Theatersystem bleibt nach wie vor der sogenannte Drei- bzw. Vierspartenbetrieb: Schauspiel - Oper - Musical/ Operette - Ballett. Allerdings zeigt sich in den kleineren Städten eine Angebotsabnahme im Bereich des Musiktheaters, vor allem im Bereich des Balletts. Die Kostenfrage dürfte auch hier eine nicht zu unterschätzende entscheidende Bedeutung haben (1).

Zwar verfügen alle 77 deutschen Theaterstädte über Schauspielensembles unterschiedlicher Größe (2), jedoch nur 3/4 der Städte können ein Ensemble für das Musiktheater unterhalten und weniger als 50 % der Theaterstädte haben eine eigene Ballettgruppe. Wie aus der Übersicht 13 ersichtlich ist, liegt die Untergrenze der Leistungsfähigkeit und Bereitschaft, einen vollständigen Drei- bzw. Vierspartenbetrieb zu erhalten, bei einer Gemeindegröße von 200.000 Einwohnern. Unterhalb dieser Zahl beginnt eine zunehmende Konzentration auf die Sparte Schauspiel.

So eindrucksvoll die Zahl von 77 Theaterstädten in der BRD ist, so leicht verführen derartige Globalzahlen zu Überschätzungen. Sie sagen nichts aus über die Qualität des Theaterangebots und täuschen eine Angebotsbreite vor, die näherer Analyse nicht standhält. Die Fiktion des

---

(1) Siehe Übersicht 13, S. 267 ff.

(2) Die Größenunterschiede seien an zwei Beispielen verdeutlicht: Das ständig beschäftigte Personal der Landesbühne Rheinland-Pfalz in Neuwied umfaßte am 31. 2. 1970 31 Personen, das des Schiller-Theaters Berlin hingegen 332.

deutschen Stadttheaters, das dem Publikum im Laufe einer Spielzeit eine mehr oder weniger ausgewogene Mischung von Oper, Operette, Schauspiel und Ballett anbietet, kann nicht länger aufrechterhalten werden, denn nur auf 35 (= 45,6 %) der 77 Städte mit öffentlichen Theatern trifft diese Vorstellung noch zu (1) (2).

2.1.4. Die Kapazitätsausnutzung und Vorstellungsangebot der öffentlichen Theater

Wenn auch nur in knapp der Hälfte aller deutschen Theaterstädte sowohl Sprech- als auch Musiktheater einschließlich Ballett angeboten wird, so stehen dem Publikum nach den Statistiken 194 Theaterspielstätten (ohne Privattheater) zur Verfügung. Ob diese Spielstätten als ständig benutzte Theater anzusehen sind bzw. ob die damit vorhandene Raumkapazität genutzt wird, dieser Frage soll im folgenden nachgegangen werden (3).

Für die Ausnutzung der statistisch ausgewiesenen 194 Theaterspielstätten soll eine jährliche Quote von 300 Aufführungen pro Spielstätte zugrundegelegt werden. Diese Quote ist gerechtfertigt, wenn man eine jährliche Spielpause von zwei Monaten berücksichtigt. Bei 300 Spieltagen pro Jahr müßte sich für die 194 Theater eine Vorstellungszahl von 58.200 ergeben. Tatsächlich fanden im untersuchten Zeitraum jedoch lediglich 28.839 Vorstellungen ortseigener

(1) Siehe Übersicht 13, S. 267 ff.

(2) In dieser Zahl sind drei Städte enthalten, die rein formal über keinen Vollbetrieb verfügen: Bochum, Duisburg, Gelsenkirchen. Hinzu kommen die Städte Berlin und Hamburg, die die Sparte Operette/Musical vornehmlich durch kommerzielle Unternehmen bedienen lassen.

(3) Für die Ausführungen in diesem Abschnitt siehe die tabellarische Übersicht 14, S. 270 ff.

Ensembles statt. Hinzuzurechnen sind 398 Konzerte sowie 1313 Gastspiele auswärtiger Ensembles, wodurch sich die Gesamtzahl von 30.500 Vorstellungen in 194 Spielstätten ergibt (1). Dies entspräche einer Kapazitätsausnutzung der Theaterräume von etwa 50 %, oder anders ausgedrückt: die Theater in der BRD bleiben unter Berücksichtigung einer zweimonatigen Ruhepause 7 Monate im Jahr geschlossen. Selbst wenn die 5.908 Gastspiele und Abstecher (2), die im Laufe der Spielzeit unternommen wurden, pauschal auf die 194 ausgewiesenen Spielstätten umgerechnet werden (3), so würde die Kapazität insgesamt nur einen Monat länger ausgenutzt, die Theater stehen nach dieser Rechnung im Durchschnitt noch 6 Monate des Jahres leer. Bei einer Analyse der 194 statistisch ausgewiesenen Theaterräume ergibt sich ein Bild, das recht merkwürdig anmutet.
So werden Saalbauten, in denen ausschließlich Konzerte stattfinden, als Theaterräume ausgewiesen (4), ebenso Lichtspielhäuser, in denen vereinzelte Gastspiele stattfinden (5), oder historische Bauten, in denen einige spektakuläre Aufführungen stattfinden (6).

---

(1) Deutscher Bühnenverein (Hrsg.), op. cit., S. 45.

(2) Ibid.

(3) Hinzuzufügen ist, daß die Abstecher im allgemeinen in Städte erfolgen, die kein eigenes Ensemble haben, somit also nicht zu den 77 Theaterstädten gezählt werden. Die Kapazitätsausnutzung der 194 statistisch ausgewiesenen Spielstätten wird somit in Wirklichkeit nur geringfügig erhöht.

(4) Z. B. die Meistersingerhalle in Nürnberg oder die Liederhalle in Stuttgart.

(5) Z. B. Schauburg-Theater Gelsenkirchen: 2 Schauspielaufführungen.

(6) Z. B. die Freilichtbühne in den Trierer Kaiserthermen: 6 Opernaufführungen oder die Freilichtbühne im Schloßhof zu Schleswig: 10 Schauspielaufführungen.

29 Spielstätten dieser Art sind in der Gesamtzahl von 194 Theatern enthalten (1). Zieht man von den verbleibenden 165 Spielstätten diejenigen ab, in denen weniger als 50 Vorstellungen in der Spielzeit stattfinden, so verringert sich die Zahl der Theater nochmals um 32 auf 133, das sind bereits ca. 1/3 Theater weniger als die Statistik auf den ersten Blick vermuten läßt (2). Allerdings scheint es uns nur dann gerechtfertigt, von einem ständig bespielten Theater zu sprechen, wenn zumindest 2-3 mal in der Woche ein Raum für Theaterzwecke genutzt wird, also pro Spielzeit etwa 100 Aufführungen stattfinden. Zwar ist diese Festsetzung von 100 Vorstellungen pro Spielzeit willkürlich, doch unter betriebswirtschaftlichem Aspekt kann selbst bei einer so niedrig veranschlagten Vorstellungszahl nicht von einer vollen Kapazitätsausnutzung gesprochen werden. Unter ökonomischem Aspekt müßte eine höhere Nutzungsrate in Ansatz gebracht werden. Jedoch sind außerökonomische künstlerische Gründe vielfach bestimmend für die Benutzung oder Nichtbenutzung bestimmter Theaterräume. Doch selbst die als vertretbar angesehene Untergrenze von 100 Vorstellungen pro Theaterraum wird in vielen Städten nicht erreicht. Nur 105 der 194 ausgewiesenen Theater in der BRD erfüllen dieses Kriterium (3), das sind etwas mehr als die Hälfte (54 %) aller in den Statistiken als "Theater" deklarierten Räume. Durch die Analyse werden nebenbei einige statistische Kuriositäten zutage gefördert. So wird beispielsweise das Theater am Aegi, Hannover, doppelt erfaßt, zum einen als Theaterraum des Niedersächsischen Staatstheaters, zum anderen als Theaterraum der Landesbühne Hannover. Die Mehrzahl der Spielstätten, die weniger als 100 Veranstaltungen aufweisen, sind Studioräume. Allerdings

---

(1) Eine genaue und namentliche Aufzählung dieser "Theater" findet sich in Obersicht 15, S.273 f.

(2) Eine genaue und namentliche Aufzählung dieser 32 Theater findet sich in Obersicht 16, S. 275 f.

(3) Eine genaue und namentliche Aufzählung der 28 "Theater" mit mehr als 50, aber weniger als 100 Veranstaltungen findet sich in Obersicht 17, S. 277.

erreicht auch ein traditionsreiches Theater wie das Cuviliés-Theater, München, lediglich eine Ausnutzung von 94 Veranstaltungen in der Spielzeit.

Rechnerisch ist die bereinigte Statistik mit 105 ständig bespielten Theaterräumen bedeutend realistischer als die ungeprüfte Zahl von 194 Theatern in der BRD, da bei einer tatsächlichen Nutzungszahl von 30.550 Veranstaltungen in der untersuchten Spielzeit sich somit eine durchschnittliche Kapazitätsausnutzung von 300 Vorstellungen pro Theater ergibt.

Die weitgehende Befreiung der öffentlichen Theater in der BRD von der Notwendigkeit, ihre Aktivitäten nach Kosten- und Rentabilitätsgesichtspunkten auszurichten, kommt in dieser mangelnden Kapazitätsausnutzung der Theaterräume deutlich zum Ausdruck, eine Feststellung, die im Vergleich mit der Situation der Privattheater eindeutig unterstrichen wird: Die im Gegensatz zu den öffentlichen Theatern nur sparsam subventionierten privaten Theater sind gezwungen, nicht nur ihr künstlerisches Personal, sondern auch ihre technischen und räumlichen Gegebenheiten möglichst kostengünstig zu beanspruchen. Während nur 54 % aller öffentlichen Theater in den zur Verfügung stehenden Spielstätten mehr als 100 Vorstellungen in der Spielzeit absolvieren, liegt die Vergleichszahl für die Privattheater bei 92 % (65 von 71). Von nahezu 40 % (26 von 71) wird die von uns eingeführte Richtzahl von 300 Vorstellungen pro Spielzeit zum Teil beträchtlich überschritten (1).

---

(1) Z. B. Forum Theater, Berlin: 456 Vorstellungen, Off-off Theater, München: 522 Vorstellungen, Theater der Altstadt, Stuttgart: 427 Vorstellungen, vgl. Deutscher Bühnenverein (Hrsg.), op. cit., S. 41 f.

2.2. Wandlungstendenzen der von den Theatern verbreiteten Inhalte

2.2.1. "Reichhaltigkeit" und "Informationsvielfalt" des deutschen Theaters: Fiktion oder Realität?

Bei der Analyse des Spielplans der deutschsprachigen Theater der BRD, Österreich und der Schweiz ist wiederum nach den einzelnen Bühnengattungen zu unterscheiden, also Schauspiel, Oper, Operette/Musical und Ballett. Gewisse Überschneidungen mit dem in Kapitel 2.1. dargestellten Sachverhalten werden unvermeidbar sein, dienen jedoch einer stärkeren Unterstreichung typischer Erscheinungen.

Die "Reichhaltigkeit" der deutschen Theaterszene und ihre Konservierung ist eines der meistgenannten Argumente in der Diskussion um die Theatersituation. Nur durch Subventionen könne diese Reichhaltigkeit erhalten bleiben, andernfalls die Theaterproduktion nur noch nach dem geschäftlichen, sprich Kassenerfolg, ausgerichtet werde. Hierbei wird dann gern und regelmäßig auf die Szene des New Yorker Broadways (1) und des Londoner Westends (2) verwiesen. Die völlige Abhängigkeit der Theaterproduzenten von den Kasseneinnahmen gebäre einerseits fast ausschließlich künstlerisch und literarisch minderwertige Schauspiele und Musicals, andererseits würden sich als Kassenmagnet erweisende Aufführungen wie Zitronen ausgepreßt und so lange wie möglich gespielt. Wenn auch nicht alle New Yorker und Londoner Erfolge so langlebig sind wie Agatha Christie's "Mousetrap", die 1974 den 22. Geburtstag in ihrem Uraufführungstheater feierte, so seien doch diese langen Laufzeiten mitverantwortlich dafür, daß die Theater

---

(1) Vgl. die Analyse des amerikanischen, vor allem des New Yorker Theaters, von: W. Goldman, The Season. A Candid Look at Broadway, New York 1969.

(2) Vgl. die auf das Londoner Westend konzentrierte Arbeit von J. S. R. Goodlad, op. cit.

für neue Stücke nicht zur Verfügung stehen, sich der interessierte Theaterbesucher nicht einmal bei allem guten Willen über das neue dramatische Schaffen informieren könne. Oder anders argumentiert: Die großen, technisch gut ausgestatteten Theatersäle New Yorks und Londons seien fest in der Hand finanziell potenter Theaterproduzenten, die dort fast ausschließlich Theater für den Massengeschmack anböten, wohingegen das literarisch und künstlerisch diskutable Theater in die abgelegenen, unbequemen, technisch und finanziell schlecht ausgestatteten off- und off- off- Theater, die meist nicht mehr als Behelfsbühnenräume sind, abgeschoben würde. Die Tatsache, daß sowohl in den USA als auch in England nunmehr einige große subventionierte Bühnen existieren, wird als Beweis gewertet für die unumgängliche Notwendigkeit öffentlicher Mittelzuweisung, um "gutes" Theater überhaupt zu ermöglichen. Aufschlußreich im Zusammenhang des in diesem Kapitel behandelten Gegenstandes ist allerdings die Vorstellung, die Subventionswürdigkeit z. B. des Stadttheaters Hagen mit dem Hinweis auf die New Yorker oder Londoner Theatersituation zu begründen. Genau dies geschieht aber streng genommen: denn jedes nicht mehr subventionierte Stadttheater ist ein zur Schließung verurteiltes Theater, und jedes geschlossene Theater bedeutet entsprechend eine Einbuße in der Reichhaltigkeit des Spielplans und in der theatralischen Informationsvielfalt. Kurz gesagt: mit jedem geschlossenen Theater wird die "Verarmung" der deutschen Theaterszene weitergetrieben. Dem ist engegenzuhalten, daß - um bei dem Beispiel Hagen zu bleiben, obwohl irgendeine beliebige andere Stadt gewählt werden könnte - eine Schließung des Hagener Theaters höchstenfalls eine Einbuße der Vielfalt des kulturellen Lebens in der Stadt Hagen bedeutet, ein Vorgang, der gewiß keine Auswirkung bis in die Gegend von Flensburg haben wird, es sei denn, der Kulturausschuß der Stadt Flensburg nimmt sich das Hagener Beispiel zum Vorbild, in der Tat eine möglicherweise realistische Perspektive. Diese mögliche Signalwirkung wird allenthalben befürchtet, anders wäre das wütende Aufbrausen gegen den Kulturdezernenten der Stadt Dortmund, Alfons Spielhoff, nicht zu verstehen. Die öffentlich geäußerten Ideen des Kulturpolitikers, die auf eine Reduzierung der stadteigenen Ensembles im Ruhrgebiet mittels Fusionierung hinausliefen, provozierten eine Solidarisierungswelle nicht nur der Intendanten von der Nordsee bis an den Bodensee. Neben den Argumenten, die einer berechtigten Existenzangst der Betroffenen entsprangen, wurde prompt die "Reichhaltigkeit der deutschen Theaterszene" und die "Informationsmöglichkeit der literarisch interessierten Bürger" mit beredten Worten als gefährdet dargestellt. Wie ist es aber um die Reichhaltigkeit des Spielplans und die Informationsmöglichkeit über die zeitgenössische Bühnenliteratur in der Realität bestellt? Diese Frage soll im folgenden anhand der Statistiken der 10 Spielzeiten von 1962 - 1972 untersucht werden, wobei wir uns der fiktiven Annahme von der Einheit der deutschen Theaterszene - wenn auch nur widerwillig - anschließen wollen.

2.2.2. Klassifikation der Werkgattungen des Sprechtheaters

Nicht jeder Autor, der in dem untersuchten Zeitraum 1962 - 1972 ein Werk zur Aufführung gebracht hat, kann bei einer Gesamtanalyse separat behandelt werden. Pauschalierungen sind methodologisch unumgänglich, will man sich nicht im Datengestrüpp verlieren, einer Gefahr, der offensichtlich manche Kommentatoren erliegen, die sich durch die jährlich veröffentlichten Werkstatistiken des Deutschen Bühnenvereins kämpfen müssen, um dann neue Aufführungsrekorde von Shakespeare oder Mozart festzustellen gegenüber einem

Rückgang des Interesses an Schiller oder Verdi. So heißt es in einer der landläufigen Spielplananalysen der Spielzeit 1971/72: "An der Spitze steht wieder einmal 'Die Fledermaus'. Mit Abstand folgt mit dem 'Zigeunerbaron' eine weitere Johann-Strauß-Operette vor den zwei 'klassischen' Musicals 'Kiss me Kate' und 'My Fair Lady'. 'Figaros Hochzeit' ist an 8. Stelle die am meisten gespielte Oper, und mit der 'Zauberflöte' und 'Don Giovanni' behaupten weitere Mozart-Opern den 10. und 12. Rang. Von den zwanzig ersten Titeln gehört eine Hälfte zur Oper, die andere zur Operette" (1).

Zu Zwecken einer besseren Übersicht und Verdeutlichung der wesentlichen Tendenzen wurden die in den Werkstatistiken aufgeführten Autoren und Schauspiele von uns in vier Klassen eingestuft (2):

A) Deutsche bzw. deutschsprachige Moderne
B) Fremdsprachige Moderne
C) Deutsche und fremdsprachige Klassik einschließlich der sogenannten "Klassik der Moderne"
D) Sonstige, vor allem Boulevardstücke und -autoren, aber auch die sogenannte "Halbmoderne"
E) Kinder- und Jugendstücke

Eine Klassifizierung in der vorgeschlagenen Form ist notwendig durchsetzt von arbiträren Entscheidungen (3).

---

(1) G. Meyer, Brecht und Verdi, Yeldham und Johann Strauß, in: Die Deutsche Bühne, 43. Jg., Nr. 12, 1972, S. 1.

(2) Siehe Übersicht 18, S. 278 ff.

(3) Die Einführung verschiedener Werkgattungen sollte nicht verwechselt werden mit dem Konzept von E. Shils, der drei hierarchisch geordnete Ebenen kultureller Hervorbringungen unterscheidet: superior - mediocre - brutal culture. Vgl. hierzu E. Shils, op. cit., S. 1ff., bes. S. 4 ff.

Kriterien lassen sich zwar stipulieren, gewähren jedoch vor allem im literarischen Bereich breiten Entscheidungsspielraum. Schiller und Shakespeare sind zwar eindeutig der Kategorie "Klassik" zuzuordnen, wie steht es aber mit Brecht? Gehört Albee nun zur "fremdsprachigen Moderne", oder sind seine Stücke - man denke nur an "Ein amerikanischer Traum" oder auch an "Wer hat Angst vor Virginia Woolf?" - bereits "Klassiker der Moderne", vielleicht ist sogar manches seiner Werke - wie "Alles im Garten" - Boulevardtheater? Wie ist Saunders einzuordnen? Oder Forte und Kipphardt mit ihren Luther- bzw. Oppenheimer-Dokumentationen, oder waren es nicht einmal Dokumentationen sondern mehr oder weniger polemische Auseinandersetzungen?

Es bedarf einer eigenen Studie, will man abgestufte Kriterien zur Klassifizierung derartig disparater Werke entwickeln. Trotzdem besteht kein Grund, einer solchen Klassifizierung ängstlich aus dem Wege zu gehen, solange die Vorgehensweise transparent bleibt. Diese Transparenz bleibt in der vorliegenden Analyse dadurch gewährleistet, daß aus den Tabellen klar ersichtlich ist, welche Autoren und welche Bühnenwerke den entsprechenden Kategorien zugeordnet wurden. Das Hauptkriterium, nach dem die Klassifizierung vorgenommen wurde, war die öffentliche Beachtung, die den jeweiligen Autoren und Stücken geschenkt wurde und wird. Das zweite Kriterium war die Schaffensperiode der betreffenden Autoren. Um dies an Beispielen zu verdeutlichen:

a) Brecht wird in die Kategorie "Klassik und Klassik der Moderne" eingestuft, weil seine literarische und theaterhistorische Bedeutung seit langem unbestritten ist. Kontroversen entstanden in der jüngeren Vergangenheit allein in Hinblick auf die politischen oder ideologischen Implikationen seiner Stücke bzw. in Hinblick auf die Aufführungspraxis seiner Stücke.

b) Hochhuth wird in die Kategorie "Deutschsprachige Moderne" eingestuft, ebenso wie Handke oder Forte, obwohl zweifelsfrei Handke einerseits und Forte bzw. Hochhuth andererseits aus literaturkritischer Sicht nicht auf einen Nenner zu bringen sind. Entscheidend für die Klassifizierung war die kritische Resonanz, die den Bühnenwerken dieser Autoren zuteil wurde.

c) Molnar, aber auch Bahr und Queneau finden sich neben Barillet-Grédy und Flatow in der Kategorie der vorwiegend als "Unterhaltungs-Theater" bezeichneten Werke. Obwohl auch hier für den Literaturkritiker geradezu gewaltige Qualitätsunterschiede zu konstatieren sind, muß die Funktion dieser Autoren im Rahmen eines Theaterspielplans erkannt werden. So hat Molnar dort, wo er heute noch gespielt wird, eindeutig die Rolle eines Autors übernommen, der sogen. niveauvolle Unterhaltung garantiert, wenn auch die Themen seiner Stücke intellektualisierend gelegentlich in philosophische Bereiche hineinreichen. Angesichts der Beständigkeit des dramaturgischen Aufbaus seiner Stücke und der bereits als traditionell zu bezeichnenden Dialogbehandlung ist er m. E. als typischer Repräsentant der sogen. "Halbmoderne" anzusehen. Andererseits ist es ein Erfordernis der Konsequenz, die Werke eines Autors wie Feydeau in dieselbe Kategorie einzuordnen. Wenn auch die prominentesten deutschen Regisseure der Gegenwart sich um diesen Autor bemühen, weil ihnen seine Komödien als aufschlußreiche Dokumente bürgerlicher Schein- und Doppelmoral der Jahrhundertwende und als Zeugnisse gesellschaftlicher Zwänge jener Epoche erscheinen, so haben diese Stücke im Rahmen einer Spielplankonzeption gegenwärtig zweifellos die Funktion der sicheren kassenfüllenden Publikumsattraktion. Nebenbei bemerkt: Die Tatsache, daß Feydeau- und Labiche-Inszenierungen fast immer Kassenerfolge werden aufgrund ihres dramaturgischen Aufbaus, der dem der traditionellen Verwechslungskomödie entspricht, überdeckt den grundsätzlichen Fehlschlag aufklärerischer Regiebemühung und kann als Beleg der "theory of uses and gratifications" angesehen werden, nach der in weitgehender Unabhängigkeit von den Intentionen der Kommunikatoren (in diesem Fall: Regisseure und Dramaturgen) die Rezipienten (in diesem Fall: das Theaterpublikum) solche Informationen und Stimuli eines Inhalts oder einer Botschaft (in diesem Fall: Aufführungen von Feydeau- oder Labiche-Schauspielen) selektieren, die den verschiedenartigen individuellen Wünschen und Bedürfnissen entsprechen (1).

Im übrigen waren wir bemüht, die Gruppe der "Halbmoderne" bzw. des "Boulevards" einzugrenzen, um nicht dem Vorwurf ausgesetzt zu sein, aufgrund der Klassifizierung einzelner Autoren bereits die Analyse a priori zu Ungunsten der "seriösen" Bühnenliteratur zu verzerren. Unter Zugrundelegung literarischer Maßstäbe wäre es durchaus zu rechtfertigen, Autoren wie Anouilh, Kohout, Mrozek, Zuckmayer aber auch Hochhuth der Klasse der "Halbmoderne" zuzurechnen.

d) Spezielle Inszenierungen und Aufführungsserien für Kinder und Jugendliche, die über die traditionelle Märchenproduktion in der Weihnachtszeit hinausgehen, werden seit Mitte der 60er Jahre immer wieder gefordert, wobei die Absicht dieser Art des Zielgruppentheaters eine zweifache ist: 1. Heranführung und Bindung eines jungen Publikums

---

(1) Siehe hierzu Kapitel 1.3., S. 43.

an das Theater, 2. Vermittlung von sozialen Lerninhalten. Allerdings geriet dort, wo Kinder- und Jugendtheater sui generis produziert wurde, diese Sparte sehr schnell in den politischen Streit. An den meisten Bühnen kann bis auf den heutigen Tag nicht von einer kontinuierlichen Jugend-, Kinder- oder Lehrlingstheaterarbeit gesprochen werden, da es trotz aller Absichtserklärungen an personellen und finanziellen Realisierungsmöglichkeiten fehlt. Die vom Deutschen Bühnenverein, Köln, durchgeführte und im Jahre 1971 veröffentlichte "Studie zum Kinder- und Jugendtheater" ist in ihren Ergebnissen auch vier Jahre nach dem Erscheinen kaum veraltet, eine Wiederholung dieser Studie dürfte vielmehr zeigen, daß sich die Situation sowohl unter quantitativem als auch qualitativem Aspekt inzwischen eher verschlechtert als verbessert hat.

2.2.3. Die meistinszenierten Schauspiele der Spielzeiten 1962 - 1972

Für die Zwecke der Untersuchung wurden die Spielplan- und Werkstatistiken der 10 Spielzeiten 1962 - 1972 einer Sekundäranalyse unterzogen und nach verschiedenen Aspekten aufbereitet.

In den Übersichten 19 - 28 (1) sind für jede der Spielzeiten des Untersuchungszeitraums die Schauspiele aufgeführt, die in einer Spielzeit 10 oder mehr als 10 Inszenierungen an verschiedenen Theatern erfuhren (2).

---

(1) S. 281 ff.

(2) Bei diesen Aufstellungen der erfolgreichsten Schauspiele kommt es gelegentlich zu Überschneidungen in den Fällen, in denen eine Inszenierung mehr als eine Spielzeit im Spielplan eines Theaters erhalten bleibt. Diese Überschneidungen ließen sich nicht bereinigen, da entsprechende Grundinformationen nicht zur Verfügung standen. Dieser Sachverhalt beeinträchtigt die Aussagekraft der Analyse insofern, als die Zahl der Theater, an denen ein bestimmtes Stück inszeniert wird, geringer ist als aus den Tabellen anzunehmen ist, die Interpretation der Daten somit ein "günstigeres" Bild ergibt als der Realität entspricht.

Im Durchschnitt der Jahre wurden jeweils 15 Schauspiele an 10 und mehr Theatern innerhalb einer Spielzeit aufgeführt (1).

Insgesamt gesehen lassen sich einige tendenzielle Veränderungen hinsichtlich der Stückgattungen und ihres Anteils an den erfolgreichsten Werken im Laufe der letzten 10 Jahre beobachten. Entsprechend den Klassifikationskriterien ergeben sich für den Zeitraum 1962 - 1972 die folgenden durchschnittlichen Anteile (2):

Deutschsprachige Moderne	22,6 %
Fremdsprachige Moderne	16,8 %
Deutsche- und fremdsprachige Klassik, einschl. der sogen. Klassik der Moderne	30,3 %
Halbmoderne und Boulevard	29,7 %
Kinder- und Jugendstücke	0,6 %
	100,0 %

Nicht in jedem Jahr findet dieses Durchschnittsbild von nahezu 2/3 Klassik und Boulevard gegenüber 1/3 Moderne eine genaue Entsprechung. Während über die Erfolgschancen von Kinder- und Jugendstücken noch keine Aussagen getroffen werden können, da erst in den letzten Jahren eine entschiedenere Hinwendung der Theater zu diesem Genre erfolgt ist, scheint die Entwicklung mehrfach charakterisiert (3):

---

(1) Siehe Obersichten 19 - 28, S.281 ff.

(2) Berechnet auf der Grundlage der Daten aus den Einzelübersichten 31 - 34, S.298 ff.
Tabellarische Obersicht 31: Deutschsprachige Moderne
Tabellarische Obersicht 32: Fremdsprachige Moderne
Tabellarische Obersicht 33: Deutsch- und fremdsprachige Klassik einschl. Klassik der Moderne
Tabellarische Obersicht 34: Halbmoderne und Boulevard; vgl. auch die Jahresdurchschnittsberechnungen der tabellarischen Obersichten 30a-b, S.296 f. , sowie die chronologische Auflistung in Obersicht 29, S. 291 ff.

(3) Siehe tabellarische Obersicht 30 b, S.297 , sowie die Einzelübersichten 31 - 34, S.298 ff.

- Der Anteil der deutsch- und fremdsprachigen Moderne ist trotz zeitweiser Schwankungen verhältnismäßig stabil zu nennen, gemessen am Durchschnitt. Ausnahmejahre sind die Spielzeiten 1968/69 und 1969/70, in denen der Anteil dieser beiden Stückgattungen bis auf 60 % stieg - auch ein Zeugnis der plötzlich einsetzenden Politisierung aller Lebensbereiche in der BRD.

- Der Anteil der deutsch- und fremdsprachigen Klassik an den erfolgreichsten Saisonstücken hat sich im Laufe des Untersuchungszeitraumes offenbar auf einem starken Schwankungen unterliegenden und gegenüber den Anfangsjahren niedrigeren Niveau eingependelt. Die Spielzeit 1967/68 ist in diesem Zusammenhang wohl als Zäsur anzusehen.

- Der Anteil der Werke, die zur Halbmoderne und dem Boulevardtheater zu rechnen sind, hat sich insgesamt gesehen erhöht, im zuletzt erfaßten Spielzeitjahr 1971/72 betrug er 58,4 %. Wenn auch dieser Anteil als untypisch hoch zu bezeichnen ist, so sei doch auf einen Tatbestand hingewiesen, der seit der Spielzeit 1968/69 zu beobachten ist und der den in der Öffentlichkeit oft vorgetragenen Meinungen widerspricht: In Jahren, in denen der Anteil besonders erfolgreicher Klassikerproduktionen hoch ist, sinkt der Anteil erfolgreicher Stücke der Halbmoderne und des Boulevardtheaters ab; umgekehrt ist in Jahren besonders erfolgreicher Boulevardstücke ein Rückgang der Klassikererfolge zu beobachten. Die These, daß die Theater ihren meist wenig erfolgreichen Einsatz für moderne Bühnenliteratur zugunsten leichter Unterhaltungsstücke verringern, die Klassiker aber weiterhin als Stütze des Repertoires im bisherigen Umfang beibehalten, läßt sich in dieser eindeutigen Form nicht aufrechterhalten.

Nach der werkbezogenen Erfolgsstatistik ist vielmehr zu konstatieren, daß die Aufführung moderner Bühnenliteratur zwar quantitativen Schwankungen unterliegt, immerhin aber rund ein Drittel der Erfolgsstücke der Saison unter dem Gesichtspunkt der Inszenierungshäufigkeit ausmacht. Die Abstützung der oft besucherschwachen Inszenierungen moderner Autoren erfolgt in den letzten Jahren offensichtlich immer häufiger durch die Inszenierung populärer Kassenfüller der Halbmoderne und des Boulevards auf Kosten von Klassikerinszenierungen. Inwieweit sich diese Tendenz konsolidieren wird, bleibt abzuwarten, vor allem muß einschränkend berücksichtigt werden, daß diese Aussagen sich lediglich auf die erfolgreichsten Stücke der jeweiligen Saison beziehen. Dennoch muß dieser statistische Sachverhalt als Indikator für die Spielplanstruktur gesehen werden, wenn man den Hypothesen der Theaterfunktionäre folgt, die von der Einheit der deutschen Kulturlandschaft ausgehen, wenn sie Theaterfragen diskutieren.

2.2.4. Die Aufführungszahlen erfolgreicher Schauspiele der Jahre 1962 - 1972

Bei der Analyse der erfolgreichsten Stücke z. B. der Spielzeit 1962/63 (1) fällt sofort die extrem hohe Zahl von 1598 Aufführungen des Stücks "Die Physiker" an insgesamt 59 Bühnen auf. Im Durchschnitt erlebte dieses Werk 28 Aufführungen an jeder Bühne, die das damals neue Dürrenmatt-Stück aufführte. Betrachtet man die Relation "Zahl der Aufführungen : Zahl der Inszenierungen" bei den übrigen Erfolgsstücken, so ist der erste Eindruck bald zu revidieren. Zwei Stücke, die lediglich an 10 bzw. 11 Bühnen

---

(1) Siehe Obersicht 19, S. 281.

aufgeführt wurden, erzielten dort längere bzw. gleich lange Aufführungsserien, und zwar ein Boulevardstück "Heiraten ist immer ein Risiko" von O'Hara mit durchschnittlich 39 Aufführungen pro Theater sowie die Dramatisierung der Goethe-Novelle "Hermann und Dorothea" mit durchschnittlich 29 Aufführungen pro Theater.

Unter dem Aspekt des Zugangs bzw. der Möglichkeit, an bestimmten Orten ein bestimmtes Stück zu sehen, muß die durchschnittliche Laufdauer Berücksichtigung finden, dies um so mehr, als dieser Wert wegen der in der BRD üblichen theaterstatistischen Erhebungspraxis den einzigen realistischen Einblick in Erfolg oder Mißerfolg eines Stückes geben kann, und zwar aus zwei Ursachenkomplexen:

a) Die Laufdauer eines Stückes wird an Privattheatern durch andere Kriterien bestimmt als an öffentlichen Stadt- oder Staatstheatern. Weil bei Stadttheatern aufgrund des Abonnementssystems den Abonnenten "Schauspiele" zugeteilt werden, ist in den Publikumsstatistiken ein hoher Anteil von Theaterbesuchen enthalten, die nicht auf der individuellen Entscheidung des Abonnenten beruhen, sich die Inszenierung eines bestimmten Schauspiels anzusehen. Zwar werden die Abonnenten vor Beginn der Spielzeit über die Spielplangestaltung informiert. Im Regelfall weicht die tatsächliche Realisierung des Spielplans beträchtlich von der Planung ab. Vorgesehene Inszenierungen werden aus unterschiedlichen Gründen künstlerischer, administrativer oder finanzieller Art zurückgestellt bzw. gestrichen und durch Werke ersetzt, die in der Spielzeitvorausschau nicht vorgesehen waren. Da den Abonnenten bei Spielplanänderungen kein Rücktrittsrecht eingeräumt wird, sind sie "verpflichtet", auch nicht gewünschte Inszenierungen zu besuchen. So garantiert das Abonnementssystem den öffentlichen Theatern je Stück eine im allgemeinen berechenbare Mindestlaufdauer. Erst wenn die Nachfrage im freien Kartenverkauf besonders intensiv wird bzw. die Ablehnung einer Inszenierung durch Abonnenten und Besucherorganisationen sich eindeutig manifestiert, verlängert oder verkürzt sich die Laufzeit von Schauspielen an Stadttheatern beträchtlich. Die Laufzeit bestimmter Inszenierungen an Privattheatern ist zwar auch nicht vollständig unabhängig von administrativen Planungen, ist jedoch wegen fehlender automatischer Publikumszuführung über Platzmieten in viel stärkerem Maße bestimmt durch individuelle Kartennachfrage, so daß die Absetzung von Inszenierungen wegen mangelnden Publikumszuspruchs bzw. die Verlängerung der Laufzeit wegen anhaltender Kartennachfrage an Privattheatern regelmäßig zu beobachten ist.

b) Die stark differierende Platzkapazität und Standortqualität der einzelnen Theater führt bei einem Vergleich absoluter Besucherzahlen zu unverantwortlichen Verzerrungen, falls nicht die jeweilige Platzausnutzung einer Vorstellung als Gewicht herangezogen wird. Da Platzausnutzungsquoten für das jeweilige Theater nur spielzeit-, nicht jedoch stückbezogen veröffentlicht werden, bleibt aus den unter a) genannten Gründen lediglich der besucherbereinigte Parameter der durchschnittlichen Aufführungszahl eines Stückes je Inszenierung als Erfolgsindikator.

Eine Gegenüberstellung der erfolgreichsten Stücke mit den höchsten bzw. niedrigsten durchschnittlichen Aufführungsziffern für die Jahre 1962 - 1972 läßt deutlich die Erfolgsträchtigkeit des rein unterhaltenden Theaters einerseits und die schwache Durchsetzungskraft moderner Bühnenliteratur andererseits erkennen. In dem untersuchten Zeitraum erzielten Boulevardstücke in 6 Jahren die höchsten durchschnittlichen Aufführungsserien pro Theater (1).

---

(1) Siehe Übersicht 35, S. 306 f.

Halbmoderne/Boulevard

1. Tchao/Sauvajon	Ø 61 Aufführungen	(1970/71)
2. Auf und Davon/Yeldham	Ø 51 Aufführungen	(1971/72)
3. Kaktusblüte/Barillet-Grédy	Ø 49 Aufführungen	(1966/67)
4. Heiraten ist immer ein Risiko/O'Hara	Ø 39 Aufführungen	(1962/63)
5. Barfuß im Park/Simon	Ø 30 Aufführungen	(1965/66)
6. Komödie im Dunkeln/Shaffer	Ø 30 Aufführungen	(1967/68)

Neben diesen sechs Boulevardstücken stehen drei Klassiker und ein Autor der deutschsprachigen Moderne:

Klassik

1. Der zerbrochene Krug/Kleist	Ø 29 Aufführungen	(1964/65)
2. Kabale und Liebe/Schiller	Ø 29 Aufführungen	(1969/70)
3. Bürger Schippel/Sternheim	Ø 27 Aufführungen	(1968/69)

Deutschsprachige Moderne

1. Der Stellvertreter/Hochhuth	Ø 39 Aufführungen	(1963/64)

Das Erreichen hoher Aufführungsserien im Fall des Hochhuthschen "Stellvertreters" im Jahre 1963/64 ist zweifellos weniger auf avantgardistisch-literarische Qualitäten zurückzuführen als eher auf die polemisch-dokumentarische Qualität dieses Stückes um Papst Pius XII.

Unter Berücksichtigung der thematischen Komponente ist es somit in den 10 Spielzeiten von 1962 - 1972 keinem Bühnenwerk, das zeitgenössischen literarischen Kriterien gerecht wird, gelungen, an die Spitze der durchschnittlichen Aufführungszahlen im deutschen Theater zu gelangen. Der vergleichsweise begrenzte Erfolg moderner Bühnenliteratur wird unterstrichen, wenn man die Dramen heraussucht, die zwar an 10 und mehr Theatern gespielt wurden, dabei aber die kürzesten Laufzeiten hatten, nämlich je 4 Werke der deutsch- und fremdsprachigen Moderne, neben 2 Werken aus dem Bereich der Klassik bzw. der sogen. Klassik der Moderne (1).

Klassik (einschl. Klassik der Moderne)

1. Hamlet/Shakespeare (2)	Ø 11 Aufführungen	(1963/64)
2. Das Mißverständnis/ Camus	Ø 13 Aufführungen	(1964/65)

Deutschsprachige Moderne

1. Der Bürgermeister/ Hofmann	Ø 9 Aufführungen	(1965/66)
2. Große Schmährede an der Mauer/Dorst	Ø 10 Aufführungen	(1962/63)
3. Play Strindberg/ Dürrenmatt	Ø 13 Aufführungen	(1971/72)
4. Biografie/Frisch	Ø 14 Aufführungen	(1968/69)

Fremdsprachige Moderne

1. Endspiel/Beckett	Ø 12 Aufführungen	(1969/70)
2. Was der Butler sah/ Orton	Ø 12 Aufführungen	(1970/71)
3. Gerettet/Bond	Ø 13 Aufführungen	(1967/68)
4. Tango/Mrozek	Ø 18 Aufführungen	(1966/67)

(1) Siehe Übersicht 35, S. 306 f.

(2) Inszenierungen von Shakespeares Hamlet hatten in der vorhergehenden Spielzeit 1962/63 bedeutend höhere durchschnittliche Laufzeiten, wurden deshalb von verschiedenen Theatern wegen des großen Erfolges in den Spielplan der folgenden Spielzeit übernommen und so lange weiter aufgeführt, bis das Interesse erlosch. Auf Verzerrungsmöglichkeiten dieser Art wurde bereits auf Seite 110, Fußnote 2, hingewiesen.

Einige der vorstehenden Werke mit den niedrigsten Durchschnittszahlen, wie z. B. Play Strindberg, Biografie, Der Bürgermeister, gerieten erst im zweiten Jahr nach der Uraufführung an das Ende der jeweiligen Erfolgstabelle und schnitten im Vorjahr bedeutend günstiger ab. Allerdings belegen diese Zahlen das schnell nachlassende Interesse an Werken dieses Genres und stehen somit stellvertretend für verwandte Stücke.

2.2.5. "Lebensdauer" von Erfolgsstücken

Die quantitative Auswertung der Werkstatistiken 1962 - 1972 zeigt, daß in 155 Fällen ein Titel pro Spielzeit 10 oder mehr als 10 Inszenierungen erlebte, darunter befinden sich 38 Dramen, die über zwei oder mehr Spielzeiten diese Inszenierungsziffern erreichen konnten (1). Für die deutsche Theaterszene lassen sich gewisse Regelmäßigkeiten konstatieren: Die Chance für deutsch- oder fremdsprachige moderne Bühnenliteratur, einen langjährigen und anhaltenden Erfolg zu haben, ist gering. Im allgemeinen hat ein neues Stück der deutschen oder fremdsprachigen Moderne nur eine geringe Chance, mehr als zwei aufeinanderfolgende Spielzeiten an mehr als jeweils 10 Bühnen gespielt zu werden. In den untersuchten 10 Jahren konnte lediglich Mrozeks "Tango" sich vier Spielzeiten in dieser Gruppe halten. Ähnliches gilt für die Werke der Halbmoderne und des Boulevards. Nach zwei Spielzeiten haben sie sich abgenutzt und werden durch andere, ähnliche Konfektionsstücke ersetzt, obwohl es einige spektakuläre Ausnahmen gibt wie z. B. Barillet-Grédys "Kaktusblüte", die seit 1966/67 insgesamt fünfmal mehr als 10 Inszenierungen erreichen konnte

---

(1) Siehe Übersicht 36, S. 308 f. sowie die Einzelübersicht 29, S. 291 ff. und 31 - 34, S. 298 ff.

und ihren ursprünglich etwas spröde klingenden Titel "Kakteenblüte" im Laufe der Jahre modisch aufpolierte. Oder Feydeaus "Floh im Ohr", der seit 1968/69 einen gleichbleibenden Erfolg hat. Hier ist jedoch auf die Feydeau-Renaissance hinzuweisen, die an anderer Stelle kommentiert wird (1). Die aus ihrem Charakter als Gebrauchsware einleuchtende ständige Fluktuation der Erfolgstitel des Boulevardtheaters und die Tatsache, daß es den modernen Dramatikern weithin nicht gelungen ist, ihren Stücken Repertoirebeständigkeit zu sichern - vielleicht mit dem "Endspiel" von Beckett als einziger Ausnahme - sind ebensolche Charakteristika der Spielplanstruktur wie die Tatsache, daß ganz bestimmte Titel der Bühnenklassiker in mehr oder weniger regelmäßigen Abständen eine wahre Inszenierungshausse erleben, auch außerhalb der Gedenk- und Erinnerungsjahre, in deren Verlauf der zu ehrende Dichter sozusagen pflichtgemäß mit besonders zahlreichen Aufführungen bedacht wird. An der Spitze dieser Klassik-Bestseller steht Shakespeares "Sommernachtstraum", dem in 5 von 10 Jahren jeweils 10 oder mehr Neuproduktionen geschenkt wurden, aber auch deutsche Klassikerdramen wie Lessings "Minna von Barnhelm", Kleists" Der zerbrochene Krug" und Schillers "Kabale und Liebe" konnten innerhalb dieses Jahrzehnts jeweils viermal den statistischen Wert von 10 Inszenierungen erreichen oder überschreiten.

Die eben genannten besonders erfolgreichen Stücke der Klassik, der Moderne und des Boulevards haben mit Ausnahme des Schillerdramas eine gemeinsame Eigenschaft: Sie sind formal und inhaltlich als Komödien zu bezeichnen, die neben den z. T. unbestrittenen literarischen Qualitäten für jedes

---

(1) Siehe S. 132 ff.

Publikum einen hohen Unterhaltungswert besitzen und von den Intendanten auf den Spielplan gesetzt werden können, ohne den Vorwurf gewärtigen zu müssen, einen zu "leichtgewichtigen" Spielplan zu favorisieren.

2.2.6. Die Informationsmöglichkeit des Publikums über neue Theaterstücke

Als besonderes Positivum der deutschen, aber auch der schweizerischen und österreichischen Theaterstruktur gilt die Möglichkeit, das Publikum in Mittel- und Kleinstädten, selbst in den entferntesten Winkeln des Landes, mit dem zeitgenössischen Theater vertraut zu machen und die wichtigsten Stücke auf der Bühne vorzustellen. Welche neuen Stücke der Jahre 1962 - 1972 haben sich wirklich durchgesetzt bzw. sind an möglichst vielen Theatern gespielt worden? Wenn im folgenden diese Frage zu beantworten versucht wird, dann kann nicht von der Erwartung ausgegangen werden, daß jedes neue Stück an jedem Theater gespielt werden muß. Andererseits werden in jedem Jahr von deutschsprachigen und ausländischen Autoren zahlreiche neue Stücke angeboten, die mit unterschiedlichem Erfolg bei Presse und Publikum an einzelnen Bühnen "ausprobiert" werden, an einigen Theatern nachgespielt werden, um dann endgültig von den Spielplänen zu verschwinden. Allein aus diesem Grund kann nicht von einer einheitlichen Informationsmöglichkeit des Publikums im deutschsprachigen Theaterbereich gesprochen werden. Um die tatsächlichen Informationsmöglichkeiten über neue Stücke für die Teile des Publikums zu untersuchen, die auf das Angebot ihres lokalen oder regionalen Theaters angewiesen sind, versuchten wir anhand der Statistiken zu fixieren, welche neuen Stücke innerhalb des deutschsprachigen Theaterraumes praktisch jedem Theaterinteressierten erreichbar waren. Da es im Rahmen dieser Arbeit nicht möglich war, jedes uraufgeführte Stück von

Bühne zu Bühne zu verfolgen, haben wir versucht, Annäherungswerte zu erreichen und uns auf die Werke beschränkt, die zumindest 10 Inszenierungen in einer Spielzeit aufweisen konnten. Da bei der Informationsmöglichkeit über neue Werke die zeitliche Komponente nicht vernachlässigt werden darf, wurde die Verbreitungsgeschwindigkeit neuer Stücke ebenfalls erfaßt. Im Idealfall hätte ein neues Stück innerhalb einer Spielzeit in jeder Stadt mit eigenem Schauspielensemble gespielt werden müssen, also in 77 Städten, wollte man von einer vollständigen Verbreitung bzw. Durchsetzung sprechen. Da eine derartige Annahme als gänzlich unrealistisch anzusehen ist, basiert die Analyse dieses Teilaspekts der Spielplanstruktur auf folgendem Vorgehen. Es wird unterschieden nach:

1) neuen Stücken mit schneller und umfassender Verbreitung,
2) neuen Stücken mit teilweiser bzw. langsamer Verbreitung.

"Schnelle und umfassende Verbreitung" wurde angenommen, wenn ein neues Werk innerhalb von drei Spielzeiten an mindestens 50 Bühnen inszeniert wurde.

"Langsame bzw. teilweise Verbreitung" wurde angenommen, wenn ein neues Werk innerhalb von drei Spielzeiten an 30 bis unter 50 Bühnen inszeniert wurde.

Die Setzung von 50 Bühnen als Kriterium "schneller umfassender Verbreitung" und von 30 - 50 Bühnen als Kriterium "langsamer bzw. teilweiser Verbreitung" ist ebenso großzügig wie der beobachtete Zeitraum von drei Spielzeiten; denn erstens standen während des gesamten Untersuchungszeitraumes allein in der BRD im Jahresdurchschnitt mehr als 150 öffentliche Sprechbühnen im theaterstatistischen Sinne in den 77 Städten zur Verfügung, zuzüglich der Privatbühnen und der Schauspielensembles in Österreich und der deutschsprachigen Schweiz. Zweitens ist ein neues

Bühnenwerk innerhalb von drei Spielzeiten u. U. bereits einem beträchtlichen Alterungsprozeß ausgesetzt, sowohl hinsichtlich der Thematik, wie z. B. "Der Stellvertreter" von Hochhuth, als auch hinsichtlich formaler Elemente, wie z. B. die zahlreichen Nachahmungen der Handkeschen Sprechstücke zeigen. Dennoch war es angebracht, die Kriterien für Verbreitung und Verbreitungsgeschwindigkeit so weit zu fassen, um nicht dem Vorwurf ausgesetzt zu sein, nicht zu realisierende Forderungen an die Informationspflicht der Theater zu stellen. Doch selbst die eingeschlagene Verfahrensweise, deren Toleranzgrenzen in jedem Fall zu einem günstigeren Bild beitragen, als es in der Realität vorliegt, führt zu einem Ergebnis, das hinsichtlich der Spielplanpolitik der deutschsprachigen Theater sehr skeptisch stimmt. In den Jahren 1962 - 1972 haben lediglich sechs neue Bühnenwerke eine schnelle und umfassende Verbreitung gefunden (1), darunter zwei - Endspurt/Ustinov und Komödie im Dunkeln/Shaffer - die eindeutig dem Genre Boulevardtheater angehören. Die übrigen vier Stücke stammen von Autoren, die bereits im Jahre 1962, dem Beginn des Untersuchungszeitraums, als etablierte Bühnenschriftsteller zu gelten hatten (2). Einer dieser Autoren, Dürrenmatt, konnte sich mit zwei Stücken besonders deutlich behaupten.

---

(1) Die nachfolgenden Daten wurden zusammengestellt nach den Übersichten 19 - 28, S. 281 ff. , Übersicht 29, S. 291 ff. sowie den Übersichten 31 - 34, S. 298 ff.

(2) Dürrenmatt/Physiker: 83 Inszenierungen in 2 Jahren;
Dürrenmatt/Play Strindberg: 75 Inszenierungen in 3 Jahren;
Frisch/Andorra: 59 Inszenierungen in 2 Jahren;
Mrozek/Tango: 60 Inszenierungen in 3 Jahren;
Shaffer/Komödie im Dunkeln: 50 Inszenierungen in 3 Jahren;
Ustinov/Endspurt: 53 Inszenierungen in 3 Jahren.

Anmerkung: Die Zahl der Inszenierungen dürfte niedriger liegen als statistisch ausgewiesen, da eine über zwei Spielzeiten an einem Theater verbleibende Inszenierung statistisch doppelt erfaßt wird.

Bei den 10 Stücken, die zumindest eine teilweise Verbreitung fanden (1), sind nur in zwei Fällen die Autoren als echte Neulinge zu bezeichnen: Gert Hofmann mit "Der Bürgermeister" und Wolfgang Bauer mit "Magic Afternoon". Die übrigen Autoren sind entweder ausschließlich Produzenten von Unterhaltungsstücken wie Barillet-Grédy, Camoletti, O'Hara oder sie sind Dramatiker oder Schriftsteller, die bereits vor dem Erfolg der betreffenden Stücke literarische Anerkennung gefunden hatten, wie Frisch, Kipphardt, Miller, Walser, Albee und Ionesco.

Aufschlußreich für die tatsächliche Situation, d. h. für die Schwierigkeit, neuen Stücken eine breite regionale Wirkung zu verschaffen, ist die Liste der Werke, die bei ihrem Erscheinen eine verhältnismäßig hohe Inszenierungszahl innerhalb einer Spielzeit erreichten und durch ausführliche Presserezensionen einer breiten Öffentlichkeit bekannt wurden, danach aber nur zögernd nachgespielt wurden und nicht die erwartete unmittelbare Breitenwirkung erzielten. Spektakuläre Beispiele sind (2):

Der Stellvertreter/Hochhuth
Die Ermittlung/Weiss
Davor/Grass

Die geringe Durchsetzungskraft neuer Bühnenstücke wird im allgemeinen in der Öffentlichkeit nicht klar erkannt, weil

---

(1) Albee/Wer hat Angst vor Virginia Woolf?: 42 Inszenierungen in 3 Jahren;
Barillet-Grédy, Kaktusblüte: 37 Inszenierungen in 3 Jahren;
Bauer/Magic Afternoon: 35 Inszenierungen in 2 Jahren;
Camoletti/Boeing Boeing: 35 Inszenierungen in 3 Jahren;
Frisch/Biografie: 40 Inszenierungen in 3 Jahren;
Hofmann/Der Bürgermeister: 36 Inszenierungen in 3 Jahren;
Kipphardt/In der Sache Robert J. Oppenheimer: 39 Inszenierungen in 2 Jahren;
Miller/ Der Preis: 35 Inszenierungen in 2 Jahren;
O'Hara/Heiraten ist immer ein Risiko: 42 Inszenierungen in 3 Jahren;
Walser/Zimmerschlacht: 35 Inszenierungen in 2 Jahren.

(2) Siehe Übersicht 31, S. 298 f.

ausführliche Rezensionen der Uraufführungen in der gesamten deutschen Presse erscheinen und auch das Medium Fernsehen in seiner aktuellen Berichterstattung auf neue Werke prominenter Autoren aufmerksam macht. Das auf diese Weise hergestellte hohe Informationsniveau hinsichtlich der Existenz der betreffenden Werke überdeckt die Tatsache, daß nur wenige Bühnen in der BRD anschließend die Möglichkeit bieten, diese Schauspiele auf der Bühne kennenzulernen.

Somit unterscheidet sich die Situation in der BRD trotz eines flächendeckenden Systems öffentlicher Theater hinsichtlich Informationsmöglichkeit über neue Stücke in der praktischen Konsequenz kaum von der Situation in Staaten wie Frankreich, Großbritannien oder den USA, in denen das reale Theaterangebot zwar im wesentlichen auf wenige Großstädte beschränkt ist, während die Massenmedien jedoch landesweit über die Theaterszene in den Zentren berichten.

2.2.7. Wandel oder Stabilität des Schauspielrepertoires?

In den Jahren 1962 - 1972 lag die Zahl der Autoren, deren Werke 10 und mehr Inszenierungen je Spielzeit hatten, zwischen 50 und 60 (1):

1962/63:	51	Autoren	mit	10	und	mehr	Inszenierungen	ihrer	Werke
1963/64:	56	"	"	10	"	"	"	"	"
1964/65:	52	"	"	10	"	"	"	"	"
1965/66:	60	"	"	10	"	"	"	"	"
1966/67:	55	"	"	10	"	"	"	"	"
1967/68:	56	"	"	10	"	"	"	"	"
1968/69:	49	"	"	10	"	"	"	"	"
1969/70:	47	"	"	10	"	"	"	"	"
1970/71:	50	"	"	10	"	"	"	"	"
1971/72:	54	"	"	10	"	"	"	"	"

(1) Siehe Übersicht 37 - 46, S.310 ff. für die Einzelspielzeit sowie die Gesamtübersicht 47, S. 331 ff.

Die Autorenliste umfaßt dabei - angefangen bei Albee bis zu Zuckmayer - 125 Namen (1). Die Repertoirebeständigkeit einer Vielzahl von Autoren erschwert, wie anschließend dargestellt, den Zugang unbekannter oder neuer Namen zum Kreis der Erfolgreichen und bewirkt so eine vergleichsweise Stabilität des Repertoires, die sich dadurch ausdrückt, daß immer wieder auf Werke erfolgreicher Autoren zurückgegriffen wird. Allein die Aufgliederung dieser 125 Autoren nach dem Stückgenre, dem ihre Werke zuzurechnen sind, belegt diese These.

Die Werke von 51 Autoren sind als Klassiker einzuordnen, 37 Autoren gehören zur dramatischen Moderne, 35 Autoren sind dem Bereich des vorwiegend unterhaltenden Gebrauchstheaters zuzurechnen und zwei der 125 Autoren konnten mit Kinder- und Jugendstücken reüssieren (2).

Hinsichtlich der Beständigkeit und Regelmäßigkeit, mit der Werke dieser Autoren in beachtenswerter Zahl inszeniert werden, bestehen beträchtliche Differenzen. Drei Kategorien sind zu unterscheiden: zum ersten Dramatiker, deren Werke während des Untersuchungszeitraumes in jeder oder zumindest fast jeder Spielzeit an 10 oder mehr Bühnen aufgeführt werden; zweitens Autoren, die mit ihren Werken nur in einer oder zwei Spielzeiten, also kurzfristig, erfolgreich waren; und drittens Autoren, die zwar regelmäßig an mehreren Bühnen inszeniert werden, dabei jedoch nicht so gefragt sind, daß sie in jeder Spielzeit an 10 oder mehr Bühnen zu Aufführungen gelangen.

---

(1) Siehe Übersicht 47, S. 331 ff.

(2) Siehe Übersicht 18, S. 278 ff.

Autoren, die in der Zeit von 1962 - 1972 jedes Jahr 10 oder mehr Inszenierungen ihrer Werke erfuhren (1)

Kategorie A Deutschsprachige Moderne	Dürrenmatt	=	1 Autor
Kategorie B Fremdsprachige Moderne	Albee Beckett Ionesco Mrozek	=	4 Autoren
Kategorie C Deutsch- und Fremdsprachige Klassik und sogen. Klassik der Moderne	Anouilh Brecht Büchner Goethe Goldoni Hauptmann Ibsen Kleist Molière Nestroy Schiller Shakespeare Shaw Sternheim Strindberg Tschechow	=	16 Autoren
Kategorie D Boulevard und Halbmoderne	Goetz	=	1 Autor

---

(1) Die Autorenliste wurde zusammengestellt auf der Grundlage der Übersichten 37 - 47, S. 310 ff., nach Maßgabe der Klassifikation aus Übersicht 18, S. 278 ff.

Autoren, die in der Zeit von 1962 - 1972 mit Ausnahme von 1 oder 2 Spielzeiten jedes Jahr 10 oder mehr Inszenierungen ihrer Werke erfuhren (1)

Kategorie A Deutschsprachige Moderne	Frisch	= 1 Autor
Kategorie B Fremdsprachige Moderne	Sartre	= 1 Autor
Kategorie C Deutsch- und Fremdsprachige Klassik und sogen. Klassik der Moderne	Büchner Lessing O'Neill	= 3 Autoren
Kategorie D Boulevard und Halbmoderne	-	-

Von diesen 27 Autoren sind erwartungsgemäß die meisten (19) als Klassiker oder Klassiker der Moderne zu bezeichnen, lediglich Albee, Beckett, Ionesco, Mrozek und Sartre sowie Dürrenmatt und Frisch können - und auch das nur mit Einschränkungen - der Gegenwartsdramatik zugerechnet werden.

Ein Phänomen eigener Art ist die Beharrlichkeit, mit der die Komödien von Goetz ihren Platz behaupten.

Während des Untersuchungszeitraumes sind zu den bereits aufgezählten 27 Autoren 16 Namen hinzugekommen, die seit dem Erscheinen in der Liste der Erfolgreichen jedes Jahr mit mehreren Werken insgesamt 10 und mehr Inszenierungen erlebt.

---

(1) Die Autorenliste wurde zusammengestellt auf der Grundlage der Übersichten 37 - 47, S. 310 ff., nach Maßgabe der Klassifikation aus Übersicht 18, S. 278 ff.

Autoren, die von 1962 - 1972 seit dem ersten Erscheinen in der Erfolgsliste jedes Jahr (oder mit Ausnahme von 1 bis 2 Spielzeiten) 10 oder mehr Inszenierungen ihrer Werke erfuhren (1)

Kategorie A Deutschsprachige Moderne	Bauer Hacks Handke	= 3 Autoren
Kategorie B Fremdsprachige Moderne	Arrabal Kohout Miller Orton Pinter Saunders Terson	= 7 Autoren
Kategorie C Deutsch- und Fremdsprachige Klassik und sogen. Klassik der Moderne	Horvath Zuckmayer	= 2 Autoren
Kategorie D Boulevard und Halbmoderne	Barillet-Grédy Feydeau Shaffer Simon	= 4 Autoren

Diese 43 Autoren, fast exakt ein Drittel aller Dramatiker, die überhaupt als erfolgreich zu bezeichnen sind in den 10 Jahren 1962 - 1972, sind als das unverzichtbare feste Skelett des gegenwärtigen deutschen Spielplans anzusehen, die sich anteilmäßig verteilen zu ca. 50 % (21) auf den Bereich der Klassik, ca. 40 % (17) auf moderne Gegenwartsliteratur und zu ca. 10 % (5) auf das leichte Genre.

(1) Die Autorenliste wurde zusammengestellt auf der Grundlage der Übersichten 37 - 47, S. 310 ff., nach Maßgabe der Klassifikation aus Übersicht 18, S. 278 ff.

Die große Zahl von 17 Namen der Gegenwartsliteratur gegenüber nur 5 Boulevardschriftstellern mag auf den ersten Blick überraschen, der Anteil von 50 % klassischer Autoren mag vielleicht etwas unter den Erwartungen liegen.

Diese Zahlen scheinen den Kulturpolitikern und Theaterintendanten recht zu geben, die darauf verweisen, daß das deutsche Theatersystem aufgrund der öffentlichen Subventionierung neben der Klassikerpflege besonders der Gegenwartsdramatik breiten Raum gewähren kann, ohne auf kommerzielle Überlegungen Rücksicht nehmen zu müssen. Diese Position scheint noch eindeutiger bestätigt zu werden, wenn man die Zahl von 42 Autoren in Betracht zieht, denen es im Verlauf der 10 Spielzeiten 1962 - 1972 immerhin gelungen ist, ein oder zwei Spielzeiten lang an jeweils 10 oder mehr Bühnen aufgeführt zu werden.

Autoren, die in der Zeit von 1962 - 1972 nur in 1 oder 2 Spielzeiten 10 oder mehr Inszenierungen ihrer Werke erfuhren (1)

Kategorie A Deutschsprachige Moderne	Faßbinder	
	Grass	
	Kipphardt	
	Michelsen	
	Weisenborn	
	Weiss	
	Ziem	= 7 Autoren
Kategorie B Fremdsprachige Moderne	Audiberti	
	Bond	
	Genet	
	Havel	= 4 Autoren

(1) Die Autorenliste wurde zusammengestellt auf der Grundlage der Übersichten 37 - 47, S.310 ff.,nach Maßgabe der Klassifikation aus Übersicht 18, S.278 ff.

Kategorie C Deutsch- und Fremdsprachige Klassik und sogen. Klassik der Moderne	Bruckner Claudel Cocteau Fry Gorki Kafka Kaiser Marivaux Schwarz Scribe Sophokles Tirso de Molina Tucholsky Wedekind	= 14 Autoren
Kategorie D Boulevard und Halbmoderne	Ayckbourn Bahr Breffort Conners Coward Duval Erdman Knott Krasna Marcus Molnar Pagnol Patrick Queneau Schönthan Watkyn Wunderlich	= 17 Autoren

Außer der zufälligen quantitativen Obereinstimmung von 43 bzw. 42 Namen sind die Gemeinsamkeiten zwischen den ständig im Repertoire vertretenen Autoren und den "kurzfristigen" Erfolgsautoren wenig ausgeprägt; aber neben den 40 % (17) Autoren aus dem Bereich der eher unterhaltenden Theaterliteratur und 35 % (14) Klassikerautoren sind immerhin noch 25 % (11) der Autoren dem Bereich der literarischen Gegenwartsdramatik zuzuordnen.

Eine eingehendere Analyse der vorstehenden Autorenlisten widerlegt die dargestellte Ansicht, daß der Gegenwartsdramatik besonders breiter Raum im deutschen Theater gewährt wird, und führt zu einem gegenläufigen Resultat: Der Anfang sei gemacht bei dem am meisten diskreditierten Genre des Boulevard- oder Unterhaltungstheaters. Da dieser Spezies generell unbedeutende literarische Qualitäten bescheinigt werden, die Funktion solcher Stücke innerhalb des Spielplans eines Theaters eindeutig fixiert ist sowohl auf der Seite der anbietenden Bühne als auch auf der Seite des abnehmenden Theaterbesuchers, nämlich Auffüllung der Kassen und Anhebung der durchschnittlichen jährlichen Platzausnutzung einerseits und vermeintlich problemlose Unterhaltung andererseits, ist ein Autor dieses Genres besonderen Risiken ausgesetzt. Ein erfolgreiches Stück, dem er ein weniger gut geratenes Werk folgen läßt, bringt ihn in die Gefahr, als "Eintagsfliege" abgestempelt zu werden. Weder Dramaturgen noch Publikum entwickeln spontan genau umrissene positive Erwartungen. Boulevardstücke sind primär Gebrauchsstücke, somit beliebig austauschbar. Nur wenigen Autoren gelingt es, in diesem Bereich zum "Markenartikel" zu werden, der fast unbesehen gekauft wird.

In den letzten Jahren ist es nur zwei Autoren gelungen, sich endgültige Anerkennung zu erwerben. Es sind dies Shaffer und Simon,die allerdings nicht mehr allein auf den

Unterhaltungswert ihrer Stücke vertrauen, sondern in Themenwahl und formaler Ausgestaltung immer stärker literarische oder zumindest pseudo-literarische Ingredienzen beimischen - mit Erfolg bei Staatstheaterintendanten und Kritikerpäpsten. Es kann kaum festgestellt werden, inwieweit clevere Marktstrategien oder genuin kreative Entwicklungen hinter dieser zunehmenden Literarisierung stehen. Jedenfalls haben sich diese beiden Autoren in den Augen eines Teils der Theaterkritik und des Publikums aus den Niederungen des Boulevards erhoben. Zur Freude der Dramaturgen und Intendanten, die nun weniger verschämt den neuen Simon beim Theaterverlag einkaufen. Überdies haben arrivierte Boulevardautoren die Möglichkeit, allmählich diejenigen Werke aus den Spielplänen zu verdrängen, welche ähnliche Funktionen bereits seit langer, allzu langer Zeit wahrnehmen. So besteht die Chance oder Gefahr, wie immer man es sehen mag, daß die Komödien von Goetz bald ausgedient haben werden.

Von den Autoren, die im Laufe der Jahre "Salonfähigkeit", sprich "Stadt"- oder sogar "Staatstheaterfähigkeit", erwerben, sind die Bühnenschriftsteller zu unterscheiden, die zu Lebzeiten als versierte Verfasser von Salonkomödien galten und nach ihrem Tod in fast vollständige Vergessenheit gerieten, um nun als Bühnendramatiker wiederentdeckt zu werden, die Gewichtiges, ja Sozialkritisches über ihre Zeit und Gesellschaft auszusagen haben. Ein typischer Fall in dieser Beziehung ist die Feydeau-Renaissance, die etwa gleichzeitig in Frankreich sowie im deutschsprachigen Theater in der Spielzeit 1967/68 einsetzte (1).

---

(1) Die von J. Lorcey aus Anlaß des 50. Todestages von G. Feydeau veröffentlichte Biographie(Georges Feydeau, Paris 1972) ist bemüht, den bislang als "König des Vaudeville" apostrophierten Autor als tiefgründigen Moralisten und Psychologen zu schildern.

In den Jahren 1965/66 und 1966/67 gab es vereinzelte Feydeau-Inszenierungen, so als Sylvesterpremiere 1965/66 im Schauspielhaus Zürich das Stück "Kümmere dich um Amélie" oder in Gerda Gmelins Hamburger Theater im Zimmer am 4. 1. 1966 das Stück "Sie und Er". Doch erst 1967/68 nach zwei Inszenierungen des "Floh im Ohr" an ersten deutschen Bühnen unter prominenten oder vielversprechenden Regisseuren - Boleslav Barlog am Schiller-Theater Berlin und Dieter Giesing an den Kammerspielen in München - entdeckte die Kritik, daß Feydeau Stücke geschrieben hat und Aufführungen ermöglicht, die dem Bedürfnis "nach gesicherter Konfektion (entgegenkommen) ..., die der Bühne auf Maß zugeschneidert sind, also sozusagen nach den frag- und restlosen 'Erfüllungsmomenten' dieses womöglich überalterten Mediums Theater. Die Wiederentdeckung Feydeaus entspricht zum Beispiel solch einer Sehnsucht nach einem nicht wieder herstellbaren Theaterbewußtsein,..." (1). Sofort erlebte Feydeaus "Floh im Ohr" in der nämlichen Spielzeit 4 weitere Inszenierungen, in Karlsruhe am 30. 12. 1967, in Kiel am 8. 5. 1968, in Regensburg am 21. 5. 1968 und in Bonn am 22. 5. 1968. Lediglich die Karlsruher Inszenierung war in der Spielplanvorschau angekündigt. Kiel, Regensburg und Bonn hatten offensichtlich unter dem Eindruck positiver Presse- und Publikumsreaktionen in Berlin und München eine Umdisposition des Spielplans vorgenommen, um an dem Erfolg teilnehmen zu können. In derselben Spielzeit wurden weitere fünf Inszenierungen anderer Feydeaustücke bekannt. Von einer Inszenierung in der Spielzeit 1966/67 stieg die Kurve steil an auf 11. Welchen Fund man gemacht hatte, zeigte sich in den folgenden Jahren:

---

(1) So B. Strauß, Bilderbuch der Schauspielsaison 1967/68, in: Theater 1968, Chronik und Bilanz des Bühnenjahres, Velber bei Hannover 1968, S. 56.

1968/69:	25	Feydeau-Inszenierungen	
1969/70:	28	" "	
1970/71:	33	" "	
1971/72:	31	" "	(1)

Mit dem Alibi des Gesellschaftskritischen versehen, wurden selbst die langweiligsten und aufdringlichsten Klamotten-Inszenierungen dieses Autors von der Kritik wohlwollend rezensiert. Schon bestand die Gefahr, daß nach dem Ausschlachten des Feydeauschen Oeuvre die Lustspielregisseure über Labiche herfielen. Geradezu ein Paradoxon scheint eingetreten zu sein, das die Labiche-Welle verhinderte. Die Inszenierung des "Sparschweins" von Labiche an der Berliner Schaubühne am Halleschen Ufer durch den Regisseur Peter Stein im Spätsommer 1973 setzte in ihrer ästhetischen Vollendung, die sich jeder oberflächlichen pseudo-gesellschaftskritischen Bezüge enthielt, und in ihrer höchst artiziellen, der Theaterwirksamkeit in keinem Augenblick entratenden Realisierung Maßstäbe für Kritik und Publikum, Maßstäbe, die anscheinend die Theater ängstlich werden lassen bei der Aussicht des kritischen Vergleichs.

Kehren wir zum Ausgangspunkt zurück, so ist festzuhalten, daß Autoren wie Simon und Shaffer oder Wiederbelebungswellen wie im Fall Feydeau doch vereinzelte Ausnahmen bleiben. Im allgemeinen nutzen sich die Autoren des unterhaltenden Gebrauchstheaters ebenso schnell ab wie ihre Stücke. Daraus erklärt sich für diese Stückgattung die geringe Zahl von Autoren, die Repertoirebeständigkeit erreichen, und die große Zahl von Autoren, die nur eine oder zwei Spielzeiten wirklichen Erfolg haben.

---

(1) Siehe Übersicht 47, S. 331 ff.

Anders zu beurteilen ist die Frage der Repertoirebeständigkeit bzw. des Repertoirewandels bei den Autoren der Klassik oder der sogen. Klassik der Moderne. Die Zahl von 21 Namen, deren Werke Jahr für Jahr zum Teil beträchtliche Inszenierungszahlen erreichen sowie die Zahl von 14 Namen, deren Werke innerhalb von 10 Jahren noch regelmäßig gespielt werden und in manchen Spielzeiten über 10 Inszenierungen erzielen, diese beiden Zahlen lassen die Feststellung zu, daß selbst bei kurz- oder langfristig nachlassendem Interesse an einigen Dramatikern die Theater immer wieder auf diese Klassiker zurückgreifen werden. Aus den Statistiken ergeben sich deutliche Hinweise, die auf nachlassendes Interesse an einigen Autoren schließen lassen, besonders aus dem Bereich der modernen Klassik des 20. Jahrhunderts.

Hier sind vor allem zu nennen Anouilh und Shaw, wobei zu diskutieren wäre, ob man retrospektiv Anouilh überhaupt als Klassiker der Moderne unter literaturkritischem Aspekt einordnen darf (1) und ob man Shaw schon als Klassiker zu bezeichnen hat. Andererseits scheint Ibsen, der thematisch überholt schien, sich wachsender Wertschätzung zu erfreuen, während Hebbel, Lope de Vega, Ostrowskij, Claudel, Grillparzer, Kaiser, Lorca und Schnitzler, Cocteau, wenig Interesse - zumindest bei den Regisseuren - finden.

Ein schneller Wandel der Präferenzen ist möglich, wenn auch nur schwer vorauszusehen, wobei allerdings davon

---

(1) Die Tatsache, daß den neueren Stücken Anouilhs positive Beurteilung weitgehend versagt bleibt und sie eher dem Genre des reinen Unterhaltungstheaters zugerechnet werden, ließe es sinnvoller erscheinen, bei jedem Werk dieses Autors separat zu entscheiden, welche der hier benutzten Klassifikationskategorien zutrifft. Aus Gründen der Systematik konnte dies jedoch nicht durchgeführt werden.

auszugehen ist, daß einzelne hervorragende Regisseure durchaus in der Lage sind, Anregerfunktion zu haben.

So blieb die nachhaltige Beschäftigung des Regisseurs R. Noelte mit Sternheim und Tschechow ebensowenig folgenlos wie die Arbeit von H. Neuenfels und P. Stein für eine zunehmende Aufmerksamkeit gegenüber Ibsen. Angesichts der großen Quantität der als Bildungs- und Traditionsgut anerkannten Autoren wird sich im Bereich der Klassikerpflege weniger ein grundlegender als vielmehr ein partieller Repertoirewandel in der Zukunft manifestieren. Tiefgreifend erneuert hat sich bereits die formale Klassikerpflege, nicht immer mit Billigung des Publikums und der Kritik. Die salopp als ideologische und auch ästhetische "Umfunktionierung" gescholtenen Arbeiten einiger umstrittener Regisseure - wie z. B. H. Heyme in Köln oder P. Palitzsch in Frankfurt - seien als Beispiel genannt (1). Daß die beiden genannten Regisseure nicht ohne Orientierung verleihende Vorbilder arbeiten - Piscator als Vorbild für Heyme (2), Brecht als Vorbild für Palitzsch -, ist trotz verbaler Gegenbekundung im Grunde genommen Ausdruck einer Haltung, die traditionelle Stilrichtungen nicht abschütteln kann, ein Sachverhalt, der auch in anderen Ländern mit langer Theatertradition konstatiert wird (3). Im übrigen ist die nahezu ausschließliche Beschäftigung dieser beiden Regisseure mit den Werken der Klassik, und ihre Namen stehen für eine Reihe mit ähnlichen Intentionen arbeitender Theaterleute, die Manifestation unverhohlener Skepsis gegenüber den Hervorbringungen der Gegenwartsdramatik.

---

(1) Vgl. K. M. Grimme, Neue Aspekte der Schaubühne, in: Theater Rundschau, 19. Jg., Nr. 10, 1973, S. 1.

(2) Vgl. U. Schreiber, Theater muß politisch sein. Hansgünther Heyme und das Erbe Piscators, in: Die Deutsche Bühne, 44. Jg., Nr. 12, 1973, S. 10.

(3) Vgl. J. Klossowicz, Grotowski en Pologne, in: Le Theatre en Pologne. Bulletin mensuel du Centre Polonais de l'Institut International du Théâtre, 13. Jg., Nr.5, 1971, S. 3 ff.

Die Repertoirebeständigkeit anerkannter Klassiker, die Repertoirefähigkeit von Autoren des Unterhaltungstheaters in Ausnahmefällen, führt zu der Frage nach der Spielplan- bzw. Repertoiresituation auf dem Gebiet der Moderne und führt damit zurück zu der von Kulturpolitikern geäußerten Feststellung, daß der Gegenwartsdramatik im deutschen Theater breiter Raum gewährt wird, eine Feststellung, deren Richtigkeit wir trotz scheinbarer theaterstatistischer Bestätigung bezweifelten. Eine Detailanalyse führt zu eindeutigeren Aussagen als es die Globaldaten gestatten. Der besseren Übersicht wegen seien die Namen wiederholt, die im Untersuchungszeitraum als "erfolgreich" zu klassifizieren sind und deren Werke als feste Repertoirebestandteile anzusehen sind:

Albee
Beckett
Dürrenmatt
Frisch
Hacks
Handke
Ionesco
Kohout
Miller
Mrozek
Pinter
Sartre
Saunders

Arrabal (seit 1969)
Bauer " "
Orton " "
Terson " "

In diese Liste können die Namen von Faßbinder, Forte, Henkel und Storey noch nicht aufgenommen werden, da die Daten über zwei Spielzeiten (1970/71, 1971/72) keine hinreichende Grundlage bieten, um zu beurteilen, ob diese

Autoren sich durchsetzen werden oder nicht. Zumindest bei Forte und Henkel scheint dies fragwürdig, da sie ihrem Debutstück und dessen Erfolg mit den nachfolgenden Arbeiten nicht gerecht zu werden vermochten. Ebensowenig sind die Chancen der Autoren Arrabal, Bauer, Orton, Terson auf der Grundlage von drei Spielzeiten klar zu umreißen. Die jüngsten verfügbaren Daten lassen einen Rückgang der Inszenierungshäufigkeit bei diesen Namen vermuten (1).

Von den verbleibenden der 17 aufgeführten Autoren sind lediglich 5 als echte Neulinge zu bezeichnen (2 deutsche, 2 englische, 1 tschechischer), denen es gelungen ist, sich erfolgreich im Repertoire zu halten:

Hacks
Handke
Kohout
Pinter
Saunders

Es ist im Rahmen dieser Arbeit nicht zu beurteilen, inwieweit der Erfolg von Hacks begünstigt wurde durch die Themenwahl eines Teils seiner Stücke, die als Neudichtungen klassischer Texte zu bezeichnen sind, ebensowenig lassen sich die Erfolgskriterien der Kohout-Werke festlegen, die möglicherweise durch die besondere Teilnahme an den politischen Vorgängen in der Tschechoslowakei mitbedingt sind. Als Summe bleibt zu ziehen: In den Jahren 1962-1972 haben sich fünf neue Namen Zugang und gesicherte Position innerhalb des Spielplans erwerben können. Alle übrigen erfolgreichen Autoren der Moderne hatten sich bereits vor Beginn des Untersuchungszeitraumes bewährt und ihre Position behaupten können, indem sie in regelmäßigen

(1) Die nach Abschluß dieser Analyse vom Deutschen Bühnenverein veröffentlichten Statistiken der Spielzeit 1972/73 stützen diese Vermutung für alle genannten Autoren.

Abständen mit neuen Werken an die Öffentlichkeit traten, die dann den z. T. stagnierenden Inszenierungsziffern unverzüglich Aufschwung gaben, wie es sich an den Entwicklungsreihen der Aufführungszahlen für die Werke von Albee, Dürrenmatt, Frisch, Ionesco und Miller ablesen läßt (1). Die Entwicklungsreihen zeigen deutlich die unangefochtene Stellung dieser Autoren, vor allem im Vergleich mit solchen Autoren, die zwar einige spektakuläre Erfolge verbuchen konnten, deren jeweils neue Stücke auch bereitwillig, meist bereits vor ihrer Fertigstellung, zur Aufführung angenommen werden, aber keine Repertoirefähigkeit beweisen. Namen wie Kipphardt, Hochhuth und Walser sind als Beispiele zu nennen, die Entwicklungsreihen ihrer Werkinszenierungen ein Beleg (2). Selbst bei Autoren wie Grass und Weiss trifft dieser Sachverhalt zu. Aufgrund ihrer literarischen Bedeutung und weltweiten Anerkennung finden sich genügend Bühnen und Regisseure, die ihre neuen Bühnenwerke mit beträchtlichem künstlerischen und finanziellen Aufwand in Szene setzen. Ältere Stücke dieser Autoren haben sich jedoch nicht im Spielplan halten können. Andere Autoren wie Michelsen und Ziem galten in der 2. Hälfte der 60er Jahre bei der Kritik als hoffnungsvolle deutsche Nachwuchsdramatiker, sind aber heute so gut wie vergessen.

Das Resümee der Spielplananalyse fällt unter dem Gesichtspunkt des Repertoirewandels bzw. der Repertoireerneuerung sehr karg aus. Neben den Klassikern, die bisher schon als feste unangreifbare Basis jedes Spielplans galten, scheint die Position etablierter Gegenwartsdramatiker unangreifbar. Im Verlauf von 10 Jahren gelang es nur fünf neuen Autoren, sich endgültig durchzusetzen. Eine gewisse Zahl von Autoren findet als Novitätenlieferanten zwar kurzfristig Aufmerksamkeit, sie erweisen sich darüber hinaus aber nicht als

---

(1) Siehe Übersicht 48 (Albee), S. 338; Übersicht 49 (Dürrenmatt), S. 339; Übersicht 50 (Frisch), S. 340; Übersicht 51 (Ionesco), S. 341; Übersicht 52 (Miller), S. 342.

(2) Übersicht 53 (Hochhuth), S. 343; Übersicht 54 (Kipphardt), S. 344; Übersicht 55 (Walser), S. 345.

repertoirebeständig. Von einem Wandel der Spielplanstruktur kann nicht die Rede sein. Auf absehbare Zeit wird der typische Spielplan an deutschsprachigen Bühnen von der Autorenseite allenfalls geringe Umschichtungen erfahren und sich an den einzelnen Bühnen nicht stärker unterscheiden als es bisher der Fall ist. Die Spielplansynopse 1971/72 zweier regional begrenzter Bereiche des deutschsprachigen Theaterraumes sind insofern nicht nur für Vergangenheit und Gegenwart sondern wohl auch künftighin als exemplarisch zu werten (1).

2.2.8. Ein Beispiel für den Einfluß der Schauspielkritik auf den Repertoirewandel

Im Rahmen dieser Spielplananalyse muß hingewiesen werden auf die Aktivitäten der Fachkritik, ohne erneut über die Bedeutung der Kritik für das Theater zu reflektieren (2). Daß Theaterkritik immer eine zielgruppenorientierte journalistische Tätigkeit bleiben wird und allein in Ausnahmefällen - wie z. B. bei H. Heine (3), A. Kerr (4) oder

---

(1) Siehe Übersichten 56-59, S. 346 ff.

(2) Aus der zahlreichen Literatur zu diesem Thema seien lediglich erwähnt: J. Bab, Der Wert der Kritik und das Publikum, in: Theater und Zeit, 8. Jg., Nr. 2, 1960, S. 29 ff.; G. Blöcker, F. Luft, W. Grohmann, H. H. Stuckenschmidt, Kritik in unserer Zeit, Göttingen 1960; G. F. Hering, Theater als Information - Kritik als Information, in: Theater und Zeit, 11. Jg., Nr. 7, 1964, S. 121 ff.; A. Krättli, Theaterkritik, in: M. Hürlimann (Hrsg.), op. cit., S. 371 ff.; S. Melchinger, Keine Maßstäbe?, Versuch einer Selbstkritik der Kritik, Zürich und Stuttgart 1959; M. Mierendorff, Über den gegenwärtigen Zustand der Theaterkritik, in: Theater und Zeit, 8. Jg., Nr. 9, 1961, S. 171 ff.

(3) Vgl. H. Heine, Zeitungsberichte über Musik und Malerei, hrsg. von M. Mann, Frankfurt/M.1964.

(4) Vgl. A. Kerr, Die Welt im Drama, hrsg. von G. F. Hering, Köln/Berlin 1954.

A. Polgar (3) - eine über das den Theaterbesucher informierende persönliche Urteil des jeweiligen Rezensenten hinausreichende literarische Eigenständigkeit entwickelt, ist inzwischen unbestritten. "Alfred Kerr konnte sich eine l'art-pour-l'art-Theaterkritik erlauben, welche dem Autor und seinem Stück durchaus nicht gerecht werden mußte, seine Einfälle vergnügten eben Kenner wie Nichteingeweihte. Theaterkritik darf gleichsam für Leute vom Bau geschrieben werden; denn welch geringe Zahl von Menschen sieht schließlich eine Theateraufführung in der Originalbesetzung!" (2).

Die in den letzten Jahren veröffentlichten gesammelten Rezensionen einzelner prominenter Kritiker der Gegenwart und jüngsten Vergangenheit (3) können allein theaterhistorisches Interesse beanspruchen und sind gleichzeitig im Hinblick auf das Eintreten für junge oder verkannte Dramatiker im konkreten Fall Dokumente relativer Wirkungslosigkeit, obwohl andererseits nicht abzustreiten ist, daß die Theaterkritik allgemeine Tendenzen verstärken oder abschwächen kann. Als Beispiel kann die über lange Zeit verfolgte Unterstützung politisch-aufklärerischen Theaters in der Brecht-Nachfolge durch die Zeitschrift "Theater heute" angesehen werden, die inzwischen abgelöst wurde durch eine Unterstützung der sogenannten "neuen Sinnlichkeit" auf dem Theater: Beide Stilrichtungen, die erste

---

(1) A. Polgar, Ja und Nein, Darstellungen von Darstellungen, 1956.

(2) W. Haacke, Publizistik und Gesellschaft, Stuttgart 1970, S. 299.

(3) Als Beispiele seien angeführt: J. Kaiser, Kleines Theatertagebuch, Reinbek bei Hamburg 1965; F. Luft, Berliner Theater 1945 - 1961, Sechzehn kritische Jahre, Velber bei Hannover 1961; A. Schulze Vellinghausen, Theaterkritik 1952 - 1960, Hannover 1961; M. Vogel, ...und neues Leben blüht aus den Kulissen. Theaterstreifzüge durch Deutschland, Wien 1963.

gründend auf das "Berliner Ensemble", die zweite sich ableitend aus den Arbeiten eines P. Brook (1) in Großbritannien und eines P. Stein in der BRD, fanden weitgehende Zustimmund und Unterstützung durch die Fachkritik, wenn auch nicht immer durch das Publikum (2). Allerdings deutet die Richtung kritischer Einflußnahme heutzutage viel stärker in die kulturpolitische Sphäre, während gleichzeitig die interpretierende Mittlerposition des Kritikers zwischen Theater und Publikum aufgegeben wird (3), indem eindeutig subjektiven Kriterien unterliegende Beurteilung sich den Schein absoluter Objektivität gibt, wie an den zahlreichen Rezensionen, die ein und derselben Aufführung gelten, abzulesen ist (4). In Selbsterkenntnis ihrer partiellen Überschätzung empfehlen Kritiker inzwischen bereits den Theaterleuten und dem Publikum "Nehmen Sie uns nicht für voll!" (5).

---

(1) Siehe das für die jüngere Regisseur-Generation sehr einflußreiche programmatische Werk von P. Brook, The Empty Space, London 1968 (deutsche Ausgabe: Der leere Raum, Hamburg 1969).

(2) Vgl. zur Wirkungsmöglichkeit der Theaterkritik auch die Ausführungen W. Schulze-Reimpells, die zusammengefaßt sind im: Informationsblatt des Bundes der Theatergemeinden e. V., Bonn, 23. Jg., Nr. 1/2, 1973, S. 20 f.

(3) Vgl. hierzu die Kontroverse zwischen A. Silbermann und dem Theaterkritiker P. Iden, in: Evangelische Akademie Loccum (Hrsg.), Die Stadt und ihr Theater, Loccumer Protokolle, 5/1970, S. 1 ff. und S. 17 ff.

(4) Siehe die Gegenüberstellung divergierender Kritiken zu P. Zadeks Inszenierung von W. Shakespeares "Kaufmann von Venedig" am Bochumer Schauspielhaus in der Spielzeit 1972/73,in: Die Deutsche Bühne, 44. Jg., Nr. 2, 1973, S. 4 f.; oder auch eine ähnliche Dokumentation zu H. Heymes Kölner Inszenierung von F. Hebbels "Die Nibelungen" in der Spielzeit 1973/74, in: Die Deutsche Bühne, 44. Jg., Nr. 11, 1973, S. 6 f.

(5) So D. N. Schmidt in einem Vortrag anläßlich der Verleihung des Festspielpreises in Bad Hersfeld 1972.

Selbst einflußreiche und dezidiert für Gegenwartsdramatik eintretende Rezensenten haben es nicht vermocht, über Einzelfälle hinaus Autoren oder bestimmten Bühnenwerken anhaltenden Erfolg zu sichern. Die seit 1970 jeweils auf die vorhergehende Spielzeit bezogene von der deutschen Theaterzeitschrift "Theater heute" durchgeführte Kritiker-Umfrage nach dem wichtigsten (neuen) Stück der Saison ist gleichsam ein Dokument für die "Ohnmacht der Kritik" (1).

So wurden in den Spielzeiten 1969/70, 1970/71 in der Kritikerbefragung jeweils 7 Stücke als besonders wichtige Neuerscheinungen auf der deutschsprachigen Theaterszene eingestuft:

1969/70: Handke, Quodlibet
Tabori, Kannibalen
Erdman, Selbstmörder
Bauer, Change
Ionesco, Triumph des Todes (neuerlich: Das große Massakerspiel)
Bond, Early Morning
Sperr, Koralle Meier

1970/71: Forte, Martin Luther...
Kroetz, Heimarbeit
Handke, Ritt über den Bodensee
Walser, Kinderspiel
Kroetz, Hartnäckig
Gombrowicz, Operette
Müller, Halbdeutsch

(1) Siehe Übersichten 60-62, S. 363 ff.

Die Inszenierungs-, Aufführungs- und Besucherzahlen dieser Stücke in der jeweils nachfolgenden Spielzeit zeigen die fast vollständige Einflußlosigkeit des kritischen Eintretens für neue Stücke (1). Lediglich zwei Stücken gelang es, einen begrenzten Erfolg zu verbuchen und an 10 oder mehr Bühnen unmittelbar nachgespielt zu werden: "Der Selbstmörder" von Erdman, eine satirische sowjetische Komödie aus dem Jahre 1928 und "Martin Luther..." von Forte, ein Stück, das weniger seiner literarischen Qualitäten wegen als aufgrund seiner provokanten Thesen Publikums- und Kritikerinteresse wachhielt. Von den übrigen als wichtig eingestuften Schauspielen brachten es noch drei Werke, Bauers "Change", Taboris "Kannibalen" und Handkes "Ritt über den Bodensee", auf mehr als 5 Inszenierungen, während die restlichen 9 Bühnenstücke zum Teil sehr bald von den Theatern nicht mehr gespielt wurden (2).

2.2.9. Das Repertoire des Musiktheaters

Sind schon in der Spielplanstruktur des Sprechtheaters - wie die Analyse zeigte - im Laufe der zehn Jahre zwischen 1962 und 1972 keine bemerkenswerten Wandlungstendenzen

---

(1) Siehe Übersicht 60, S. 363, für den weiteren Erfolg der 1969/70 ausgewählten Stücke, Übersicht 61, S. 364, für die als wichtig erachteten Stücke der Spielzeit 1970/71.

(2) Im Gegensatz zu diesen Ergebnissen äußerten sich in einer Umfrage 12 Dramatiker überwiegend positiv zu dem Thema "Die Zukunft der Stückeschreiber". Verständlich wird dieser Optimismus, wenn man die Namen der befragten Dramatiker erfährt. Entweder sind es längst arrivierte Autoren, wie Albee, Miller oder Saunders, oder es sind Schriftsteller, die ihre Anerkennung vorwiegend auf ihre Prosaarbeiten gründen können wie z.B. Grass. Siehe: Die Zukunft der Stückeschreiber, in: Theater 1969, Velber bei Hannover, S. 6 ff.

festzustellen, so werden die Bühnen ihrem selbstgesetzten Anspruch auf angemessene Information über die Werke der Gegenwartsdramatik zumindest in Ansätzen gerecht. Eine Reihe etablierter Autoren hat im Laufe der Jahre Eingang in das sogenannte ständige Repertoire gefunden. Eine Analyse der Spielplanstruktur des deutschsprachigen Musiktheaters muß dagegen zu dem Schluß kommen, daß das Repertoire über 10 Jahre hinweg unverändert geblieben ist. Angesichts der eindeutigen Situation erübrigen sich tiefschürfende Interpretationsbemühungen.

Da es allgemein Praxis ist, aus ökonomischen Gründen eine Operninszenierung möglichst über mehrere Spielzeiten im Repertoire zu halten, ist eine Fixierung der erfolgreichsten Werke über einen längeren Zeitraum hinweg statistisch zwar möglich, jedoch wenig sinnvoll. Selbst ein detailliertes Studium der Inszenierungszahlen unter Zugrundelegung der jeweiligen Komponisten führt sehr schnell zu eindeutigen Ergebnissen. Insgesamt erreichten im Zeitraum von 1962 - 1972 die Werke 55 verschiedener Komponisten pro Spielzeit 10 oder mehr Inszenierungen (1). Von diesen Komponisten sind 29 dem klassischen und gehobenen Repertoire zuzurechnen, 17 dem Genre der Operette bzw. des Musicals und lediglich 9 dem zeitgenössischen oder zeitnahen Musikschaffen (2). Wenn man die Namen längst verstorbener Komponisten, wie Berg, Janacek, Prokofjew (3), Strawinskij und Weill, analog dem Verfahren bei der Analyse des Sprechtheater-Spielplans dem klassischen Repertoire hinzufügt, so bleiben als Komponisten des modernen Musiktheaters, die als akzeptiert gelten können, vier Namen: Britten, Egk, Henze, Orff. Musikwissenschaftler und Musikkritiker werden

---

(1) Siehe die Einzelübersichten 64 - 73, S. 367 ff. sowie die Gesamtübersicht 74, S. 381 ff.

(2) Siehe Obersicht 74, S. 381 ff., nach Maßgabe von Obersicht 63, S. 366.

(3) Die Schreibweise der Namen sowjetischer Komponisten erfolgte in Anlehnung an H. Rosenthal und J. Warrack, Friedrichs Opernlexikon, Velber bei Hannover 1969.

bei diesen vier Namen in der Beurteilung dahingehend übereinstimmen, daß diesen Komponisten nur begrenzte Qualitäten im Sinne einer Fortentwicklung der musikalischen Bühnenliteratur - wenn auch aus jeweils unterschiedlichen Gründen - attestiert werden können. Die Sujets der Hauptwerke dieser Komponisten gehen fast ausnahmslos auf literarische Vorlagen zurück (1). Entsprechend ist die Dramaturgie dieser Bühnenwerke keinesfalls als neuartig zu bezeichnen. Selbst die in Opernführern als "neuartiger Typus Musiktheater" (2) beschriebenen "Carmina Burana" werden von Orff weder als Oper oder Oratorium bezeichnet noch hat der Komponist irgendwelche Anweisungen für die szenische Realisierung gegeben (3). Musikalisch weisen die Werke Egks und Orffs durch Betonung des Volkstümlichen auf die traditionelle Märchenoper zurück. Bei Orff ist hinzuzufügen, daß seine als neuartig empfundene systematische Verbindung bruistischer Klänge mit mittelalterlicher Sprache hinsichtlich des Anteils bruistischer Klänge in geradezu auffallender Weise bei I. Strawinskij entlehnt ist (4). Henze seinerseits hat es verstanden "Einflüsse von Berg, Hindemith, Bartók und Strawinskij bis hin zu einer methodischen Übernahme des Schoenbergschen Zwölftonsystems zu einem klanglich ebenso expressiven wie sensiblen Personalstil zu integrieren; die strikte Wendung zu seriellen Verfahrensweisen aber machte er nicht mehr mit ..." (5) und kann somit ebenfalls nicht als Neuerer der musikalischen Bühnenliteratur verstanden werden.

---

(1) Britten griff z. B. für seine Opern "Peter Grimes" und "Albert Herring" auf Stoffe von G. Crabbe bzw. G. de Maupassant zurück; Egk benutzte als Vorlagen die Kasperlkomödien des Grafen von Pocci ("Die Zaubergeige") oder Stoffe von H. Ibsen ("Peer Gynt") bzw. N. Gogol ("Der Revisor"). Henzes "Boulevard Solitude" greift - wie vorher bereits Massenet und Puccini - auf die Geschichte der Manon Lescaut des Abbé Antoine-François Prévost d'Exiles zurück bzw. benutzt Märchenvorlagen, z. B. von W. Hauff für seine Oper "Der junge Lord"; Orff variierte Stoffe aus den Märchen der Brüder Grimm, benutzte Dramen und Lyrik der griechischen und römischen Antike ("Antigonae", "Catulli Carmina") oder bearbeitete Liederhandschriften des 13. Jahrhunderts ("Carmina Burana").

(2) R. Kloiber, Handbuch der Oper, Bd. 1, München 1973, S. 395.

(3) Die "Carmina Burana" sind nach ihrer musikalischen Form weitgehend als Kantaten zu bezeichnen, die Choreographen und Regisseuren die Möglichkeit einer szenischen Realisierung mit pantomimisch-tänzerischen Mitteln bieten.

(4) Vgl. U. Schreiber, Schallplatten-Jahrbuch 1, Karlsruhe 1973, S. 170.

(5) Ibid., S. 113.

Die Zahl von 55 Komponisten reduziert sich weiter auf die Zahl 24, wenn man die Frage beantworten will, welche Komponisten als der Kern des Repertoires anzusehen sind, denn nur die nachstehend aufgelisteten Komponisten erreichten im Verlauf des Untersuchungszeitraumes in allen Jahren 10 oder mehr Inszenierungen ihrer Bühnenwerke. Einige konnten in ein oder zwei Spielzeiten auch diesen Wert nicht erreichen:

Komponisten, deren Werke in der Zeit von 1962 - 1972 in jeder Spielzeit (oder mit Ausnahme von 1 oder 2 Spielzeiten) 10 und mehr Inszenierungen erfuhren (1):

Kategorie: Klassisches Repertoire

Beethoven	Puccini	
Bizet	Rossini	
Donizetti	Smetana	
Humperdinck	Strauss, R.	
Leoncavallo	Strauß, J.	
Lortzing	Verdi	
Mozart	Wagner	
Nicolai	Weber	= 17 Komponisten
Offenbach		

Kategorie: Zeitgenössisches Repertoire

Janacek	Orff	= 2 Komponisten

Kategorie: Operette/Musical

Benatzky	Millöcker	
Kalman	Zeller	
Lehår		= 5 Komponisten

Unter diesen 24 Komponisten befinden sich fünf Komponisten, die unvermindert hohe Inszenierungszahlen mit einem oder maximal zwei Werken erreichen:

Beethoven "Fidelio"
Bizet "Carmen"
Humperdinck "Hänsel und Gretel"
Leoncavallo "Bajazzo"
Weber "Freischütz"

Die Limitierung und Starre des Repertoires wird besonders an diesen Beispielen spürbar.

Wenn überhaupt von Wandlungstendenzen im musikalischen Repertoire gesprochen werden kann, so im Bereich der musikalisch leichtgewichtigeren Literatur, deren Aufführung innerhalb des Musiktheaters funktional identisch ist mit der Stückgattung des Boulevardtheaters bzw. der Halbmoderne innerhalb des Sprechtheaters. Innerhalb dieses Genres sind bemerkenswerte Austauschprozesse festzustellen. Die zum Teil vor mehr als 50 Jahren und

(1) Die Liste wurde zusammengestellt auf der Grundlage der Einzel- und Gesamtübersichten 64-73, S. 367 ff., nach Maßgabe der Klassifikation in Übersicht 63, S. 366.

noch früher zu Ruhm gelangten Operetten werden allmählich abgelöst durch das Vordringen des amerikanischen Musicals und seiner deutschsprachigen Nachahmungen. Die Namen Suppé, Dostal werden ersetzt durch Komponisten wie Loewe und Porter.

Insgesamt ist die Spielplanstruktur des Musiktheaters gekennzeichnet durch gleichmäßige Uniformität. Über diesen Sachverhalt können die Bemühungen einzelner Bühnen, mit Auftragskompositionen der Entwicklung des Musiktheaters neue Impulse zu geben, nicht hinwegtäuschen. Das Publikumsinteresse gegenüber neuen Werken ist so gering, daß sie fast ausnahmslos nach wenigen schlecht besuchten Aufführungen vom Spielplan abgesetzt werden und nie mehr nachgespielt werden. Die Beispiele sind zahlreich (1). Verwiesen sei auf die Hamburgische Staatsoper während der Intendanz von R. Liebermann. Selbst anerkannte zeitgenössische Komponisten scheitern kläglich, wie jüngst der Fall "Elizabeth Tudor" von Fortner dokumentierte. Nach einem Uraufführungserfolg bei der Musikkritik wurde diese Oper an drei der größten Bühnen der Bundesrepublik Deutschland inszeniert, eine vierte Inszenierung an einem mittleren Haus wurde kurz vor dem Premierentermin wegen angeblicher Besetzungsschwierigkeiten abgesetzt. Es ist nicht zu diskutieren, welche musikalisch-dramaturgischen Qualitäten oder Nicht-Qualitäten zu solchen und ähnlichen Mißerfolgen beitragen. Fest steht, daß Werke, deren überragende Bedeutung für die Musikgeschichte, wie z. B. Bergs "Lulu" und "Wozzeck" oder Hindemiths "Cardillac", auf sehr begrenztes Publikumsinteresse stoßen und selbst in exemplarischen Inszenierungen lediglich in Ausnahmefällen den Zulauf haben, den die Werke der Opernklassik über Jahrzehnte erreichen, ein Sachverhalt, der zu der Frage nach Konstanz und Wandel des musikalischen Geschmacks führt. Anhand statistischer Daten und eigener Erhebungen hat J. H. Mueller (2) die Entwicklung des musikalischen Geschmacks in den USA für die gemeinhin als E-Musik bezeichnete Musikform nachgezeichnet und

---

(1) Vgl. auch K. Honolka, Das schrumpfende Opernmuseum, in: Theater Rundschau, 20. Jg., Nr. 1, 1974, S. 1 f.

(2) J. H. Mueller, Fragen des musikalischen Geschmacks, Köln und Opladen 1963.

belegte die Starrheit einmal etablierter Geschmacksmuster in Abhängigkeit von Faktoren wie Brauchtum, Erziehung u. a., Faktoren, die vordergründig wenig mit Musik zu tun haben und den Prozeß der individuellen Geschmacksbildung in Beziehung setzen zu dem jeweiligen sozio-kulturellen Hintergrund und den daraus resultierenden Eigentümlichkeiten individueller Sozialisierungsverläufe und -inhalte. Die von Mueller für die USA erarbeitete differenzierte Betrachtungsweise der Geschmacksbildung dürfte in der BRD und im weiteren europäischen Kulturbereich eine Entsprechung finden und in der Gegenwart sowohl erklärenden Charakter haben für die Präferenzstruktur des Publikums als auch für die Struktur des Opernrepertoires. Emphatische Absichtserklärungen nutzen da nur wenig, auch wenn sie mit geradezu missionarischem Ernst vorgetragen werden. So hat E. Seefehlner, bis 1975 Intendant eines der höchst dotierten Operninstitute (Deutsche Oper Berlin), im Jahre 1972 in einem Vortrag an der Berliner Lessing-Hochschule die Vision eines erneuerten Opernverständnisses und Opernrepertoires ausgemalt, ohne jedoch einen einzigen empirischen Beleg anführen zu können. Die administrative und fachliche Qualifikation zur Führung eines Opernhauses soll nicht angezweifelt sein, wenn wir feststellen, daß neue Impulse kaum zu erwarten sind, wenn in dieser Äußerung über die Chancen der "Oper in unserer Zeit" mit keinem Wort der sozialen Bedingungen Erwähnung getan wird, sondern sich beschränkt wird auf solche Allgemeinplätze wie: "Die Oper aber lebt in einem Zwischenreich, in einem Reich des Relativen, des sowohl als auch, und dies macht sie dem Menschen von heute schwierig. Niemand wagt heute mehr zu sagen, wie die Chancen für eine Erneuerung der Kunstform Oper stehen. Niemand kann sagen, ob es eines Tages wieder möglich sein wird, von einer lebendigen, faszinierenden, die Leidenschaften erregenden Oper unserer Zeit zu sprechen. Aus der Erkenntnis,daß die Materiale, aus denen Opern gemacht wurden, verbraucht sind, haben Komponisten von bedeutendem Rang überall in der Welt versucht, diesen Funken durch Verwendung aller möglichen kompositorischen und außerkompositorischen Mittel zum Glühen zu bringen. Hier und da scheint es auch, als ob die Zeit reif wäre für eine neue Form der Oper, zusammengebraut aus Klängen, Lichtern, Bildern und Skulpturen, Worten und Bewegungen, zusammengebraut also aus Elementarteilchen, aus denen die Oper immer bestanden hat, und die im Laufe der Geschichte auf komplizierte Weise zu den unüberbietbaren Meisterwerken des Opernrepertoires zusammengebaut worden waren und jetzt zu einem Neubeginn erstmals wieder in Urbestandteile aufgelöst oder zerschlagen, dann erfunden und dann schließlich neu zusammengesetzt werden müssen".

2.3. Konfliktbereiche innerhalb der Theaterorganisation und zwischen den verschiedenen Berufsgruppen der Theaterschaffenden als Indikatoren von Wandlungsprozessen

2.3.1. Das erwachende öffentliche Interesse an der Binnenstruktur des Theaters

Immer häufiger wird die Aufmerksamkeit der Öffentlichkeit auf Prozesse im Bereich des Theaters gelenkt, die nicht unmittelbar künstlerische Aspekte betreffen, sondern Ausdruck organisationsinterner Konfliktsituationen sind. Die Diskussion um die aktuelle und zukünftige Situation der Theaterschaffenden in der BRD ist in ein Stadium getreten, das weniger durch sachbezogene Argumente gekennzeichnet ist als durch bis zu persönlicher Verunglimpfung reichende Polemik (1). Reflektieren z. B. die Stellungnahmen

(1) Vgl. z. B. die Äußerungen des Präsidenten der Genossenschaft Deutscher Bühnen-Angehörigen anläßlich einer Protestdemonstration im Februar 1974 zu der geplanten Auflösung des Musiktheaters der Stadt Dortmund,"Kein Sozialplan kann eine vernichtete Spielstätte ersetzen! Diese Künstler sind nicht die Hanswurste der Nation - sie sind Arbeitnehmer, wie andere Arbeitnehmer auch. Sie nehmen für sich nichts weiter in Anspruch als was anderen Arbeitnehmern in diesem Land zugesichert wird: Sicherheit der Arbeitsplätze". Vgl. auch die Berichterstattung über Arbeitsniederlegungen an einer Berliner Bühne, z.B. K.Niehoff, Unsere Zeit - wo ist sie geblieben?, Nach dem Berliner Theatertreffen, in: Süddeutsche Zeitung, 1. 6. 1974, S. 86.

von Interessenvertretern der deutschen Bühnenangehörigen zu Fusions- und Rationalisierungsmaßnahmen und die Arbeitsniederlegung an einer Berliner Bühne eine tatsächliche Notlage oder sind sie Ausfluß einer militanten Strategie mit dem Ziel einer Aktivierung öffentlichen Interesses für die Theaterschaffenden? (1). Diese Frage läßt sich nicht eindeutig positiv oder negativ beantworten, da nur Globaldaten vorliegen, die keine differenzierte Beurteilung erlauben (2). Zwar stehen zahlreiche statistische Daten zur Verfügung, doch fehlt es an Modellen und Kriterien, die eine sinnvolle Einordnung und Interpretation dieser Zahlen unter Berücksichtigung der strukturellen und funktionalen Besonderheiten des Theaters ermöglichen.

Weder die Wirtschaftswissenschaften noch die Sozialwissenschaften haben bis vor wenigen Jahren die Möglichkeit gehabt, die Erkenntnisse, die ihnen aus der Untersuchung anderer gesellschaftlicher Institutionen und Organisationen erwachsen sind, an der sozio-kulturellen Institution "Theater" zu überprüfen und spezifizieren. Es ist müßig, den Ursachen solcher Versäumnisse nachzugehen, doch sei nochmals auf einen Punkt hingewiesen: Das Theater blieb als Bereich der öffentlichen Kultur- und Traditionspflege bis in die jüngste Vergangenheit unberührt von jeglicher Diskussion (3). Das bei der Fachkritik reputierte Theaterensemble, das bei den Bürgern der Stadt stolzerweckende neue Theatergebäude waren unbestrittene Aktivposten in der Bilanz jeder Kommunalverwaltung. Die bis gegen Ende der 60er Jahre ansteigenden oder zumindest gleichbleibenden Besucherzahlen

---

(1) Vgl. zu diesem Thema z. B. R.-D. Herrmann, Der Künstler in der modernen Gesellschaft, Frankfurt/M. 1971; P.Rech, op. cit., aber auch die den theatralischen Bereich nur mittelbar betreffende Arbeit von P. Stromberger, Malerei und Broterwerb, Ergebnisse einer Hamburger Befragung als Beitrag zur Berufssoziologie der Bildenden Künstler, Diss., Münster 1964.

(2) Vgl. zu diesem Kapitel A. Hänseroth, Zur sozialen Lage der Theaterschaffenden in der Bundesrepublik Deutschland, in: A. Silbermann und R. König (Hrsg.), op. cit.,S.279 ff.

(3) Vgl. hierzu O. Weddigsen, Geschichte der Theater Deutschlands, Berlin 1904 und später.

legitimierten die Kommunen zu einer teilweise generösen Subventionierung ihrer Theater, an der auch die Theaterschaffenden partizipierten.

In offiziellen Dokumentationen wurden folgerichtig die Leistungen der Bühnen vorwiegend unter dem Aspekt kommunalen bzw. regionalen Repräsentationszugewinns gewürdigt (1). Das Konfliktpotential innerhalb der Theaterbetriebe artikulierte sich meist lediglich im künstlerischen Bereich, die hierarchische Struktur der Theater war einerseits abgesichert durch ein umfangreiches Sanktionsinstrumentarium und traf andererseits auf ein künstlerisches Personal, das in der überwiegenden Mehrheit einem apolitischen Prinzip größtmöglicher individueller Entfaltung huldigte, welches sowohl unempfänglich machte für soziale Fragen und Risiken des eigenen Berufes als auch für kritische Entwicklungen innerhalb der Organisation des Theaters, deren Mitglieder sie sind (2). Dieses Individualismus-Prinzip stand nicht im Widerspruch zu dem damals beschworenen "Prinzip des Ensembletheaters", wurde doch das Ensemble-Prinzip weithin verengt gesehen als Möglichkeit der Arbeitsplatzsicherung über mehrere Spielzeiten, ja manchmal über ein ganzes Schauspielerleben hinweg. Die auch in der Zeit der Theaterblüte regelmäßig an die Öffentlichkeit dringenden Informationen über Massenkündigungen, wirtschaftliche Notsituationen einzelner Künstler oder Künstlergruppen (wie z. B. Balletttänzer) wurdennicht als Indikatoren einer allgemeinen sozialen Lage der Theaterschaffenden interpretiert, sondern abgehandelt als individuelle, personenbezogene Einzelschicksale, die das besondere Risiko des Künstlerberufs und die besondere Stellung des Künstlers gegenüber anderen Berufen unterstrichen,eine Interpretation, die zumindest bis in die jüngste Vergangenheit dem Selbstbild

---

(1) Vgl. z. B. Ständige Konferenz der Kultusminister (Hrsg.), Kulturpolitik der Länder 1969 und 1970, Bonn 1971.

(2) Vgl. hierzu E. Ude, Anmerkungen zur Lage der Theater und ihrer Beschäftigten, in: Die Bühnengenossenschaft, 24. Jg., Nr. 12, 1972, S. 422 ff.

der am Theater arbeitenden Künstler entsprochen hat (1) und die Diffusität des Rollenselbstverständnisses zahlreicher im künstlerischen Bereich tätiger Menschen spiegelt (2). Die reichlich in die Theater fließenden finanziellen Zuwendungen, das stetige Publikumsinteresse, die gefestigte, im Prinzip hierarchische Betriebsstruktur der Theater, die an der Oberfläche weitgehend konfliktlosen betriebsinternen Produktionsabläufe enthoben das Theater in der Vergangenheit der Notwendigkeit, sich der Hilfe von außen zu bedienen und sich der wissenschaftlichen Analyse zu erschließen. Zwar hätte eine frühzeitige Kontaktbereitschaft mit primär theaterfremden gesellschaftlichen Bereichen das Auftreten der augenblicklichen Konflikte wahrscheinlich nicht verhindern können, zweifellos würden die anstehenden Probleme jedoch auf größere Verständnisbereitschaft in der Öffentlichkeit treffen und unsachliche, eher Emotionen nachgebenden als Erkenntnissen Rechnung tragende Entscheidungen verhindern können. Seit der Mitte der 60er Jahre - als auf Intendantensesseln und hinter Regiepulten eine neue Generation Platz nahm - zeichnete sich ab, daß bestehende Strukturen nicht länger als unabänderlich hingenommen wurden. Endogene Wandlungsprozesse setzten ein, die nicht ohne Auswirkung blieben auf die Produkte der Theater (sprich: Theaterstücke, Inszenierungen). Die allseits voranschreitende Politisierung breiter Schichten der jugendlichen Bevölkerung machte vor den Theatern nicht halt. Die Unzufriedenheit von Teilen der Theaterschaffenden artikulierte sich nach innen in dem Ruf nach Mitbestimmung,

---

(1) Bei M. Herrmann, Die Entstehung der berufsmäßigen Schauspielkunst, aus dem Nachlaß herausgegeben von R. Mövius, Berlin 1962, läßt sich die Genese dieses Selbstbildes bis zu den Ursprüngen zurückverfolgen.

(2) Vgl. M. P. Thurn, "Berufsrolle" Künstler?, op. cit.

nach außen in einer erbitterten öffentlichen Polemik (1) und initiierte letztlich an zahlreichen Bühnen sogen. Mitsprache-Regelungen, die allerdings angesichts der eindeutig juristisch festgelegten Haftungs- und Verantwortungsbeziehung zwischen Theaterintendant und Rechtsträger der Theater unverbindlich bleiben mußten, abgesehen von der gruppendynamischen Problematik kollektiver Führungsstile (2).

2.3.2. Versuche zur Milderung hierarchischer Strukturen durch Mitbestimmung

Neben der Berliner Schaubühne am Halleschen Ufer, die nicht gebunden ist an die Erfordernisse eines durchschnittlichen Stadttheaterbetriebes und explizit von den Subventionsgebern weitgehende Freizügigkeit in ihrer innerbetrieblichen Ausgestaltung eingeräumt bekam, ist das vom Frankfurter Kulturdezernenten H. Hoffmann 1971 vorgestellte und auf dem Prinzip des belegschaftskontrollierten Dreier-Direktoriums aufbauende Mitbestimmungs-Modell für das Schauspielensemble der Stadt Frankfurt als einziger konsequenter Versuch in der BRD realisiert worden und hat nicht unerwartet zu krisenhaften Erscheinungen geführt sowohl innerbetrieblich als auch im Hinblick auf die Publikumsreaktionen. Der Katalog der Frankfurter Mitbestimmungs- bzw. Mitsprache-Rechte ist umfassend und erstreckt sich auf:

---

(1) Vgl. z. B. B. Sichtermann und J. Johler, Über den autoritären Geist des deutschen Theaters, in: Theater heute, Nr. 4, 1968, ebenfalls abgedruckt in: H. Rischbieter (Hrsg.), Theater im Umbruch, München 1970, S. 130 ff.

(2) Vgl. als typische Beispiele E. Ude, Mitbestimmung am Theater. Versuche in Nürnberg, in: Die Bühnengenossenschaft, 22. Jg., Nr. 7/8, 1970, S. 257 ff. sowie ein Bericht über entsprechende Bemühungen in Hildesheim, in: Die Bühnengenossenschaft, 22. Jg., Nr. 11, 1970, S. 387 ff.

a) künstlerische und gesellschafts- (politische) Konzeption
b) Strukturveränderungen, Strukturverbesserungen
Errichtung oder Auflösung einer Sparte, Umwandlung allein-verantwortlicher Positionen in kollegiale Leitung. Entflechtung (oder Fusion) von Sparten, Spartenpräferenzen
c) Konzeption der Akzente
z. B. Kindertheater, Experimentierbühne, Präsentationsformen
d) Spielplankonzeption
e) Spielplanentwurf
f) Produktionsstruktur
Produktionsgruppen oder -teams
g) Kriterien für Gagenordnung
Leistung, soziale Verhältnisse, Relation der Gagen zueinander
h) Gagen für Solo-Gäste, Gastregisseure
Verhältnismäßigkeit zum Ensemble
i) Engagements
Solo-Pers., Kollektive, BTT, Solo-Gäste, Direktorium, Vorstände, Gastregisseur, -bühnenbildner, -dirigent
j) Vorsprechen, -singen, - spielen und -tanzen
k) Nicht-Verlängerung von Verträgen
Solo-Pers., Kollektive, BTT, Direktorium, Vorstände
l) Sonderurlaub
der Solisten und Vorstände für Film, Funk, Fernsehen und andere Bühnen
m) Abstecher
Anzahl, zumutbare Entfernung, Stückwahl
n) Fremde Gastspiele im eigenen Haus
wieviele, welche, wann
o) Disposition
Spielplan, Proben, Tagesdienst, Werkstätten
p)Abonnements-System
q) Umverteilung der Haushalt-Mittel im Ausgabe-Etat
Gegenseitige Deckungsfähigkeit
r) Etatmittel für Einzelproduktionen
s) Werbung und Public Relation
Presse, Plakate, Schaukästen

t) Programmhefte, Theaterzeitung, sonstige Schriften
u) Artistische Ausbildung
Nachwuchsstudio, Regieassistenzen, Hospitationen
v) Vergabe von Aufträgen für Kompositionen, Stücke etc.
w) Inszenierungen, Ausstattungen, dramaturgische Konzeptionen etc.
x) Rollen- und Partienbesetzung
y) Neue (zusätzliche) Spielstätten
z) Neu- oder Umbau von Theatern
einschl. von Technik, Werkstätten etc.

Empfehlungen an den Rechtsträger:
Gesamthaushalt
Befreiung vom Einnahmesoll, Umstellung auf Spielzeit, Freistellung von Kameralistik

Eintrittspreise
Höhe, Nivellierung, Nulltarif (1).

Trotz der aus Produktionssicht nicht gerade ermutigenden Ergebnisse deuten gegenwärtig öffentliche Stellungnahmen verantwortlicher Kulturpolitiker unterschiedlicher parteipolitischer Couleur auf zunehmendes Verständnis und prinzipielle Bereitschaft, der Eigen- und Mitverantwortung im Theaterbereich auch juristisch und vertragsmäßig größeren Spielraum zu geben, obwohl die vorliegenden Erfahrungen noch an keiner Stelle systematisch ausgewertet wurden und die vorgestellten Mitbestimmungskonzepte eher Ausdruck politischer Zielvorstellungen sind denn das Ergebnis klar

---

(1) Das Frankfurter Mitbestimmungsmodell findet sich vollständig abgedruckt in: Die Bühnengenossenschaft, 23. Jg., Nr. 4, 1971, S. 126 f.; ein auszugsweiser Abdruck findet sich in: Oper und Tanz, Nr. 61, 1971, S. 2 f.

umrissener Konzeptualisierung (1). Die Mitte der 60er Jahre lautstark ausgetragenen innerbetrieblichen Konflikte der Theater manifestierten sich nach außen in der bevorzugten Präsentierung gesellschaftskritischer und agitatorischer Inhalte. Das Publikum, bis dahin an ein vorwiegend literarisches Theater gewöhnt, stand dem plötzlichen Wandel unvorbereitet gegenüber. Das 1966 uraufgeführte Stück "Publikumsbeschimpfung" von P. Handke umschreibt in seinem Titel die damalige Situation treffend. Der Versuch, politische Inhalte in Stückwahl, Inszenierung und Darstellungsweise deutlich zum Ausdruck zu bringen, führte an vielen Bühnen zu einem abrupten Besucherrückgang, zu einer "Publikumsverweigerung". Die öffentliche Diskussion um die Aufgaben und Möglichkeiten, letztlich um die Subventionswürdigkeit der Theater, setzte ein. Die endogen bedingten Konflikte hatten nicht vorausgesehene Wirkungen gezeitigt. Hinzu kamen exogene Faktoren: Die gesamtwirtschaftliche Situation der BRD, vor allem die finanzielle Lage der Öffentlichen Hand, verschlechterte sich. Der in früheren Jahren kommentarlos hingenommen Aufblähung der öffentlichen Haushalte, aus denen die Theatersubventionen flossen, mußte Einhalt geboten werden (2), es galt Prioritäten zu setzen. Zunehmender Kritik waren die Kulturhaushalte ausgesetzt, deren Mittel teilweise bis zu 80 % und mehr für die Theater verwendet wurden, so daß für andere Zwecke - wie z. B.

---

(1) Vgl. die Ausführungen von K. Revermann, Kulturdezernent der Stadt Wuppertal, und von H. Hohenemser, Kulturreferent der Stadt München, in: Die Deutsche Bühne, 44. Jg., Nr. 2, 1973, S.6 f.

(2) Zur Ausgabenentwicklung der öffentlichen Hand, insbesondere der Bundesländer sei verwiesen auf: Ständige Konferenz der Kultusminister der Länder in der Bundesrepublik Deutschland (Hrsg.), Die Ausgaben der Länder für Kunst und Kulturpflege einschließlich der Erwachsenenbildung und des Büchereiwesens 1961 bis 1970, Dokumentation Nr. 32, September 1971, bes. S. IV f.

Erwachsenenbildung, Bibliotheken und Museumswesen - nur bescheidene Restposten zur Verfügung standen (1).

Der öffentliche, bis zur Volksabstimmung getriebene Streit um die Subventionen des Stadttheaters Basel wurde vordergründig mit sozialpolitischen Argumenten gespeist. "Denn auch eine besorgte, nicht unsympathische Hausfrauenstimme hat in Basel Stimmung und Stimmen gegen den Theaterzuschuß zusammengetrieben. Sie gehört der Sozialpolitikerin Erika Faust... Kultur, so argumentiert sie, zeige sich nicht nur in Theatern und Museen, sondern fange an bei der Sorge für Kranke und verwahrloste Kinder, für Altersheime, Sozialwohnungen und Spitäler..." (2).

2.3.3. Die Prioritäten öffentlicher Kulturpolitik und ihre Auswirkung auf den Theaterbetrieb

Die Diskussion um die Priorität kultureller Aufgabenstellungen und im Einklang damit der Ruf nach Schließung von Theatern bzw. nach einer tiefgreifenden Theaterreform ist seit dem Ende der 60er Jahre nicht mehr verstummt (3).

Die andauernde Legitimationskrise wird zu überwinden versucht durch Bemühungen um ein neues, gemeint ist ein anderes Publikum, als es bisher die Zuschauerräume mehrheitlich füllte. Arbeiter-, Lehrlings- und Jugendtheater sind

(1) Zur Höhe der Theater- und Orchestersubventionierung und zu den daraus entstandenen kulturpolitischen Kontroversen vgl. D. E. Zimmer, Die Oper, die noch einmal davonkam, in: Die Zeit, Nr. 37, 6. 9. 74, S. 18; sowie B. Henrichs, Geld für den Widerspruch, in: Die Zeit, Nr. 37, 6. 9. 74, S. 17.

(2) R. Baumgart, op. cit., S. 110.

(3) Vgl. J. Wendland, So ein Theater, in: Süddeutsche Zeitung, Nr. 38, 14. 2. 1974, S. 10, Bericht über eine Tagung der Evangelischen Akademie Arnoldshain zum Thema "Theaterreform - aber wie?".

die Stichworte. Doch außer in wenigen Städten, wie z. B. in Dortmund mit einem Jugendabonnement von etwa 4000 Mitgliedern im Jahre 1970, wurden diese Versuche auf halber Strecke eingestellt, da die systembedingten Alltagserfordernisse die Ensembles inflexibel hielten. So ist dauernder Erfolg im Sinne kontinuierlicher Zielgruppenarbeit nur einigen wenigen Theatergruppen beschieden gewesen, die allerdings ausschließlich Aufführungen für die Zielgruppen Kinder, Jugendliche, Lehrlinge anbieten, ohne die zusätzliche Verpflichtung, einen "regulären" Stadt- oder Staatstheaterspielbetrieb aufrechtzuerhalten (1).

Nur in wenigen Fällen wurde eine Prioritätenskala von verantwortlichen Kulturpolitikern formuliert. Abgesehen von den unentwegten konzeptionellen Entwicklungen des gegenwärtigen Frankfurter Kulturdezernenten H. Hoffmann, die eine nicht unumstrittene theoretische Ausgangsposition haben, ist nur selten klar gesagt worden, welche Prioritäten eine Stadt sich in der Kulturpolitik setzt und welcher Platz dem Theater zugestanden wird. K. Revermann, Kulturdezernent der Stadt Wuppertal, hat bei Gelegenheit einer einschlägigen Tagung als einziger Referent in acht Thesen eine persönliche Konzeption zu entwickeln vermocht, eine Konzeption, die nicht nach dem Motto des möglichst allseitigen Wohlgefallens verfährt, sondern pragmatische, Konflikte in Kauf nehmende Kulturpolitik formuliert, die ganz deutliche bildungspolitische Akzente setzt:

"These 1:

Die kommunale Kulturarbeit muß stärker in die allgemeinen bildungspolitischen Bemühungen von Bund und Ländern integriert werden.

---

(1) Vgl. S. Krause, Schule und Theater, in: Die Bühnengenossenschaft, 22. Jg., Nr. 5, 1970, S. 174 f.

These 2:

Was unsere engeren Überlegungen zur Prioritäten-Setzung anlangt, so ist zu sagen, daß ich hier die bildungseffektiven Institutionen Bibliothekswesen und Erwachsenenbildung weit nach vorn rücken würde.

These 3:

Bei unseren Theatern würde ich folgende Zielsetzungen kulturpolitisch für wesentlich halten:
a) Sukzessiv zu erarbeitende offenere demokratischere Produktionsmethoden.
b) Reduzierung des zahlenmäßigen Produktionsangebotes zugunsten erhöhter Qualität und besserer Kapazitätsausnutzung.
c) Austausch mit Partnerbühnen, um den Ausfall von eigenen Produktionen teilweise abzufangen und bei hochwertigen Produktionen den Informationswert und die Attraktivität des eigenen Theaters zu erhöhen.
d) Erprobung neuer Theaterstrukturen wie Jugendtheater, Theater im Vorort, Theater am Arbeitsplatz, experimentelles Theater.
e) Systematische Zusammenarbeit der Theater mit Autoren im Team (das Zeitalter des Dichters im Kämmerlein ist augenscheinlich vorbei). Es wird vorsorglich darauf aufmerksam gemacht,daß gerade dieser Punkt nicht unerhebliche finanzielle Konsequenzen hat.
f) Rationalisierung des aufwendigen Opern- und Musikbetriebes in Ballungszentren durch Aufgabe bestimmter Sparten oder Theater, Fusionen und Kooperationen.

These 4:

In unserer Musikpflege ist eine unangemessene Einseitigkeit zugunsten des klassisch-romantischen Repertoires festzustellen. Die vorbarocke Musik wie die Tonalität des nicht-abendländischen Kulturkreises muß als erhebliches Defizit verbucht werden. Habitus und Hörgewohnheiten unserer Konzertbesucher sind im Sinne eines Wiedererkennungs- und weihehaften Berieselungscharakters häufig festgefahren.

These 5:

Auch die Darbietung der bildenden Kunst im Rahmen unserer Museumsarbeit muß zunehmend zu informativeren und die Aktivitäten der Bürger anspornenden Präsentationsbemühungen führen. Es ist nicht zu verkennen, daß auf diesem Sektor eine größere Offenheit zu verzeichnen ist als auf dem Sektor Musikpflege.

These 6:

Im Rahmen von Stadtentwicklungsplänen müssen die kulturellen Aktivitäten als gleichgewichtige Aufgabe mit allen anderen Aufgaben der Stadtentwicklung nicht nur verbal, sondern auch finanziell anerkannt werden. Die vorwiegend repräsentative kulinarische bürgerliche Kunstszene mag zu Recht in gewissem Umfang als "Überflußprodukt" eingestuft worden sein. Eine kommunale Kulturpolitik, die Teil unserer allgemeinen bildungspolitischen Bemühungen wird, kann jedenfalls nicht mehr als bloße "freiwillige Leistung" von Kommunen angesehen werden, eine Leistung, auf die man in finanziellen Engpässen jederzeit und an allererster Stelle auch ganz oder teilweise verzichten kann.

These 7:

Der kulturelle Begriff von heute integriert zweifellos auch politische und soziale Fragestellungen. Der überwiegend auf Erbauung und musische Dinge aufgebaute humanistische Kulturbegriff alter Art reicht nicht mehr aus. Daher müssen auch die unzulänglichen Versuche im Sinne der hannoverschen Straßenkunst, im Sinne der urbs-Initiativen begrüßt und gefördert werden. Wenn unsere Kulturarbeit nicht das Risiko laufen will, gefolgt von einer nur kleinen Anzahl wissender und geschulter Bildungsbürger, in die Isolation zu geraten, so muß der Versuch einer Öffnung unserer kulturellen Bemühungen für breitere Bevölkerungsschichten gewagt werden, selbst dann, wenn sich nicht immer gleich berauschende Erfolge einstellen.

These 8:

Mit den Subventionen der öffentlichen Hand muß - zumal auf die Vielzahl der skizzierten neuen Aufgaben hin - gezielter umgegangen werden. Ich definiere die Subvention als 'Prämie für Risikobereitschaft'. Man wird künftig nicht darum herumkommen, kulturelle Produktionen, die kommerziell herstellbar sind, auch im wesentlichen kommerziell zu betreiben. Die öffentliche Hand subventioniert sich zu Tode, wenn sie den bisherigen Gießkannen-Verteilungsmodus beibehält" (1).

Zwei Schlüsse sind aus diesen Thesen zu ziehen: Zum einen mißt Kulturpolitik im Revermannschen Sinne ihre Erfolge nicht an den unmittelbaren Teilnehmerzahlen, sondern hat den langen Atem geduldiger Heranführung der Bevölkerung an die kulturellen Institutionen, ein eminent kulturpädagogischer Aspekt; zum anderen Konzentration der Kräfte,

---

(1) K. Revermann, 8 Thesen, in: Die Deutsche Bühne, 43. Jg., Nr. 7, 1972, S. 9 f.

und damit der finanziellen Zuwendungen, auf politisch "lohnende"Bereiche, Absage an jedes kommerzielle Erfolgs- und Bestätigungsdenken, ein eminent mäzenatischer Gesichtspunkt. Allerdings bestätigen diese Thesen in der Absage an den Verteilungsmodus öffentlicher Gelder nach dem "Gießkannenprinzip" indirekt die Notwendigkeit der Strukturveränderung der deutschen Theaterlandschaft im Sinne einer ökonomisch rationelleren Ausgestaltung. Durch kulturpolitische Konzepte - wie die vorstehend zitierten Thesen eines verantwortlichen Kulturpolitikers - und die Ereignisse und Diskussionen der vergangenen Jahre sehen die Theaterschaffenden ihre berufliche Existenz bedroht und sind in eine anhaltende Phase sozialer Verunsicherung versetzt worden, die zu einer zunehmenden Emotionalisierung der Diskussion über das Theater beigetragen hat (1).

Die in der Öffentlichkeit immer stärker bestrittene Legitimität hoher finanzieller Zuwendungen für Theater ohne entsprechende allgemeine sozialpolitische Gegenleistung durch die Theater führte zu Aktivitäten, die dem Theater den vermeintlichen elitären Charakter vor der Öffentlichkeit nehmen sollen, Aktivitäten, die jedoch - da ohne umgreifendes Konzept verwirklicht - keinesfalls die Problematik einer zeitgemäßen sozial- und kulturpolitischen Funktionsbestimmung zu lösen imstande sind (2).

Immer eindringlicher wird bewußt, daß die Konflikte, die sich sowohl innerhalb des Theaters als auch in seiner Beziehung zur Umwelt des gesamtgesellschaftlichen Systems

---

(1) Siehe als Beispiel A. Everding, op. cit.

(2) Vgl. B. Schuchardt, Opernsänger im Gefängnis und im Altersheim, in: Die Deutsche Bühne, 43. Jg., Nr. 12, 1972, S. 14.

herausgebildet haben, nicht den Lösungsmöglichkeiten zugeführt werden können, die spezifisch organisationsbezogen in Wirtschaft und Verwaltung Anwendung finden. Aus diesem Grund ist es unerläßlich, die Organisation "Theater" oder besser: "Theaterbetrieb" in ein mehrdimensionales System analytischer Variablen einzuordnen und in einem Vergleich verschiedener Merkmale empirische Verbindungen zwischen den Charakteristika unterschiedlicher Organisationen herzustellen, wenn man die Fülle der vorliegenden organisations- und betriebssoziologischen Erkenntnisse für den Bereich des Theaters nutzbar machen will. Nur so wird sich die strukturelle und funktionale Besonderheit der Institution des Theaters voll erschließen und gültig analysieren lassen.

2.3.4. Die Theaterschaffenden und ihre institutionalisierte Interessenvertretungen

Eine Darstellung und Kommentierung einiger besonders prägnanter Faktoren, die es zu berücksichtigen gilt, unterstreicht die Notwendigkeit umfassender Analysen und weist auf Tendenzen hin, die in absehbarer Zukunft zu einer deutlichen Situations-Verschlechterung der Theater und der Bühnenschaffenden führen könnten.

Die Bezeichnungen "Theaterschaffender" oder "Bühnenangehöriger" subsumieren eine Vielzahl von Tätigkeitsbereichen unterschiedlicher Professionalisierungs- und Qualifikationsgrade. Zunächst sind in einer Grobeinteilung drei große Personen- bzw. Rollenbereiche zu unterscheiden: administratives, technisches und künstlerisches Personal, die zudem nicht immer eindeutig abgegrenzte Funktionsbereiche beschreiben. Jede dieser Gruppen weist einen Grad an Heterogenität auf, der über das in Dienstleistungs- oder

Produktionsorganisationen zu beobachtende Maß hinausgeht. Der ständig beschäftigte Statist, der arbeitsrechtlich nicht gesichert ist, wird ebenso zum künstlerischen Personal gerechnet wie der hochdotierte Star mit vertraglich garantierten Sonderrechten wie Gastierurlaub und frei ausgehandelter Gage. Es verbietet sich also, allein aus diesem Grund von der sozialen Lage der Theaterschaffenden zu sprechen, ohne die Berufs- und Tätigkeitsgruppen genau zu bezeichnen. Zwar sind alle Tätigkeiten innerhalb des Theaters letztlich ausgerichtet auf das Organisationsziel, das pauschal mit dem Terminus "Produktion von Theateraufführungen" zu umschreiben ist, doch sind allein die Mitglieder des künstlerischen Personals und die Mitglieder einiger hochspezialisierter Tätigkeitsgruppen des technischen Personals auf die Selbsterhaltung der Organisationen angewiesen. Die Schließung eines Theaters würde die unmittelbare soziale Situation aller Theaterschaffenden beeinträchtigen, das berufliche Risiko aber, eine der Ausbildung entsprechende gleichartige Beschäftigung zu finden, ist unterschiedlich. Während administratives und technisches Personal Arbeitskraft und Wissen in einer Vielzahl von Produktions- und Dienstleistungsbetrieben anderer Branchen einsetzen kann, ohne einen sozialen Abstieg zu erfahren, ist die berufliche Mobilität des künstlerischen Personals eng begrenzt, ein Ausweichen auf andere Medien - wie Rundfunk, Fernsehen oder Film - ist in Ausnahmefällen möglich, beschränkt sich in der Regel allerdings auf kurzfristige, fallweise Engagements für Einzelproduktionen. Deshalb ist ein Arbeitsplatzverlust für Künstler oft gleichbedeutend mit sozialem Abstieg. Bei Erörterung der sozialen Lage der Theaterschaffenden ist es also wenig sinnvoll, Durchschnittsgehälter oder Spitzengagen in Vergleich zu setzen mit den entsprechenden Werten anderer Berufe, um dann zu konstatieren, daß der soziale Fortschritt auch den

Theaterschaffenden zuteil wird. Aktuell geltende Tarifverträge, arbeitsrechtliche Normen, betriebliche und künstlerische Mitbestimmung sind Variablen, die bei einer Beurteilung der sozialen Lage der Theaterschaffenden ihre Gewichtung finden vor dem Hintergrund einer unterschiedlichen Mobilität der Berufsgruppen innerhalb des Theaters, abgesehen davon, daß das weitgehende Fehlen objektiver Leistungskriterien bei Künstlern die Beschäftigungschance vielfach abhängig werden läßt von Faktoren, die vollkommen außerhalb des künstlerischen Bereiches liegen (z. B. politische Faktoren, persönliche Präferenzen).

Die Verschiedenheit der Funktionsbereiche sowie der unterschiedliche Professionalisierungsgrad der Theaterschaffenden erschwert naturgemäß die gemeinsame Interessenvertretung, ein Sachverhalt,der auf alle Kulturberufe zutrifft, wie der Streit um die Frage einer gemeinsamen beruflichen Organisation der Berufstätigen im Kultur- und Mediensektor in den vergangenen Jahren gezeigt hat. Folgende Berufsorganisationen bieten den Theaterschaffenden ihre Interessenvertretung an:

- Genossenschaft Deutscher Bühnen-Angehörigen in der Gewerkschaft Kunst des DGB (GDBA)
- Deutscher Orchesterverein
- Fachverband deutscher Berufschorleiter
- Verband deutscher Musikerzieher und konzertierender Künstler
- Verband der Opernchöre und Bühnentänzer in der Deutschen Angestellten-Gewerkschaft
- Gewerkschaft Öffentliche Dienste, Transporte und Verkehr im DGB (ÖTV).

Diesen Verbänden und Gewerkschaftsgliederungen stehen auf der Arbeitgeberseite gegenüber:

- Der Deutsche Bühnenverein (als Vereinigung der Rechtsträger der Theater in der BRD)
- die Vereinigung kommunaler Arbeitgeberverbände sowie
- die Tarifgemeinschaft deutscher Länder.

Die Abgrenzung der Vertretungs- und Tarifkompetenz gestaltet sich für die genannten Organisationen zum Teil überaus diffizil, wobei von Fall zu Fall die Tariffähigkeit besonderer Prüfung bedarf. In der Öffentlichkeit hat seit jeher die Arbeit der Genossenschaft Deutscher Bühnen-Angehörigen und des Deutschen Bühnenvereins starke Beachtung gefunden. Die Bühnengenossenschaft wurde 1871 ins Leben gerufen als Reaktion auf die Beratung eines Theatergesetzes in den Reihen des Kartellbundes der Bühnenleiter, des Deutschen Bühnenvereins. Die Zielsetzung beider Verbände ist weitgefaßt, wie Satzungsauszüge verdeutlichen (1).

2.3.5. Dysfunktionale Wirkungen der Rechts-, Tarif- und Ausbildungsordnungen

Die historisch lange zurückreichende Sozialpartnerschaft zwischen dem Bühnenverein und der Genossenschaft vermochte jedoch nicht, ein integriertes Rechts-, Tarif- und Ausbildungssystem für die verschiedenen Gruppen der Theaterschaffenden zu entwickeln.

Hierzu einige Beispiele: Um den Besonderheiten der Arbeitsabläufe und Arbeitszeiten sowie den künstlerischen

---

(1) Siehe Übersicht 80, S. 421 ff.

Erfordernissen an den Bühnen Rechnung tragen zu können, müssen die Bühnendienstverhältnisse eine besondere rechtliche Ausgestaltung erfahren. Charakteristisch für diese spezifische Stellung der Theaterschaffenden gegenüber anderen Berufsgruppen ist der sogen. Normalvertrag, der am 1. Mai 1924 zwischen der Bühnengenossenschaft und dem Bühnenverein abgeschlossen wurde und in dem z. B. für das künstlerische Personal so wichtige Einzelheiten wie das Recht auf angemessene Beschäftigung, Krankheitsschutz, Probengeld und Ruhezeiten geregelt sind. Für Bühnentechniker gilt ein entsprechender Bühnentechniker-Tarifvertrag. Parallel zu dem auf Normalvertragsbasis verpflichteten Personenkreis sind an den Theatern Personen beschäftigt, die nicht diesem Tarifvertrag unterliegen,sondern von den Rechtsträgern der Theater, im allgemeinen den Kommunen, angestellt werden. Für diese Beschäftigung gelten die tariflichen Vereinbarungen des Bundesangestellten-Tarifvertrages, der zwischen der Vereinigung der kommunalen Arbeitgeberverbände, der Tarifgemeinschaft deutscher Länder und der Gewerktschaft ÖTV bzw. der DAG verhandelt wird. So kommt es de facto zu der Situation, daß zwar alle Beschäftigten ihre Bezüge aus öffentlichen Mitteln erhalten, die Rechtsträger der Theater jedoch einmal auftreten in ihrer Eigenschaft als öffentliche Arbeitgeber, zum anderen als selbständige Arbeitgeber im Deutschen Bühnenverein und dort de jure nicht als Arbeitgeber des öffentlichen Dienstes gelten, wie während des Streiks der Bediensteten des öffentlichen Dienstes im Winter 1974 deutlich wurde. Die Theater wurden in die Arbeitskampfmaßnahmen einbezogen mit der Wirkung, daß die nach Bundesangestellten-Tarifvertrag bediensteten Bühnenmitglieder ihr arbeitsrechtlich verbrieftes Streikrecht ausüben konnten, während die auf der Grundlage des Bühnennormalvertrages verpflichteten

Theaterschaffenden an die vertragliche Friedenspflicht gebunden waren und ihrer Arbeitspflicht nachzukommen hatten. Dieser Sachverhalt konnte zwar die Bestreikung der Theater nicht verhindern, da durch Arbeitsniederlegungen der dazu berechtigten Bediensteten der Betriebsablauf nicht mehr gewährleistet war, andererseits wurde das ohnehin vorhandene Konfliktpotential zwischen den verschiedenen Berufsgruppen erneut aktiviert und beeinträchtigte den Betriebsablauf über die zeitlich begrenzte Streikphase hinaus. Die verschiedenen Tarifsysteme haben nach Ansicht der Bühnengenossenschaft zu den unausgeglichenen Verhältnissen in tarif- und arbeitsrechtlichen Fragen entscheidend beigetragen. "Auf der einen Seite führte das zu einer immer differenzierteren Ausgestaltung der materiellen Arbeitsbedingungen, bis hin zu einem ausgebauten Bestandsschutz der Arbeitsplätze, auf der anderen Seite zwar zu einem großen Freiraum in der künstlerischen Sphäre, in der der Künstler selbst aber sich weitgehend ungeschützt und ohne gesicherte materielle Grundlage bewegt" (1).

Neben den inhaltlichen Abweichungen zwischen den Dienstverhältnissen auf der Basis des Normalvertrages in seinen Versionen für unterschiedliche Berufsgruppen und den Dienstverhältnissen auf der Basis des Bundesangestellten-Tarifvertrages ergeben sich weitere Konsequenzen für die Betroffenen. Die Mehrspurigkeit der arbeitsrechtlichen Systeme und die zahlreichen Gestaltungsmöglichkeiten der Rechtsform der Theater bestimmen die Möglichkeiten der betrieblichen Mitgestaltung oder Mitbestimmung der Bühnenschaffenden (2). Sämtliche Privattheater fallen in den

---

(1) Hans Herdlein, in: bühnengenossenschaft, 26. Jg., Nr.3, 1974, S. 92.

(2) Vgl. hierzu die nicht nur den juristischen Aspekt bedenkenden Äußerungen des Wuppertaler Kulturdezernenten K. H. Revermann, Intendanz, Direktorium oder Mitbestimmung von der Basis - Fragen zur inneren Theaterstruktur, in: Deutscher Bühnenverein (Hrsg.), Informationstagung des Deutschen Bühnenvereins am 26. und 27. Oktober 1973 in Freiburg i. Br., op. cit., S. 1 ff., bes. S. 4-8.

Geltungsbereich des Betriebsverfassungsgesetzes. Andererseits müßte auf alle von der öffentlichen Hand betriebenen Theater das Personalvertretungsgesetz Anwendung finden. Da die Länder und Kommunen jedoch nach eigenem Ermessen entscheiden können, in welcher Rechtsform die von ihnen bezuschußten Theater betrieben werden sollen, bedeutet dies formaljuristisch, daß bei Wahl einer privaten Rechtsform, wie z. B. einer Aktiengesellschaft, ebenfalls das Betriebsverfassungsgesetz angewendet wird. Bei Einbeziehung des Theaters in die öffentliche Verwaltung in der Form des "Regie"-Betriebes ist das Personalvertretungsgesetz anzuwenden. So basiert die Möglichkeit betrieblicher Mitbestimmung auf zwei unterschiedlichen Grundlagen, die allerdings noch wesentlichen Modifikationen unterliegen. Den Bundesländern ist für die unter das Personalvertretungsgesetz fallenden Häuser entsprechend § 83 die Möglichkeit "besonderer Regelungen" für den künstlerischen Bereich gegeben. Sämtliche Bundesländer haben diese Möglichkeit ausgeschöpft und Landespersonalvertretungsgesetze verabschiedet, die stark voneinander abweichen und die Mitwirkungsrechte des Personalrates eng begrenzen. Auf die privatrechtlich organisierten Theater, die dem Betriebsverfassungsgesetz unterliegen, ist die Sonderregelung für Tendenzbetriebe gemäß § 118 Betriebsverfassungsgesetz anzuwenden, die alle Unternehmen und Betriebe, die unmittelbar und überwiegend künstlerischen Bestimmungen dienen, aus dem Wirkungsbereich des Betriebsverfassungsgesetzes entläßt. Diese Gesetzesnorm über sogen. Tendenzbetriebe hat zu anhaltenden Auslegungskommentaren geführt, vor allem in Hinblick auf die Frage, ob alle Funktionsbereiche eines Theaters als Tendenzträger anzusehen sind und das Mitbestimmungsrecht des Betriebsrates aufheben. Nach verbreiteter Auffassung werden z. B. bei personellen Maßnahmen Arbeitnehmer, deren Tätigkeit unabhängig von der Eigenart des Bühnenbetriebes ist, unter den vollen Schutz des Betriebsverfassungsgesetzes gestellt. Dagegen entfällt der Schutz des Betriebsverfassungsgesetzes bei personellen Entscheidungen für solche Bedienstete, die als Tendenzträger tätig sind. So sind unbestritten Bürobedienstete, Techniker, Bühnen- und Lagerarbeiter usw. unter den Schutz des Betriebsverfassungsgesetzes bei personellen Entscheidungen gestellt, während das künstlerische Personal diesen Schutz nur eingeschränkt oder gar nicht genießt (1).

Angesichts der rechtlich begrenzten Ausgestaltungsfähigkeit entwickelten sich an zahlreichen Theatern Mitsprache- bzw. Mitbestimmungsmodelle, die auf freiwilliger innerbetrieblicher Absprache beruhen und nicht selten zusätzliche konfliktträchtige Situationen schaffen, die den ursprünglichen Sinn jeder Mitbestimmung - nämlich Konflikte und Friktionen quantitativ und qualitativ abzubauen - in das exakte Gegenteil verkehren (2).

Die vorstehend umrissene unterschiedliche Behandlung der Theaterschaffenden in Fragen der betrieblichen Mitwirkung, die individuell in erster Linie eine erhöhte Arbeitsplatzsicherung beinhaltet, findet eine weitere Parallele in der Anwendung des allgemeinen Arbeitsrechts. Während das allgemeine Arbeitsrecht entsprechend der Sozialstaatsnorm des Artikels 20 Grundgesetz in den vergangenen Jahrzehnten eine angemessene Ausformung erfahren hat, die Spezialnormen für bestimmte Wirtschaftsbereiche überflüssig macht, werden arbeitsrechtliche

---

(1) Vgl. hierzu H. Schleicher, Die Beteiligung von Betriebs- und Personalrat an der Regelung der personellen Angelegenheiten von Bühnenkünstlern, Diss., München 1973.

(2) Vgl. W. Kunold, Mitbestimmung - Lernprozeß im Stadttheater, in: Die Deutsche Bühne, 43. Jg., Nr. 12, 1972, S. 9 f.

Konflikte zwischen Bühnenkünstlern und ihren Arbeitgebern einer im vergangenen Jahrhundert (1860) eingerichteten Bühnenschiedsgerichtsbarkeit unterworfen. Die Institution der Schiedsgerichte, deren Vorzug in der Besetzung durch Sachverständige gesehen wird, leistete in der Vergangenheit in vielen Berufszweigen wertvolle Dienste bei der Durchsetzung von Rechtsansprüchen. Im Verzug der differenzierten Ausgestaltung der Arbeitsgesetzgebung gilt sie inzwischen als überflüssig. Nach der Auflösung des Tarifschiedsgerichts für die deutsche Seefahrt existiert diese Entscheidungsinstanz nur noch im Bereich des Theaters. Zwar hat jeder Kläger Anspruch auf Überprüfung der schiedsgerichtlichen Urteile durch staatliche Arbeitsgerichte, eine Möglichkeit, die wegen des verlängerten Instanzenzuges jedoch kaum in Anspruch genommen wird. Aus den höchstens drei Instanzen der staatlichen Gerichtsbarkeit - Arbeitsgericht, Landesarbeitsgericht, Bundesarbeitsgericht - werden durch Vorschaltung der Instanzen des Bezirksbühnenschiedsgerichtes und des Bühnenoberschiedsgerichtes fünf Instanzen. Da selbst Grundsatzklagen aus Kosten- und Zeitgründen meist nicht über die Entscheidung des Bühnenoberschiedsgerichtes hinausgelangen, bleibt die Auslegung des Arbeitsrechts im wesentlichen beschränkt auf die Rechtsauffassung der zwar sachverständigen,aber auch in der Materie befangenen Mitglieder der Schiedsgerichte. Dies trägt zu einer ständigen Vertiefung der Lücke zwischen staatlicher Arbeitsrechtsprechung und einer partikularistischen quasi-ständischen Rechtsfindung bei.

Den komplexen und zum Teil überalteten tarifrechtlichen und arbeitsrechtlichen Gegebenheiten (1) entspricht die

(1) Zu den zahlreichen Sonderregelungen im Bereich der Bühnenschaffenden gehört die der gesetzlichen Rentenversicherung entsprechende Versorgungsanstalt der deutschen Bühnen, die seit ihrer Gründung im Jahre 1938 wohl die gleichmäßigste Entwicklung erfuhr und von den Theaterschaffenden als eines der wenigen Positiva anerkannt wird. Vgl. H. Herdlein, Versorgungsanstalt der deutschen Bühnen - Träger moderner Sozialpolitik, in: Die Bühnengenossenschaft, 25. Jg., Nr. 7/8,1973 S. 245 ff.

unausgewogene Situation der Ausbildungsgänge für Bühnenangehörige. In den drei Großbereichen administratives, technisches und künstlerisches Personal stehen festgeformte Berufsbilder mit staatlichen Ausbildungsgängen neben Tätigkeitsbereichen, in denen Personen verschiedenster Qualifikation und Ausbildungsstufen beschäftigt sind.

So sind trotz inzwischen 20-jähriger Bemühung noch keine geordneten Ausbildungsgänge für die Tätigkeiten der Theatermaler und Theaterplastiker, Maskenbildner und Kostümfertiger zustandegekommen, was die Statusunsicherheit der mit diesen Tätigkeiten befaßten Bühnenangehörigen nicht unerheblich vergrößert. Zur Deckung des Nachwuchsbedarfes müssen berufsfremde oder aus verwandten Berufen kommende Personen in intern vereinbarten und inhaltlich uneinheitlichen Lehrgängen mit den spezifischen Anforderungen des Theaters vertraut gemacht werden. Entscheidend ist dabei weniger die Ausbildung als solche, sondern die fehlende Möglichkeit, aufgrund einer staatlichen Anerkennung als Ausbildungsberuf Schulabgänger als Berufsnachwuchs anzuwerben. Die Versäumnisse staatlicher Berufsbildungspolitik sind besonders gravierend im Bereich der Ausbildung für künstlerische Berufe. Die Fehlentwicklung der Berufssituation bei Schauspielern drückt sich in zwei Zahlen aus: Im September 1971 befanden sich 3.600 Schauspieler in einem festen Engagement, zur gleichen Zeit waren bei den Agenturen und Gewerkschaften 5.146 Schauspieler als engagementslos gemeldet (1). Daneben wurde von Experten eine Dunkelziffer von 10 - 15.000 ausgebildeten, jedoch arbeitslosen bzw. in andere Tätigkeiten abgewanderten Schauspielern angenommen. Die Anstrengungen des Deutschen Bühnenvereins und der Genossenschaft Deutscher Bühnen-Angehörigen, die Zahl der Schauspielschüler auf ein vernünftiges, dem Arbeitsplatzangebot

(1) Vgl. O. V., Immer mehr Schauspieler arbeitslos, in: Theater Rundschau, 19. Jg., Nr. 11, 1973, S. 3.

entsprechendes Maß zu reduzieren, sind zwangsläufig zum Scheitern verurteilt. Bühnenverein und Bühnengenossenschaft haben paritätische Kommissionen gebildet, die in Eignungs-, Zwischen- und Reifeprüfungen ihr Urteil über den zu erwartenden oder erreichten Ausbildungserfolg abgeben. Allerdings haben diese Prüfungen keinen obligatorischen Charakter, wenn auch in der Bühnenpraxis die Chancen des Erstengagements bei bestandener Reifeprüfung vor der paritätischen Prüfungskommission ungleich höher sind. Andererseits verstellt der beratende Charakter der Eignungsprüfung niemandem die Möglichkeit, sich zum Schauspieler ausbilden zu lassen, da nur wenige private Schauspielschulen oder Schauspiellehrer die Ausbildung zum Schauspieler von einer bestandenen Eignungsprüfung abhängig machen. Da darüber hinaus jeder interessierte Bürger sich ohne Qualifikationsnachweis als Schauspiellehrer niederlassen darf, ist der Scharlatanerie Tür und Tor geöffnet. Aber auch die Leistungen staatlicher oder staatlich anerkannter Ausbildungsinstitute sind zunehmender Kritik ausgesetzt, da sie offensichtlich in ihren Ausbildungsgängen die Erfordernisse der Praxis nicht hinreichend berücksichtigen (1).

Seit Jahren wird eine staatliche Initiative zur Einführung eines Qualifikationsnachweises für Schauspiellehrer gefordert, um durch Ordnung des Ausbildungswesens

---

(1) "Deprimierend war für die zahlreichen Intendanten und Regisseure aber besonders das offenbare Unvermögen der Debütanten, sich zu bewegen und eine Arie anders als nur musikalisch zu gestalten. Was sich bot, glich einer Versammlung von Konzertsängern. Zweifel an der szenischen Arbeit, die doch jede Hochschule bietet, wurden laut und provozierten die Frage, ob hier nicht an der Praxis vorbei ausgebildet wird". Auszug aus einem Kommentar zu einem Vorsingen von Absolventen der Opernklassen, die ein Erstengagement suchen, aus: Die Deutsche Bühne, 45. Jg., Nr. 7, 1974, S. 13. Vgl. auch: Eine Theaterakademie tut not!, in: Die Deutsche Bühne, 45. Jg., Nr. 7, 1974, S. 6 f.

das Überangebot an schauspielerischem Nachwuchs steuern zu können. Diese Überangebotssituation trifft nicht auf alle künstlerischen Bereiche zu. In den Bereichen Tanz und Chor konnten in den letzten Jahren nicht alle Vakanzen besetzt werden. In der Spielzeit 1972/73 waren bei der Zentralen Bühnen-, Fernsehen- und Filmvermittlung, Frankfurt, 413 offene Stellen für Chorsänger und Chorsängerinnen gemeldet, dagegen suchten nur 266 Chorsänger um Arbeit nach. Die Erwartung, daß angesichts dieser günstigen Arbeitsmarktsituation die Attraktivität des Chorsängerberufes zunimmt, muß skeptisch beurteilt werden, da lange Ausbildungszeiten, Arbeitsrhythmus und niedriger sozialer Status innerhalb des künstlerischen Personals kaum durch die Entlohnung aufgewogen werden. Nach dem Tarifvertrag vom 1. 4. 1974 zwischen dem Deutschen Bühnenverein und der Vereinigung Deutscher Opernchöre und Bühnentänzer sowie der Genossenschaft Deutscher Bühnen-Angehörigen betragen die Grundgagen je nach Größe des Theaters zwischen DM 925,-- und DM 1.456,-- (1). Die Arbeitsmarktlage für Bühnentänzer, deren Gruppentänzergagen an den meisten Bühnen der BRD unterhalb der Vergütungen für Chorsänger liegen, ist seit Jahren gekennzeichnet durch einen ausgesprochenen Mangel an männlichen Tänzern, der durch die Verpflichtung ausländischer Tänzer in Zukunft kaum noch auszugleichen sein wird.
In sämtlichen westlichen Ländern entwickelt sich eine ähnliche Mangelsituation, die zurückzuführen ist auf die oft nur das Existenzminimum erreichende Entlohnung

(1) Auszug aus dem Tarifvertrag Opernchöre vom 1. 4. 1974: "Die Grundgagen richten sich nach der Chorgagenklasse. Sie betragen in Klasse:

Ia	ab	DM 1.456			
Ib	von	DM 1.417	bis	1.455	DM
2a	von	DM 1.260	bis	1.416	DM
2b	von	DM 1.077	bis	1.259	DM
3	von	DM 977	bis	1.076	DM
4	von	DM 925	bis	976	DM".

nach langjähriger Ausbildung bei zeitlich begrenzten Berufschancen und hohen, zur Berufsunfähigkeit führenden Verletzungsrisiken.

Die arbeits-, tarif- und ausbildungsrechtliche Situation der Theaterschaffenden ist lediglich der formale Raster oder Mantel, der die sozialen Prozesse innerhalb des Theaters umhüllt und unter dessen Schutz sich informale Kompetenz- und Gruppenbildungen vollziehen, die für das Berufsschicksal eines Bühnenangehörigen die letztlich entscheidende Bedeutung annehmen können. Die von der interessierten Öffentlichkeit begierig aufgenommenen Sensationsmeldungen über Intrigen und Cliquenbildung, deren Verlauf die Karriere Einzelner oder ganzer Gruppen befördert oder beeinträchtigt, sind fast die einzigen empirischen Belege für diesen Sachverhalt. Es fehlt bis heute an betriebs- und organisationssoziologischen Untersuchungen über Struktur und Intensität dieser dysfunktionalen internen Prozesse, um ihre Bedeutung für die Theaterschaffenden exakt beurteilen zu können. Der Wunsch, die Theater mögen sich zu solcher Analyse ihrer Betriebsinterna öffnen, wird nicht aus rein akademischem Interesse geäußert, sondem beruht auf der Vermutung, daß die Ergebnisse solcher Untersuchungen sowohl den Interessenverbänden der Arbeitgeber als auch der Arbeitnehmer neue Perspektiven eröffnen. In den Untersuchungen wäre festzustellen, ob nicht gerade die kodifizierten Regeln des Organisationsablaufs in ihrer historisch gewachsenen Ausprägung die Hauptursachen bei der Entstehung dysfunktionaler Prozesse darstellen. Zur Verdeutlichung sei das Beispiel des Normalvertrages angeführt, in dem u. a. die Dauer von Ruhezeiten für Schauspieler zwischen Proben und Abendvorstellungen geregelt wird, eine Regelung, die zu ständigen Konflikten führt zwischen Regisseuren und Schauspielern oder Sängern, aber auch zu Konflikten zwischen denjenigen Künstlern, die freiwillig zugunsten der "künstlerischen" Arbeit auf Ruhezeiten verzichten, und solchen Kollegen, die auf Einhaltung der vertraglichen Ruhezeiten bestehen. Da Kompromisse aufgrund inflexibler bürokratischer Strukturen meist nur in langwierigen Beratungen mit den lokalen Gremien der Bühnengenossenschaft zu erreichen sind, kommt es zwangsläufig zu Friktionen innerhalb des künstlerischen Personals. Diese Konflikte tragen deutliche Zeichen von Desintegrationsprozessen, in deren Verlauf die betroffenen Mitglieder nicht wegen mangelhafter Leistungen auf der Bühne, sondern wegen ihres Festhaltens an Vertragsnormen mit dem Etikett eines Schauspiel- oder Sänger-"Beamten" versehen und diskriminiert werden. Die Autobiographien selbst bedeutender Künstlerpersönlichkeiten sind beredtes Zeugnis der manifesten Voreingenommenheit gegen Mitarbeiter oder Kollegen, die ihre vertraglich zugesicherten sozialen Rechtsansprüche durchzusetzen wissen. Die Berechtigung der ständigen Forderung nach vermehrter Freizeit in Verhandlungen um Verbesserungen des Normaltarifvertrages ist nicht ohne nähere Informationen über die Verwendung dieser Freizeiten zu beurteilen. "Und die Forderung nach einem Mehr sogenannter Ruhepausen wird erst recht unverständlich, wenn sie sich mit der Forderung verbindet, das angestrebte Mehr an Zeit und Erholung für Nebentätigkeiten bei (den) Medien - Rundfunk und Fernsehen - verwenden zu können..." (1). Sollte diese Vermutung über die Verwendung vertraglich zugesicherter Freizeit stimmen - und die Indizien sprechen dafür -, dann wäre den Sozialpartnern zu empfehlen, diesen Problemkreis nicht verschämt unter dem Etikett "Freizeit" zu verhandeln, sondern "Freistellungszeiten für Tätigkeiten in anderen Medien" zu einem eigenständigen Vertragspunkt zu erklären, um in Verbindung mit ergänzenden Bestimmungen über die honorarmäßigen Auswirkungen solcher Freistellungszeiten eine Ruhe- und Freizeit-

---

(1) E. Schöndienst, Wer läßt Sozialpartnerschaft veröden?, in: Die Deutsche Bühne, 45. Jg., Nr. 5, 1974, S. 2.

regelung zu treffen, die den in anderen Berufsbereichen üblichen Gepflogenheiten entspricht. Eine weitere, seit den Anfängen des Normalvertrages beibehaltene Bestimmung, die den Tätigkeitsbereich der Bühnenkünstler abgrenzen soll, ist die sogenannte Kunstfachbezeichnung, die mit einem aus der Bühnenrechtssprechung abgeleiteten Beschäftigungsanspruch des Inhalts gekoppelt ist, daß einem Künstler pro Spielzeit zwei Rollen seines Fachgebietes zustehen. Angesichts der Entwicklung der Bühnenliteratur und Aufführungspraxis hat diese Normalvertragsregelung, die bei Inkrafttreten vor 50 Jahren gewiß sinnvoll gewesen ist, für die Gegenwart nicht nur ihren Sinn verloren, sondern steht einer flexiblen Besetzungspolitik im Wege und bestimmt in einem gewissen Grade die Spielplangestaltung."Weitgehend antiquiert und bei Schauspielern selbst oft unerwünscht, manchmal sogar verlacht ist die Vorstellung,daß man im Theater heute noch ihr Aufgabengebiet mit herkömmlichen Kunstfachbezeichnungen (Naturbursche und Muntere, Charakter-Bonvivant und Sentimentale u. ä.) umschreiben könne. Wer dies fordert, kennt vielleicht das Theater von gestern, aber nicht das von heute und morgen" (1). Obwohl die Antiquiertheit der Kunstfachbezeichnung selbst vom Präsidenten der Deutschen Bühnengenossenschaft nicht übersehen wird (2), ist die Arbeitnehmerseite wegen des damit verbundenen Beschäftigungsanspruchs nicht bereit, die entsprechenden Normalvertragsbestimmungen den Verhältnissen des Gegenwartstheaters anzupassen. Die häufige Anrufung der Bühnenschiedsgerichte durch sich nicht vertragsgemäß beschäftigt fühlende Künstler ist für sich genommen bereits Ausdruck der Reformbedürftigkeit. Auch in diesem Punkt sind wie bei den Ruhezeitregelungen Entwicklungen zu beobachten, deren Auswirkungen auf die

---

(1) Ibid.

(2) Vgl. H. Herdlein, Normalvertrag wird brüchig..., in: bühnengenossenschaft, 26. Jg., Nr. 5, 1974, S. 194.

konkrete Situation der Theaterschaffenden untersucht werden sollten. An den Bühnen der BRD erkennen die Künstler zunehmend die weitgehende Sinnentleerung der traditionellen Kunstfachbezeichnungen und erklären sich mit gleichwertiger, den vertraglich zugestandenen Fachbereich überschreitender Beschäftigung einverstanden. Die Modalitäten und Kriterien solcher Absprachen wechseln von Bühne zu Bühne. Es liegt auf der Hand, daß diejenigen Künstler, die zu solchen Zugeständnissen nicht bereit sind und ihren Anspruch auch rechtlich durchzusetzen gewillt sind, auf die Dauer in eine Randsituation geraten und sich der Gefahr einer Nichtverlängerung ihres Vertrages aussetzen. Die an der Praxis des heutigen Theaters vorbeigehende Kunstfachbezeichnung, die bei ihrer Einführung den Künstlern einen Schutz vor Regisseur- und Intendantenwillkür bot, verkehrt sich somit in ihr Gegenteil. Die Position der Interessenvertreter wird unglaubwürdig, wenn vor 50 Jahren erkämpfte, aber durch Wandlungsprozesse im Theater überholte Besitzstände konserviert werden sollen, während sie in der praktischen Theaterarbeit an Bedeutung verlieren und ihre rigorose Verteidigung sich zum sozialen Nachteil der Betroffenen auszuwirken beginnt. Der Erfolg rigider Zielverfolgung ist abhängig von entsprechenden langfristigen Machtressourcen auf der Basis hoher Gruppenkohärenz. Diese Gruppenkohärenz der Theaterschaffenden ist nicht nur gefährdet durch die im Theaterbetrieb miteinander konkurrierenden, zum Teil unzulänglichen arbeitsrechtlichen Systeme, sondern mit Blick auf die Zukunft bedroht durch gruppeninterne Konflikte, die z. T. aus einer kurzsichtigen Politik der Interessenvertreter resultieren.

2.3.6. Mögliche Folgen bevorstehender "Theaterstruktur-Reformen"

Die Diskussion um die Pläne zu einer Strukturreform der deutschen Theaterlandschaft lassen die mangelnde Einsicht der Beteiligten in gesellschaftliche Wandlungsprozesse offenbar werden (1). Unter kultur- und bildungspolitischen Aspekten läßt sich die gegenwärtige Struktur der deutschen Theaterlandschaft kaum noch verteidigen, da die in den Haushalten der Kommunen bereitgestellten Zuweisungen für Theaterzwecke inzwischen bis zu 80 % der Gesamtaufwendungen für Kulturaufgaben betragen (2).

Die Ausgaben der Gemeinden für eigene und fremde Theater haben sich im Laufe von 8 Jahren um mehr als 85 %, die der Länder um mehr als 70 % erhöht. Inzwischen ist die Grenze der finanziellen Leistungsfähigkeit der Gemeinden vielfach bereits überschritten, während die Länder eine weitergehende Bezuschussung von einer Rationalisierung, d. h. Umstrukturierung der Theater abhängig machen. Die Grundlage der Neuordnung der Theaterlandschaft durch erhöhte Kooperation bzw. vollständige Fusion mehrerer Theater oder auch durch Schließung einzelner Theater in Gebieten mit großer Theaterdichte, diese Grundlagen sollen durch die allenthalben eingesetzten Strukturkommissionen erarbeitet werden. Die Arbeit dieser Gremien wird von den Interessenvertretern der Theaterschaffenden mit entschiedener Ablehnung begleitet (3), wird bereitwillig

---

(1) Vgl. H. Stephan, Fusion-Konfusion-Illusion, in: Theater Rundschau, 19. Jg., Nr. 10, 1973, S. 3.

(2) Zwei besonders prägnante Beispiele sind die Städte Gelsenkirchen und Kiel mit einem Theater- und Orchesteranteil von 78,7 % bzw. 78,8 % am jeweiligen städtischen Kulturetat.

(3) Vgl. H. Herdlein, Theaterlandschaft vom Reißbrett oder: Wie man Theater zu Tode ordnet, in: Die Bühnengenossenschaft, 25. Jg., Nr. 10, 1973, S. 329 f.

von den Parteien zur Sympathiewerbung aufgegriffen (1), aber auch die theatertragenden Gemeinden sind bis auf wenige Ausnahmen nur zögernd bereit, diesen Überlegungen zu folgen wie die Beratungen über eine Theatergemeinschaft zwischen den Städten Bonn und Köln erwiesen haben. Die von der Landesregierung Nordrhein-Westfalen eingesetzte Strukturkommission war im Jahre 1973 ebenso wie das Kulturdezernat der Stadt Köln zu der Empfehlung gekommen, eine Theaterfusion zwischen den Städten Bonn und Köln ins Auge zu fassen. Gegen diese Empfehlung richtete sich die Bonner Stadtverwaltung sowie eine Bonner Publikumsinitiative (2).

Neben Einwänden sachlicher Art, die durchaus von Fusionsbefürwortern und Fusionsgegnern unterschiedlich beurteilt werden können, enthalten die Ablehnungen Argumente, die allein deklamatorischen Charakter haben, da die zugrundeliegenden Prämissen bereits in der Gegenwart nicht gegeben sind. So werden 8 Gegenargumente angeführt:

1. Durch Fusion werden Spielplangestaltung und Diposition bis zur Unflexibilität eingeengt.
2. Wegen unterschiedlicher Bühnenmaße, Orchesterraumgröße und dgl. lassen sich die Inszenierungen nicht unverändert von Köln nach Bonn und umgekehrt übertragen.
3. Qualitätsverbesserungen durch längere Probenzeiten ergeben sich nicht.
4. Die Auflösung der Bonner Oper und des Kölner Schauspiels bedeutet einen Verlust an Vielfalt von Konzepten und an Farbigkeit für die gesamte Theaterlandschaft. Der Bonner Opernspielplan bietet einen Kontrast zum Kölner Spielplan. Diese bereichernde Gegensätzlichkeit geht im Fusionsfall verloren.

---

(1) Vgl. A. Pfeifer MdB, Das Theaterleben muß gefördert werden, in: Oper und Tanz, Nr. 74, 1973, S. 1.

(2) Vgl. o. V., Lieber flirten als heiraten. Fusionspläne Köln/Bonn, in: Oper und Tanz, Nr. 74, 1973, S. 2 f.

5. Über den offiziellen Spielplan hinausgehende Aktivitäten (Abstecher, Matineen usw.) müssen eingeschränkt werden.
6. Die möglichen finanziellen Einsparungen stehen in keinem Verhältnis zu den kulturpolitischen, künstlerischen und dispositionellen Nachteilen einer Fusion.
7. In der Übergangszeit bis zur Fusion ist die Qualität des Theaters durch Abwanderung guter Kräfte gefährdet.
8. Die ständige Fusion erschwert die in beiden Theatern entwickelten Formen der Mitsprache.

In zwei Punkten, Dispositionsprobleme und unterschiedliche Bühnenmaße, müssen diese Einwände ernstgenommen werden und stellen gewichtige technisch-organisatorische Fusionshindernisse dar. Die übrigen Einwände müssen als Scheinargumente gewertet werden, die Ausdruck des bedingungslosen Wunsches sind, das stadteigene repräsentative Theater zu erhalten. Der "Verlust an Vielfalt von Konzepten und an Farbigkeit für die gesamte Theaterlandschaft" durch Fusion ist ein fiktives Argument, da die Aktivitäten der jeweils anderen in Frage stehenden Bühne, Köln oder Bonn, von dem Publikum des jeweiligen Theaters kaum wahrgenommen werden können. Informationen über das Kölner Theater stehen den Einwohnern Bonns - abgesehen von gelegentlichen Rezensionen im Feuilleton - ebensowenig zur Verfügung wie den Kölnern nicht einmal in den Lokalzeitungen Spielplaninformationen über das Bonner Theater angeboten werden. Geradezu zynisch ist die als Tatsachenfeststellung formulierte Behauptung, die möglichen finanziellen Einsparungen stünden in keinem Verhältnis zu den Nachteilen einer Fusion. Allein für die Stadt Bonn würde die jährliche Einsparung nach den verschiedenen Alternativmodellen zwischen 275.000 DM und 2,2 Mio.DM betragen. Unberücksichtigt bleiben die Möglichkeiten reduzierter oder sich verlangsamender jährlicher Steigerungsraten, die einer Entlastung der öffentlichen Haushalte gleichzusetzen sind (1).

Geradezu dramatische Protestaktionen begleiteten die Pläne des Kulturdezernenten der Stadt Dortmund, die eine Schließung des Dortmunder Musiktheaters und eine Auflösung des dortigen Orchesters zum Ziel hatten. In einem Hearing am 30. 1. 1974 wurden die apokalyptischen Folgen einer solchen Schließung beschworen. Der Intendant der Hamburger Staatsoper A. Everding sah in den Plänen ein Signal, das zu einem "furchtbaren Flächenbrand" und anschließender "Verödung der deutschen Kulturlandschaft" führen könne. Die Interessenvertreter argumentieren in dieser Strukturdiskussion vorwiegend unter dem Blickpunkt der durch Schließung und Fusion verlorengehenden Arbeitsplätze und den daraus resultierenden sozialen und wirtschaftlichen Konsequenzen für die Bühnenangehörigen. Da sie sich den Realitäten angesichts der zunehmenden Finanzierungslücken in den Etats der Kommunen nicht verschließen können, suchen sie nach Möglichkeiten der Umgestaltung des Subventionierungswesens mit dem Ziel einer stärkeren Hinzuziehung von Bund und Ländern (2). Zwar können solche Maßnahmen die Existenz der Bühnen kurzfristig sichern, doch wird das strukturelle Problem auf diese Weise lediglich bemäntelt, aber nicht gelöst (3). Eine

---

(1) Vgl. zu den Strukturplänen auch Informationsblatt des Bundes der Theatergemeinden e. V. Bonn, 23. Jg., Nr. 1/2, 1973, S. 3 ff. Die dort wiedergegebenen Pressestimmen stimmen darin überein, daß in Anbetracht der mangelnden Bereitschaft der Städte, ernsthaft Strukturreformen zu verwirklichen, diese und ähnliche Pläne vorerst wohl als praktisch unrealisierbar in Schubladen "dahindämmern" (S. 4) werden.

(2) Diese Bemühungen führten zu einer kleinen Anfrage in der 7. Wahlperiode des Deutschen Bundestages durch die Abgeordneten Evers, Pfeifer, Gölter, Carstens, Stücklen und die Fraktion der CDU/CSU am 2.10.1973. Die Bundesregierung verwies in ihrer Antwort auf die Kulturhoheit und die daraus resultierende Alleinzuständigkeit der Länder.

(3) Vgl. z. B. die Erklärung des Hauptvorstandes der Genossenschaft Deutscher Bühnen-Angehörigen zu Beginn des Jahres 1972.

Bereinigung der deutschen Theaterlandschaft ist langfristig nicht zu umgehen. Je früher die Interessenvertreter der Theaterschaffenden dieser Einsicht folgen, ihre defensive Strategie aufgeben und sich aktiv an den Überlegungen beteiligen, umso größer sind ihre Möglichkeiten, die Problemlösung mitzugestalten, z. B. in Form umfassender Sozialpläne für die durch Fusion oder Theaterschließung betroffenen Theaterschaffenden. Die Prognosen für eine Kooperation in der Strukturpolitik sind allerdings ungünstig zu beurteilen. Alle bisher vorgetragenen Denkmodelle sind auf Ablehnung gestoßen, nicht nur die Modelle, die von außerhalb der Theater stehenden Kulturpolitikern vorgetragen wurden, sondern auch Überlegungen, die von Theaterpraktikern angestellt wurden (1).

Da die ehrenamtlich oder hauptamtlich um die Theaterschaffenden bekümmerten Gremien sich offensichtlich nicht der Tatsache bewußt sind, daß bis in die Gegenwart nicht verbindlich geklärt ist, wieweit Kunstausübung nach Quantität und Qualität als Rolle von der Gesellschaft bereitgestellt wird oder in ihr ohne weiteres beansprucht werden kann (2), wäre es nützlich, einmal über die Grenzen der BRD hinauszublicken, vielleicht auf die Situation in den USA. Trotz der ungleich

---

(1) Z.B. im Jahre 1971 das Theatergutachten des seinerzeitigen Heidelberger Intendanten P. Stoltzenberg. Nach Abwägung künstlerischer, finanzieller, juristischer und kulturpolitischer Aspekte kam Stoltzenberg unter Berücksichtigung der besonderen geographischen Lage Heidelbergs zu dem Vorschlag, den Heidelberger Dreisparten-Betrieb zugunsten eines qualitativ verbesserten Schauspiels aufzulösen und für das Musiktheater die in unmittelbarer Nachbarschaft liegenden Staatstheater Karlsruhe und Mannheim zu beanspruchen.

(2) Vgl. D. Claessens, op. cit., S. 55 f.

stärkeren Durchsetzungskraft der amerikanischen Künstler- und Bühnengewerkschaften im betriebsinternen Bereich konnten auch sie die Schließung unrentabler Theater nicht verhindern. Die deutlich geschwächte Position der US-Gewerkschaften als Folge ihrer rigiden Haltung kommt darin zum Ausdruck, daß der Budgetdirektor der Metropolitan Opera, New York, allen Ernstes vorschlagen kann, zwecks Kosteneinsparung die Jahresverträge für Orchestermitglieder, Tänzer und Choreographen abzuschaffen und durch 44-wöchige Tarifverträge zu ersetzen (1). Zwar ist das fast ausschließlich auf privatwirtschaftlicher Basis ruhende kommerzielle amerikanische Theater dem subventionierten deutschen Theater nicht gleichzustellen, einzelne Aspekte, die sich auf das Verhalten der Betroffenen in Krisensituationen beziehen, sind jedoch nicht als unrealistisch für die Zukunft in der BRD zurückzuweisen. Gemeint ist die in den USA zu beobachtende Distanzierung von den Gewerkschaften, oder besser ausgedrückt: die Umgehung gewerkschaftlicher Einflußnahme durch Gründung unabhängiger Theatergruppen, die sich eine eigene Verfassung geben und an deren Gestaltung sämtliche Gruppenmitglieder unmittelbar beteiligt sind. Es sei klargestellt, daß derartige Praktiken keinesfalls als Lösung für die in der BRD in der Zukunft anstehenden finanziell bedingten "Theaterkrisen" empfohlen werden können. Die Rechtsunsicherheit und letztlich die wirtschaftliche Existenz der Theaterschaffenden wird durch unabhängige, von Betrieb zu Betrieb differierende Verfassungen eher vergrößert als verringert. Doch deutet die bereits heute zu beobachtende Bereitschaft, vertraglich und rechtlich fixierte, aber von der Entwicklung überholte Regelungen und Ansprüche aufzugeben, darauf hin, daß im Falle einer tatsächlichen Existenzbedrohung z. B. durch vermehrte Theaterschließungen, die Betroffenen bereit sind, zu

---

(1) Vgl. R. Breuer, An der Met flackern die Lichter..., in: Süddeutsche Zeitung, Nr. 38, 14. 2. 1974, S. 11.

erheblich reduzierten Bedingungen nach dem vermeintlich rettenden Strohhalm eines Engagements zu greifen.

Angesichts der endogenen und exogenen Faktoren, die auf einen Strukturwandel der Institution Theater drängen, ist es besonders für den einzelnen Theaterschaffenden zu bedauern, daß die anstehenden Probleme vorwiegend in juristischen und finanztechnischen Kategorien diskutiert werden. Nur zögernd erkennen die Theaterverantwortlichen den diagnostischen Wert sozialwissenschaftlicher Analysen, indem sie sich um den Aufbau einer systematischen Publikumsforschung bemühen, um dem temporären Besucherrückgang entgegenwirken zu können. Doch selbst bei steigenden Besucherzahlen wird der Subventionsbedarf der Theater ständig größer werden und die öffentliche Infragestellung der Institution Theater nicht verstummen.

2.4. Praxis, Kritik und Perspektiven der Publikumsforschung für das Theater

2.4.1. "Publikumsuntersuchung": Das vermeintliche Rezept gegen Besucherschwund

Der Rückgang der Besucherzahlen bei den Theatern der BRD im Laufe der 60er Jahre einerseits, die steigende finanzielle Belastung der kommunalen Haushalte durch das Theater andererseits und die zusätzliche Krisenstimmung innerbetrieblichen Ursprungs haben eine große Zahl von Aktivitäten auf Seiten der für das Theater verantwortlichen Künstler und Kulturpolitiker bewirkt.

Werbeaktionen zur Rückgewinnung von Theaterbesuchern und zur Erschließung neuer Publikumsschichten waren ein Teil dieser Aktivitäten, wobei einerseits die Skepsis gegenüber werblichen Anstrengungen selbst bei denjenigen Theaterpraktikern nicht gänzlich geschwunden ist, die diesen Fragen verständnisvoll gegenüberstehen, und andererseits ein beträchtliches Quantum selbstironischer Kritik hinsichtlich der Innovationsfeindlichkeit des Theaters zu konstatieren ist (1). Diese Werbeveranstaltungen wurden entweder kommerziellen Werbeagenturen oder hauseigenen Dramaturgen bzw. beamteten Öffentlichkeitsarbeitern übertragen. Über die Qualität der Werbeanstrengungen soll hier nicht geurteilt werden, über ihren kurzfristigen oder langfristigen Erfolg geben Abonnenten- und Besucherzahlen hinreichend Aufschluß. In vielen Fällen bemerkten die werbenden Theater zum erstenmal, daß ihr Publikum für sie weitgehend unbekannt war. Zwar verfügte man über Anschriftenkarteien, hatte eigene impressionistische Erfahrungen über die Zusammensetzung des Theaterpublikums und konnte an den Kassenberichten ablesen, welche Stücke Erfolg hatten und welche Aufführungen vom Publikum gemieden wurden. Auf dieser Basis und dem zusätzlichen "Fingerspitzengefühl" für das Publikum sowie der "künstlerischen" Verantwortung gegenüber dem Avantgardistischen wurden Spielpläne entworfen und realisiert. Viele Intendanten bzw. Spielplanstrategen schienen dabei auf ein ähnliches Erfolgsrezept eingeschworen, wie J. Gregor es im Jahre 1932 für die seinerzeitige Reaktion der Filmproduzenten auf den vermeintlichen Publikumsgeschmack schilderte (2), ein Rezept, das allerdings bereits damals nicht zutraf.

---

(1) Vgl. B. Mauer, Theater: Öffentlichkeitsarbeit und Werbung, in: Deutscher Bühnenverein (Hrsg.), op. cit.,S.2. "Wir müssen im Theater ja nicht immer im Dinosaurier-Rhythmus hinterherhinken: während in der Industrie gerade entdeckt wird, wie sinnvoll eine Verbindung von Produkt, Design und Werbung ist, stürzen wir uns auf die anderenorts bekannte aber für uns neue Weisheit, daß es Werbeagenturen gibt, und erhoffen Wunder".Vgl. auch W. Schulze-Reimpell, Probleme mit PR-Arbeitim Theater, in: Die Deutsche Bühne,45. Jg.,Nr.1,1974, S. 7 f.

(2) J. Gregor, Das Zeitalter des Films, Wien/Leipzig 1932: "Der Produzent will, daß der Film gefalle, und er wählt aus diesem Grunde vergnügte Gegenstände, österreichische Offiziersuniformen, Schlösser und Hofdamen, behäbige Spießer, vorzügliche Autos, ins Ohr gehende Schlager, schließlich die Verlobung Fritschs mit der Harvey..." (S. 173).

Der Schiffbruch, den viele Theater mit diesem bewährten "Erfolgsrezept" erlitten, zwang zu einer Neuorientierung. Hastig wurde eine Kontaktsuche aufgenommen, an deren Anfang vielerorts eine Publikumsuntersuchung stand. Bis auf ganz wenige Ausnahmen kann diesen Untersuchungen jedoch nicht die Qualität einer "Untersuchung" im Sinne der empirischen Sozialforschung bescheinigt werden, vielmehr waren es von Laien konzipierte unsystematische Fragebogenaktionen, deren Ergebnisse keine neuen Erkenntnisse ergaben und im allgemeinen von den veranstaltenden Theatern als Bestätigung ihrer Arbeit interpretiert wurden. Sicherlich ist die Vermutung begründet, daß die unzulässig als "Publikumsuntersuchung" bezeichneten Befragungen für viele Intendanten und Kulturpolitiker eine Alibi-Funktion hatten, um den Vorwurf zurückzuweisen, man kümmere sich nicht um das Publikum. Nun soll nicht behauptet werden, die Ergebnisse derartiger Umfragen wurden in voller Kenntnis ihrer bestenfalls begrenzten Aussagekraft zur Durchsetzung bereits vorher getroffener Entscheidungen über Abonnements- und Spielplangestaltung benutzt, um rein politische Entscheidungen wissenschaftlich zu fundieren. Weil aber immer eine für den Laien nicht erkennbare Gefahr besteht, vermeintlich wissenschaftliche Aussagen ungeprüft zu benutzen, müssen die Bemühungen, zu mehr Information über das Theaterpublikum zu gelangen, an einigen typischen Beispielen kritisch untersucht werden und die Kriterien fixiert werden, an denen sich fachgerechte Untersuchungen anzulehnen haben.

2.4.2. Zum Begriff des "Theaterpublikums"

Zunächst ist der pauschale Terminus "Publikumsuntersuchung" in seine möglichen Einzelaspekte aufzulösen.

Allein der Begriff "Publikum" bietet verschiedene Interpretationen. Der Definitionen gibt es zahlreiche, die entsprechend der ins Auge gefaßten Ziele unterschiedlich akzentuiert sind. Das im Februar 1969 gegründete "Internationale Institut für Musik, Tanz und Theater in den audiovisuellen Medien" (Sitz: Wien), das inzwischen in das Regulär-Programm der Unesco aufgenommen wurde, hat bereits kurz nach der Gründung ein internationales Projekt in Arbeit genommen zur Erforschung des "Publikums des Musiktheaters". "Der Versuch, ein internationales System von Forschungsteams zu schaffen, die sich mit dem gegenwärtigen Projekt befassen, ließ es notwendig erscheinen, eine Übereinstimmung über eine Anzahl von Problemen anzustreben, die die anzuwendende Methode und Terminologie betreffen" (1). Zu den die Terminologie betreffenden Problemen gehörte der Begriff "Publikum". Experten aus den Teilnehmerländern dieser Untersuchung einigten sich auf folgende Unterscheidungen (2):

"a) der Bevölkerung im allgemeinen
b) dem Teil der Bevölkerung, der allgemeines Interesse an der Oper zeigt ('Interessepublikum', interessiertes Publikum)
c) dem Teil des 'Interessepublikums', der mit Rücksicht auf gewisse praktische Erwägungen (Entfernung zwischen Heim und Operntheater, kulturelle Gewohnheiten, erzieherisches Niveau und finanzielle Mittel) als 'potentielles Publikum' angesehen werden kann.

---

(1) Internationales Institut für Musik, Tanz und Theater in den audio-visuellen Medien (Hrsg.), Forschungsprojekt Nr. 1 "Das Publikum des Musiktheaters", IMDT DOC 26/16/9/70, Wien 1970, S. 2. Vgl. auch Ders. (Hrsg.), Das "Ballet du XXe siècle"-Brüssel, Analyse des effektiven und potentiellen Publikums: erste Phase, IMDT - DOC 28/3/11/70, Wien 1970.

(2) Diese Begriffsklärung bezieht sich von der Zielsetzung des Projektes auf Opernaufführungen, trifft allerdings gleichermaßen auf jede theatralische Veranstaltung zu.

d) denen, die tatsächlich einer oder mehreren Vorstellungen innerhalb eines gewissen Zeitraumes beiwohnen ('aktuelles Publikum')

und schließlich

e) jenen, die eine bestimmte Vorstellung besuchen und somit das 'Publikum als raum-zeitliche Einheit' darstellen. Diesen Teil des Publikums könnte man als 'Ereignispublikum' bezeichnen" (1).

Gegen diese Kategorisierung können Einwände geltend gemacht werden hinsichtlich der Verwendung in der Forschungspraxis. Ungenannt bleiben die Kriterien, nach denen Bevölkerungsteile als interessiert oder nicht-interessiert an Oper bzw. Theater einzustufen sind. Klar fixiert sind hingegen die Kriterien, die das "potentielle" Publikum innerhalb des "interessierten" Publikums abgrenzen. Abgesehen von der Frage, ob und in welchem Grade die genannten Variablen "Entfernung zum Theater" usw. wirksam sind oder werden könnten, ist eine Gleichsetzung unzulässig, da die Variablen unterschiedlichen Niveaus angehören. Wichtige hypothetisch intervenierende Variablen bleiben ungenannt, wie z. B. die verfügbare Freizeit des interessierten Publikums.

Bei der Unterscheidung in "Ereignispublikum" und "aktuelles Publikum" ist bei einer international vergleichenden Studie nach der Zweckmäßigkeit zu fragen, die durchaus gegeben sein mag, wenn in Spezialuntersuchungen das Publikum in seiner Reaktion auf räumlich und zeitlich genau fixierte Theaterereignisse erforscht wird (2).

---

(1) Internationales Institut für Musik, Tanz und Theater in den audio-visuellen Medien (Hrsg.), Forschungsprojekt Nr. 1 "Das Publikum des Musiktheaters", op. cit., S. 3 f.

(2) Siehe R. Ravar und P. Anrieu, Le spectateur au théâtre, Brüssel 1964. In dieser Untersuchung wurde die Publikumsreaktion während einer Anzahl von Vorstellungen des Schauspiels "Biedermann und die Brandstifter" von Max Frisch gemessen. Die Untersuchungseinheit war somit das Publikum an einem konkreten Tag in einem konkreten Theater während der Aufführung eines konkreten Stückes (=Ereignispublikum).

Bei Publikumsuntersuchungen, die nicht auf vorliegenden Repräsentativerhebungen aufbauen können, kann im Anfangsstadium allein unterschieden werden nach den Bevölkerungsteilen, die in genau fixierten und hinlänglich ausgedehnten Zeiträumen ein- oder mehrmals ein Theater besucht haben und somit als Theaterbesucher angesehen werden können, und den Bevölkerungsteilen im Einzugsbereich eines Theaters oder einer Stadt mit Theater, die in dem betreffenden Zeitraum keine Theateraufführung besucht haben und somit als Nichtbesucher einzustufen sind.

Erst in weiteren Forschungsschritten kann versucht werden, einen Variablenkatalog zu erstellen, mit dessen Hilfe die Nichtbesucher in potentielle Theaterbesucher und generell nicht für das Theater zu gewinnende Personen geschieden werden.

Wenn in der Öffentlichkeit von Publikumsuntersuchungen gesprochen wird, so sind gemeinhin Befragungen des Teils der Bevölkerung gemeint, der als Theaterbesucher anzusehen ist. Das bedeutet, mit diesen Publikumsuntersuchungen werden nur Personen erfaßt, die zwar in unterschiedlicher Häufigkeit aber dennoch regelmäßig ein Theater besuchen. Solche Untersuchungen können zwangsläufig auch nur die Interessen, Motivationen und übrigen Dispositionen von Theaterbesuchern fixieren, sind demnach auf keinen Fall geeignet, neue oder verlorengegangene Publikumsschichten zurückzugewinnen. Werden diese Untersuchungen also bei bereits eingetretenem Besucherschwund in Auftrag gegeben, so bieten die Ergebnisse günstigenfalls Hilfe bei prophylaktischen Maßnahmen gegen weiteren Besucherrückgang, jedoch keine Therapie mit dem Ziel steigender Besucherzahlen. Allenfalls ist es möglich, auf Grund von Publikumsuntersuchungen das ohnehin vorhandene Publikum zu häufigeren Theaterbesuchen zu animieren.

Diese begrenzten Möglichkeiten sind oft übersehen worden und waren der Grund für manche Enttäuschung über die Ergebnisse von Befragungen, die nicht nur als vermeintliche Wunderwaffe angesehen wurden, sondern darüber hinaus unsachgemäß durchgeführt wurden, wobei über die Untersuchungsziele nur unscharf formulierte globale Vorstellungen bestanden. Arbeiten, wie die von S. Günther (1) oder K. F. Schuessler (2), die zumindest indikatorhafte Elemente aufzeigten, fanden keinen Eingang in die Diskussion der Bühnenverantwortlichen.

Nur eindeutig festgelegte Untersuchungsziele ermöglichen eine präzise Fragestellung. Wenig ertragreich ist es hingegen, die seit Jahrzehnten geläufige Frage zu stellen: "Was gefällt und mißfällt Ihnen an unserem Theater im allgemeinen und wie beurteilen Sie die heute abend von Ihnen besuchte Aufführung?", die Fragebogen an den Eingangstüren des Theaters in aufgestellten Kästen einzusammeln, die Antworten zu sortieren und dann im Dramaturgenkreis ratlos die Gegenfrage zu stellen: "Was sagen uns die Antworten, wie können wir als Theatermacher das Ergebnis interpretieren, daß 90 % der Antworten große Zufriedenheit der Zuschauer zum Ausdruck bringen, der Zuschauerraum aber Abend für Abend halbleer bleibt?".

2.4.3. Die Zielsetzungen von Publikumsuntersuchungen

Bei allen Publikumsuntersuchungen sind sechs große Teilbereiche zu unterscheiden, die entweder jeweils separat

---

(1) S. Günther, Die Musik in der pluralistischen Massengesellschaft, in: Kölner Zeitschrift für Soziologie und Sozialpsychologie, 19. Jg., 1967, S. 64 ff.u.S. 283 ff.

(2) K. F. Schuessler, Social Background and Musical Taste, in: American Sociological Review, Vol. 13, 1948, S. 330 ff.

oder kombiniert erforscht werden können:

1. Untersuchungen der sozio-demographischen Struktur des Theaterpublikums
2. Untersuchungen über den Gefallensgrad bestimmter Theaterstücke, Inszenierungen usw.
3. Untersuchungen der Motivationsstruktur des Theaterpublikums
4. Untersuchung des Theater-Images und seines Freizeitwerts
5. Untersuchung der Service-Leistungen
6. Untersuchungen der kurz- und langfristigen Wirkungen des Theaters auf die Zuschauer (1).

Vorrangig und als Voraussetzung für in der Praxis verwendbare Ergebnisse ist die Untersuchung der sozio-demographischen Struktur des Theaterpublikums anzusehen. Dabei genügt es nicht, nach Geschlecht, Alter, Familienstand und Wohnort zu fragen. Unerläßlich sind detaillierte Daten über Bildungsstand, und zwar nicht allein bezogen auf den formalen Schulabschluß, sondern unter Berücksichtigung des Wissens und der Fähigkeiten, die außerhalb formalisierter Bildungswege erworben wurden, Daten über beruflichen Werdegang, Daten über Einkommensverhältnisse.

---

(1) Als Wirkungen gelten hier Einflüsse des Theaters auf Verhalten, Gefühle und Einstellungen des Publikums im Sinne der Wirkungsforschung in der Soziologie der Massenkommunikation. Z. B. als jüngere Untersuchung im deutschsprachigen Bereich J. Hofmann, Wirkungen von Theater. Zuschauer-Beeinflussung durch engagiertes Institutionstheater?. Empirische Untersuchung und Kritik der Kritik anhand einer Aufführung des Stuttgarter Schauspielhauses von John Hopkins: Diese Geschichte von Ihnen, Stuttgart 1970 (Eigenverlag). Über die Ergebnisse kann nicht referiert werden, da die forschungstechnischen Beeinträchtigungen bei der Datenerhebung so stark waren, daß man bestenfalls von einem Pretest sprechen kann. Ziel der Untersuchung, die prononciert psychologisch angelegt war, war die Messung von Einstellungsveränderungen zum Thema Gewalt vor und nach der Aufführung eines dieses Thema behandelnden Stücks.

Vergleichsweise unproblematisch ist eine Untersuchung über die Service-Leistungen des Theaters. Bei forschungstechnischer Exaktheit der Auswahlmethoden können in einer derartigen Befragung die Wünsche des Theaterpublikums eruiert werden hinsichtlich

des Abonnementssystems,
der Preisgestaltung,
der Vorstellungsterminierung,
der Kartenverkaufsregelung
und der übrigen Service-Leistungen wie Informationspolitik, Programmheftgestaltung, bis hin zu Fragen wie Parkplatzbereitstellung und Verkehrsbedingungen nach Vorstellungsschluß.

Untersuchungen über den Gefallensgrad bestimmter Theateraufführungen sind anzusehen als eine Art Erfolgskontrolle, meist jedoch ungeeignet, Prognosen über die Erfolgschancen zukünftiger Theaterabende zu stellen.

Die große Gefahr einer Fehlinterpretation bei diesem Befragungstyp liegt in der Vielfalt der individuellen Perzeptionsmöglichkeiten und Beurteilungskriterien auf der Seite des Publikums. Gefallen oder Mißfallen einer bestimmten Theateraufführung sind nicht gebunden an ein einheitliches Kriterium. Wird also global gefragt, ob die Aufführung X, das Stück Y oder der Spielplan in Z-Stadt gefallen hat, so ist die Zustimmung oder Ablehnung einmal gegründet auf eine nicht bestimmbare Quantität individueller Bewertungsmaßstäbe, die zusätzlich durch variierende Emotionalverfassung belastet sind, zum anderen abhängig vom beeinflussenden Umfeld des konkreten Theaterabends, also von Abend zu Abend schwankende Aufführungsqualität, unterschiedliche künstlerische Besetzung vor allem bei musikalischen Aufführungen, sich von Abend zu Abend verändernde Publikumszusammensetzung und Publikumsreaktion. Deshalb bedarf es auch bei Untersuchungen über den Gefallensgrad eines detaillierten, um bestimmte Zentralaspekte gruppierten Fragenkatalogs (1).

Bei aller Anfechtbarkeit einer aus sozio-demographischen Daten abgeleiteten Zuschauertypologie muß in diesem Zusammenhang jedoch erwähnt werden, daß für das Kinopublikum schichtspezifische Bilder erstellt wurden (2).

Untersuchungen über die Motivationsstruktur des Theaterpublikums und über das Theater-Image sind die forschungstechnisch anspruchvollsten, allerdings auch für die Theaterpraxis nutzbringendsten Forschungsziele, wenn man einmal absehen will von der Zuschauerwirkungsforschung (3).

---

(1) Siehe Übersicht 79.1. und 79.2., S. 417 ff. Dort finden sich zwei Musterbeispiele von Untersuchungen, die als Publikums-Befragungen von den veranstaltenden Häusern angekündigt wurden.

(2) So z. B. von W. Dadek, op. cit. Der Autor kommt zu einem auf den Faktoren Einkommen und Geschmack basierenden Schichtenbild des Kinobesuchers: 1. Eine untere Schicht des einfachen Geschmacks - niedere Einkommen. Typ: mäßig verdienende, regelmäßige - nicht wählerische Kinobesucher. 2. Eine mittlere Schicht der gelegentlichen, wählenden Kinobesucher - mittlere Einkommen. Typ: nicht regelmäßige, wählende Kinobesucher (S. 138). "Der maßgebende Grenzkonsument befindet sich im mittleren Feld unseres Einkommens-Geschmacksschichtenschemas" (S. 139). Vgl. aber auch E. Dichter International Ltd., op. cit.

(3) Die Erforschung der Wirkungen von Theateraufführungen ist bereits in Einzelfällen unternommen worden. Meist handelt es sich dabei um die Messung von Publikumsreaktionen während konkreter Theateraufführungen, also um kurzfristige Verhaltensäußerungen wie Lachen, Beifall usw. So z. B. R. Ravar und P. Anrieu, op. cit., J. Hofmann, op. cit.,W.G.Eliasberg, The Stage Thriller: Sociometric Interpretation of the Relationship between the Stage, the Play, and the Audience, in: Journal of Social Psychology, Vol. 19, 1944, S. 229 ff.

Anspruchsvoll, weil kaum Tatsachenfragen bzw. direkte Fragen gestellt werden können, sondern vorwiegend mit indirekten Fragestellungen die auf Motivation und Theaterimage Rückschlüsse erlaubenden Indikatoren fixiert werden. Nutzbringend sind Motivations- und Image-Untersuchungen, weil Information über die Motivation zum Theaterbesuch Auskünfte beinhaltet über geistige und emotionale Motive, über die individuellen Funktionen bzw. den individuellen Nutzen,der aus Theaterbesuchen gezogen wird, sei es, daß der Theaterbesuch als entspannender Ausgleich zum Alltag empfunden wird, sei es, daß Theaterbesuch die Funktion einer geistigen Orientierungshilfe bzw. eines Zeugnisses oder einer Bestätigung sozialen Prestiges hat. Allein die Kenntnis des Syndroms motivationaler Faktoren in Verbindung mit den sozio-demographischen Strukturdaten gibt den Theaterleitungen ein Instrument in die Hand, die Wünsche, Erwartungen und Kritik des Publikums nuanciert zu interpretieren und in der Theaterarbeit entsprechend zu berücksichtigen.

In enger Verbindung - wenn auch in der Zielsetzung weiter gefaßt - mit den Motivationsuntersuchungen sind die Image-Untersuchungen zu sehen. In diesen Untersuchungen werden nicht das konkrete Theaterangebot berührende Fragen erforscht, sondern es wird nach der Einstellung der Theaterbesucher gegenüber dem Theater als sozio-kultureller Institution gefragt. Im weiteren Sinne wird danach gefragt, welcher Wert dem Theater als gesellschaftliche Institution beigemessen wird, wie stark Theater als festes, unverzichtbares Element des sozio-kulturellen Systems akzeptiert wird, welche Wertigkeit dem Theaterbesuch und Theatererlebnis in der Hierarchie der Freizeiterlebnisse zukommt. Konkreter ausgedrückt: mit Image-Untersuchungen werden der Freizeitwert des Theaters und gleichzeitig die tatsächliche Konkurrenzsituation des Theaters mit vergleichbaren Freizeitaktivitäten ermittelt. Der Nutzen, der aus diesen Informationen für die Öffentlichkeitsarbeit des Theaters gezogen werden kann, ist augenfällig.

2.4.4. Das Vorherrschen spekulativer Aussagen über das Theaterpublikum

Die Zielsetzungen, die bei Publikumsuntersuchungen klar und eindeutig zu unterscheiden sind, sollten eine sachgerechte Anwendung und Konzeption erwarten lassen, wenn eine Kommune oder eine Theaterleitung sich zu einer Untersuchung entscheidet. Die Praxis bietet ein gegenteiliges Bild. Nicht allein die Tatsache, daß die bisherigen Versuche zahlenmäßig gering sind und in den Ergebnissen wenig aussagekräftig, ist bedenklich, viel bedenklicher sind die Hindernisse, die einer energischen und zielbewußten empirischen Theaterforschung entgegenstehen. Im Bereich der Publikumsforschung sind drei Hauptursachen verantwortlich zu machen. Zum einen - das wurde bereits eingangs dieses Kapitels erwähnt - hat es bis vor kurzem an der mangelnden Einsicht der künstlerisch und administrativ tätigen Theaterleute in die Notwendigkeit einer zeitgemäßen, bürokratische Überlegungen und Verhaltensweisen beiseitelassenden Öffentlichkeitsarbeit gelegen, daraus resultierend fehlten in den Etatansätzen die finanziellen Mittel, die für Publikumsuntersuchungen aufzubringen sind. Diese Mittel werden bis auf den heutigen Tag nicht kalkuliert oder bereitgestellt, meist mit dem entschuldigenden Hinweis auf die laufenden Betriebskosten und ihr inflationäres Ausufern. Zum dritten fühlten und fühlen sich noch immer manche Theaterverantwortlichen der Notwendigkeit enthoben, da die Zahl der Rezepte für die Publikumspflege, die in Fachzeitschriften veröffentlicht werden, ständig anwächst und Ratschläge kostenlos zur Hand sind. Nur wird dabei geflissentlich übersehen, daß die Autoren solcher Aufsätze überwiegend auf Spekulationen angewiesen sind und sich in Leerformeln ergehen oder einer Resignation den Weg bereiten, indem sie der Vergeblichkeit aller Bemühungen um das unberechenbare Publikum das Wort reden, eine Beurteilung, die nicht auf den Bereich des Theaters beschränkt ist, sondern ebenso für die Filmbranche charakteristisch war und wohl nicht unwesentlich zum zeitweiligen Niedergang des kommerziellen Films beigetragen hat. Der nahezu vollständige Informationsmangel über das Publikum und die daraus resultierende Unsicherheit werden "durch die landläufige Meinung illustiert, der Publikumsgeschmack sei rätselhaft und unerforschlich... Die durch empirisch gewonnene Daten nur ungenügend abgestützte Vorstellung des Kommunikators vom Rezipienten ist persönlich bestimmt und unterliegt subjektiven Änderungen" (1).

So reflektiert G. Kammerer über die Frage "Jugend und Theater in der Zukunft": "Das Theater hat nun die Möglichkeit in besonderem Maße, sich den direkten Weg zur Jugend zu erschließen, durch die Unmittelbarkeit zwischen Bühne und Publikum...

...Das heißt zunächst, das Theater muß Grunderwartungen entsprechen, um überhaupt Wirkungsmöglichkeiten auf sein Publikum zu erreichen, aber es braucht sich nicht von dem Sog dieser Erwartungen irgendwohin mitreißen zu lassen. Da dieses Problem sehr differenziert ist, gibt es freilich kaum Patentrezepte, und der beste Weg wird sich, wie so oft, am sichersten erst hinterher sagen lassen.

---

(1) W. Höfig, Der deutsche Heimatfilm 1947-1960, Stuttgart 1973, S. 100 f.

Daß man aber neue Wege gehen muß, darüber sollte man sich heute einig sein. Lassen wir uns von der kommenden Generation kein Versäumnis vorwerfen" (1).

Während dieser Autor von der Notwendigkeit spricht, Grunderwartungen des Publikums entgegenzukommen, aber keine praktisch verwertbaren Hinweise geben zu können glaubt, ist für einen anderen Autor der Sachverhalt eindeutig. Aus der Sicht des Psychiaters glaubt er, daß neben der allgemeinen "Neugierde" drei Triebe die Menschen ins Theater ziehen, nämlich

- der Aggressionstrieb
- der Selbsterhaltungstrieb
- der Trieb der Ablenkung durch Fröhlichkeit (2).

Anhand der Spielplanstatistiken glaubt er, seine Ansicht empirisch belegt zu haben. Aus der Tatsache, daß von April bis Oktober 1970 Shakespeare, Dürrenmatt und Molière die meistinszenierten Autoren des deutschsprachigen Theaterraumes (ohne DDR) waren,leitet er die Richtigkeit seiner Thesen ab: "Ganz eindeutig ragt aus dieser Tabelle der König der Aggression Shakespeare hervor, Dürrenmatt, der zweithäufigste Autor, tritt besonders mit seinem Stück 'Play Strindberg' in Erscheinung, also einer Handlung, die sich in einer Zweierhölle abspielt, wobei es sich gleichzeitig um den Aggressions- und um den Selbsterhaltungstrieb handelt. Für den Humor sorgt Molière, der in dieser Sparte den Vorrang hat. Auch bei den übrigen viel gespielten Autoren scheinen diese drei Triebe die Hauptrolle zu spielen" (3).

---

(1) G. Kammerer, Jugend und Theater in der Zukunft, in: Die Bühnengenossenschaft, 22. Jg., Nr. 1, 1970, S. 13.

(2) H.-G. Dennemark, Der Theaterbesuch als Triebsättigung - Das moderne Theater aus der Sicht des Psychiaters, in: Theater Rundschau, 17. Jg., Nr. 10, 1971, S. 3.

(3) Ibid.

Die Wirksamkeit der benannten Triebkomponenten innerhalb des Motivationssyndroms der Theaterbesucher soll unbestritten sein. Das Hinzuziehen von Spielplanstatistiken in der zitierten Weise ist allerdings unzulässig und oberflächlich. Es gibt kaum einen Bühnenautor, der den Aufbau seiner Stücke nicht unter Einbeziehung der drei Triebkomponenten durchführt.

Jede Spielplanstatistik kann zum Beleg dieser Thesen herangezogen werden. Lautet die Spielplanstatistik Shaw, Ibsen, Arnold-Bach oder Schiller, Handke, Hauptmann - auf alle Autoren treffen diese Feststellungen zu, seien sie nun häufig gespielt oder selten gespielt. Insofern sind die von Dennemark isolierten Triebkomponenten und ihre Entsprechung in den Spielplänen kein empirischer Beleg, ein Sachverhalt, der vom Autor selbst indirekt zugegeben wird, wenn er schreibt: "Auch bei den übrigen viel gespielten Autoren scheinen diese drei Triebe die Hauptrolle zu spielen" (1). Die beiden zitierten Veröffentlichungen über das Theater und sein Publikum mögen als extreme Beispiele spekulativer, auf persönlichen Impressionen beruhende, aber als allgemeingültig dargelegte Mutmaßungen genügen (2).

Der wichtige Beitrag zur Fixierung bestimmter Variablen, der sich aus feuilletonistischen Abhandlungen erhellt, soll keineswegs in Abrede gestellt werden. H. Mayer hat in einem Essay über seine persönlichen Erfahrungen mit dem amerikanischen Theater wesentliche Aussagen getroffen

---

(1) Ibid.

(2) A. Silbermann gibt in seinen zahlreichen Äußerungen zu diesem Thema einen umfänglichen Überblick über die verschiedenen Typen wohlmeinender Theaterratgeber, so z. B. in: Evangelische Akademie Loccum (Hrsg.), op. cit., S. 1 ff.

über sozio-kulturelle Eigenarten des Theaterpublikums, die einer Hypothesensammlung für interkulturell vergleichende Untersuchungen gleichkommen (1), und hebt sich wohltuend ab von den kulturphilosophischen, eher kulturkritischen Einsichten eines sonst hochgeschätzten und beim Publikum erfolgreichen Autors wie C. Zuckmayer, der 1970 in seiner Festrede zum 50-jährigen Jubiläum der Salzburger Festspiele die Frage nach der individuellen Motivation zum Theaterbesuch mit dem Hinweis auf den Wunsch der Menschen nach "Erfahren und Erkennen, Darstellen und Erleben von Schönheit" beantwortet glaubte und gleichzeitig die Massenmedien als negatives Gegenbild zeichnete, "die das künstlerische Produkt zum Gebrauchsartikel entwerten".

2.4.5. Unterschiedlich konzipierte Publikumsuntersuchungen und ihre Realisierung: eine kritische Analyse von drei Erhebungen

Der geringe praktische Nutzen, der aus derartigen wohlgemeinten Rezepten vom grünen Tisch gezogen werden kann, führte dazu, daß die Reflexionen über den Kommunikationsprozeß zwischen Theater und Publikum in eine neue Richtung gelenkt wurden. Etwa in der Mitte der 60er Jahre begannen die Versuche, mit Repräsentativerhebungen genauere Aufschlüsse über das Theaterpublikum, seine Wünsche und Motivationen zu erlangen, übrigens nicht nur in der Bundesrepublik Deutschland, sondern auch im angelsächsischen

---

(1) H. Mayer, Augenblicke im amerikanischen Theater, in: Süddeutsche Zeitung, Nr. 148, 30. 6. 1973, S.125.

Theaterraum (1). Allgemeine Freizeituntersuchungen aus diesem Zeitraum enthalten ebenfalls Daten über das Theaterinteresse (2). Hierzu einige typische Beispiele, an denen die Reichweite, also praktische Brauchbarkeit für die Theaterverantwortlichen diskutiert wird:

Beispiel 1:

Die von der Firma MARPLAN, Forschungsgesellschaft für Markt und Verbrauch mbH., Frankfurt/M., für den Deutschen Bühnenverein in den Jahren 1964/65 durchgeführte zweiteilige Untersuchung "Marktforschung für das Theater". Diese Untersuchung wird im folgenden kurz als "MARPLAN-Untersuchung" bezeichnet.

Beispiel 2:

Die im Auftrag der DEUMARCO Werbegesellschaft mbH. von INFRATEST im Jahre 1966 veröffentlichte Erhebung über "Theaterbesuch in Deutschland". Diese Untersuchung wird im folgenden kurz als "INFRATEST-Untersuchung" bezeichnet.

---

(1) Vgl. P. H. Mann, Surveying a Theatre Audience: Methodological Problems, in: British Journal of Sociology, 1966, S. 101 ff.; Ders., Surveying a Theatre Audience: Findings, in: British Journal of Sociology, 1967, S. 75 ff.; E. Sweeting, Report on the Provincial Audience, Oxford 1964 (hektogr.); O. D. Waldorf, Aldwych Theatre Audience Survey, Prepared for the Royal Shakespeare Company with Assistance from the BBC Audience Research Department, London 1964.

(2) Z. B. Jugendwerk der Deutschen Shell (Hrsg.), op. cit.; L. Rosenmayr, E. Köckeis und H. Kreutz, op. cit.; D. L. Scharmann, Konsumverhalten von Jugendlichen, München 1965; W. Strzelewicz, op. cit.

Beispiel 3:

Die vom Forschungsinstitut für Soziologie der Universität zu Köln, Abteilung Massenkommunikation, im Auftrag der Bühnen der Stadt Köln durchgeführte dreiteilige "Analyse des Kölner Theaterpublikums" aus dem Jahre 1970/71. Diese Untersuchung wird im folgenden kurz als "KÖLNER Untersuchung" bezeichnet.

Dabei bleibt zu unterscheiden:

1. zwischen Untersuchungen, deren Ergebnisse repräsentativ für die BRD sind, und Untersuchungen von lokal oder regional begrenzter Gültigkeit;

2. zwischen den unterschiedlichen Zielsetzungen im Sinne der eingangs dargelegten Kriterien.

Die INFRATEST- und MARPLANstudien beanspruchen eindeutig Repräsentativcharakter für die BRD, während die KÖLNER Untersuchung sich auf das Theaterpublikum im Einzugsbereich der Städtischen Bühnen Kölns beschränkt. Entsprechend differiert das methodische Vorgehen. Die Auswahl der befragten Personen erfolgte bei den beiden ersten nach dem Quotenauswahlverfahren bzw. mehrstufigen Klumpenauswahlverfahren. Bei der KÖLNER Untersuchung wurde ein Verfahren der geschichteten Wahrscheinlichkeitsauswahl angewendet (1).

(1) Die MARPLAN- und INFRATEST-Untersuchungen waren Bestandteil einer Mehrthemen (Omnibus)-Umfrage, die KÖLNER Untersuchung wurde als Einzelerhebung durchgeführt. Für eine kritische Diskussion der benutzten Auswahlverfahren vgl. z. B. A. Campbell u. G. Katona, The Sample Survey: A Technique for Social Research, in: L. Festinger u. D. Katz (Hrsg.), Research Methods in the Behavioral Sciences, New York 1965, S. 15 ff.; H. Kellerer, Statistik im modernen Wirtschafts- und Sozialleben, Reinbek b. Hamburg 1960, S. 141 ff. W. Münch, Datensammlung in den Sozialwissenschaften, Stuttgart 1971, S. 58 ff.; E. K. Scheuch, Auswahlverfahren in der Sozialforschung, in: R. König (Hrsg.), Handbuch der Empirischen Sozialforschung, I. Bd., Stuttgart 1967, S. 309 ff.

Die Zielsetzungen der drei zu vergleichenden Studien sind unterschiedlich weitreichend. Die INFRATEST-Untersuchung beschränkt sich im wesentlichen auf

- Häufigkeit des Theaterbesuchs allgemein und getrennt nach Schauspiel, Oper und Operette
- "Interesse" an den verschiedenen Theatergattungen
- wesentliche Daten zur Struktur der Theaterbesucher

und darauf aufbauend

- statistischer Vergleich der Theaterbesucher zur Struktur der Gesamtbevölkerung der BRD.

Diese Untersuchung berührt aus den sechs dargelegten (S. 192 ff.) möglichen Teilbereichen einer Publikumsuntersuchung den Aspekt: sozio-demographische Struktur der Theaterbesucher.

Die MARPLAN-Untersuchung ist in dem ersten repräsentativen Teil identisch mit der INFRATEST-Untersuchung. In der zweiten Stufe geht MARPLAN zu dem Bereich der Motivforschung über und fragt, welche Vorstellungen, Einstellungen und Motivationen mit dem Theater verbunden sind. Allerdings handelt es sich in der zweiten Phase nicht um eine repräsentative Studie, sondern um eine explorative Studie mit 90 Tiefeninterviews, deren Ergebnisse lediglich dazu geeignet sind, einen Katalog möglicher Einstellungs-, Verhaltens- oder Motivationsvariablen zu erstellen, die bei einer darauf folgenden Repräsentativerhebung zu berücksichtigen wären. Darüber hinaus beschränkten sich die Tiefeninterviews nicht auf einen Personenkreis, also auf Theaterbesucher oder Nichtbesucher, sondern umfaßten drei Personenkreise:

- intensive Theaterbesucher (30 Personen)
- gelegentliche Theaterbesucher (30 Personen)
- interessierte Nichtbesucher (1) (30 Personen)

Abgesehen von der nur willkürlich herstellbaren Unterscheidung zwischen intensiven und gelegentlichen Theaterbesuchern, sei nochmals die Nützlichkeit solcher Unterscheidungen besonders in Hinblick auf die Gruppe der sogen. "interessierten Nichtbesucher" in Frage gestellt (2).

Der vergleichsweise begrenzten Zielsetzung der INFRATEST- und MARPLAN-Studie steht die weitgreifende Konzeption der KÖLNER Untersuchung gegenüber, die in drei Stufen folgende Teilaspekte zu analysieren gedachte:

In der ersten Stufe eine repräsentative Befragung der Abonnenten der Bühnen der Stadt (unter Ausschluß der Privattheater "Der Keller", "Theater am Dom") über ihre Wünsche in Hinblick auf Abonnementsgestaltung, Vorstellungsbeginn, Kassen- und Büroöffnungszeiten sowie die übrigen Service-Leistungen;

in der zweiten Stufe eine repräsentative Besucherbefragung hinsichtlich der sozio-demographischen Struktur des Kölner Theaterpublikums sowie eine Untersuchung der Motivationsstruktur des Theaterpublikums;

in der dritten Stufe eine explorative, also nicht repräsentative Befragung von Personen, die nach eigenem

---

(1) Die Gruppen waren folgendermaßen abgegrenzt: Intensive Theaterbesucher: Personen, die fünfmal und öfters während einer Spielzeit ins Theater gehen. Gelegentliche Theaterbesucher: Personen, die ein- bis viermal im Jahr ins Theater gehen. Interessierte Nichtbesucher: Personen, die zur Zeit der Befragung nicht ins Theater gehen, aber am Theaterbesuch sehr interessiert sind.

(2) Vgl. hierzu Kap. 2.4.2., S. 187 ff.

Bekunden sich als Nicht-Theaterbesucher einschätzen, mit dem Ziel einen Katalog von individuellen Motiven und anderen, auch technischen Hindernissen zu erhalten, die einem Theaterbesuch tatsächlich entgegenstehen oder ihn möglicherweise verhindern könnten. Dieser Variablenkatalog sollte als grundlegende Vorstudie für eine zukünftige Repräsentativerhebung bei Nichtbesuchern dienen.

Die Realisierung und die Ergebnisse der drei in ihren Zielsetzungen knapp dargestellten Studien bieten aus kritischer Sicht einen Grundstock an Erfahrungen, der, ergänzt durch ähnliche Erkenntnisse aus Erhebungen in anderen Städten, davor bewahren könnte, administrativ und finanziell unzureichend gesicherte Studien durchzuführen, die zu ebenso unzureichenden Resultaten führen müssen. Andererseits soll aus den gewonnenen Erkenntnissen eine Forschungsstrategie entwickelt werden, die den eingangs stipulierten Postulaten einer empirischen Theaterforschung entspricht und als Leitfaden für zukünftige Unternehmungen dienen soll. Deswegen wird im folgenden die kritische Interpretation der Ergebnisse besonders in dieser Hinsicht unterstrichen.

2.4.5.1. Beispiel 1: Die INFRATEST-Untersuchung (1)

Aus den Themen der Befragung seien die in diesem Zusammenhang wichtigsten Aspekte herausgegriffen:

---

(1) Die angeführten Zahlen sind dem vertraulichen Forschungsbericht entnommen. Die vollständigen in diesem Zusammenhang benutzten Daten finden sich in den tabellarischen Übersichten 75.1. - 75.9., S. 384 ff.

- Wieviel Prozent der Bevölkerung der BRD ab 14 Jahren haben von Januar 1965 bis Mitte Dezember 1965 eine Theateraufführung (Schauspiel, Oper, Operette) gesehen und wieviel Prozent haben in diesem Zeitraum kein Theater besucht? (1).

- Wie häufig haben die Personen, die sich als Theaterbesucher bezeichnen, im Verlauf von 11 1/2 Monaten ein Theater besucht? (2).

- Welche Schauspieltypen bzw. Typen des Musiktheaters bevorzugen Theaterbesucher? (3).

- Geschlecht der Theaterbesucher? (4).

- Alter der Theaterbesucher? (5).

- Schulbildung der Theaterbesucher? (6).

- Beruf der Theaterbesucher? (7).

- Anteil der Theaterbesucher in den einzelnen Bundesländern und Regierungsbezirken? (8).

Die Befragungsergebnisse geben zum Teil wichtige statistische Grundlagen über die Situation des Theaterbesuchs, d.h. sie geben Auskunft über eine Anzahl bislang unbekannter Gegebenheiten. So ist es unerläßlich zu wissen,

---

(1) Siehe tabellarische Übersicht 75.1. und 75.2., S.
(2) " " " 75.3., S. 384.
(3) " " " 75.4., S. 385.
(4) " " " 75.5., S. 385.
(5) " " " 75.6., S. 386.
(6) " " " 75.7., S. 386 f.
(7) " " " 75.8., S. 388.
(8) " " " 75.9, S. 389 f.

wie groß der Anteil der gelegentlichen oder regelmäßigen Theaterbesucher an der Gesamtbevölkerung ist (18 % Besucher gegenüber 82 % Nichtbesuchern). Allerdings darf daraus nicht geschlossen werden, wie die Ergebnisse es dann auch belegen, daß dieses Verhältnis an allen Orten gleich ist. Wie Übersicht 75.9. zeigt, variiert das Verhältnis von Besuchern zu Nichtbesuchern regional beträchtlich. Während 36 % der Bevölkerung Berlins zumindest gelegentlich ein Theater besucht, sind es im Regierungsbezirk Kassel nur 9 % gegenüber 91 % Nichtbesuchern. Vergleicht man die Gesamtübersicht, so drängt sich der Eindruck auf, daß im Einzugsbereich der Großstädte mit entsprechendem Theaterangebot der Anteil der Theaterbesucher besonders stark ansteigt. Allerdings sind die Berechnungen nicht aussagekräftig genug, um eine exakte Analyse zuzulassen; denn die Reichweitenberechnung unter Maßgabe der Regierungsbezirke orientiert sich an Kategorien, die mit dem Ausstrahlungsbereich von Theaterstädten nicht zu vergleichen sind. Wenn im Regierungsbezirk Kassel 91 % der Bevölkerung als Nicht-Theaterbesucher anzusehen sind, so sagt diese Zahl nichts aus über den Theaterbesuch der Bevölkerung, die im unmittelbaren Einzugsbereich des Hessischen Staatstheaters Kassel lebt. Ähnliches gilt für die Daten über den Regierungsbezirk Darmstadt, Hannover oder jeden anderen. Welche Gründe letztlich maßgebend sind für Besuch oder Nichtbesuch, läßt sich nur entscheiden, wenn regional begrenzte Untersuchungen durchgeführt werden, die die jeweils vorgegebenen Strukturen miteinbeziehen (1). Die Feststellung, daß in

---

(1) Gemeindestudien haben offengelegt, daß das Orientierungsinteresse der jeweiligen Bewohner nicht an den verwaltungstechnischen Grenzen einer Gemeinde oder eines Bezirkes ausgerichtet ist. Die Grenzziehung des unmittelbaren Lebens- und Bezugsraums einer Bevölkerung stimmt nur selten mit den Verwaltungsgrenzen überein. Vgl. R. König, Grundformen der Gesellschaft: Die Gemeinde, Hamburg 1958, S. 61; Chr. von Ferber, Die Gemeindestudie des Instituts für sozialwissenschaftliche Forschung, Darmstadt, in: R. König (Hrsg.), Soziologie der Gemeinde, Sonderheft 1 der Kölner Zeitschrift für Soziologie und Sozialpsychologie, 1956.

städtischen Bereichen das kulturelle Interesse der Bevölkerung größer ist als in ländlichen Gegenden, ist ebenso banal wie oberflächlich, darüber hinaus wenig hilfreich. Somit sind die Daten über den Anteil von Theaterbesuchern an der Gesamtbevölkerung in den Regierungsbezirken der BRD wenig aussagekräftig, stimulieren jedoch neue Fragestellungen, die von Stadt zu Stadt, von Region zu Region wahrscheinlich unterschiedlich beantwortet werden, wenn ihnen in empirischen Untersuchungen nachgegangen wird.

Die Daten über die bevorzugt besuchten Theatergattungen können ebenfalls nur Hinweise geben auf neue Fragestellungen und bieten keine sachliche Handhabe für die Entscheidungen der Theaterintendanten in Berlin, Ulm oder Aachen. Zum einen sind einige kritische Anmerkungen hinsichtlich der Frageformulierung zu machen. Bei der Frage "Waren Sie in diesem Jahr schon einmal im Theater?. Ich meine in Schauspielen, Opern oder Operetten?" fehlt die Antwortvorgabe "Ballett" (1). Da aus der Methodenbeschreibung nicht hervorgeht, ob Befragte, die lediglich Ballett gesehen haben, als Nichtbesucher eingestuft wurden oder vielleicht sogar der Kategorie Operette zugeschlagen wurden, kann man diesen Mangel lediglich konstatieren. Zugegeben - der Anteil von ausschließlichen Ballettbesuchern mag zu vernachlässigen sein, vor allem auch deswegen, weil die Zahl der Städte, in denen Ballett angeboten wird, gering ist, doch führt dies zu einem gravierenden Einwand gegen die Befragungstechnik: Es fehlt ein Filter, der die Frage beantwortet, welche der Stückgattungen Schauspiel, Oper, Operette und Ballett dem jeweiligen Befragten in seiner näheren Umgebung überhaupt

---

(1) Vgl. tabellarische Übersicht 75.2., S. 384.

regelmäßig zur Verfügung stehen (1). Ohne diesen Filter wird die Unterscheidung, ob Schauspiel, Oper, Operette oder kein Theater besucht wurde, nahezu wertlos, wie die Frage "Was für Stücke sehen Sie besonders gern?" (2) belegt, bei der die höchste Einzelbesetzung auf die Kategorie "Operetten/Musicals" mit 57 % entfällt. Im übrigen ist besonders die Frage in ihren Antwortvorgaben mißverständlich und in den Ergebnissen kaum interpretierbar. Diese Frage ist als Musterbeispiel einer unsachgemäßen Formulierung von Fragestellungen anzusehen. Ziel dieser Frage war offensichtlich, die Präferenz der Theaterbesucher zu fixieren hinsichtlich Sprech- und Musiktheater einerseits und innerhalb der beiden Genres zusätzliche Spezifizierungen zu ermöglichen.

Dieses Befragungsziel wurde wie folgt in Frageform umgegesetzt: "Was für Stücke sehen Sie besonders gern?", wobei 8 Antworten vorgegeben wurden,

- Klassische Schauspiele	Ergebnis:	36 %	
- Moderne Problemstücke		21 %)	
- Moderne Unterhaltungsstücke		24 %)	118 %
- Kriminalschauspiele		15 %)	
- Volksstücke		22 %)	
- Klassische Opern		38 %	
- Moderne Opern		8 %)	46 %
- Operetten/Musicals		57 %	57 %
- keine Auskunft		1 %	1 %
		222 %	222 %

(1) Vgl. hierzu u. a. A. N. Oppenheim, Questionnaire, Design and Attitude Measurement, London 1966, S. 37 ff., besonders S. 39.

(2) Vgl. tabellarische Obersicht 75.4., S. 385.

Wie das Gesamtergebnis 222 % zeigt, war den Befragten erlaubt, Mehrfachnennungen abzugeben. Diesbezüglich richtet sich der erste Einwand gegen die ungenügende bzw. fehlende Diskriminierungsmöglichkeit der Antwortvorgaben; denn die Ergebnisse lassen nicht erkennen, wieviel Prozent der Theaterbesucher Sprech- oder Musiktheater generell bevorzugen.

Dieser Mangel beruht auf zwei Fehlern. Erstens hätte gefragt werden müssen: "Bevorzugen Sie Schauspiel oder Musiktheater?". Im zweiten Schritt hätte man fragen können: "Wenn Sie Schauspiele bevorzugen, welche Art von Schauspielen sehen Sie besonders gern, klassische Schauspiele, moderne Schauspiele usw.?". Entsprechend hätte die Befragung für das Musiktheater erfolgen müssen.

Der zweite Fehler liegt in der unmittelbaren Zulassung von Mehrfachnennungen, die eine Rückrechnung nicht erlaubt, da man in diesem Fall zu dem Ergebnis kommt, daß

118 % der Befragten Schauspiele,
57 % Operetten/Musicals,
46 % Opern

bevorzugen.

Im übrigen besteht bei den Antwortvorgaben die Chance, daß die Sparte Schauspiel ein Übergewicht erhält, das den wirklichen Wünschen der Befragten nicht entspricht, weil den Befragten für die Sparte Schauspiel fünf Antwortkategorien zur Verfügung standen, für die Sparte Oper nur zwei, das Genre des leichteren Musiktheaters wurde mit lediglich einer Antwortvorgabe gewissermaßen zur Residualkategorie abgewertet. Die Gefahr der Antwortverzerrung bei solch disproportionalen Antwortvorgaben zu unterschiedlichen Aspekten eines Befragungsgegenstandes ist somit deutlich gegeben; denn "...die aufgeführten Vorgaben sind eine Auswahl aus der Fülle aller denkbaren Kategorien und sollten entsprechend über das Bedeutungskollektiv gestreut sein, während eine Häufung verwandter Kategorien ebenso beeinflussend wirkt wie das Auslassen notwendiger Vorgaben;..." (1). Das bedeutet im vorliegenden Fall, selbst der Anteil von 57 % der Befragten, die Operetten/Musicals bevorzugen, kann nicht unskeptisch als "richtig" bezeichnet werden. Wahrscheinlich läge der Anteil der Operettenliebhaber nicht unbeträchtlich höher, wären nicht durch die fünf Vorgaben für Schauspiele zahlreiche Befragte verleitet worden, auf die eine oder andere Kategorie von Schauspiel auszuweichen.

Die Kritik an dieser Frage geht allerdings noch über die vorstehend dargelegten Einwände hinaus. Selbst wenn sich die bisher vorgetragenen Einschränkungen als vergleichsweise geringfügig für die Qualität der erhaltenen Antworten erweisen sollten, so blieben die Ergebnisse von geringem Wert, da die Befragten keine eindeutigen Antworthilfen zur Verfügung hatten, um ihren Wünschen Ausdruck zu geben. Die Vorgabe der Kategorien: Klassische Schauspiele - Moderne Problemstücke - Moderne Unterhaltungsstücke - Kriminalschauspiele - Volksstücke ist in mehrfacher Hinsicht ungeeignet. Auf der einen Seite stehen so diskutable Begriffe wie Moderne Problemstücke - Moderne Unterhaltungsstücke, die für jeden Befragten einen unterschiedlichen Bedeutungsinhalt haben können. Sind die Stücke G. B. Shaws moderne Problemstücke, moderne Unterhaltungsstücke oder vielleicht doch eher den klassischen Schauspielen zuzurechnen? (2). Auf der anderen Seite steht die ziemlich eindeutige Vorgabe Kriminalschauspiele.

---

(1) E. K. Scheuch, Das Interview in der Sozialforschung, in: R. König (Hrsg.), Handbuch der Empirischen Sozialforschung, I. Band, op. cit., S. 145.

(2) Vgl. hierzu die Ausführungen in Kapitel 2.2.2., S. 105 ff.

Hier bleibt die Frage zu stellen, warum ein zahlenmäßig dünn besetzes Genre wie Kriminalschauspiel einer eigenen Kategorie für würdig erachtet wurde, während die Stücke des 18., 19. und beginnenden 20. Jahrhunderts, die quantitativ das Rückgrat eines Spielplans bilden, in der Kategorie klassische Schauspiele zusammengefaßt sind. Dabei bleibt weiterhin unberücksichtigt die seit 10 Jahren zu beobachtende Tendenz, durch eigenwillige Regiekonzepte den "klassischen" Schiller oder Goethe oder Kleist zu aktualisieren, und zwar in der Absicht, diesen Werken die Aura des "Klassischen" zu nehmen und als gegenwartsbezogene Bühnenliteratur aufzubereiten, die bewußt und in voller Absicht gegen die Erwartungen der "Klassik-Liebhaber" gerichtet ist. Wenn also ein Befragter in Regensburg und ein Befragter in Köln "klassische Schauspiele" bevorzugt, kann dies einer sich geradezu widersprechenden Erwartung entspringen. Der Intendant, der aus den Befragungsergebnissen erfährt, daß 36 % aller Theaterbesucher klassische Schauspiele bevorzugen, und diesen Wert unmittelbar als Richtgröße für seine Spielplanentwürfe oder Spielplanzusammenstellung nimmt, baut infolge der ungenügend durchdachten Fragekonzipierung auf sehr unsicherem Grund. Er kann und wird sich zwar auf diese empirische Untersuchung berufen, ist aber in Unkenntnis der Unzulänglichkeiten, die der Untersuchung anhaften. Die Ergebnisse der Repräsentativbefragung sind nicht nur nutzlos für ihn - das würde eine von einem Intendanten nicht abzuverlangende Vertrautheit mit Forschungstechniken voraussetzen - vielmehr sind diese und ähnliche Ergebnisse geradezu gefährlich für ihn und für die empirische Sozialforschung, der die daraus entstehenden Fehlentwicklungen als Unvermögen angekreidet werden.

Bei derartig gravierenden konzeptionellen Mängeln in der Anwendung der Interviewtechnik (1), wie sie vorstehend dargelegt wurden, verlieren die erhobenen sozio-demographischen Daten ihren Wert, da die Kreuz-Tabulierung der sozio-demographischen Daten mit den Themafragen mit denselben Fehlern belastet sein muß. Allenfalls ist den sozio-demographischen Daten ein Pauschalüberblick zu entnehmen über Alter, Beruf und Schulbildung der theaterbesuchenden Bevölkerung insgesamt (2).

2.4.5.2. Beispiel 2: Die MARPLAN-Untersuchung (3)

Bei der Diskussion der MARPLAN-Untersuchung soll vorwiegend auf die zweite Untersuchungsstufe Bezug genommen werden. Die erste Untersuchungsstufe ist in der Zielsetzung weitgehend identisch mit der INFRATEST-Untersuchung, wobei positiv hervorzuheben ist, daß die Frageformulierung eindeutig ist und Fehlinterpretationen ausschließt. Neben den sozio-demographischen Daten über Geschlecht, Alter und Beruf der Theaterbesucher wurden folgende zwei Fragen gestellt:

---

(1) Für die Standardisierung von Interviews gibt es zwar keine uneingeschränkt akzeptierten Verfahrensweisen und Vorschriften, doch sind im Verlauf der letzten Jahrzehnte Regeln und Kriterien entwickelt worden, mit deren Hilfe schwerwiegende Mängel und Fehlerbei der Anwendung der Interviewtechnik in der Sozialforschung vermeidbar geworden sind. Als Beispiele umfassender Darstellung seien genannt: R. König (Hrsg.), Das Interview, Köln 1952; S. L. Payne, The Art of Asking Questions, Princeton 1951; E. E. Maccoby und N. Maccoby, The Interview: A Tool of Social Science, in: G. Lindzey (Hrsg.), Handbook of Social Psychology, Bd. I, Cambridge (Mass.) 1954, S. 449 ff.; R. L. Kahn und Ch. F. Cannell, The Dynamics of Interviewing, New York 1957; Ch. F. Cannell und R. L. Kahn, Interviewing, in: G. Lindzey und E. Aronson (Hrsg.), The Handbook of Social Psychology, 2. Auflage, Bd. II, Reading (Mass.), Menlo Park (Cal.), London, Don Mills (Ont.) 1968, S. 526 ff.

(2) Vgl. tabellarische Übersichten 75.6-75.8., S. 386 ff.

(3) Die angeführten Zahlen sind dem vertraulichen Forschungsbericht entnommen. Die vollständigen in diesem Zusammenhang benutzten Daten finden sich in den tabellarischen Übersichten 76.1-76.3, S. 391 ff.

1. Wir machen eine Aufstellung, wie oft die Leute in diesem Jahr im Theater und im Kino waren. Auf dieser Liste hier stehen verschiedene Veranstaltungsarten; würden Sie mir bitte für jede Art angeben, ob und wie oft Sie seit dem 1. Januar 1964 dazu kamen, eine derartige Veranstaltung zu besuchen? Bitte, zählen Sie dabei Aufführungen, die Sie im Fernsehen gesehen haben, nicht mit. - Wie oft waren Sie seit dem 1. Januar 1964: im Kino, in Konzerten, in Schauspielaufführungen, in Opern, in Operetten (Musicals)?
(Antwortmöglichkeiten pro Veranstaltung: keinmal, 1- bis 2-mal, 3-bis4-mal, 5- bis 10-mal, häufiger).

2. Die eine Veranstaltungsart interessiert einen mehr, die andere weniger. Einmal ganz abgesehen davon, welche Veranstaltungsart Sie in diesem Jahr besucht haben, würden Sie mir, bitte, von jeder Aufführungsart auf dieser Liste sagen, ob Sie am Besuch derartiger Aufführungen sehr, etwas oder so gut wie nicht interessiert sind?
(Veranstaltungen wie in Frage 1)
(Antwortmöglichkeiten pro Veranstaltung: sehr, etwas, so gut wie nicht).

Die Frage 1 bezieht sich auf die Zeit vom 1. Januar bis zum 2. Oktober 1964, also auf einen Zeitraum von etwas über einem Dreivierteljahr.

Die Ergebnisse zu den beiden Fragen müssen als mager bezeichnet werden und stellen für Theaterintendanten gewiß keine Hilfe für weiterführende Entscheidungen zur Verfügung (1). Zusätzlich wurde sehr offen die begrenzte Richtigkeit der Ergebnisse von dem durchführenden Institut

---

(1) Die Ergebnisse finden sich in der tabellarischen Übersicht 76.1. und 76.2, S. 391 f.

zugegeben. "Diese Prozent-Werte scheinen relativ hoch zu sein. Es ist dabei zu berücksichtigen, daß von der Frageformulierung her nicht nur professionelle, sondern auch Laien-Aufführungen eingeschlossen sein können. Außerdem ist es durchaus möglich, daß die Befragten aus einem gewissen Prestige-Moment heraus etwas erhöhte Angaben machten und daß unter Umständen Besuche, die im Weihnachts-Quartal lagen, ebenfalls in ihre Angaben mit einbezogen wurden" (1).

Insgesamt ist dieser Untersuchungsschritt wie die INFRATEST-Untersuchung von geringem praktischen Wert und dient vorwiegend einer Pauschalinformation.

Bedeutend anspruchsvoller und in Hinblick auf Verwendung in Öffentlichkeitsarbeit und Theaterwerbung konzipiert, ist der zweite Untersuchungsschritt, der die Motivationsstruktur der Theaterbesucher und Nichtbesucher zum Gegenstand hat. Der Untersuchung lagen folgende Themen zugrunde:

...Welche Motivationsstrukturen führen zum Theaterbesuch?

...Welche Vorstellungen bestehen beim Publikum über das Theater?

...Handelt es sich bei dem möglichen Kreis von Theaterbesuchern um wirklich Interessierte oder gehört das Interesse am Theater zu dem gesellschaftlich erwarteten Bildungsinteresse?

...Welches sind die psychischen und sozialen Faktoren, die die rückläufige Tendenz der Besucherzahl verursachen?

---

(2) MARPLAN, op. cit., S. 67.

...Wo ergeben sich gezielte werbliche Maßnahmen für die Theater?

...Welche Zielgruppen sind für eine Theaterwerbung besonders ansprechbar?

Dieser Fragenkomplex wurde in 90 Tiefeninterviews durchleuchtet. Die Auswertung der Interviews, in deren Verlauf einige, im Forschungsbericht nicht näher gekennzeichnete psychologische Testverfahren angewendet wurden, führte zu einem ausführlichen Ergebniskatalog: (1) (2)

- Das Theater wird allgemein auch von Nichtbesuchern für eine wertvolle und notwendige Einrichtung gehalten.
- Man erwartet vom Theater Unterhaltung und kultivierte Geselligkeit.
- Gewöhnlich wird das Theater unter lokalen Aspekten gesehen. Es gilt als "lokales Bildungsinstitut". Dies ist der rationale Aspekt - persönlich wünscht man vorwiegend Unterhaltung.
- Die Projektion auf Besuchergruppen zeigt, daß man das Theater für junge Menschen als besonders geeignet und attraktiv betrachtet. Besonders hervortretend ist der Aspekt der sozialen Schicht: Theater gehört zu den gehobenen Schichten.
- Die Subventionierung des Theaters ist bekannt und wird als notwendig und sinnvoll bejaht.
- Das Abonnement wird von intensiven Besuchern und interessierten Nichtbesuchern als "freiwilliger Zwang" und Erleichterung der Vorbereitungen bejaht. Gelegentliche Besucher vermissen die Freiheit der Wahl in bezug auf Programme und Termine.
- Die Kartenfrage wird vorwiegend als schwierig angesehen. Reaktion auf ausverkaufte Karten ist in der Regel der Austausch gegen andere Unterhaltung.

(1) Siehe MARPLAN, op. cit., S. 52 ff.

(2) Eine Auswahl wörtlicher Zitate aus den Interviews findet sich in Übersicht 76.3., S. 393 ff.

- Die persönlichen Motive für den Theaterbesuch sind altersabhängig. Größte Intensität der Motivationen findet sich in der Pubertät.

Folgende Motivationsgruppen bedingen die Bereitschaft zum Theaterbesuch:

- Füllung emotionaler Lücken durch Mitleben und Mitleiden. Wunsch nach affektivem Miterleben, Bereitschaft zur Identifikation. Projektion eigener unerfüllter Wünsche (Heroische Vorstellungen, Entscheidungen treffen etc.);
- Orientierungsbedürfnisse. Wunsch nach Bestätigung für eigene Lebensweisen und Anschauungen; Bescheid wissen; mitreden können, Bildung demonstrieren;
- Entwicklung geistiger Bedürfnisse. Wunsch nach geistigen Erlebnissen, Erkenntnis, Vollkommenheit, magisch-kultischen Bezügen;
- Sozialprestige. Zu "besseren Kreisen" dazugehören, Auftreten in eleganter Kleidung, Gefallenwollen etc.;
- (Spezifisch für ältere Besucher)
  Verlebendigung der Vergangenheit, Schwelgen in Erinnerungen.

Gegen den Theaterbesuch zeigen sich keine echten psychisch bedingten Widerstände. Man hat im Grunde nichts gegen das Theater, sondern die Motivationen dafür reichen nicht aus, um die ruhende Bereitschaft zu aktivieren. Ablenkungen und Bindungen psychischer Energien an andere Objekte führen vom Theater fort. Dazu gehören:

- Bindung an Familie, Kinder, Beruf, Hobby;
- Abgespanntsein, Müdigkeit;
- Entspannungsmöglichkeiten zu Hause, Lösung vom sozialen Druck - weniger beanspruchende Unterhaltungsmöglichkeiten mit ähnlichen Befriedigungen;
- Enttäuschungen über die eigene Erlebnisfähigkeit (ältere Befragte). Erlebnis "nicht mehr wie früher"; Folge: größere Distanz, geringere Aktivität.

- Geringe Widerstände von außen genügen, um intensive Besucher zu gelegentlichen Besuchern und diese zu Nichtbesuchern zu machen.

- Das Theater ist nicht gegenwärtig genug und nicht attraktiv genug, um die latente Bereitschaft und den vorhandenen Goodwill zu aktivieren.

- Das liegt nicht daran, daß das Theater in bezug auf Qualität seines Angebotes kritisch beurteilt würde. In der Regel ist man mit der gebotenen Leistung zufrieden.

- Am stärksten wird die Bereitschaft von der Zusammenstellung des Spielplans bzw. von dem Angebot an Stücken beeinflußt.

- Zu Hause bleiben entspricht den Vorstellungen vom Befreit sein von sozialen Verpflichtungen am meisten. Das Fernsehen bietet sich in dieser Situation als optimales Unterhaltungsmittel zu Hause an. Dabei ist nicht das Fernsehen der Grund zu Hause zu bleiben, sondern die Folge des Wunsches nach gemütlicher häuslicher Entspannung.

- Fernsehen, Kino, Lesen bieten dem Publikum ähnliche Befriedigungen wie das Theater. Die Sonderstellung des Theaters mit seiner spezifischen Atmosphäre reicht nicht aus, um das Publikum zu aktivieren.

Bevor diese Ergebnisse kritisch gewürdigt werden, seien einige der gutachtlichen Empfehlungen genannt, die als Schlußfolgerungen aus den Interviews den Auftraggebern bzw. den Theatern in der BRD gegeben wurden:

"Als primäre Zielgruppe für werbliche Bemühungen zur Intensivierung des Theaterbesuches kommen die gelegentlichen Besucher in Frage. Die Aufgeschlossenheit und Interessiertheit dieser Gruppe gegenüber dem Theater - verbunden mit einer inneren, psychologischen Bereitschaft, sowie sozialen Prestige- und Anpassungswünschen - bildet eine günstige Ausgangssituation für werbliche Beeinflussung.

Aufgabe jeder Werbung für das Theater ist es, die latente Bereitschaft zum Theaterbesuch bei der genannten Gruppe zu aktivieren, d. h. daß das Theater insgesamt, sowie speziell und lokal attraktiver und aktueller gemacht werden muß.

Die langfristige Aufgabe der Werbung ist bestimmt durch die Tatsache, daß die Entwicklung der Motivationen zum Theaterbesuch zeigt, daß der Zeitpunkt, zu dem sich die Verhaltensgewohnheiten zum Theater bilden und festigen, in der Übergangsphase zwischen Pubertät und Erwachsenenalter liegt. In dieser Phase lassen sich bestimmte Gewohnheiten prägen, die sich für die gesamte Theatergeschichte des Einzelnen positiv auswirken können, d.h. in dieser Phase lassen sich zukünftige Intensivbesucher gewinnen.

Die werbliche Bemühung um ein attraktives "Gesicht" des Theaters für die oben genannte Gruppe wird auch die intensiven Besucher positiv ansprechen und sie in ihrem Verhalten bestätigen...

Die erlebnismäßige Differenzierung zwischen "Alltag" und "Theater" ist für das Publikum häufig nur schwer zu verarbeiten. Die Gefahr der Exklusivität, der sozialen Verpflichtung, sollte durch gezielte Argumentation in Richtung: Lösung vom Alltag, verringert werden.

Die Feinde des Theaters sind Müdigkeit und der sogenannte "Stress", die beide nur durch Anregung zur Entspannung überwunden werden können. Das Theater darf daher weder in kultureller noch in sozialer Hinsicht einen zu starken Verpflichtungscharakter tragen. Es wird wirkungsvoller sein, die Freude am Theaterbesuch zu beleben.

Die werbliche Gestaltung und Ansprache kann der Lebendigkeit, Realitätsnähe, Spannung, die mit einer Theateraufführung verbunden ist, nützen. Der Erlebnisreichtum, den ein Theaterbesuch gibt, sollte in der werblichen Ansprache und Gestaltung dem Publikum kommuniziert werden. Eine emotionale Ansprache,..., dürfte am erfolgreichsten sein.

Dabei wäre es wichtig, die Augenfälligkeit der Werbung gegenüber der verbalen Ansprache zu fördern. Eine zu abstrakte Werbung würde wirkungslos bleiben.

Die Tendenz des Publikums zu spontanen Impulshandlungen in bezug auf Entspannung, Unterhaltung kann durch eine Verringerung der "Planungszeit", die zu Theaterbesuchen notwendig ist, positiv genutzt werden. Hierher gehören z. B. attraktive Spielplaninformationen, Erleichterung beim Kartenkauf bzw. bei der Kartenbestellung, bessere Platzinformationen etc." (1).

---

(1) MARPLAN, op. cit., S. 57 ff.

Sämtliche Ergebnisse dieser Pilotstudie klingen plausibel, die entsprechenden gutachtlichen Empfehlungen nicht minder. Im Blick auf eine Verwendung in der Praxis muß allerdings jeden Praktiker ein unüberwindbares Unbehagen befallen, da ihm in der Untersuchung keine Hinweise gegeben werden, welchen motivationalen Aspekten Priorität einzuräumen ist bzw. welchen Bereichen eine sekundäre oder unwesentliche Einflußnahme auf Besuch oder Nichtbesuch von Theatervorstellungen beigemessen werden kann. Die Kritik, die anzubringen ist, richtet sich also keineswegs gegen die inhaltliche Richtigkeit der Untersuchungsergebnisse, sondern gegen die allzu eilfertige Bereitstellung von werblichen Rezepten auf der Grundlage einer Pilotstudie. Die Tiefeninterviews sind zweifellos unumgänglich, wenn man zu einer Untersuchung der Motivationsstruktur vorschreiten will. Sie können und dürfen jedoch nicht als Motivationsuntersuchung per se behandelt werden. Ihr Wert liegt darin, die Breite und Vielfalt der möglichen motivationalen Faktoren zu fixieren. In einem weiteren Untersuchungsschritt müssen die vorgefundenen möglichen Motive in ihrer Gewichtung (Prominenz) zueinander und in der Häufigkeit ihres Auftretens fixiert werden. Das bedeutet für die Forschungspraxis: Es ist eine Repräsentativerhebung durchzuführen, in der mit einer adäquaten, weitgehend standardisierten Befragungstechnik das Motivationssyndrom quantitativ für die verschiedenen Schichten der Besucher und Nichtbesucher erfaßt wird. Erst aus den dann vorgefundenen Ergebnissen lassen sich Empfehlungen und Strategien für die Öffentlichkeitsarbeit entwickeln. In der hier zitierten Untersuchung wurde dieser wesentliche und unerläßliche Forschungsschritt, der erhebliche finanzielle und zeitliche Aufwendungen erfordert, übersprungen.

Da keine Hierarchisierung und Gewichtung der Motivationsstruktur vorgenommen werden konnte, mußten die Empfehlungen notwendigerweise willkürlich und ungeordnet nebeneinander stehen, ein Einwand, der im übrigen auch gegen vergleichbare Untersuchungen über das Publikum anderer Medien erhoben werden muß (1).

Der Wert der MARPLAN-Studie liegt in der Auslotung der qualitativen Motivationsstruktur, die Gefahr für den die Ergebnisse benutzenden Laien (sprich: Theaterpraktiker) liegt in der mangelnden Quantifizierung, die dazu führen kann, gewisse Aspekte der Motivationsstruktur zu überschätzen, andere zu unterschätzen. Bei der Umsetzung in konkrete Werbemaßnahmen muß diese Fehlbewertung zu hohen Streuverlusten führen.

In einer Gesamtbewertung muß die MARPLAN-Untersuchung einerseits als eine Art Pionierarbeit gewertet werden. Zum erstenmal wurde die Bedeutung der Motivationsstruktur für den Theaterbesuch erkannt und in einer Pilotstudie versucht, einen Katalog der motivierenden Variablen zu erstellen. Andererseits wurde es versäumt, mit genügender Deutlichkeit darauf hinzuweisen,daß die Pilotstudie nur die Vorstufe oder der erste unerläßliche Schritt zu einer repräsentativen Motivationsuntersuchung darstellt, diese Repräsentativuntersuchung jedoch auf keinen Fall überflüssig erscheinen läßt.

---

(1) So z. B. gegenüber E. Dichter International Ltd., op. cit.

2.4.5.3. Beispiel 3: Die KÖLNER Untersuchung

Wie die meisten Theater der BRD erfuhren auch die Bühnen der Stadt Köln in der zweiten Hälfte der 60er Jahre eine zunehmende Zurückhaltung und Kritik des Publikums, die sich in Stagnation bzw. Rückgang der Abonnentenzahlen und disproportionaler Besucherentwicklung bei Musik- und Sprechtheater manifestierten.

Im Jahre 1969 entschlossen sich die Stadt Köln und die Bühnenleitung zu einer Aktivierung bzw. Neuorientierung ihrer Öffentlichkeitsarbeit. Der erste Schritt war die Entwicklung eines Werbekonzeptes durch eine private Werbeagentur (1), eine Kampagne, die zu ironisch-skeptischen Kommentaren in der Lokalpresse führte. Etwa zur gleichen Zeit wurde der Versuch unternommen, durch eine Repräsentativerhebung das Kölner Theaterpublikum "kennenzulernen" bzw. neue Publikumsschichten zu gewinnen. Der Dilettantismus der Öffentlichkeitsarbeit trat in diesem timing bereits deutlich zutage; widerspricht es doch jeder Markt- oder Werbestrategie, eine kostspielige Werbekampagne zu veranstalten, wenn der Markt (sprich: Theaterpublikum und Nichtbesucher) noch nicht genügend erforscht ist. Erst die Ergebnisse der Marktuntersuchung ermöglichen eine gezielte Werbung.

---

(1) In Analogie zu dem "Krawattenmuffel" der Modebranche wurde die Person des "Theatermuffels" Briesenbach der Kölner Öffentlichkeit präsentiert. Auf Plakatwänden, in Zeitungsanzeigen und Werbeschriften wurde dem Leser suggeriert, der Theatermuffel Briesenbach habe erkannt, daß Theaterbesuch sich auszahle. Die Werbeappelle bezogen ihre Stimuli aus den Komponenten:
Theaterbesuch = erhöhtes Sozialprestige,
Theaterbesuch = höherer Lustgewinn als Fernsehen,
Theaterbesuch = höherer Wissensstand.
Insgesamt war die Briesenbach-Aktion konzipiert unter dem Leitgedanken: Theaterbesuch = Ausdruck individuellen Lebensstils und entsprach insofern den in der MARPLAN-Studie ausgesprochenen Empfehlungen.

Die Abteilung Massenkommunikation des Forschungsinstituts für Soziologie der Universität zu Köln wurde mit der Durchführung der Publikumsuntersuchung beauftragt. Konzeption und Administration der Untersuchung wurden in enger Zusammenarbeit mit dem Auftraggeber erstellt. Wie bei jeder Auftragsforschung, die zeitlich und finanziell starken Beschränkungen unterliegt, war ein Kompromiß herbeizuführen zwischen den vorwiegend auf schnelle, praktisch verwertbare Ergebnisse gerichteten Erwartungen des Auftraggebers und den langfristigen, theoretischen Ansprüchen gerecht werdenden Intentionen des Forschungsinstituts. Die Zielvorstellungen des Auftraggebers beschränkten sich im wesentlichen auf eine Fixierung der üblichen sozio-demographischen Daten des Theaterpublikums, der Wünsche des Theaterpublikums hinsichtlich der Abonnements-, Eintrittspreis- und Spielplangestaltung. Das Forschungsinstitut sah in einer so weitgehend eingeengten Zielsetzung keine Möglichkeit, dem Theater bei der Lösung der anstehenden Fragen eine Hilfestellung zu gewähren und konnte den Auftraggeber von der Notwendigkeit überzeugen, zumindest einen Versuch zu unternehmen, motivationale Aspekte des Theaterbesuchs bzw. Nichtbesuchs in repräsentativer Weise für den Raum Köln zu berücksichtigen.

Unter dem Thema "Analyse des Kölner Theaterpublikums" einigten sich Auftraggeber und -nehmer auf eine dreistufige Untersuchung.

- Im Februar 1970 wurde in einer Art Blitzumfrage eine schriftliche Abonnentenbefragung durchgeführt. Befragungsgegenstand waren die Wünsche der Abonnenten hinsichtlich der zukünftigen Gestaltung des Abonnements.

Im April 1970 konnten die Ergebnisse veröffentlicht werden. Damit war den Bühnen der Stadt Köln die Möglichkeit gegeben, die Erwartungen der Abonnenten bereits für die folgende Spielzeit 1970/71 in der Planung zu berücksichtigen (1).

- In den Monaten Mai, Juni sowie zu Beginn der Spielzeit 1970/71 wurden der zweite und dritte Teil der Untersuchung durchgeführt (2).

In der zweiten Stufe erfolgte die Befragung der Theaterbesucher nach folgenden thematischen Gesichtspunkten:

- Sozio-demographische Struktur des Kölner Theaterpublikums
- Theaterbesuch als Freizeitaktivität
- Einstellungen,Erwartungen und Ansprüche als Motivationsgrundlage des Theaterbesuchs
- Entscheidungshilfen beim Theaterbesuch
- Persönliche Präferenzen hinsichtlich Theatergattung und Spielplan
- Beurteilung von Eintrittspreisen und Service-Leistungen des Theaters.

Die dritte Stufe, die Befragung von Nichtbesuchern, sollte einen Eindruck geben von der Bandbreite der Einstellungen zum Theater sowie über den Informationsstand hinsichtlich des Theaters (speziell in Köln) bei den Personen, die nur selten oder überhaupt nicht ins Theater gehen.

---

(1) Siehe Übersicht 77.1., S. 397 ff., mit dem vollständigen Fragenkatalog des Untersuchungsabschnitts I.

(2) Siehe Übersicht 77.2., S. 402 ff., mit dem vollständigen Fragenkatalog des Untersuchungsabschnitts II.

Neben einer ersten Exploration der Nichtbesucher wurden von den genannten möglichen Bereichen jeder Publikumsuntersuchung (1) somit zu sämtlichen Punkten zumindest einige vordringliche, nach ihrer theaterpraktischen Bedeutung ausgewählte Aspekte in die Erhebung einbezogen, in der Erwartung, in späteren Studien zu einer Vertiefung Gelegenheit zu haben. Allerdings haben die Bühnen der Stadt Köln die Möglichkeit nicht genutzt.

Während der Untersuchungsabschnitt I, Wünsche der Abonnenten zur künftigen Gestaltung des Abonnements, keine forschungstechnischen und administrativen Schwierigkeiten bot, da einerseits die Fragestellung klar umrissen war und andererseits für die Bühnen der Stadt Köln aus spielplantechnischen Gründen die Notwendigkeit gegeben war, das bestehende Abonnementsystem zu modifizieren, war in dieser Untersuchungsphase die Zusammenarbeit als optimal zu bezeichnen.

In der zweiten Phase, der Besucherbefragung, entstanden Schwierigkeiten unterschiedlicher Art, die auf die Ergebnisse der Untersuchung nicht ohne Einfluß blieben. Wie bereits ausgeführt, konnte die auftraggebende Seite nach längeren Diskussionen von der Notwendigkeit überzeugt werden, in der Befragung über die Fixierung rein geschmacksästhetischer Präferenzen hinauszugehen und die Erforschung unterschiedlicher Wertmuster und Freizeitmuster, die der Ausübung der Freizeitaktivität "Theaterbesuch" entgegenstehen, einzubeziehen. Hinzu kommt ein Aspekt, der gewiß nicht allein auf die Situation innerhalb dieses konkreten Theaterbetriebs zutrifft, sondern ein Merkmal sämtlicher Betriebe dieses

---

(1) Vgl. hierzu Kapitel 2.4.3., S. 191 ff.

Organisationstyps sein dürfte: Öffentlichkeitsarbeit, die über das traditionell von Theaterbetrieben gepflegte Maß der Prospekt- und Plakatwerbung hinausgeht, ist gewissermaßen als innovatorisches Bemühen anzusehen. Die trotz formaler Abgrenzung im Regelablauf häufig konfligierenden Entscheidungskompetenzen der innerbetrieblichen Führungsgruppen wurden an dem Projekt "Publikumsuntersuchung" aktiviert. So standen die nur wenige Berührungspunkte aufweisenden Zielvorstellungen der künstlerischen Leitung des Theaters (Generalintendant), der administrativen Leitung (Verwaltungsdirektor) sowie der kommunalen Aufsichtsbehörde (Kulturdezernent) nebeneinander. Außer der Zielabstimmung zwischen diesen Gruppen waren weitere Rücksichtnahmen zu kalkulieren hinsichtlich solcher Besuchergruppen, die sich unabhängig von den Theaterbetrieben in selbständigen Organisationen zusammengeschlossen haben und als kollektive Abnehmer hoher Kartenkontingente, die an einigen Theatern in der BRD bis zu 40 % der Gesamtbesucherzahl reichen, dem Theater gegenübertreten und einen starken Einfluß auf die Spielplanpolitik eines Theaters haben, ein Einfluß, der weder genau quantifizierbar noch institutionell vorgesehen ist. Als die lokale Presse über die vorgesehene Publikumsuntersuchung berichtete, traten diese Besucherorganisationen (1) unmittelbar sowohl an die Bühnen der Stadt als auch an das Forschungsinstitut heran mit der Bitte, die Befragung nicht"über ihren Kopf hinweg" durchzuführen, mit der gleichzeitigen Mitteilung, die Kontakte zu ihren Mitgliedern ausschließlich über ihre Organisation zu knüpfen. Im Verlauf der Projektentwicklung entschieden sich diese Organisationen, an der Untersuchung nicht teilzunehmen.

---

(1) Es sind dies von den Gewerkschaften bzw. den Kirchen geförderte Vereinigungen.

Die Ursachen konnten nie eindeutig fixiert werden, obwohl gewisse Anzeichen darauf hindeuten, daß diese Organisationen an einer Strukturuntersuchung ihrer Mitgliedschaft nicht interessiert waren. So wurde bedeutet, es sei nicht angebracht, nach Individual- oder Haushaltseinkommen zu fragen, ebenso sei es wenig diskret, nach dem Beruf zu fragen. Solche Fragen hätten wenig Sinn bei einer Theateruntersuchung, überdies sei es bekannt, daß diese Organisationen sich vornehmlich aus Angehörigen der "Arbeiterschicht und des einfachen Mittelstandes" zusammensetzten, eine Behauptung, die zwar den erklärten Organisationszielen dieser Vereinigungen entspricht, die aber unter Experten bezweifelt wird. Da die Eintrittskarten zu den Kölner Theatern bei Mitgliedschaft in diesen Organisationen weit unter dem Normalpreis abgegeben werden, ist anzunehmen, daß weniger die soziale Schichtzugehörigkeit oder die Akzentuierung der Organisationsziele bestimmende Ursachen für die Zugehörigkeit des Einzelmitglieds sind, sondern daß eher die Möglichkeit verbilligten Theaterbesuchs der entscheidende Faktor für den Beitritt ist. Für diese Vermutung fehlen allerdings vorläufig die empirischen Belege.

Durch das Ausscheiden der Besucherorganisationen war es unmöglich geworden, diese Publikumsgruppen systematisch zu befragen, da der Zugang zu den Mitgliederkarteien verschlossen war. Eine mündliche Befragung bzw. eine Personenauswahl während der Theaterveranstaltungen war a priori ausgeschlossen worden. Neben Kostenüberlegungen, die gegen persönliche Interviews sprachen, war der ausdrückliche Wunsch der Bühnen der Stadt Köln zu berücksichtigen, die Theaterbesucher nicht unmittelbar vor, während und nach den Vorstellungen mit Fragebogen oder Interview-Wunsch zu konfrontieren. Die Datenerhebung konnte somit lediglich auf postalischem Weg erfolgen, wobei den "freien Besuchern", also jenen Personen, die Eintrittskarten im Kassenverkauf erwerben, nach einem auf Zufallszahlen basierenden Schlüssel die Fragebogen beim Kartenkauf vom Kassenpersonal übergeben werden sollten. Während der Datenerhebung ergaben mehrere Kontrollbesuche, daß die Verteilung der Fragebogen durch das Kassenpersonal nicht reibungslos verlief. Die Bitten auf Verbesserung und der Hinweis auf die Gefährdung der Repräsentativität durch derartige Praktiken wurden mit Überlastung, Personalmangel und dgl. entschuldigt. Der Wunsch, die Verteilung der Fragebogen durch Angehörige des Forschungsinstituts vornehmen zu lassen, wurde "im Interesse der Theaterbesucher" abgelehnt.

Neben dieser administrativen Behinderung galt es auch, inhaltlich Kompromisse einzugehen. So wurde z. B. keine Frageformulierung zugelassen, die auf konkrete Erscheinungen der Kölner Theaterszene anspielte und in der Öffentlichkeit, sprich: Presse, zu kritischen Auseinandersetzungen geführt hatte.

Aufgrund der dargestellten Hindernisse, die zusätzlich zu den Problemen der Technik der schriftlichen Befragung auftraten (1), ist die Reichweite der Ergebnisse der Kölner Untersuchung begrenzt. Durch das Herausfallen einer großen Besuchergruppe waren die Ergebnisse nicht repräsentativ für das gesamte Kölner Theaterpublikum, sondern lediglich für die vom Theater zusammengestellten Besuchergruppen (Abonnenten) und die freien Besucher.

---

(1) Zu dem Thema "schriftliche Befragung vs. persönliches Interview" siehe u. a. A. N. Oppenheim, op. cit., S. 30 ff. sowie E. E. Maccoby und N. Maccoby, op. cit., S. 482 ff.

Zusammenfassend konnte mit den geschilderten Einschränkungen als Ergebnis festgehalten werden: Eine der wichtigsten Folgerungen, die auch aus der Befragung gezogen werden sollte, war die Tatsache, daß man nicht von dem Theaterpublikum als homogener Einheit ausgehen kann. In nahezu allen Befragungsgegenständen, die die Motivationsgrundlage des Theaterbesuchs berührten, standen in den Extrempunkten zwei etwa gleich starke Gruppen (jeweils etwa 20 %) gegenüber.

Auf den ersten Blick schien es sich um einen Gegensatz Abonnenten - freie Besucher zu handeln. Dieser Gegensatz hatte jedoch seine tiefere Ursache in den strukturellen Unterschieden dieser Gruppen und ließ sich auf das Alter der Befragten reduzieren. Hierbei stellten die jüngeren Theaterbesucher bis zu etwa 30 Jahren den Teil des Publikums, das dem formal und inhaltlich Ungewöhnlichen, wenn auch nicht immer Neuartigen, besonders aufgeschlossen gegenübersteht, während die Altersgruppen ab 45 Jahre nachdrücklich eine Erhaltung der traditionellen Aufführungspraxis wünschten (1).

---

(1) Es wäre falsch, diese beiden Gruppen undifferenziert mit dem Etikett "avantgardistisch-progressiv" bzw. "konservativ" zu versehen. Hinsichtlich der Benutzung derartiger Termini sei verwiesen auf K. Mannheims Arbeit aus dem Jahre 1928/29, Das Problem der Generationen, abgedruckt in: L. von Friedeburg (Hrsg.), Jugend in der modernen Gesellschaft, Köln/Berlin 1965, S. 23 ff.: "Es ist nichts unrichtiger, als zu meinen - was die meisten Generationstheoretiker unkritisch voraussetzen - , daß die Jugend progressiv und das Alter eo ipso konservativ sei... 'Konservativ' und 'progressiv' sind historisch-soziologische Kategorien, die an einer bestimmten konkret-inhaltlichen Dynamik orientiert sind, während 'alt' und 'jung', 'generationsmäßig, neuartiger Zugang', formal-soziologisch gemeint sind. Ob eine bestimmte Jugend konservativ, reaktionär oder progressiv ist, entscheidet sich... dadurch, ob sie am vorgefundenen Status der Gesellschaft von ihrem sozialen Orte aus Chancen der eigenen sozialen und geistigen Förderung erwartet" (S. 45/46).

Dem Theater in Köln drohte zum Zeitpunkt der Befragung tatsächlich die Gefahr des unaufhaltsamen Publikumsschwunds, da sich das Theater für junge Leute als sehr wenig attraktiv erwies.

Die Bereitschaft, sich im Abonnement an bestimmte Wochentage für den Theaterbesuch zu binden und das Programm quasi als "Katze im Sack" zu kaufen, schien abzunehmen. Bei Fortdauer dieser Tendenz würde das Abonnementsystem in Frage gestellt sein, da die Bindungsbereitschaft besonders bei jüngeren Besuchern sehr gering war.

Theaterbesuch wurde vorwiegend unter dem Aspekt der Befriedigung eines wie auch immer gearteten Bildungsbedürfnisses im feierlich-festlichen Rahmen gesehen, wobei "gehobene Unterhaltung" gewünscht wurde.

Die jüngeren Theaterbesucher lehnten diese Einstellung zunehmend ab, während die Mehrheit auf Konservierung bzw. Wiederherstellung des traditionellen Rahmens plädierte.

Die Mehrheit aller Besucher war zwar bereit, dem Theater eine Rolle als kritische Instanz der Gesellschaft zuzugestehen, jedoch lediglich die jüngeren Besucher akzeptierten das Theater als Ort politischer und gesellschaftlicher Aufklärung und Auseinandersetzung in aller Konsequenz.

Hierzu paßte das Ergebnis, daß insgesamt der Spielplan der Theater eher als zu modern denn als zu traditionell angesehen wurde, ebenso wie die Feststellung, daß die damalige Aufführungspraxis sehr zwiespältige Buerteilung fand. Speziell auf Köln bezogen hieß dies, die Mehrheit der Besucher wünschte für die Oper und das Ballett eine stärkere Orientierung in Richtung "traditionelles Repertoire". Lediglich für das Schauspiel standen sich etwa gleich starke Gruppen gegenüber, die mehr Moderne oder mehr Klassik wünschten, wobei die Besucher unter 30 Jahren wiederum sehr stark für zeitgenössische Profilierung eintraten.

Die Beliebtheit der einzelnen Sparten (Sprech-, Musiktheater) war sehr unterschiedlich. Die relative Mehrheit war gleichermaßen interessiert an Musik- und Sprechtheater. Bei den Einzelnennungen überwog leicht das Schauspiel. Besonders Befragte unterer Altersgruppen bevorzugten zu etwa 50 % das Schauspiel (Oper 20 %).

Die damaligen Eintrittspreise waren für die Mehrheit der Befragten zwar akzeptabel. Für jüngere Publikumsschichten erschienen die Preise jedoch zu hoch. Für ca. DM 10,--, die jüngere Besucher maximal ausgeben wollten, konnte man z. B. im Opernhaus keinen der besseren Plätze bekommen, während dieser Betrag im Befragungszeitraum für <u>zwei</u> gute Kinokarten reichte, wie überhaupt der Film bei den jüngeren Besuchern als ernstzunehmende Konkurrenz anzusehen war, während für ältere Besuchergruppen Filmbesuche nur in geringem Maße in Frage kamen.

Die als Explorativstudie angelegte Nichtbesucher-Befragung zeigte vor allem, daß die Institution "Theater" nicht zur Erfahrungswelt der Befragten gehört. Informationsstand über Preise, Spielplan, Kartenkauf war entsprechend niedrig bzw. falsch. Die potentiell verfügbare Freizeit für einen Theaterbesuch war bei Nichtbesuchern nicht geringer als bei Theaterbesuchern. Um die Nichtbesucher für das Theater zu interessieren - falls dies überhaupt möglich ist - bedürfte es großer Anstrengung in mehreren Richtungen. Bei allen Nichtbesuchern wäre die festgestellte Fehl- oder Falschinformation über Aspekte wie Spielplan und Preise zu beseitigen. Bei den jüngeren Befragten wären darüber hinaus die - teils ideologisch gefärbten - Vorbehalte gegen die vermeintlichen und tatsächlichen "elitären" und "bürgerlichen" Strukturen des Theaterpublikums und die Einwände gegen die traditionellen Normen des Theaterbesuchs zu entkräften.

Insgesamt kann die KÖLNER Untersuchung als ein erster Versuch gewertet werden, in repräsentativer Form über lediglich oberflächliche Fragen zum Service des Theaters und den persönlichen Präferenzen seiner Besucher hinaus vorzudringen zu motivationalen Aspekten und gruppenspezifischen Einstellungsmustern gegenüber dem Theater. Das Ausschalten administrativer Behinderungen muß in weiterführenden Erhebungen vor allem sichergestellt werden und ist bei einer Beurteilung der Zukunftsperspektiven für die Publikumsforschung des Theaters als grundsätzliches, organisationsspezifisches Problem anzusehen.

2.4.6. Perspektiven der Publikumsforschung

Die Publikumsforschung für das Theater ist bisher nicht über ein unzulängliches Anfangsstadium hinausgekommen, so wäre resümierend festzustellen. Dieser Sachverhalt mag unverständlich sein, sind doch gerade die Forschungstechniken für die Untersuchung des Publikums von

Massenmedien hochdifferenziert, wenn man einmal absieht von der Verbraucher- und Werbeforschung, deren Erfahrungen zumindest für die sogen. Öffentlichkeitsarbeit der Theater nutzbar gemacht werden können (1). Die Ursachen dieses Mangelzustandes im Bereich Theater sind vorstehend detailliert erörtert worden.

Die Notwendigkeit, zu einer grundlegenden Änderung zu gelangen, wird mittlerweile von den Theaterverantwortlichen anerkannt (2). Doch die Realisierung stößt weiterhin auf Hindernisse unterschiedlicher Qualität. Als erstes sind die organisationsinternen Widerstände zu nennen, die sich einer ernsthaften Untersuchung der Probleme - um es einmal so ungenau zu umreißen - des Theaters nach innen und außen in den Weg stellen. Über die Ursachen dieses "Isolationismus" können lediglich Hypothesen aufgestellt werden. Das Beispiel der KÖLNER Untersuchung hat faktisch gezeigt, daß selbst Theaterbetriebe, die sich entschließen, Etatmittel für Publikumsuntersuchungen zur Verfügung zu stellen, nicht in der Lage sind, die grundlegenden administrativen Maßnahmen sicherzustellen. Die Erfahrung dieser Untersuchung zeigt die Bedeutung der innerorganisatorischen Strukturen und Prozesse für das Verhältnis zur Organisationsumwelt nochmals deutlich auf.

Als zweites Hindernis, das einer positiven Beurteilung der Zukunftsperspektiven für die Publikumsforschung im Theater entgegensteht, ist die Beharrlichkeit zu nennen,

---

(1) Vgl. hierzu z. B. E. Noelle-Neumann, Die Methodik der Publikumsforschung, in: M. Löffler (Hrsg.), Das Publikum, München 1969, S. 32 ff. sowie den zusammenfassenden Beitrag über Verbraucherforschung von L. Bogart, Consumer and Advertising Research, in: I. de Sola Pool, F. W. Frey, W. Schramm, N. Maccoby, E. B. Parker (Hrsg.), Handbook of Communication, Chicago 1973, S. 706 ff.

(2) Vgl. K. Richter, Feedback auch beim Theater?, Ansätze einer neuen Publikumsdramaturgie, in: Die Deutsche Bühne, 45. Jg., Nr. 2, 1974, S. 10 ff.

mit der die Entwicklungen der Forschungstechniken empirischer Sozialforschung nicht zur Kenntnis genommen werden.

So ist vom Deutschen Bühnenverein ein Musterfragebogen entwickelt worden, der den Theatern einmal Hilfestellung bei der Frageformulierung bieten will, zum anderen eine gewisse Einheitlichkeit der Befragung zu Zwecken der Vergleichbarkeit der Ergebnisse gewährleisten soll (1). Allerdings muß dieser Muster-Fragebogen beurteilt werden als unbeabsichtigter Versuch, die gravierendsten Fehler bisheriger Befragungen zusammenzufassen und zu verewigen. Neben eindeutigen und für die Arbeit der Theater zweifellos sehr nützlichen Standardfragen ist dieser Fragebogen belastet mit Fragen, die mißverständlich formuliert sind, in den Antwortvorgaben nicht eindeutig diskriminieren oder in den Bedeutungsinhalten die unterschiedlichen Perzeptionsweisen der Befragten unberücksichtigt lassen. Ein Beispiel mag genügen, da die Einwände weitgehend identisch sind mit den bereits an anderer Stelle angeführten Kritikpunkten. Aber welche Aussagekraft hat beispielsweise eine Antwort auf die Frage: "Welche Stücke sehen Sie besonders gern? Kreuzen Sie bitte das Zutreffende in dem entsprechenden Kästchen an:

a) Klassische Schauspiele
b) Problemstücke zeitgenössischer Autoren
c) Politische Stücke zeitgenössischer Autoren
d) Unterhaltungstheater (Boulevard-, Kriminal- und Volksstücke
e) Experimentiertheater
f) Klassische Opern
g) Opern zeitgenössischer Komponisten
h) Operetten
i) Musicals
j) Ballette".

---

(1) Siehe den vollständigen Wortlaut dieses Muster-Fragebogens in Übersicht 78, S. 412 ff.

Man stelle sich vor, ein Theaterbesucher erhält diesen Fragebogen unter dem Eindruck einer Aufführung des Stücks "Die Hebamme" von R. Hochhuth. Mit welcher Antwortkategorie wird er dieses Stück assoziieren? Es bieten sich an b, c, d, e mit allen Konsequenzen für die anschließende Auswertung.

Dieser Muster-Fragebogen bietet Punkt für Punkt Ansatzstellen für kritische Einwände, vor allem der Teil D "Fragen zum Spielplan" ist in seiner Gestaltung weitgehend mißlungen. Die Fragen über Zufriedenheit mit dem Spielplan, Beurteilung von Einzelaufführungen, Inszenierungen, Bühnenbilder, Darsteller usw. sind weitgehend wertlos, da lediglich individuelle Urteile abgefragt werden, der apperzeptive Hintergrund der Befragten und die entsprechenden individuellen Beurteilungskriterien jedoch völlig ungeklärt bleiben. Selbst die vergleichsweise unproblematischen Fragenkomplexe B und C zur Abonnementsgestaltung und zur Frage einer möglicherweise gewünschten Änderung der Theateranfangszeiten können nicht vollauf befriedigen. So werden bei der Frage nach der Abonnementsgestaltung geschmacksästhetische Aspekte, die den Spielplan betreffen, mit quantitativen Aspekten, die die Zahl der Abonnementsvorstellungen betreffen, in unzulässiger Weise vermischt.

Ja/Nein

"a) Sind Sie mit der Art des Abonnements zufrieden,
b) Wenn nein, würden Sie ein gemischtes Abonnement wie bisher, aber mit weniger Vorstellungen bevorzugen,
c) ein Abonnement mit Klassikern und anerkannter Moderne,
d) ein Abonnement nur mit modernen und experimentellen Stücken,
e) ein Abonnement nur mit Unterhaltungsstücken,
f) ein Abonnement nur mit Werken nach eigener Wahl?".

Wenn man überhaupt die geschmacksästhetische Komponente berücksichtigen will, so sind getrennte Fragen unumgänglich, wobei in einer separaten Frage nach der Zahl der gewünschten Vorstellungen pro Abonnement und Spielzeit zu fragen ist und in einer weiteren Frage nach den gewünschten Inhalten, also z. B. nach dem Anteil von Klassik und Moderne. Abgesehen von diesem Einwand berücksichtigt die Frage nach der Abonnementsgestaltung lediglich das Sprechtheater, nicht jedoch das Musiktheater. In der vorliegenden Form können die Antworten auf diese Frage nicht als Entscheidungsgrundlage für Abonnementsgestaltung oder -umgestaltung dienlich sein.

Ebenso kritisch ist es, wenn Theater als Reaktion auf die Beantwortung der Frage nach den Anfangszeiten den Vorstellungsbeginn an ihren Häusern verlegen. Zum einen fehlt in diesem Fragenkomplex der Versuch, die Ursachen zu fixieren, die für den Wunsch nach früherem oder späterem Vorstellungsbeginn maßgeblich sind, zum anderen lieferte die KÖLNER Untersuchung Hinweise darauf, daß die Uhrzeit des Vorstellungsendes von ausschlaggebender Bedeutung für den Besuch oder Nichtbesuch eines Theaters sein kann. Da die Aufführungsdauer im allgemeinen nur unwesentlich beeinflußt werden kann, ist es durchaus vorstellbar, entsprechend der unterschiedlichen Spieldauer von Stücken zu einem Modus flexibler Anfangszeiten zu gelangen und so zu gewährleisten, daß je nach Wunsch der Besucher bzw. entsprechend den örtlich unterschiedlichen Gegebenheiten ein Vorstellungsende z. B. um 22,00 oder 22,30 Uhr gewährleistet bleibt. Der vorliegende Muster-Fragebogen kann jedoch diese Entscheidungshilfe nicht geben, da derartige Überlegungen keinen Niederschlag in den Fragen gefunden haben.

Eine modifizierte oder unmodifizierte Übernahme dieses Fragenkatalogs, der innerhalb der Gremien des Deutschen Bühnenvereins erarbeitet wurde, durch die Theater in der BRD und örtlich repräsentative Befragungen auf dieser Grundlage würden auf lange Zeit wahrscheinlich jede Untersuchung des Theaters und seines Publikums im Sinne einer empirischen Sozialwissenschaft unmöglich machen, da die ohnehin für diesen Zweck knapper werdenden Etatmittel der Theater investiert würden in ein Unternehmen, dassich - zwar in bester Absicht - als Publikumsuntersuchung bezeichnet, de facto jedoch ein weitgehend laienhaftes Bemühen bleibt, das darüber hinaus lediglich einige wenige Aspekte isoliert berücksichtigt. Dabei wird der größere Zusammenhang, in dem Theater und Theaterbesuch stehen, völlig vernachlässigt (1).

Das Theater muß wissen, welche Bevölkerungskreise als potentielles Publikum anzusehen sind undwelche nur schwierig zu erreichen sind. Absichtserklärungen, Theater für eine ganze Stadt zu machen, sind zwar sehr ehrenhaft und begrüßenswert, jedoch gibt es Barrieren, die trotz aller werblichen Appelle noch nicht dauerhaft überwunden werden können. Diese Barrieren genau zu lokalisieren, ist somit ein erstes Ziel einer Theateruntersuchung.

Das Theater muß dem potentiellen Publikum als kulturelle Einrichtung zur Freizeitbenutzung bekannt sein, oder anders ausgedrückt: Das potentielle Publikum muß nicht nur wissen, daß es Theater gibt, sondern Theaterbesuch als konkretes Freizeitangebot bewußt erfahren. Fixierung der Informationslücke bei Nichtbesuchern als zweites Ziel einer Untersuchung.

---

(1) Vgl. für die folgenden Ausführungen A. Silbermann und A. Hänseroth, Freizeitverhalten und Zeitbudget, in: Die Deutsche Bühne, 45. Jg., Nr. 1, 1974, S. 8 ff.

Das Image des Theaters muß den Ansprüchen und Erwartungen, die an eine Freizeittätigkeit gestellt werden, entsprechen. Fixierung des aktuellen Symbolwertes und des aktuellen Freizeitwertes somit drittes Ziel einer Untersuchung.

Das Theater muß den Freizeitmustern und Zeitbudgets des potentiellen Publikums Rechnung tragen. Es muß die Entscheidungsprozesse und die übrigen Faktoren, die bei der Wahl zwischen verschiedenen Freizeitbeschäftigungen wirksam werden, berücksichtigen. Fixierung der Freizeitmuster und Entscheidungsprozesse für Freizeittätigkeiten als viertes Untersuchungsziel.

Bei den vorstehend umrissenen Untersuchungszielen ist zu unterscheiden zwischen solchen, die den Theatern kurzfristig Entscheidungshilfen geben können, und solchen, die langfristig zu behandeln sind. So würde es sich empfehlen, die Ziele

Fixierung der Informationslücken

sowie

Fixierung des Symbol- und Freizeitwertes "Theater"

vorrangig zu behandeln. Die Ergebnisse dieser beiden Untersuchungsschritte werden bereits reichhaltigen Aufschluß über die tatsächliche Einschätzung des Theaters geben. Die Schlußfolgerungen werden möglicherweise desillusionierend oder auch ermutigend sein für viele der an Theater interessierten und für das Theater arbeitenden Gruppen:

- für Kulturpolitiker z. B., die den Stellenwert "Ihres" Theaters im Gesamt der kulturellen Institutionen allein auf der Grundlage professioneller Theaterkritik und vieldeutiger Kassenrapporte abschätzen müssen;

- für Theaterproduzenten z. B., die bei der Suche nach dem Grund mangelnder Resonanz in weiten Bevölkerungskreisen auf Mutmaßungen angewiesen sind bzw. verzweifelte Anstrengungen unternehmen, durch Spielplangestaltung, Tage der offenen Tür usw. neue Publikumsschichten in die Theater zu ziehen, wobei diese finanziell und physisch-psychisch aufwendige "Öffnung zum Publikum" in keinem Verhältnis zum Erfolg (sprich: Publikumsbindung an das Theater) steht als Folge einer unsystematischen und nur diffus formulierten Zielsetzung.

Aus der Untersuchung des Theaterimages lassen sich unmittelbar Handlungsalternativen ableiten, und zwar Handlungsalternativen sowohl für die Kulturpolitiker, für die das Theater nur <u>ein</u> - wenn auch kostspieliger - Faktor im kulturellen Leben ihrer Kommune ist als auch für die Öffentlichkeitsarbeit und Werbung der Theater.

Erst wenn das gegenwärtige Theaterimage bekannt ist, kann das Ziel angestrebt werden, dauerhaft höhere Besucherzahlen zu erreichen bzw. neue Publikumsschichten zu gewinnen. Hierzu bedarf es dann der Untersuchungsschritte "Freizeitmuster" und "Publikumsbarrieren", um eine gezielte Publikumswerbung mit geringen Streuverlusten anwenden zu können.

Als Untersuchungstechnik kann ausschließlich das "persönliche Interview" in Betracht gezogen werden. Trotz der höheren Kosten sollte allerdings überlegt werden, Panelbefragungen und persönliche Beobachtung als Ergänzungstechniken für bestimmte Untersuchungsschritte hinzuzuziehen. Abzulehnen sind in diesem Fall schriftliche Befragungen, wie sie üblicherweise von den

Theatern durchgeführt werden, da nur bei strengster Kontrolle repräsentative Ergebnisse erzielt werden können. Fragebogen, die an Theaterkassen und Garderoben ausliegen bzw. den Programmheften beigelegt werden, lassen keine Rückschlüsse repräsentativen Charakters zu.

Hinsichtlich des zu befragenden Personenkreises sind verschiedene Vorgehensweisen denkbar.

- Zweckmäßig sind:

- Getrennte Befragungen von regelmäßigen Theaterbesuchern und Nichtbesuchern.

- Einzeluntersuchungen für jede Stadt bzw. Region, und zwar auf der Grundlage eines einheitlichen Frageschemas, das den jeweiligen örtlichen Gegebenheiten angepaßt wird.

3. Zusammenfassung

Eine zusammenfassende Beurteilung der in den verschiedenen Untersuchungsschritten gewonnenen Erkenntnisse muß von einer Voraussetzung ausgehen, die bei einer soziologisch-wissenschaftlichen Befassung mit dem Theater unverzichtbar ist, es sei denn, man räumt übergeordneten normativen, d. h. auf die Gestaltung der Gesamtgesellschaft bezogenen Kriterien uneingeschränkten Vorrang ein. In letzterem Fall wäre die Babsche Frage (1), ob das Theater überhaupt einen Wert habe, legitim und ihre Beantwortung ergäbe sich gleichsam selbstverständlich aus den gesamtgesellschaftlich verbindlichen Ordnungsprinzipien.

Ungeachtet der vielfältigen und nuancenreichen Analysen über seine geistigen und historischen Ursprünge ist das Theater sowohl in seiner Eigenständigkeit als künstlerische Ausdrucksform als auch in seiner historisch gewachsenen institutionell-organisatorischen Ausformung Teil des "kulturelles Erbes". Folglich kann das Theater unter der Fragestellung seiner Existenz<u>berechtigung</u> soziologisch nicht analysiert werden. Berechtigt und notwendig ist hingegen eine Analyse des Theaters als soziokulturelle Institution in Interdependenz mit den umgebenden gesellschaftlichen Teilbereichen, eine Analyse, die unter verschiedenen Aspekten erfolgen kann, letztlich jedoch zur Beantwortung der Frage beitragen muß, ob und inwieweit sich das Theater im Einklang mit der gesamtgesellschaftlichen Entwicklung befindet bzw. ob und welche kritischen Strukturelemente oder Funktionsbereiche fixierbar sind.

---

(1) J. Bab, Das Theater im Lichte der Soziologie, op. cit., S. 4.

Die Analyse der in Kapitel 2 (S. 82 ff.) beschriebenen Fragenkomplexe kommt zu folgenden Ergebnissen für das Theater in der BRD (wobei die Feststellungen wegen übereinstimmender Strukturmerkmale ebenfalls weitgehend zutreffen für Österreich und die Schweiz):

a) Das Theater genießt als Förderungsbereich öffentlicher Kulturpflege besonderen Schutz. Die Aktivität der öffentlich geförderten Theater kann sich prinzipiell orientieren an den individuellen und kollektiven künstlerischen Zielvorstellungen der Theaterschaffenden, die lediglich unvollkommen relativiert werden durch den sogenannten "Kultur- oder Bildungsauftrag" einer hypostasierten Öffentlichkeit, vertreten durch politische Mandatsträger. Wegen dieser strukturellen Gegebenheiten ist das öffentlich geförderte Theater formal nur mittelbar abhängig von und beeinflußbar durch das konkrete Theaterpublikum und dessen Ansprüchen und Erwartungen gegenüber dem Theater. Neben den öffentlich geförderten Theatern hat sich im Verlauf der jüngeren Vergangenheit ein System privater Theater etabliert (einschl. Tournee-Theater), das vornehmlich an dem privatwirtschaftlichen Kriterium des Markterfolges orientiert ist und das in seiner Existenz unmittelbar abhängig ist von der an Besucherzahlen zu messenden Zustimmung des Publikums.

b) Die öffentliche Förderung des Theaters - nach Maßgabe kulturpolitisch diffuser Zielvorstellungen unter weitgehender Hintanstellung ökonomischer Kriterien in der Vergangenheit - hat die Entwicklung einer Standortstruktur ermöglicht, die unter quantitativem Aspekt eine regional gleichmäßig zu nennende und flächendeckende Theaterversorgung der Bevölkerung gewährleistet, wenn auch hinsichtlich des Musik- und Tanztheaters ein der finanziellen Belastbarkeit der Theaterträger entsprechendes Versorgungsgefälle von den großstädtischen Ballungsräumen zu weniger dicht besiedelten ländlichen Regionen besteht. Seit Beendigung der wirtschaftlichen Aufbauphase der BRD ist die Standortstruktur ohne gravierende Veränderungen erhalten geblieben (1).

c) Die offiziellen Statistiken des Deutschen Bühnenvereins und des Statistischen Bundesamtes verdecken zwei Tatbestände, die für die zukünftige Entwicklung des öffentlichen Theatersystems allein unter dem Aspekt einer betriebswirtschaftlichen Kosten-Nutzen-Analyse zunehmende Bedeutung erlangen werden (2):

ca) Die statistischen Merkmale, nach denen ein Gebäude bzw. eine Räumlichkeit als Theatereinheit in die Statistik der vorhandenen und bespielten Theater eingestuft wird, haben zu Zahlen geführt, die das Theatersystem für die Öffentlichkeit in einer quantitativen Größenordnung erscheinen lassen, die bei näherer Analyse erheblich reduziert werden muß.

cb) Die Kapazitäten der öffentlichen Theater in der BRD werden - im Gegensatz zu den Kapazitäten der Privattheater - ungleichmäßig für Theateraufführungen genutzt. Ganz abgesehen von stagnierenden oder rückläufigen Besucherzahlen besteht eine Überkapazität an Theaterräumen, die auch bei ansteigenden Besucherzahlen langfristig nicht ausgeschöpft werden kann.

---

(1) Siehe Kap. 2.1., S. 87 ff.

(2) Siehe Kap. 2.1.4., S. 99 ff.

Nicht zuletzt die Kenntnis dieser in der allgemeinen Theaterdiskussion stillschweigend übergangenen Sachverhalte hat neben der Verknappung der verfügbaren öffentlichen Gelder die Experten und Kulturpolitiker zu verstärkten Bemühungen um eine äußere Reform der Theaterstruktur bewogen. Diese beabsichtigte äußere Strukturreform soll letztlich Anpassungsprozesse des Theaters an veränderte Umweltbedingungen nachholen, diesich endogen nicht entwickeln konnten aufgrund organisationsinterner Strukturelemente (Bürokratisierung), aufgrund scheinbarer Autonomie des öffentlich geförderten Theaters (Verzicht auf bzw. Nichtbeachtung von feedback-Prozessen) sowie aufgrund eines rationalen Kriterien entratenden Repräsentationsbedürfnisses theatertragender Gebietskörperschaften (das "eigene" Stadt- oder Staatstheater als sichtbarer Ausdruck kommunalen und regionalen Prestiges) (1).

d) Selbst im künstlerischen Bereich, d. h. in den Angeboten an das Publikum, sind Wandlungsprozesse nur partiell erkennbar. Die von den Theatern angebotenen Inhalte verändern sich über längere Zeiträume nur geringfügig. Die quantitativ nicht unbeträchtliche und von den Theatern als Informationspflicht angesehene Berücksichtigung zeitgenössischer Autoren in den Spielplänen der Theater täuscht über deren Erfolglosigkeit hinweg. In 10 Jahren hat - wie wir feststellen konnten - kaum eine Repertoireausweitung oder gar ein grundlegender Repertoirewandel stattgefunden, lediglich temporäre Repertoireverschiebungen (2).

---

(1) Siehe S. 54 ff.

(2) Siehe Kap. 2.2., S. 103 ff.

e) Wenn sich das Repertoire kaum verändert, so stellt sich die Frage, warum das Publikum sich zeitweise dem Theater verweigert hat, ein Publikum, das in seiner Struktur (1), wie alle vorliegenden Erhebungen zeigen, in dem untersuchten Zeitraum weitgehend unverändert geblieben ist. Die Antwort auf diese Frage ist u. E. die bedeutsamste Erklärung für die "Krise", in der sich das Theater gegenwärtig befindet.

Der Bildungs- und Kulturauftrag - wie diffus auch immer er formuliert sein mag - beinhaltet u. a. fraglos für die Theaterverantwortlichen die Aufgabe, die anerkannte Bühnenliteratur der Vergangenheit ("dramatisches Erbe") für die Gegenwart zu bewahren und unter Einschluß der künstlerischen Entwicklungen dieser Gegenwart zu interpretieren und zu tradieren. Nun entledigten sich die Theater in der BRD bis in die Mitte der 60er Jahre dieser Aufgabe in einer Form, wie sie sich in dem Theaterverständnis eines K. L. Immermann, einer L. Dumont, eines G. Lindemann - um nur einige wegweisende Namen deutscher Theatergeschichte des 19. und beginnenden 20. Jahrhunderts zu nennen - ausdrückt und letztlich in dem hohen ästhetischen, moralischen und politischen Anspruch des Goetheschen Weimarer Theaters gründet. Aus dem Verständnis von Kunsttradition als der Bewahrung hoher und unveränderlicher künstlerischer Werte ergab sich zwangsläufig das Prinzip der werkgetreuen oder werkimmanenten Interpretation aus dem "Geist der Dichtung", eine Theaterauffassung, die z. B. unabdingbares Prinzip für die Autorität eines Theatermannes wie G. Gründgens war, dessen Arbeit als prägnantes Beispiel für den theatralischen Darstellungsstil bis weit in die 60er Jahre anzusehen ist.

---

(1) Siehe S. 67 ff. sowie Kapitel 2.4.5., S.200 ff., einschl. der dort benannten tabellarischen Übersichten.

Ihm gleichzusetzen sind Theaterleute wie H. Schalla, H. Schweikart, K. H. Stroux und zahlreiche andere, die stilbildend wirkten für den gesamten deutschsprachigen Theaterraum. In ihrer künstlerischen Intention befanden sie sich in Übereinstimmung mit den im Bildungsprozeß entwickelten ästhetisch-inhaltlichen Ansprüchen und Perzeptionsweisen der großen Mehrheit des Theaterpublikums (1). Mit der Ablösung dieser Intendantengeneration sind Theaterleute in die Verantwortung gekommen, die infolge ihrer Sozialisierungs- und Bildungserfahrungen in der Nachkriegszeit und dem wirtschaftlichen und politischen Neubeginn der BRD von tiefer Skepsis erfüllt sind gegenüber der unkritischen Übernahme künstlerischer Traditionen und die von einer Kunst- und Theaterauffassung ausgehen, welche die historische Bedingtheit und damit Veränderbarkeit moralischer, ästhetischer und politischer Werte in den Vordergrund stellt. Diese Kunstauffassung schuf a priori eine Distanz, um nicht zu sagen einen Gegensatz, zu dem traditionellen Theaterpublikum. Die über den Bereich der Kunst hinausgehende Infragestellung tradierter Werte und Ordnungsvorstellungen in weiten gesellschaftlichen Teilbereichen, die quasi verfassungsrechtlich garantierte künstlerische Freizügigkeit sowie die aufgrund öffentlicher Finanzierung zumindest mittelfristige Unabhängigkeit von den Ansprüchen des Publikums erschienen als ausreichende Basis für kompromißlose Theaterarbeit. Unterstützt durch die Fachpresse wurde das traditionelle und zeitgenössische Bühnenrepertoire ohne Rücksicht auf die Erwartungen des Publikums und teilweise unter expliziter Mißachtung seiner Wünsche nach Maßgabe

---

(1) Zu der Frage ästhetischer Standards und Perzeptionsweisen vgl. S. 35 ff., S. 47 ff., S. 65 ff. sowie Kap. 2.4., S. 185 ff.

ästhetischer und politisch-ideologischer Standards interpretiert, die das Publikum einerseits hinsichtlich der ästhetisch-formalen Komponente bereits auf der Perzeptionsebene nicht in der Lage war mitzuvollziehen und die das Publikum andererseits hinsichtlich der politisch-ideologischen Zielsetzungen weitgehend als Desavourierung seiner Wertorientierung empfinden mußte und sollte. Der Publikumsteil,der seine Ansprüche und Bedürfnisse nicht länger erfüllt sah, wandte sich in zunehmendem Maße ab vom Theater, ohne daß andere, neue Personenkreise sich vom Theater angezogen fühlten. Die Bemühungen der Theater, bisher unterrepräsentierte Bevölkerungsausschnitte wie Arbeiter an das Theater heranzuführen bzw. in Schülern und Lehrlingen jüngere Theaterbesucher zu finden, die den Intentionen der Theater vermeintlich bereitwilliger gegenüberstanden, solche Bemühungen mußten scheitern, da diesen Zielgruppen schon auf ästhetisch-formaler Ebene die Fähigkeit und das Wissen zur Dekodierung der im Theater verwendeten Symbolmaterialien nicht zur Verfügung stand. So konnte eine Kommunikation zwischen dem Theater und dem "neuen" Publikum nicht zustandekommen, unbeschadet einer möglichen, wenn auch empirisch nicht belegten weitgehenden Übereinstimmung in den geistig-politischen Dimensionen (1). Unter der Oberfläche eines kaum veränderten Repertoires entwickelte sich eine immer deutlicher werdende, an Besucherzahlen ablesbare Diskrepanz zwischen dem in den Arbeitsergebnissen zum Ausdruck kommenden Selbstverständnis einflußreicher Theaterschaffender als Anreger sozialer und ästhetischer Veränderungsprozesse und den Ansprüchen

---

(1) Siehe S. 47 ff., S. 66 ff.

der Besucher an das Theater (1). Diese Entwicklung und die daraus resultierenden Konflikte, die zeitweilig zu einer völligen Infragestellung der Institution Theater geführt haben, hätten bei einer rechtzeitigen Öffnung der Theater zu soziologischer Analyse vorausgesehen werden können, und zwar sowohl in Hinblick auf die Reaktion des traditionellen Publikums für den Fall abrupter Veränderungen der ästhetisch-formalen oder inhaltlichen Standards als auch in Hinblick auf die Chancen, ein "neues", den veränderten Standards aufgeschlosseneres Publikum zu gewinnen.

f) Wie die Behandlung des Fragenkomplexes über organisationsinterne Konfliktbereiche zeigte (2), haben arbeitsrechtliche, ausbildungspolitische, tarifpolitische und verwaltungstechnische Entwicklungen innerhalb der Theaterbetriebe zu Strukturen geführt, die in wichtigen Bereichen gegenüber Wandlungstendenzen ein ausgeprägtes Beharrungsvermögen aufweisen. Die Konzeption einer im administrativen und technischen Bereich bürokratischen Struktur der Theater, die wegen ihres instrumentalen Charakters wechselnden und auch gegensätzlichen übergeordneten künstlerischen Zielvorstellungen weitgehend friktionslose Verwirklichung gewährleistet und somit für den Bestand der Institution stabilisierende Funktion ausübt, diese Konzeption ist als idealtypisch im Weberschen Sinne zu bezeichnen. Wie vor allem die jüngere Vergangenheit zeigte, wird realiter die Verwirklichung unterschiedlicher künstlerischer Programme entweder durch Gegebenheiten auf der Organisationsebene positiv oder negativ beeinflußt, oder anders ausgedrückt: verlangen unterschiedliche

(1) Vgl. hierzu die Ausführungen auf S. 74 ff zu den Ergebnissen der Studie von K. Fohrbeck und A. J. Wiesand, op. cit.

(2) Siehe Kapitel 2.3., S. 150 ff.

künstlerische Programme bzw. Veränderungen im Rollenselbstverständnis der Künstler einen Wandel im administrativ-organisatorischen Bereich. Dysfunktionale Prozesse werden gegenwärtig vielerorts überdeckt durch eine zunehmende Diffusität der künstlerischen Zielsetzung ("Theater als Warenhaus", d. h. Pluralität künstlerischer Zielvorstellungen innerhalb eines einzigen Theaterbetriebes), doch die öffentlichen und internen Kontroversen über die gesellschaftlich "wünschenswerte(n)" Funktion(en) der Institution Theater werden ungeachtet ihrer Dauer und ihres Ausgangs die Organisationsstruktur nicht unverändert lassen. Die Abwesenheit betriebs- und organisationssoziologischer Analysen als Grundlage einer planvollen äußeren und inneren Strukturreform muß sowohl den theatertragenden Gebietskörperschaften als auch den institutionalisierten Interessenvertretungen der Theaterschaffenden als Versäumnis angelastet werden.

g) Während die vorbezeichneten Sachverhalte bereits deutlich die kritischen Bereiche aufdecken, die für das Theater in der Zukunft bedeutsam sind, zeigte die Analyse typischer Publikumsuntersuchungen, daß bestenfalls von einem Rudimentärzustand der Publikumsforschung für das Theater gesprochen werden kann (1). Die Soziologie der Freizeit (2) und der Massenkommunikation (3) hatten bisher nur unzureichend Gelegenheit,ihr forschungstechnisches und methodologisches Instrumentarium auf den Bereich des Theaters anzuwenden. In Perioden steigender Besucherzahlen werden Publikumsuntersuchungen als überflüssig erachtet, in Zeiten stagnierender oder rückläufiger

---

(1) Siehe Kapitel 2.4., S. 185 ff.

(2) Siehe Kapitel 1.4., S. 58 ff.

(3) Siehe Kapitel 1.3., S. 43 ff.

Besucherzahlen werden Publikumsuntersuchungen durchgeführt als Teil verstärkter Öffentlichkeitsarbeit und Werbung mit dem Wunsch nach möglichst schneller Anhebung der Besucherzahlen. Zwar konnten auf diese Weise in der Vergangenheit Grunddaten ermittelt werden, die globale Aussagen zulassen über die Struktur des Publikums und über seine Erwartungen. Doch nach wie vor herrscht in Theaterkreisen unverhohlene Sekpsis gegenüber weiterreichenden Bemühungen um eine kontinuierliche Theaterforschung (ähnlich der inzwischen für unverzichtbar erachteten Buchmarktforschung, Fernsehforschung etc.), die neben einer über statistische Erhebungen hinausgehenden Erfolgskontrolle spezifisch für das Theater Informationen und Analysen bereitstellen kann über die Bedeutung und Veränderung von Freizeitmustern, Konsumgewohnheiten im kulturellen und medialen Bereich, Perzeptionsweisen, Erwartungen sowie die geschmacksästhetischen Standards des Publikums und alle fernerhin denkbaren Aspekte, welche mittel- oder unmittelbar aus der Rezipienten- bzw. Konsumentensphäre auf das Theater einwirken.

Die Befürchtung, daß der fortbestehende künstlerische Autonomieanspruch des Theaters präjudiziert bzw. eingeschränkt wird durch eindeutige und ständig ergänzte Informationen über das Publikum, ist als Ursache für das Desinteresse an systematischer Theaterforschung anzusehen. Allerdings hat die zeitweilig rigorose Verwirklichung dieses Autonomieanspruchs die Institution des Theaters in die gegenwärtige Legitimationskrise geführt.

h) Angesichts der vielschichtigen, alle Sektoren betreffenden manifesten und latenten Konflikte kann Theaterforschung nicht beschränkt bleiben auf die Anwendung soziologischer Einzelkonzepte, sondern bedarf einer Perspektive, welche die Methoden und Erkenntnisse unterschiedlicher Wissenschaftsdisziplinen - angefangen bei der Betriebswirtschaft bis hin zu rechtswissenschaftlichen Fragestellungen - integriert.

Für die Soziologie haben wir anhand konkreter Fragestellungen, die in der gegenwärtigen Diskussion im Vordergrund stehen, zu zeigen versucht, daß neben anderen z. B. die empirische Kunstsoziologie, die Soziologie der Massenkommunikation, der Freizeit und der Organisation aus der Perspektive ihres jeweiligen Erkenntnisbereichs einander ergänzende Konzepte zur Untersuchung der sozio-kulturellen Institution "Theater" bereitstellen.

Wenn wir eingangs dieser Arbeit U. Rapps programmatische Unterscheidung zwischen "Soziologie des Theaters" und "Theatersoziologie" kritisch beurteilten (1), so geschah dies nicht in Verkennung ihrer zweifellos gegebenen methodologischen Bedeutsamkeit, sondern aus dem Wunsch, der Theatersoziologie im Sinne einer umfassenden Forschung für das Theater Priorität einzuräumen gegenüber der Schaffung zusätzlicher formalsoziologischer Konzepte, die sich der Nomenklatur einer Institution bedienen, einer Institution, die ihrerseits noch keine hinreichende soziologische Analyse erfahren hat.

---

(1) Siehe S. 18 ff.

4. Tabellen, Übersichten und Materialien

Quellen der Tabellen, Übersichten und Materialien

1. Divo-Pressedienst, März 1963, S. 3.
   Zitiert nach E. K. Scheuch, Soziologie der Freizeit, op. cit., S. 778.

2. Divo-Pressedienst, März 1963.
   Zitiert nach E. K. Scheuch, op. cit., S. 780.

3. Ibid., S. 786.

4. Deutscher Bühnenverein (Hrsg.), Vergleichende Theaterstatistik 1949 - 1968, op. cit., S. 6.

5. Ibid., S. 10.

6. Ibid., S. 21 sowie Eigenauswertung verschiedener statistischer Erhebungen durch den Verfasser.

7. Ibid., S. 17 sowie Eigenauswertung verschiedener statistischer Erhebungen durch den Verfasser.

8. Die Deutsche Bühne, 44. Jg., Nr. 5, 1973, S. 8.

9. Deutscher Bühnenverein (Hrsg.), Vergleichende Theaterstatistik 1949-1968, op. cit., S. 26 sowie Eigenauswertung verschiedener statistischer Erhebungen durch den Verfasser.

10. Theater 1973, Velber bei Hannover, S. 63.

11. Deutscher Bühnenverein (Hrsg.), Theaterstatistik 1970/71, op. cit., S. 44.

12. Statistisches Bundesamt (Hrsg.), op. cit., S. 34.

13. u. 14. Statistisches Bundesamt (Hrsg.), op. cit. sowie Eigenauswertung verschiedener statistischer Erhebungen durch den Verfasser.

15. bis 17. Deutscher Bühnenverein (Hrsg.), op. cit. sowie Eigenauswertung verschiedener statistischer Erhebungen durch den Verfasser.

18. bis 55. Sekundäranalyse der jährlich vom Deutschen Bühnenverein veröffentlichten Werkstatistiken.

56. - 59. Theater 1972, Velber bei Hannover, Werkstatistiken des Deutschen Bühnenvereins.

60. Theater 1970, Velber bei Hannover, S. 84 ff.

61. Theater 1971, Velber bei Hannover, S. 4.

62. Theater 1972, Velber bei Hannover, S. 4.

63. - 74. Sekundäranalyse der jährlich vom Deutschen Bühnenverein veröffentlichten Werkstatistiken.

75. - 77. Ergebnisberichte (z. T. vertraulich) der jeweiligen Forschungsinstitute.

78. Deutscher Bühnenverein (vertraulich).

79. Städtische Bühnen Nürnberg-Fürth, Städtische Bühnen Freiburg i. Br.

80. Satzung der Genossenschaft Deutscher Bühnen-Angehörigen, Satzung des Deutschen Bühnenvereins.

1. Einstufung verschiedener Tätigkeiten als zur Freizeit gehörend (Bundesrepublik 1962)

Tätigkeiten	Antwortvorgaben			
	Gehört zur Freizeit	Teils/ teils	Gehört nicht dazu	Keine Angabe
	%	%	%	%
Sich ausruhen/etwas schlafen	75	12	10	3
Gartenarbeit	39	28	28	5
Hausarbeit	11	15	68	6
Fernsehen	69	16	7	8
Um die Schulaufgaben der Kinder kümmern	24	27	33	16
Mit Nachbarn unterhalten	49	28	15	8
Besuche machen	69	22	5	4
Mit der Familie zusammen sein	67	20	8	5
Allgemeinbildung verbessern	41	30	20	9
Berufliche Weiterbildung	28	29	34	9
Sich mit politischen Fragen beschäftigen	29	28	26	17
Einkaufsbummel	61	20	12	7
Einkaufen	22	22	50	6
Theater, Konzerte oder andere kulturelle Veranstaltungen	83	8	2	6
Vereinsleben	46	27	14	13
Sich in Berufsverbänden und ähnlichen Organisationen betätigen	24	30	30	16
Am kirchlichen Gemeindeleben teilnehmen	44	29	15	12

2. Eindeutigkeit der Zurechnung von Tätigkeiten zur Freizeit aufgrund der Ergebnisse von Auswahlfragen (Bundesrepublik 1962) +)

Tätigkeiten	Indexwert
1. Eindeutig zur Freizeit gehörend:	
Theater, Konzert oder andere kulturelle Veranstaltungen	+ 81
Sich ausruhen, etwas schlafen	+ 65
Besuche machen	+ 64
Fernsehen	+ 62
Sich mit der Familie beschäftigen	+ 59
Einen Einkaufsbummel machen	+ 49
2. Überwiegend noch der Freizeit zugerechnet:	
Mit Nachbarn unterhalten	+ 34
Sich am Vereinsleben beteiligen	+ 32
Am kirchlichen Gemeindeleben teilnehmen	+ 29
Seine Allgemeinbildung verbessern	+ 21
3. Nicht der Freizeit zugehörig:	
Gartenarbeit	+ 11
Um die Schulaufgaben der Kinder kümmern	+ 9
Sich mit politischen Fragen beschäftigen	+ 3
Sich beruflich weiterbilden	- 6
Sich in Berufsverbänden oder anderen Organisationen betätigen	- 6
4. Das Gegenteil von Freizeit sind:	
Einkaufen	- 28
Hausarbeit	- 57

+) Ein"Kontrapositionsindex", gebildet durch Abzug der negativen Nennungen ("Gehört zur Freizeit" von den positiven ("Gehört zur Freizeit").

3. Übersicht

Rangordnungen verschiedener Tätigkeiten nach verschiedenen Maßstäben der Beurteilung bei einem Querschnitt der Bevölkerung des Bundesgebietes

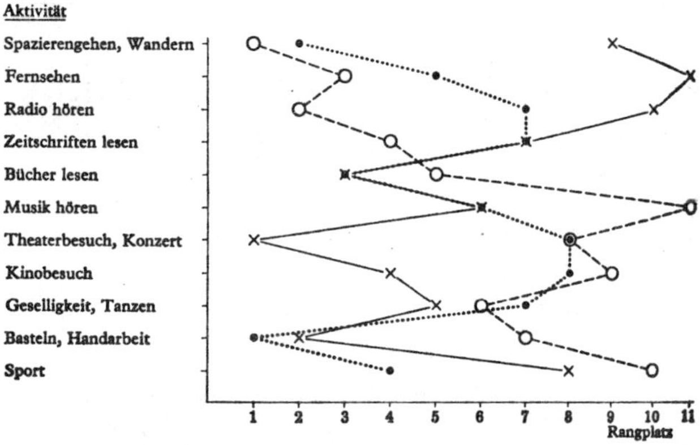

Rangposition 1 = höchste Bewertung; Rangposition 11 = niedrigste.

Zeichenerklärung: •·········• Persönliche Präferenz der Befragten
×———× „objektiver" Wert der Tätigkeit
○– – – –○ Vorgestellte Präferenzen der Bevölkerung.

4. Obersicht

Öffentliche Theater: Plätze, Veranstaltungen und Besucher 1957/58 – 1968/69

1957/58 = 100

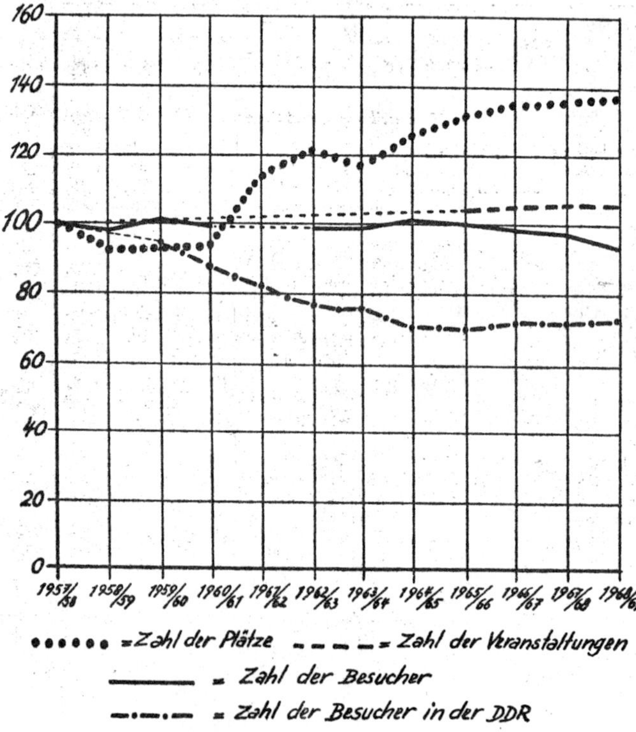

5. Übersicht

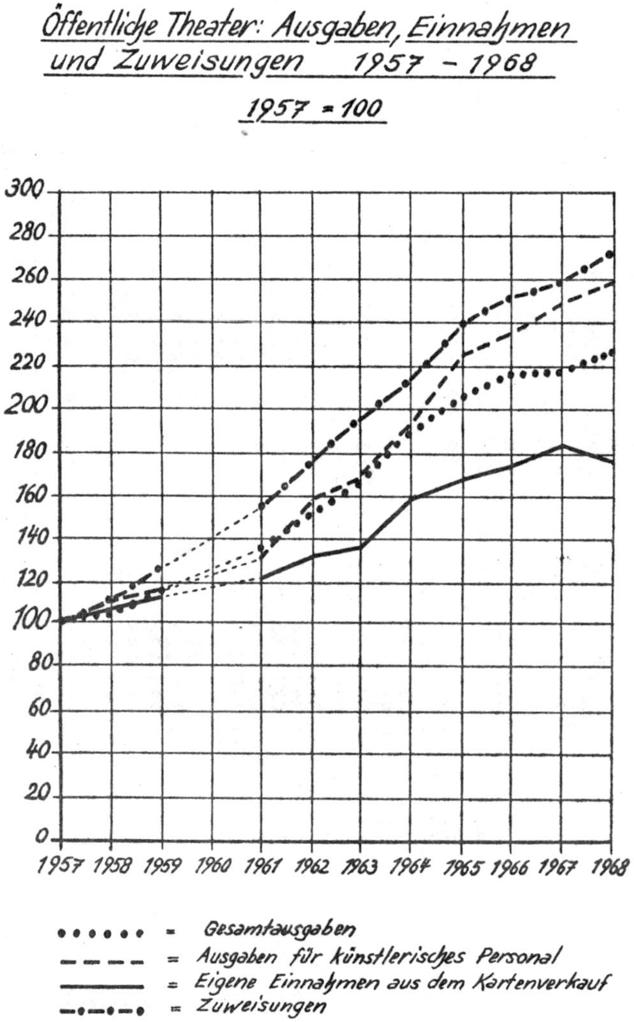
Öffentliche Theater: Ausgaben, Einnahmen und Zuweisungen 1957 - 1968
1957 = 100
300
280
260
240
220
200
180
160
140
120
100
80
60
40
20
0
1957 1958 1959 1960 1961 1962 1963 1964 1965 1966 1967 1968
= Gesamtausgaben
= Ausgaben für künstlerisches Personal
= Eigene Einnahmen aus dem Kartenverkauf
= Zuweisungen

6. Tabelle

Personal, Ausgaben und Einnahmen der öffentlichen Theater 1949-1970 (absolute Zahlen)

Rechnungsjahr	Personal am 31.12.(1) insgesamt	Personal am 31.12.(1) dar. künstl. Solopers.	Ausgaben in 1000 DM insgesamt	Ausgaben in 1000 DM künstl. Personal(2)	Ausgaben in 1000 DM Bauaufwand	Einn. in 1000 DM aus Kartenverkauf	Einn. in 1000 DM Zuweisungen insgesamt (3)	Einspielergebnis %	Gesamtzuschuß je Einwohner DM	Betriebszuschuß je Besucher (4) DM
	1	2	3	4	5	6	7	8	9	10
1949	14 686	3 582	102 897	55 667	-	39 529	63 348	36,7	4,58	
1951	15 760	3 880	150 948	64 551	17 212	43 345	96 120	37,7	5,75	(4,48)
1953	16 970	4 139	166 574	71 793	12 114	50 758	101 237	39,2	5,73	(4,63)
1954	17 027	4 201	175 423	76 814	8 971	48 940	112 461	37,9	5,99	(5,14)
1955	17 183	4 189	210 231	84 554	25 227	51 114	128 580	38,9	7,06	(6,87)
1956	18 757	4 419	233 416	.	25 540	58 025	147 541	37,7	7,94	6,15
1957	19 176	4 550	254 436	98 938	25 932	61 941	152 729	40,0	8,21	6,37
1958	.	.	265 945	108 441	16 007	65 269	170 973	35,8	9,06	7,30
1959	20 810	4 875	302 073	112 750	27 383	70 557	193 565	35,9	10,08	7,63
1961	21 495	4 982	346 085	130 710	29 953	75 145	235 411	.	11,90	9,00
1962	.	.	390 116	157 372	33 596	82 190	269 639	30,8	13,82	11,34
1963	22 576	5 241	423 760	165 571	31 056	84 409	297 755	30,8	15,14	12,89
1964	.	.	470 363	190 859	34 183	99 032	324 570	30,9	16,31	12,35
1965	23 424	5 237	523 337	223 265	43 508	103 502	365 794	30,2	18,20	14,58
1966	23 167	5 081	553 238	232 959	37 092	108 072	384 119	29,3	19,25	17,29
1967	23 405	5 054	555 661	245 274	18 992	113 020	396 006	29,3	19,86	17,20
1968	23 293	5 027	576 170	256 740	9 824	109 635	416 125	27,9	20,83	19,17
1969	23 893	.	657 272	280 779	21 330	107 946	485 000	26,0	24,12	23,02
1970	24 231	.	728 607	311 574	24 398	106 576	564 525	23,1	28,54	27,41

(1) ständig beschäftigtes Personal.
(2) einschl. Ballett, Chor, Orchester.
(3) einschl. Rundfunk, Lotto, sonstige Stellen.
(4) 1951 bis 1955 in Klammern = Gesamtzuschuß je Theaterplatz.

7. Tabelle Plätze, Veranstaltungen und Besucher der öffentlichen Theater 1949 - 1971

Spielzeit	Theaterstädte	Theater, Spielstätten (Bühnen)	Plätze am 31.12. insgesamt	Plätze am 31.12. auf 1000 Einwohner	Veranstaltungen	Besucher insgesamt	Besucher auf 100 Einwohner 2)	Besucher v.H. der verfügbaren Plätze 1) Opern	Operetten, Musicals Ballette	Schauspiele	Konzerte
	1	2	3	4	5	6	7	8	9	10	11
1949/50	64	104	74 096	5,1	23 173	11 366 141	78	63,8		57,6	66,6
1951/52	70	112	84 301	5,1	.	15 711 203	94	70,9		65,5	76,1
1953/54	70	115	84 785	4,8	.	17 435 863	100	78,1		72,1	80,4
1954/55	71	114	80 807	4,5	.	17 963 994	101	77,0		74,1	82,4
1955/56	70	121	82 602	4,5	.	18 387 639	102	78,4		75,5	75,8
1956/57	73	126	86 400	4,6	29 126	19 519 974	105	80,3		78,2	82,0
1957/58	73	129	94 368	4,8	.	20 018 685	108	80,6		78,7	80,1
1958/59	70	129	87 538	4,7	29 462	19 723 056	105	80,7		77,8	80,0
1959/60	74	128	87 689	4,6	.	20 220 790	106	81,1		77,3	84,0
1960/61	74	.	88 498	4,4	.	19 886 838	104	77,3		78,5	79,1
1961/62	74	147	109 595	5,2	.	.	.	76,5		76,4	84,2
1962/63	73	150	114 614	5,8	.	19 686 600	101	75,2		73,4	83,2
1963/64	73	156	111 016	5,7	.	19 755 293	100	74,5		75,3	82,6
1964/65	73	155	118 262	6,0	.	20 354 675	103	76,0		74,9	82,9
1965/66	76	165	124 375	6,2	30 743	20 127 740	101	75,3	75,2	74,6	78,6
1966/67 3)	75	175	127 603	6,4	30 980	19 780 537	99,7	80,3	79,2	77,3	83,7
1967/68	76	183	127 905	6,4	31 154	19 442 233	98,2	78,0	77,2	75,5	81,8
1968/69	77	188	129 557	6,6	30 995	18 761 716	94,9	77,0	74,4	74,2	81,3
1969/70	79	185	126 916	6,3	31 078	17 993 003	89,2	74,1	73,6	71,6	79,3
1970/71	77	194	127 333	6,4	30 550	17 655 373	88,8	75,6	75,9	72,3	79,3

1) Ab 1966/67 neue Berechnung.
2) Auf 100 Einwohner am Ort.
3) Ab 1966/67 gewogener Durchschnitt.

8. Tabelle Gastspiele auswärtiger Bühnen 1967/68 und 1971/72

Größengruppe	Gemeinden	Öffentl. Theater	Landesbühnen	Tourneetheater	Sonstige Bühnen	Insgesamt
		Zahl der Gastspiele				
		Spielzeit 1967/68				
B +)	9	237	33	108	41	419
vH		56,6	7,9	25,8	9,8	100,0
C +)	27	334	285	241	120	980
vH		34,1	29,1	24,6	12,2	100,0
D +)	105	288	398	421	195	1302
vH		22,1	30,6	32,3	15,0	100,0
E +)	9	21	25	10	19	75
vH		28,0	33,4	13,3	25,3	100,0
Zus.	150	880	741	780	375	2776
vH		31,7	26,7	28,1	13,5	100,0
		Spielzeit 1971/72				
B +)	9	374	29	131	51	585
vH		63,9	5,0	22,4	8,7	100,0
C +)	37	338	349	551	187	1425
vH		23,7	24,5	38,7	13,1	100,0
D +)	95	220	279	686	189	1374
vH		16,0	20,3	49,9	13,8	100,0
E +)	9	17	31	11	17	76
vH		22,4	40,8	14,5	22,3	100,0
Zus.	150	949	688	1379	444	3460
vH		27,4	19,9	39,9	12,8	100,0

+) B = Gemeinden mit 100.000 bis 200.000 Einwohnern
C = Gemeinden mit 50.000 bis 100.000 Einwohnern
D = Gemeinden mit 20.000 bis 50.000 Einwohnern
E = Gemeinden unter 20.000 Einwohnern

9. Tabelle

Privattheater 1959 - 1971

Spielzeit	Gemeinden	Bühnen	Plätze am 31.12. insgesamt	Plätze am 31.12. auf 1000 Einwohner	Veranstaltungen insgesamt	Veranstaltungen auf 1000 Einwohner	Besucher insgesamt in 1000	Besucher auf 100 Einwohner	Öffentl. Zuweis. 1) in 1000 DM	Öffentl. Zuweis. 1) je Einwohner
	1	2	3	4	5	6	7	8	9	10
1959/60	36	67	21 891	1,8	14 475	1,2	3 347	27,7	2 219,9	0,18
1960/61	39	71	24 038	1,8	15 011	1,2	3 781,5	29,9	.	.
1961/62	31	70	27 310	2,3	16 134	1,4	4 090,5	34,2	2 795,5	0,34
1962/63	32	76	31 433	2,5	17 227	1,4	4 640,5	38,8	6 211,5	0,67
1963/64	31	77	31 316	2,6	18 146	1,5	5 135,6	42,8	8 213,2	0,76
1964/65	30	73	27 014	2,2	17 543	1,4	5 087,1	41,7	9 072,1	0,74
1965/66	31	74	27 112	2,2	17 736	1,4	5 048,5	41,1	9 531,6	0,78
1966/67	27	71	25 425	2,3	17 603	1,6	4 948,5	46,8	8 407,6	0,75
1967/68	30	76	24 949	2,1	18 290	1,5	4 862	40,6	8 099,0	0,68
1968/69	26	69	23 064	2,0	17 738	1,5	4 148	36,5	9 197,6	0,81
1969/70	29	74	21 763	1,8	18 342	1,5	4 257	34,2	9 024,1	0,73
1970/71	28	71	22 346	1,9	18 545	1,6	4 238,3	35,8	10 957,8	0,92

1) Einschl. etwaiger Platzzuschüsse.

Das deutsche Theatersystem

Die regionale Verteilung der Theater in der BRD

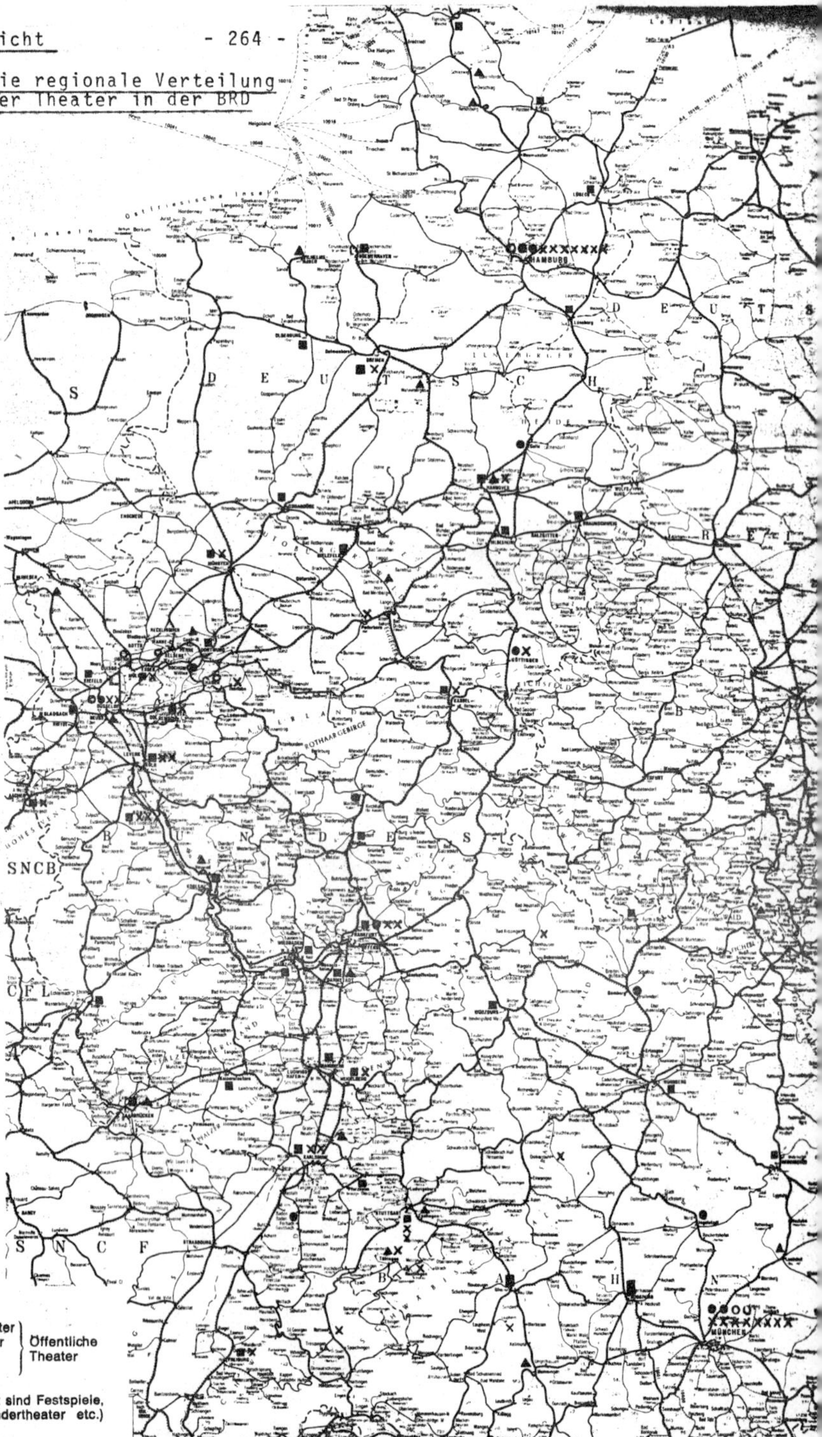

■ Mehrspartentheater
● Schauspieltheater
○ Musiktheater
▲ Landesbühne
} Öffentliche Theater

✕ Privattheater

(Nicht berücksichtigt sind Festspiele, Freilichttheater, Kindertheater etc.)

11. Tabelle Zahl der öffentlichen Theater in der BRD nach Gemeindegrößengruppen 1970/71

Gemeindegrößengruppe	Zahl der Gemeinden mit Theatern		Zahl der Spielstätten	
	abs.	%	abs.	%
A1 1 Mill. und mehr Einwohner	3	3,9	15	7,7
A2 500.000 - 1 Mill. Einwohner	8	10,4	29	14,9
A3 200.000 - 500.000 Einwohner	17	22,1	47	24,2
B 100.000 - 200.000 Einwohner	20	26,0	54	27,8
C 50.000 - 100.000 Einwohner	18	23,4	35	18,1
D 20.000 - 50.000 Einwohner	10	12,9	13	6,7
E unter 20.000 Einwohner	1	1,3	1	0,5
	77	100,0	194	99,9

12. Tabelle Gemeinden der BRD am 16. 5. 1970 nach Gemeindegrößenklassen

Gemeinden mit... bis unter... Einwohnern		BRD insgesamt abs.	%	davon mit eigenem Theater abs.	%
A1 + A2	500.000 und mehr	11	100	11	100
A3	200.000 - 500.000	18	100	17	100
B	100.000 - 200.000	31	100	20	100
C	50.000 - 100.000	64	100	18	100
D	20.000 - 50.000	229	100	10	100
E	10.000 - 20.000	429	100	1	100
		782	100	77	100

13. Tabelle

Zahl der Theaterstädte, aufgegliedert nach dem Theaterangebot entsprechend den Sparten:

1. Opern
2. Operetten/Musicals
3. Ballett
4. Schauspiel

Gemeindegrößengruppe A 1 (über 1 Mill. Einwohner):

Opern - Operetten/Musicals - Ballett - Schauspiel:	3 Städte

Gemeindegrößengruppe A 2 (500.000 - 1 Mill. Einwohner):

Opern - Operetten/Musicals - Ballett - Schauspiel:	7 Städte
Opern - Operetten/Musicals - Schauspiel:	1 Stadt
	8 Städte

Gemeindegrößengruppe A 3 (200.000 - 500.000 Einwohner):

Opern - Operetten/Musicals - Ballett - Schauspiel:	13 Städte
Opern - Operetten/Musicals - Schauspiel:	4 Städte
	17 Städte

Gemeindegrößengruppe B (100.000 - 200.000 Einwohner):

Opern - Operetten/Musicals - Ballett - Schauspiel:	8 Städte
Opern - Operetten/Musicals - Schauspiel:	7 Städte
Opern - Schauspiel:	1 Stadt
Operetten/Musicals - Schauspiel:	1 Stadt
Schauspiel:	3 Städte
	20 Städte

weiter Tabelle 13

Gemeindegrößengruppe C (50.000 - 100.000 Einwohner):

Opern - Operetten/Musicals - Ballett - Schauspiel:	3 Städte
Opern - Operetten/Musicals - Schauspiel:	6 Städte
Operetten/Musicals - Schauspiel:	1 Stadt
Schauspiel:	8 Städte
	18 Städte

Gemeindegrößengruppe D (20.000 - 50.000 Einwohner):

Opern - Operetten/Musicals - Ballett - Schauspiel:	1 Stadt
Opern - Operetten/Musicals - Schauspiel:	3 Städte
Operetten/Musicals - Schauspiel:	1 Stadt
Ballett - Schauspiel:	1 Stadt
Schauspiel:	4 Städte
	10 Städte

Gemeindegrößengruppe E (unter 20.000 Einwohner):

Schauspiel:	1 Stadt

Gesamtrechnung
Zahl der Gemeinden mit Theater: 77

Zahl der Gemeinden mit Theater, Sparte Schauspiel:

A1	3	(100 % von 3)
A2	8	(100 % von 8)
A3	17	(100 % von 17)
B	20	(100 % von 20)
C	18	(100 % von 18)
D	10	(100 % von 10)
E	1	(100 % von 1)
	77	(100 % von 77)

weiter Tabelle 13

Zahl der Gemeinden mit Theater, Sparte Oper:

A1	3	(100 % von 3)
A2	8	(100 % von 8)
A3	17	(100 % von 17)
B	16	(80 % von 20)
C	9	(50 % von 18)
D	4	(40 % von 10)
E	0	(0 % von 1)
	57	(74,0% von 77)

Zahl der Gemeinden mit Theater, Sparte Operette/Musical:

A1	3	(100 % von 3)
A2	8	(100 % von 8)
A3	17	(100 % von 17)
B	16	(80 % von 20)
C	10	(55 % von 18)
D	5	(50 % von 10)
E	0	(0 % von 1)
	59	(76,6% von 77)

Zahl der Gemeinden mit Theater, Sparte Ballett:

A1	3	(100 % von 3)
A2	7	(87,5% von 8)
A3	13	(76,5% von 17)
B	8	(40 % von 20)
C	3	(16,5% von 18)
D	2	(20 % von 10)
E	0	(0 % von 1)
	36	(46,7% von 77)

14.Tabelle

Zahl der Vorstellungen getrennt nach Sparten in den Kommunen der BRD mit öffentlichen Theatern (Spielzeit 1970/71)

Erklärung der Spalten:
1 = Gemeinde (geordnet nach Gemeindegrößengruppen)
2 = Zahl der Opernvorstellungen
3 = Zahl der Operetten- und Musicalvorstellungen
4 = Zahl der Schauspielvorstellungen
5 = Zahl der Ballettvorstellungen
6 = Gesamtvorstellungszahl
7 = Zahl der Spielstätten

1 Gemeinde	2 Oper		3 Operette, Musical		4 Schauspiel		5 Ballett		6 Total	7 Spielstätten
	%	N	%	N	%	N	%	N	N	
A1										
1.Berlin (West)	25,0	279	-	-	71,3	794	3,7	41	1114	4
2.Hamburg	24,3	275	-	-	71,8	812	3,9	44	1131	4
3.München	36,1	520	5,2	74	54,4	783	4,3	62	1439	7
A2										
4.Köln	27,6	220	9,7	77	58,9	470	3,8	30	797	3
5.Essen	22,4	98	10,5	46	64,8	283	2,3	10	437	3
6.Frankfurt	19,5	213	3,0	32	72,4	790	5,1	56	1091	4
7.Düsseldorf	25,9	245	-	-	68,3	647	5,8	55	947	3
8.Dortmund	21,4	134	16,0	100	62,6	392	-	-	626	3
9.Stuttgart	31,7	210	4,2	28	54,1	359	10,0	66	663	3 (1)
10.Bremen	15,8	103	10,6	69	71,8	469	1,8	12	653	3
11.Hannover	27,2	238	4,5	39	64,5	564	3,8	33	874	4 (2)
A3										
12.Nürnberg	19,5	129	18,8	125	60,8	403	0,9	6	663	3 (1)
13. Duisburg	77,6	111	12,6	18	-	-	9,8	14	143	1
14.Wuppertal	28,0	125	6,5	29	57,6	257	7,9	35	446	2
15.Gelsenkirchen	41,8	76	40,7	74	14,3	36	3,2	6	192	2 (1)
16.Bochum	-	-	-	-	100,0	315	-	-	315	2
17.Bonn	29,7	82	8,7	24	55,4	153	6,2	17	276	2 (1)
18.Mannheim	18,8	211	14,8	87	59,4	350	7,0	41	689	3
19.Kiel	21,3	124	11,4	66	62,5	363	4,8	28	581	3
20.Karlsruhe	23,3	142	19,6	120	54,5	333	2,6	16	611	3

weiter Tabelle 14

1 Gemeinde	2 Oper		3 Operette, Musical		4 Schauspiel		5 Ballett		6 Total	7 Spielstätten
	%	N	%	N	%	N	%	N	N	
21.Wiesbaden	18,2	114	10,0	63	66,7	418	5,1	32	627	3 (1)
22.Oberhausen	8,9	25	33,5	94	57,6	162	-	-	281	3
23.Lübeck	22,1	113	12,1	62	64,8	331	1,0	5	511	3 (1)
24.Braunschweig	28,7	126	11,6	51	55,4	243	4,3	19	439	2 (1)
25.Krefeld	25,5	79	17,4	54	57,1	177	-	-	310	2
26.Kassel	21,1	112	17,9	95	58,4	310	2,6	14	531	2 (1)
27.Augsburg	25,1	96	20,9	86	45,4	159	8,6	30	371	2 (1)
28.Hagen	39,3	84	47,7	102	13,0	28	-	-	214	1
B										
29.Münster	17,4	78	15,9	71	66,7	299	-	-	448	2
33.Aachen	15,3	112	12,5	91	72,2	528	-	-	731	3 (1)
34.Mainz	25,4	78	15,9	49	56,8	175	1,9	6	308	4
35.Bielefeld	18,9	86	17,7	80	63,4	287	-	-	453	3
36.Freiburg	20,0	85	24,4	103	53,7	244	1,9	8	440	3 (1)
37.Mönchengl.	21,0	39	23,1	43	55,4	103	-	-	185	1
38.Osnabrück	17,5	73	30,9	129	51,6	225	-	-	427	2 (1)
39.Darmstadt	35,6	132	-	-	64,4	239	-	-	371	3
40.Bremerhaven	18,1	61	24,6	83	55,2	186	2,1	7	337	2
42.Oldenburg	20,8	87	17,5	73	59,1	256	2,6	11	427	2 (1)
43.Regensburg	21,1	77	30,4	111	48,5	177	-	-	365	2 (1)
44.Saarbrücken	18,4	92	15,4	77	63,9	320	2,3	12	501	3 (1)
46.Heidelberg	21,9	71	21,3	69	53,1	172	3,7	12	324	1
47.Koblenz	21,9	89	26,6	113	51,5	193	-	-	395	4 (1)
50.Würzburg	22,7	73	25,1	81	52,2	171	-	-	325	2 (1)
51.Neuß	-	-	-	-	100,0	98	-	-	98	1
52.Göttingen	-	-	-	-	100,0	296	-	-	296	1
56.Trier	23,2	67	26,6	70	50,2	137	-	-	274	2 (3)
57.Wilhelmshaven	-	-	-	-	100,0	100	-	-	100	1
58.Heilbronn	-	-	6,7	13	93,3	182	-	-	195	2
C										
60.Kaiserslautern	18,5	47	24,4	62	57,1	145	-	-	254	2
63.Flensburg	22,8	52	19,7	46	57,5	131	-	-	229	2 (1)
65.Hildesheim	12,1	43	27,9	99	60,0	213	-	-	355	2
66.Ulm	27,2	94	16,2	56	55,5	192	1,1	4	346	2
67.Pforzheim	19,1	61	24,7	88	86,2	180		2	331	2 (1)
69.Esslingen	-	-	-	-	100,0	190	-	-	190	2

weiter Tabelle 14

1 Gemeinde	2 Oper %	 N	3 Operette, Musical %	 N	4 Schauspiel %	 N	5 Ballett %	 N	6 Total N	7 Spiel- stätten
73.Castrop-Rauxel	-	-	-	-	100,0	34	-	-	34	2
82.Gießen	13,1	36	21,2	58	65,7	180	-	-	274	1
86.Bamberg	-	-	-	-	100,0	177	-	-	177	1
87.Ingolstadt	-	-	-	-	100,0	235	-	-	235	2
92.Detmold	18,3	40	23,9	52	50,0	117	7,8	17	226	1 (2)
94.Neuwied	-	-	-	-	100,0	38	-	-	38	1
95.Konstanz	-	-	-	-	100,0	211	-	-	211	1
97.Lüneburg	-	-	42,4	67	57,6	91	-	-	158	1
.02.Celle	-	-	-	-	100,0	359	-	-	359	3
.07.Tübingen	-	-	-	-	100,0	79	-	-	79	2
.09.Hof	14,2	24	36,7	62	49,1	83	-	-	169	2
.44.Landshut	12,1	13	12,1	13	75,8	81	-	-	107	1 (1)
.36.Cuxhaven	-	-	-	-		135		2	137	1
.43.Kleve	-	-	-	-	100,0	31	-	-	31	1
.47.Coburg	20,7	54	31,4	82	44,8	117	3,1	8	261	2 (1)
.81.Baden-Baden	-	-	-	-	100,0	226	-	-	226	1
.82.Straubing	15,8	3	10,5	2	73,7	14	-	-	19	1
.00.Rendsburg	11,7	13	18,0	20	70,3	78	-	-	111	1
.08.Memmingen	-	-	-	-	100,0	63	-	-	63	1
.12.Schleswig	-	-	-	-	100,0	84	-	-	84	1 (1)
.24.Passau	33,8	25	24,3	18	41,9	31	-	-	74	1
.60.Bruchsal	-	-	8,1	3	91,9	34	-	-	37	1
.98.Verden	-	-	-	-	100,0	52	-	-	52	1
		6089		3599		18390		761	28839	

15. Tabelle

Als "ständige Theaterräume" bühnenstatistisch ausgewiesene Spielstätten, in denen nur vereinzelte Theateraufführungen stattfinden (Spielzeit 1970/71)

Diese Spielstätten sind in............ in Klammern gesetzt und getrennt ausgewiesen.

1	Stuttgart	- Liederhalle (nur Konzerte)
2-3	Hannover	- Gartentheater Herrenhausen Galeriegebäude Herrenhausen
4	Nürnberg	- Meistersingerhalle (nur Konzerte)
5	Gelsenkirchen	- Schauburg-Lichtspiele (2 Schauspielaufführungen)
6	Bonn-Bad Godesberg	(nur Gastspiele fremder Ensembles und Tourneetheater)
7	Wiesbaden	- Kurhaus (nur Konzerte)
8	Lübeck	- Stadthalle (nur Konzerte und Gastspiele)
9	Braunschweig	- Stadthalle (nur Konzerte)
10	Kassel	- Stadthalle (nur Konzerte
11	Augsburg	- Freilichtbühne (8 Opernaufführungen, 13 Operettenaufführungen)
12	Aachen	- Kurhaus (nur Konzerte)
13	Freiburg	- Rathaushof Freilichtbühne (17 Schauspielaufführungen)
14	Osnabrück	- Rathausspiele (9 Schauspielaufführungen)
15	Oldenburg	- Spielraum (9 Schauspielaufführungen, 1 Konzert)
16	Regensburg	- Städtischer Neuhaussaal (nur Konzerte)
17	Saarbrücken	- Waldbühne (nur 1 Gastspiel)
18	Koblenz	- Sommerspielbühne (7 Schauspielaufführungen, 13 Operettenaufführungen)
19	Würzburg	- Freilichtbühne Hofgarten (3 Schauspielaufführungen)

weiter Tabelle 15

20-22	Trier	- Treviris Saalbau (nur Konzerte) Freilichtbühne Kaiserthermen (6 Opernaufführungen) Freilichtbühne Kurfürstl. Palais (5 Schauspielaufführungen)
23	Flensburg	- Deutsches Haus (1 Operettenaufführung)
24	Pforzheim	- Freilichtbühne Reuchlinhaus (9 Operettenaufführungen)
25-26	Detmold	- Studio (8 Schauspielaufführungen) Aula der Musikakademie (nur Konzerte)
27	Landshut	- Stadttheater (kein eigenes künstlerisches Personal)
28	Coburg	- Saal Coburger Hofbräu (4 Konzerte)
29	Schleswig	- Freilichtbühne Schloßhof (10 Schauspielaufführungen)

16. Tabelle

Theaterräume, in denen in der Spielzeit 1970/71 weniger als 50 Theaterveranstaltungen stattfanden

1	Hamburg	Malersaal Deutsches Schauspielhaus, 42 Schauspielaufführungen
2	Essen	Kammerspiele, 29 Schauspielaufführungen und 1 Gastspiel
3	Bremen	Concordia, 47 Schauspielaufführungen
4	Mannheim	Studiobühne in der Kunsthalle, 25 Schauspielaufführungen und 1 Gastspiel
5	Bonn	Studiobühne im Rhein. Landesmuseum, 21 Schauspielaufführungen, 6 Ballettaufführungen
6	Oberhausen	Studio, 31 Schauspielaufführungen
7	Lübeck	Studiobühne, 39 Schauspielaufführungen
8	Krefeld	Studiobühne, 16 Schauspielaufführungen
9-11	Mainz	Kleine Bühne, 27 Schauspielaufführungen
		Theater im Hause der Jugend, 10 Schauspielaufführungen
		Theater in der Universität, 14 Schauspielaufführungen und 2 Gastspiele
12	Bielefeld	Studio am alten Markt, 15 Schauspielaufführungen
13	Saarbrücken	Saarl. Landestheater, 38 Schauspielaufführungen
14	Koblenz	Operettenbühne auf dem Rhein, 41 Operettenaufführungen
15	Würzburg	Studiobühne, 46 Schauspielaufführungen und 1 Gastspiel
16	Trier	Studio, 34 Schauspielaufführungen

weiter Tabelle 16

17	Kaiserslautern	Kammerbühne, 24 Schauspielaufführungen und 5 Gastspiele
18	Flensburg	Studiobühne, 12 Schauspielaufführungen
19	Hildesheim	Studiobühne, 15 Schauspielaufführungen
20	Pforzheim	Studio Reuchlinhaus, 22 Schauspielaufführungen
21	Esslingen	Studiobühne, 39 Schauspielaufführungen
22-23	Castrop-Rauxel	Westf. Landestheater, 17 Schauspielaufführungen und 2 Gastspiele
		Studiobühne, 17 Schauspielaufführungen
24	Neuwied	Landesbühne, 38 Schauspielaufführungen
25-26	Celle	Union, 17 Schauspielaufführungen und 2 Gastspiele
		Studiobühne, 47 Schauspielaufführungen
27	Tübingen	Uhlandsaal, 23 Schauspielaufführungen und 5 Gastspiele
28	Hof	Studiobühne, 15 Schauspielaufführungen
29	Kleve	Theater am Niederrhein, 31 Schauspielaufführungen und 1 Gastspiel
30	Coburg	Saal Haus der Evang. Gemeinde, 16 Schauspielaufführungen
31	Straubing	Städtetheater, 3 Opern-, 2 Operetten- und 14 Schauspielaufführungen
32	Bruchsal	Badische Landesbühne, 3 Operettenaufführungen, 34 Schauspielaufführungen

17. Tabelle

Theaterräume, in denen in der Spielzeit 1970/71 **50 bis 100** Theaterveranstaltungen stattfanden

		Veranstaltungen:
1	München, Cuviliéstheater	94
2	München, Theater der Jugend	100
3	Essen, Schauspielhaus	94
4	Dortmund, Studio	95
5	Stuttgart, Kammertheater	57
6	Hannover, Nieders. Staatstheater, Theater am Aegi	76
7	Hannover, Landesbühne Hannover, Theater am Aegi	61
8	Kiel, Studiobühne	79
9	Karlsruhe, Studio	50
10	Wiesbaden, Studio	87
11	Oberhausen, Kammerspiele	60
12	Braunschweig, Kleines Haus	61
13	Freiburg, Podium	87
14	Freiburg, Kammertheater	84
15	Osnabrück, Studio 99	64
16	Darmstadt, Theater im Schloß	58
17	Darmstadt, Stadthalle	86
18	Regensburg, Podium	92
19	Koblenz, Studio	72
20	Neuß, Landesbühne	98
21	Wilhelmshaven, Landesbühne	100
22	Heilbronn, Studio	54
23	Ulm, Podium	72
24	Tübingen, Schillersaal	73
25	Memmingen, Landesbühne	69
26	Schleswig, Landesbühne	91
27	Passau, Landestheater	76
28	Verden, Landesbühne	55

Tabelle 18

In den Werkstatistiken 1962 - 1972 erscheinende Autoren

1+)	2+)	3+)	1	2	3
Albee	B	1	Fassbinder	A	113
Anouilh	C	2	Feydeau	D	99
Arrabal	B	107	Flatow	D	114
Audiberti	B	3	Forte	A	120
Ayckbourn	D	104	Frisch	A	12
			Fry	C	54
Bahr	D	51			
Barillet-Gredy	D	90	Genet	B	100
Bauer	A	108	Gershe	D	121
Beckett	B	4	Giraudoux	C	13
Bond	B	97	Goethe	C	14
Brecht	C	5	Goetz	D	15
Breffort	D	52	Gogol	C	16
Bruckner	C	91	Goldoni	C	17
Büchner	C	6	Gorki	C	55
			Grass	A	92
Calderon	C	7	Grillparzer	C	66
Camoletti	D	64			
Camus	C	8	Hachfeld	K/J	122
Christie	D	119	Hacks	A	67
Claudel	C	65	Handke	A	93
Cocteau	C	53	Hauptmann	C	18
Conners	D	9	Havel	B	82
Coward	D	98	Hebbel	C	19
			Henkel	A	115
Dorst	A	10	Hochhuth	A	56
Dürrenmatt	A	11	Hofmann	A	57
Duval	D	81	Hofmannsthal	C	20
Erdman	D	112	Horvath	C	105

+) Spaltenerklärung:
1 = Name
2 = Zuordnungskategorie
- A = Deutschsprachige Moderne
- B = Fremdsprachige Moderne
- C = Deutsch- und fremdspr. Klassik einschl. der sogen. "Klassik der Moderne"
- D = Autoren des "Boulevardtheaters" bzw. der sogen. "Halbmoderne"
- K = Autoren von Kinder- und Jugendstücken

3 = angegebene Zahl entspricht der Numerierung, unter der der betreffende Autor in der Tabelle "Gesamtübersicht" aufgeführt ist.

weiter Tabelle 18

1⁺)	2⁺)	3⁺)	1	2	3
Ibsen	C	21	Pagnol	D	72
Ionesco	B	22	Patrick	D	96
Kafka	C	116	Pinter	B	85
Kaiser	C	68	Pirandello	C	34
Kipphardt	A	69	Popplewell	D	60
Kleist	C	23	Priestley	C	35
Knott	D	101	Queneau	D	110
Kohout	B	58	Sartre	B	36
Krasna	D	24	Saunders	B	61
Lessing	C	25	Sauvajon	D	118
Lope de Vega	C	26	Schiller	C	37
Lorca	C	71	Schisgal	D	73
Ludwig / Krüger	K/J	117	Schnitzler	C	74
Marcus	D	94	Schönthan	D	86
Marivaux	C	83	Schwarz	C	75
Michelsen	A	95	Scribe	C	87
Miller	B	70	Shaffer	D	102
Moliere	C	27	Shakespeare	C	38
Molnar	D	28	Shaw	C	39
Mrozek	B	29	Simon	D	88
Nestroy	C	30	Sophokles	C	106
			Sternheim	C	40
Obaldia	D	31	Storey	B	123
O'Casey	C	84	Strindberg	C	41
O'Hara	D	32			
O'Neill	C	33	Terson	B	111
Ostrowski	C	59	Thoma	D	76
Orton	B	109	Thomas, R.	D	42

⁺)Spaltenerklärung:

1 = Name
2 = Zuordnungskategorie
A = Deutschsprachige Moderne
B = Fremdsprachige Moderne
C = Deutsch- und fremdspr. Klassik einschl. der sogen. "Klassik der Moderne"
D = Autoren des "Boulevardtheaters" bzw. der sogen. "Halbmoderne"
K = Autoren von Kinder- und Jugendstücken
3 = angegebene Zahl entspricht der Numerierung, unter der der betreffende Autor in Tabelle "Gesamtübersicht" aufgeführt ist.

weiter Tabelle 18

1+)	2+)	3+)
Tirso de Molina	C	62
Tschechow	C	43
Tucholsky	C	77
Ustinov	D	78
Vitrac	C	124
Walser	A	44
Watkyn	D	45
Wedekind	C	79
Weisenborn	A	46
Weiss	A	89
Wilde	C	47
Wilder	C	63
Williams	B	48
Wittlinger	A	49
Wunderlich	D	50
Yeldham	D	125
Ziem	A	103
Zuckmayer	C	80

+) Spaltenerklärung:

1 = Name
2 = Zuordnungskategorie

A = Deutschsprachige Moderne
B = Fremdsprachige Moderne
C = Deutsch- und fremdspr. Klassik einschl. der sogen. "Klassik der Moderne"
D = Autoren des "Boulevardtheaters" bzw. der sogen. "Halbmoderne"
K = Autoren von Kinder- und Jugendstücken

3 = angegebene Zahl entspricht der Numerierung, unter der der betreffende Autor in Tabelle "Gesamtübersicht" aufgeführt ist.

19. Tabelle

Schauspiele mit 10 und mehr Inszenierungen in der Spielzeit 1962/63 (BRD, Österreich, Schweiz)

Titel	Autor	Zahl der Aufführungen	Zahl der Inszenierungen
Die Physiker	Dürrenmatt	1.598	59
Andorra	Frisch	896	47
Minna von Barnhelm	Lessing	321	15
Der Biberpelz	Hauptmann	347	17
Heiraten ist immer ein Risiko	O'Hara	385	10
Endspurt	Ustinov	456	18
Die Ratten	Hauptmann	343	14
Hermann und Dorothea	Goethe	319	11
Patsy	Conners	313	15
Kabale und Liebe	Schiller	168	10
Der Abstecher	Walser	283	19
Rose Bernd	Hauptmann	233	11
Ein Sommernachtstraum	Shakespeare	141	10
Die Falle	Thomas	151	10
Becket	Anouilh	143	11
Schönes Weekend Mr. Bennett	Watkyn	141	10
Große Schmährede an der Mauer	Dorst	133	13

20. Tabelle

Schauspiele mit 10 und mehr Inszenierungen in der Spielzeit 1963/64 (BRD, Österreich, Schweiz)

Titel	Autor	Zahl der Aufführungen	Zahl der Inszenierungen
Heiraten ist immer ein Risiko	O'Hara	301	18
Der Stellvertreter	Hochhuth	504	13
Minna von Barnhelm	Lessing	339	16
Endspurt	Ustinov	475	22
Ein Sommernachtstraum	Shakespeare	356	15
Die Physiker	Dürrenmatt	377	24
Der König stirbt	Ionesco	377	23
Der Widerspenstigen Zähmung	Shakespeare	254	12
Der Bürgermeister	Hofmann	290	14
Brave Diebe	Popplewell	281	17
Nathan der Weise	Lessing	241	10
Maria Magdalena	Hebbel	267	14
Das Konzert	Bahr	252	12
Irma la Douce	Breffort	251	10
Die Glasmenagerie	Williams	240	11
Hamlet	Shakespeare	112	10
Andorra	Frisch	186	12
Woyzeck	Büchner	174	11
Ein Eremit wird entdeckt	Saunders	191	13
Don Gil von den grünen Hosen	Tirso de Molina	178	10
Schönes Weekend Mr. Bennett	Watkyn	161	11

21. Tabelle

Schauspiele mit 10 und mehr Inszenierungen in der Spielzeit 1964/65 (BRD, Österreich und Schweiz)

Titel	Autor	Zahl der Aufführungen	Zahl der Inszenierungen
In der Sache J. Robert Oppenheimer	Kipphardt	590	26
Minna von Barnhelm	Lessing	389	15
Der zerbrochene Krug	Kleist	285	10
Kabale und Liebe	Schiller	310	12
Heiraten ist immer ein Risiko	O'Hara	235	14
Wer hat Angst vor V. Woolf?	Albee	413	17
Hamlet	Shakespeare	301	13
Maß für Maß	Shakespeare	233	10
Endspurt	Ustinov	272	13
Prinz Friedr. von Homburg	Kleist	259	11
Boeing-Boeing	Camoletti	246	11
Der eingebildete Kranke	Molière	185	10
Was ihr wollt	Shakespeare	180	11
Der König stirbt	Ionesco	179	12
Das Mißverständnis	Camus	155	12
Der Bürgermeister	Hofmann	152	11

22. Tabelle

Schauspiele mit 10 und mehr Inszenierungen in der Spielzeit 1965/66 (BRD, Österreich, Schweiz)

Titel	Autor	Zahl der Aufführungen	Zahl der Inszenierungen
Der zerbrochene Krug	Kleist	368	15
Minna von Barnhelm	Lessing	448	18
Barfuß im Park	Simon	455	15
Zwischenfall in Vichy	Miller	405	20
Don Carlos	Schiller	252	14
Was ihr wollt	Shakespeare	297	14
In der Sache Robert J. Oppenheimer	Kipphardt	218	13
Ein Duft von Blumen	Saunders	256	19
Wer hat Angst vor V. Woolf?	Albee	254	12
Ein Sommernachtstraum	Shakespeare	223	11
Boeing-Boeing	Camoletti	247	11
Herr Puntila und sein Knecht Matti	Brecht	246	12
Das Spiel von Liebe und Zufall	Marivaux	218	11
Die Ermittlung	Weiss	147	12
Liiiebe	Schisgal	192	10
Hinter geschlossenen Türen	Sartre	153	10
Das Gartenfest	Havel	146	11
Der Bürgermeister	Hofmann	97	11

23. Tabelle

Schauspiele mit 10 und mehr Inszenierungen in der Spielzeit 1966/67 (BRD, Österreich, Schweiz)

Titel	Autor	Zahl der Aufführungen	Zahl der Inszenierungen
Die Kakteenblüte	Barillet-Gredy	732	15
Wind in den Zweigen des Sassafras	Obaldia	362	19
Tango	Mrozek	338	19
Der Geizige	Molière	331	11
Schwester George muß sterben	Marcus	292	10
Der Meteor	Dürrenmatt	270	12
Wer hat Angst vor V. Woolf?	Albee	262	13
Der zerbrochene Krug	Kleist	243	12
Don Carlos	Schiller	197	10
Liiiebe	Schisgal	270	10

24. Tabelle

Schauspiele mit 10 und mehr Inszenierungen in der Spielzeit 1967/68 (BRD, Österreich, Schweiz)

Titel	Autor	Zahl der Aufführungen	Zahl der Inszenierungen
Gerettet	Bond	188	15
Boeing-Boeing	Camoletti	273	13
Biografie	Frisch	331	13
Soldaten	Hochhuth	286	13
Nathan der Weise	Lessing	189	12
Schwester George muß sterben	Marcus	280	10
Tango	Mrozek	306	24
Kabale und Liebe	Schiller	212	11
Maria Stuart	Schiller	291	13
Komödie im Dunkeln	Shaffer	327	11
Halb auf dem Baum	Ustinov	331	15

25. Tabelle

Schauspiele mit 10 und mehr Inszenierungen in der Spielzeit 1968/69 (BRD, Österreich, Schweiz)

Titel	Autor	Zahl der Aufführungen	Zahl der Inszenierungen
Halbe Wahrheiten	Ayckbourn	358	16
Die Kaktusblüte	Barillet-Gredy	211	12
Der Floh im Ohr	Feydeau	168	11
Biografie	Frisch	229	16
Amphitryon	Hacks	215	11
Kaspar	Handke	508	21
Soldaten	Hochhuth	236	13
Der Preis	Miller	418	21
Tango	Mrozek	331	17
Komödie im Dunkeln	Shaffer	646	27
Bürger Schippel	Sternheim	268	10
Halb auf dem Baum	Ustinov	227	11
Die Zimmerschlacht	Walser	434	24

26. Tabelle

Schauspiele mit 10 und mehr Inszenierungen in der Spielzeit 1969/70 (BRD, Österreich, Schweiz)

Titel	Autor	Zahl der Aufführungen	Zahl der Inszenierungen
Play Strindberg	Dürrenmatt	696	33
Der Floh im Ohr	Feydeau	395	16
Amphitryon	Hacks	368	16
Magic Afternoon	Bauer	360	20
König Johann	Dürrenmatt/ Shakespeare	297	15
Kabale und Liebe	Schiller	287	10
Alles im Garten	Albee	264	12
Die Kaktusblüte	Barillet-Gredy	240	10
Was ihr wollt	Shakespeare	224	12
Minna von Barnhelm	Lessing	220	11
Davor	Grass	217	13
Der Preis	Miller	215	14
Autobus S	Queneau	182	10
Biografie	Frisch	151	11
Die Zimmerschlacht	Walser	148	12
Ein Sommernachtstraum	Shakespeare	146	10
Tango	Mrozek	143	10
Endspiel	Beckett	119	10

27. Tabelle

Schauspiele mit 10 und mehr Inszenierungen in der Spielzeit 1970/71 (BRD, Österreich, Schweiz)

Titel	Autor	Zahl der Aufführungen	Zahl der Inszenierungen
Tchao	Sauvajon	606	10
Das Geld liegt auf der Bank	Flatow	594	17
Play Strindberg	Dürrenmatt	579	32
Der Floh im Ohr	Feydeau	368	17
August, August, August	Kohout	345	16
Tartuffe	Molière	289	10
Eisenwichser	Henkel	268	18
Guerillas	Hochhuth	268	14
Ein Sommernachtstraum	Shakespeare	242	11
Magic Afternoon	Bauer	200	15
Endspiel	Beckett	173	11
Komödie im Dunkeln	Shaffer	159	12
Der Selbstmörder	Erdmann	157	10
Bürger Schippel	Sternheim	154	11
Warten auf Godot	Beckett	154	10
Die Kaktusblüte	Barillet-Gredy	140	11
Was der Butler sah	Orton	127	11
Der Architekt und der Kaiser von Assyrien	Arrabal	127	10
Maximilian Pfeiferling	Ludwig/Krüger	180	11

28. Tabelle

Schauspiele mit 10 und mehr Inszenierungen in der Spielzeit 1971/72 (BRD, Österreich, Schweiz).

Titel	Autor	Zahl der Aufführungen	Zahl der Inszenierungen
Auf und davon	Yeldham	616	12
Der zerbrochene Krug	Kleist	416	15
Schmetterlinge sind frei	Gershe	383	10
Das Geld liegt auf der Bank	Flatow	320	12
Tchao	Sauvajon	284	10
Der Floh im Ohr	Feydeau	262	13
Luther und Münzer	Forte	258	14
Die Kaktusblüte	Barillet-Gredy	251	10
Home	Storey	223	11
Eisenwichser	Henkel	148	11
Revanche	Shaffer	129	10
Play Strindberg	Dürrenmatt	126	10

29. Tabelle

Spielplan 1962 - 1972: "Gesamtübersicht" von Schauspielen mit 10 und mehr Inszenierungen je Spielzeit (BRD, Österreich und Schweiz)

Werk / Autor	Spielzeit / Zahl der Inszenierungen									
	62/63	63/64	64/65	65/66	66/67	67/68	68/69	69/70	70/71	71/72
1. Die Physiker/Dürrenmatt	59	24								
2. Andorra/Frisch	47	12								
3. Minna v. Barnhelm/Lessing	15		15	18				11		
4. Der Biberpelz/Hauptmann	17	16								
5. Heiraten ist immer ein Risiko/O'Hara	10	18	14							
6. Endspurt/Ustinov	18	22	13							
7. Die Ratten/Hauptmann	14									
8. Hermann und Dorothea/Goethe	11									
9. Patsy/Conners	15									
10. Kabale und Liebe/Schiller	10		12			11		10		
11. Der Abstecher/Walser	19									
12. Rose Bernd/Hauptmann	11									
13. Sommernachtstraum/Shakespeare	10	15		11				10	11	
14. Die Falle/Thomas	10									
15. Becket/Anouilh	11									
16. Schönes Weekend Dr. Bennent/Watkyn	10	11								
17. Große Schmährede an der Mauer/Dorst	13									

weiter Tabelle 29

Werk / Autor	Spielzeit / Zahl der Inszenierungen									
	62/63	63/64	64/65	65/66	66/67	67/68	68/69	69/70	70/71	71/72
18. Der Stellvertreter/Hochhuth		13								
19. Der König stirbt/Ionesco		23	12							
20. Der Widerspenstigen Zähmung/ Shakespeare		12								
21. Der Bürgermeister/Hofmann		14	11	11						
22. Brave Diebe/Popplewell		17								
23. Nathan der Weise/Lessing		10				12				
24. Maria Magdalena/Hebbel		14								
25. Das Konzert/Bahr		12								
26. Irma la Douce/Breffort		10								
27. Die Glasmenagerie/Williams		11								
28. Hamlet/Shakespeare		10	13							
29. Woyzeck/Büchner		11								
30. Ein Eremit wird entdeckt/ Saunders		13								
31. Don Gil von den grünen Hosen/ Tirso de Molina		10								
32. In der Sache J. Robert Oppenheimer/Kipphardt			26	13						
33. Der zerbrochene Krug/Kleist			10	15	12					15
34. Wer hat Angst vor V. Woolf?/ Albee			17	12	13					

weiter Tabelle 29

Werk / Autor	Spielzeit / Zahl der Inszenierungen									
	62/63	63/64	64/65	65/66	66/67	67/68	68/69	69/70	70/71	71/72
35. Maß für Maß/Shakespeare			10							
36. Prinz Friedrich v. Homburg/ Kleist			11							
37. Boeing-Boeing/Camoletti			11	11		13				
38. Der eingebildete Kranke/ Molière			10							
39. Was ihr wollt/Shakespeare			11	14				12		
40. Das Mißverständnis/Camus			12							
41. Barfuß im Park/Simon				15						
42. Zwischenfall in Vichy/Miller				20						
43. Don Carlos/Schiller				14	10					
44. Ein Duft von Blumen/Saunders				19						
45. Herr Puntila und sein Knecht Matti/Brecht				12						
46. Das Spiel von Liebe und Zufall/Marivaux				11						
47. Die Ermittlung/Weiss				12						
48. Liiiebe/Schisgal				10	10					
49. Hinter geschlossenen Türen/ Sartre				10						
50. Das Gartenfest/Havel				11						
51. Die Kakteenblüte/Barillet-Grédy					15		12	10	11	10
52. Wind in den Zweigen des Sassafras/ Obaldia					19					

weiter Tabelle 29

Werk / Autor	Spielzeit / Zahl der Inszenierungen									
	62/63	63/64	64/65	65/66	66/67	67/68	68/69	69/70	70/71	71/72
53. Tango/Mrozek					19	24	17	10		
54. Der Geizige/Molière					11					
55. Schwester George muß sterben/ Marcus					10	10				
56. Der Meteor/Dürrenmatt					12					
57. Gerettet/Bond						15				
58. Biografie/Frisch						13	16	11		
59. Soldaten/Hochhuth						13	13			
60. Maria Stuart/Schiller						13				
61. Komödie im Dunkeln/Shaffer						11	27		12	
62. Halb auf dem Baum/Ustinov						15	11			
63. Halbe Wahrheiten/Ayckbourn							16			
64. Der Floh im Ohr/Feydeau							11	16	17	13
65. Amphitryon/Hacks							11	16		
66. Kaspar/Handke							21			
67. Der Preis/Miller							21	14		
68. Bürger Schippel/Sternheim							10		11	
69. Die Zimmerschlacht/Walser							24	12		
70. Play Strindberg/Dürrenmatt								33	32	10
71. Magic Afternoon/Bauer								20	15	
72. König Johann/Dürrenmatt/ Shakespeare								15		

weiter Tabelle 29

Werk / Autor	Spielzeit / Zahl der Inszenierungen									
	62/63	63/64	64/65	65/66	66/67	67/68	68/69	69/70	70/71	71/72
73. Alles im Garten/Albee								12		
74. Davor/Grass								13		
75. Autobus S/Queneau								10		
76. Endspiel/Beckett								10	11	
77. Tchao/Sauvajon									10	10
78. Das Geld liegt auf der Bank/ Flatow									17	12
79. August, August, August/ Kohout									16	
80. Tartuffe/Molière									10	
81. Eisenwichser/Henkel									18	11
82. Guerillas/Hochhuth									14	
83. Der Selbstmörder/Erdmann									10	
84. Warten auf Godot/Beckett									10	
85. Was der Butler sah/Orton									11	
86. Der Architekt und der Kaiser von Assyrien/Arrabal									10	
87. Maximilian Pfeiferling/ Ludwig/Krüger									11	
88. Auf und davon/Yeldham										12
89. Schmetterlinge sind frei/ Gershe										10
90. Luther und Münzer/Forte										14
91. Home/Storey										11
92. Revanche/Shaffer										10

30a. Tabelle

Spielplan 1962 - 1972: Schauspiele mit 10 und mehr Inszenierungen je Spielzeit, gruppiert nach Stückgattungen (absolute Werte)

	1962/63 1+)	2+)	1963/64		1964/65		1965/66		1966/67		1967/68		1968/69		1969/1970		1970/71		1971/72			
A++)	4	138	4	63	2	37	3	36	1	12	2	26	5	85	7	120	4	79	3	35	35	631
B			3	47	2	29	5	72	2	32	2	39	2	38	4	46	5	58	1	11	26	372
C	8	99	8	98	9	104	7	95	3	33	3	36	1	10	4	43	3	32	1	15	47	565
D	5	63	6	90	3	38	3	36	4	54	4	49	5	77	3	36	6	77	7	77	46	597
K																	1	11			1	11
	17	300	21	298	16	208	18	239	10	131	11	150	13	210	18	245	19	257	12	138	155	2176

Erläuterungen:

+) 1 = Zahl der aufgeführten Werke   2 = Gesamtzahl der Inszenierungen

++) A = Deutschsprachige Moderne

B = Fremdsprachige Moderne

C = Deutsch- und fremdsprachige Klassik einschl. der sogen. "Klassik der Moderne"

D = Autoren des "Boulevardtheaters" bzw. der sogen. Halbmoderne

K = Autoren von Kinder- und Jugendstücken

30b. Tabelle

Spielplan 1962 - 1972: Schauspiele mit 10 und mehr Inszenierungen je Spielzeit, gruppiert nach Stückgattungen (prozentuierte Werte)

	1962/63		1963/64		1964/65		1965/66		1966/67		1967/68		1968/69		1969/70		1970/71		1971/72			
	+)	+)																				
A++)	23,5	46	19,0	21,1	12,5	17,8	16,7	15,1	10	9,2	18,2	17,3	38,5	40,5	38,9	48,9	21,0	30,7	25	25,4	22,6	29,0
B			14,3	15,8	12,5	13,9	27,8	30,1	20	24,4	18,2	26,0	15,4	18,1	22,2	18,8	26,3	22,6	8,3	7,9	16,8	17,1
C	47,1	33	38,1	32,9	56,2	50,0	38,8	39,7	30	25,2	27,2	24,0	7,6	4,7	22,2	17,6	15,8	12,5	8,3	10,9	30,3	25,9
D	29,4	21	28,6	30,2	18,8	18,3	16,7	15,1	40	41,2	36,4	32,7	38,5	36,7	16,7	14,6	31,6	30,0	58,4	55,8	29,7	27,4
K																	5,3	4,2			0,6	0,6
	100	100	100	100	100	100	100	100	100	100	100	100	100	100	100	100	100	100	100	100	100	100

Erläuterungen:

+)1= Zahl der aufgeführten Werke 2 = Gesamtzahl der Inszenierungen

++)= A = Deutschsprachige Moderne
B = Fremdsprachige Moderne
C = Deutsch- und fremdsprachige Klassik einschl. der sogen. "Klassik der Moderne"
D = Autoren des "Boulevardtheaters" bzw. der sogen. Halbmoderne
K = Autoren von Kinder- und Jugendstücken

31. Tabelle

Spielplan "Deutschsprachige Moderne" 1962 - 1972: Entwicklungsreihen von Schauspielen mit 10 und mehr Inszenierungen je Spielzeit (BRD, Österreich, Schweiz)

Autor / Werk	Spielzeit / Zahl der Inszenierungen									
	62/63	63/64	64/65	65/66	66/67	67/68	68/69	69/70	70/71	71/72
Dürrenmatt										
Physiker	59	24								
Meteor					12					
Play Strindberg								33	32	10
König Johann								15		
Frisch										
Andorra	47	12								
Biografie						13	16	11		
Walser										
Der Abstecher	19									
Die Zimmerschlacht							24	12		
Dorst										
Große Schmährede an der Mauer	13									
Hochhuth										
Der Stellvertreter		13								
Soldaten						13	13			
Guerillas									14	
Hofmann										
Der Bürgermeister		14	11	11						
Kipphardt										
In der Sache J.Robert Oppenheimer			26	13						

weiter Tabelle 31

Autor / Werk	Spielzeit /Zahl der Inszenierungen									
	62/63	63/64	64/65	65/66	66/67	67/68	68/69	69/70	70/71	71/72
Weiss										
Die Ermittlung				12						
Hacks Amphitryon							11	16		
Handke										
Kaspar							21			
Bauer Magic Afternoon								20	15	
Grass										
Davor								13		
Henkel										
Eisenwichser									18	11
Forte										
Luther und Münzer										14

32. Tabelle

Spielplan "Fremdsprachige Moderne" 1962 - 1972: Entwicklungsreihen von Schauspielen mit 10 und mehr Inszenierungen je Spielzeit (BRD, Österreich, Schweiz)

Autor /Werk	Spielzeit / Zahl der Inszenierungen									
	62/63	63/64	64/65	65/66	66/67	67/68	68/69	69/70	70/71	71/72
Ionesco										
Der König stirbt		23	12							
Williams										
Die Glasmenagerie		11								
Saunders										
Ein Eremit wird entdeckt		13								
Ein Duft von Blumen				19						
Sartre										
Hinter geschlossenen Türen				10						
Mrozek										
Tango					19	24	17	10		
Bond										
Gerettet						15				
Albee										
Wer hat Angst vor V.Woolf?			17	12	13					
Alles im Garten								12		
Miller										
Zwischenfall in Vichy				20						
Der Preis							21	14		
Beckett										
Endspiel								10	11	
Warten auf Godot									10	

weiter Tabelle 32

Autor / Werk	Spielzeit / Zahl der Inszenierungen									
	62/63	63/64	64/65	65/66	66/67	67/68	68/69	69/70	70/71	71/72
Orton										
Was der Butler sah									11	
Arrabal										
Der Architekt und der Kaiser von Assyrien									10	
Storey										
Home										11
Kohout										
August, August, August									16	
Havel										
Das Gartenfest				11						

33. Tabelle

Spielplan "Deutsche und fremdsprachige Klassik" einschl. der sogen. "Klassik der Moderne" 1962 - 1972: Entwicklungsreihen von Schauspielen mit 10 und mehr Inszenierungen je Spielzeit (BRD,Österreich und Schweiz)

Autor / Werk	Spielzeit / Zahl der Inszenierungen									
	62/63	63/64	64/65	65/66	66/67	67/68	68/69	69/70	70/71	71/72
Brecht										
Herr Puntila und sein Knecht Matti				12						
Camus										
Das Mißverständnis			12							
Lessing										
Minna von Barnhelm	15		15	18				11		
Nathan der Weise		10				12				
Hauptmann										
Der Biberpelz	17	16								
Die Ratten	14									
Rose Bernd	11									
Goethe										
Hermann und Dorothea	11									
Schiller										
Kabale und Liebe	10		12			11		10		
Don Carlos				14	10					
Maria Stuart						13				
Hebbel										
Maria Magdalena		14								
Büchner										
Woyzeck		11								

weiter Tabelle 33

Autor / Werk	Spielzeit / Zahl der Inszenierungen									
	62/63	63/64	64/65	65/66	66/67	67/68	68/69	69/70	70/71	71/72
Kleist										
Der zerbrochene Krug			10	15	12					15
Prinz Friedrich von Homburg			11							
Sternheim										
Bürger Schippel							10		11	
Shakespeare										
Sommernachtstraum	10	15		11				10	11	
Der Widerspenstigen Zähmung		12								
Hamlet		10	13							
Maß für Maß			10							
Was ihr wollt			11	14						
Tirso de Molina										
Don Gil von den grünen Hosen		10								
Molière										
Der eingebildete Kranke			10							
Der Geizige					11					
Tartuffe									10	
Marivaux										
Das Spiel von Liebe und Zufall				11						
Anouilh										
Becket	11									

34. Tabelle

Spielplan "sogen. Halbmoderne und Boulevard" 1962 - 1972: Entwicklungsreihen von Schauspielen mit 10 und mehr Inszenierungen je Spielzeit (BRD, Österreich und Schweiz)

Autor / Werk	Spielzeit / Zahl der Inszenierungen									
	62/63	63/64	64/65	65/66	66/67	67/68	68/69	69/70	70/71	71/72
Ustinov										
Endspurt	18	22	13							
Halb auf dem Baum						15	11			
Obaldia										
Wind in den Zweigen des Sassafras					19					
Feydeau										
Der Floh im Ohr							11	16	17	13
Queneau										
Autobus S								10		
Erdmann										
Der Selbstmörder									10	
Shaffer										
Komödie im Dunkeln						11	27		12	
Revanche										10
O'Hara										
Heiraten ist immer ein Risiko	10	18	14							
Conners										
Patsy	15									
Thomas										
Die Falle	10									
Watkyn										
Schönes Weekend Dr. Bennent	10	11								

weiter Tabelle 34

Autor / Werk	Spielzeit / Zahl der Inszenierungen									
	62/63	63/64	64/65	65/66	66/67	67/68	68/69	69/70	70/71	71/72
Popplewell										
Brave Diebe		17								
Bahr										
Das Konzert		12								
Breffort										
Irma la Douce		10								
Camoletti										
Boeing-Boeing			11	11		13				
Simon										
Barfuß im Park				15						
Schisgal										
Liiiebe				10	10					
Barillet-Grédy										
Die Kakteenblüte					15		12	10	11	10
Marcus										
Schwester George muß sterben					10	10				
Ayckbourn										
Halbe Wahrheiten							10			
Sauvajon										
Tchao									10	10
Flatow										
Das Geld liegt auf der Bank									17	12
Yeldham										
Auf und davon										12
Gershe										
Schmetterlinge sind frei										10

35.Tabelle

Spielplan 1962 - 1972: Durchschnittliche Aufführungszahl von Werken mit 10 und mehr Inszenierungen je Spielzeit

1962/63	höchster Wert:	O'Hara/Heiraten ist immer ein Risiko (D) (1)	Ø 39 Aufführungen
	niedrigster Wert:	Dorst/Große Schmährede (A)	Ø 10 "
1963/64	höchster Wert:	Hochhuth/Stellvertreter	Ø 39 "
	niedrigster Wert:	Shakespeare/Hamlet (C)	Ø 11 "
1964/65	höchster Wert:	Kleist/Der zerbrochene Krug (C)	Ø 29 "
	niedrigster Wert:	Camus/Das Mißverständnis (C)	Ø 13 "
1965/66	höchster Wert:	Simon/Barfuß im Park (D)	Ø 30 "
	niedrigster Wert:	Hofmann/Der Bürgermeister (A)	Ø 9 "
1966/67	höchster Wert:	Barillet-Gredy/Kakteenblüte (D)	Ø 49 "
	niedrigster Wert:	Mrozek/Tango (B)	Ø 18 "
1967/68	höchster Wert:	Shaffer/Komödie im Dunkeln (D)	Ø 30 "
	niedrigster Wert:	Mrozek/Tango (B)	Ø 13 "
		Bond/Gerettet (B)	Ø 13 "
1968/69	höchster Wert:	Sternheim/Bürger Schippel (C)	Ø 27 "
	niedrigster Wert:	Frisch/Biografie (A)	Ø 14 "
1969/70	höchster Wert:	Schiller/Kabale und Liebe (C)	Ø 29 "
	niedrigster Wert:	Beckett/Endspiel (B)	Ø 12 "

(1) A = Deutschsprachige Moderne
B = Fremdsprachige Moderne
C = Deutsch- und fremdsp. Klassik einschl. der sogen. "Klassik der Moderne"
D = Autoren des "Boulevardtheaters" bzw. der sogen. "Halbmoderne"
K = Autoren von Kinder- und Jugendstücken

weiter Tabelle 35

1970/71	höchster Wert:	Sauvajon/Tchao (D)	Ø 61 Aufführungen
	niedrigster Wert:	Orton/Was der Butler sah (B)	Ø 12 "
1971/72	höchster Wert:	Yeldham/Auf und davon (D)	Ø 51 "
	niedrigster Wert:	Dürrenmatt/ Play Strindberg (A)	Ø 13 "

36. Tabelle

Einzelwerke, die von 1962 - 1972 in mehreren Spielzeiten jeweils 10 und mehr Inszenierungen erfuhren

---

jeweils 10 und mehr Inszenierungen in fünf Spielzeiten:

Barillet-Gredy/Kaktusblüte
Shakespeare/Sommernachtstraum

jeweils 10 und mehr Inszenierungen in vier Spielzeiten:

Feydeau/Floh im Ohr
Kleist/Der zerbrochene Krug
Lessing/Minna v. Barnhelm
Mrozek/Tango
Schiller/Kabale und Liebe

jeweils 10 und mehr Inszenierungen in drei Spielzeiten:

Albee/Wer hat Angst vor V. Woolf?
Camoletti/Boeing-Boeing
Dürrenmatt/Play Strindberg
Frisch/Biografie
Hofmann/Der Bürgermeister
O'Hara/Heiraten ist immer ein Risiko
Shaffer/Komödie im Dunkeln
Shakespeare/Was ihr wollt
Ustinov/Endspurt

jeweils 10 und mehr Inszenierungen in zwei Spielzeiten:

Bauer/Magic Afternoon
Beckett/Endspiel
Dürrenmatt/Physiker
Flatow/Das Geld liegt auf der Bank
Frisch/Andorra
Hacks/Amphitryon
Hauptmann/Biberpelz
Henkel/Eisenwichser
Hochhuth/Soldaten

weiter Tabelle 36

Ionesco/Der König stirbt
Kipphardt/In der Sache Robert J. Oppenheimer
Lessing/Nathan der Weise
Marcus/Schwester George muß sterben
Miller/Der Preis
Sauvajon/Tchao
Schiller/Don Carlos
Schisgal/Liiiebe
Shakespeare/Hamlet
Sternheim/Bürger Schippel
Ustinov/Halb auf dem Baum
Walser/Zimmerschlacht
Watkyn/Schönes Weekend Mr. Bennett

37. Tabelle

Autoren mit 10 und mehr Inszenierungen in der Spielzeit 1962/63 (BRD, DDR (1), Österreich, Schweiz)

Autor	Zahl der aufgeführten Werke	Zahl der Inszenierungen
Albee	4	11
Anouilh	16	49
Audiberti	8	12
Beckett	6	27
Brecht	18	58
Büchner	3	16
Calderon	5	21
Camus	3	12
Conners	1	15
Dorst	3	18
Dürrenmatt	6	68
Frisch	4	60
Giraudoux	8	18
Goethe	15	79
Goetz	14	27
Gogol	2	10
Goldoni	9	38
Hauptmann	24	127
Hebbel	5	11
Hofmannsthal	6	10
Ibsen	7	22
Ionesco	10	20
Kleist	5	26
Krasna	2	11
Lessing	9	53
Lope de Vega	10	20

(1) Bis einschließlich Spielzeit 1965/66 sind die Daten für die DDR miterfaßt, ab Spielzeit 1966/67 beziehen sich die Daten lediglich auf BRD, Österreich, Schweiz.

weiter Tabelle 37

Autor	Zahl der aufgeführten Werke	Zahl der Inszenierungen
Molière	13	47
Molnar	9	17
Mrozek	4	12
Nestroy	14	33
Obaldia	9	15
O'Hara	1	14
O'Neill	13	25
Pirandello	8	13
Priestley	7	11
Sartre	8	22
Schiller	11	66
Shakespeare	25	114
Shaw	17	56
Sternheim	8	17
Strindberg	7	15
Thomas	2	15
Tschechow	7	15
Walser	2	24
Watkyn	2	11
Weisenborn	4	12
Wilde	3	18
Wilder	9	28
Williams	13	25
Wittlinger	2	12
Wunderlich	2	11
Ustinov	1	18

38. Tabelle

Autoren mit 10 und mehr Inszenierungen in der Spielzeit 1963/64 (BRD, DDR, Österreich, Schweiz)

Autor	Zahl der aufgeführten Werke	Zahl der Inszenierungen
Albee	3	12
Anouilh	17	44
Bahr	2	14
Beckett	5	22
Brecht	20	74
Breffort	1	10
Büchner	3	21
Calderon	3	14
Camus	4	15
Cocteau	8	12
Dorst	3	12
Dürrenmatt	8	42
Frisch	6	29
Fry	3	10
Giraudoux	9	18
Goethe	14	61
Goetz	12	22
Gogol	3	12
Goldoni	8	29
Gorki	4	10
Hauptmann	9	20
Hebbel	8	35
Hochhuth	1	13
Hofmann	1	14
Hofmannsthal	4	11
Ibsen	8	24
Ionesco	11	42

weiter Tabelle 38

Autor	Zahl der aufgeführten Werke	Zahl der Inszenierungen
Kleist	3	19
Kohout	2	13
Krasna	2	10
Lessing	5	45
Lope de Vega	8	10
Molière	13	45
Mrozek	5	21
Nestroy	12	28
O'Hara	1	29
O'Neill	10	20
Ostrowski	6	13
Pirandello	11	14
Popplewell	2	19
Sartre	7	29
Saunders	3	16
Schiller	12	70
Shakespeare	30	209
Shaw	19	51
Sternheim	7	19
Strindberg	6	14
Tirso de Molina	2	11
Tschechow	6	21
Weisenborn	4	10
Wilde	2	10
Wilder	8	19
Williams	11	28
Wittlinger	4	19
Ustinov	1	22
Watkyn	1	11

39. Tabelle

Autoren mit 10 und mehr Inszenierungen in der Spielzeit 1964/65 (BRD, DDR, Österreich, Schweiz)

Autor	Zahl der aufgeführten Werke	Zahl der Inszenierungen
Albee	3	21
Anouilh	15	48
Beckett	5	13
Brecht	22	72
Büchner	3	18
Calderon	5	15
Camoletti	2	16
Camus	4	23
Claudel	7	10
Dorst	5	11
Dürrenmatt	7	27
Frisch	7	19
Giraudoux	11	26
Goethe	12	54
Goetz	13	35
Gogol	3	20
Goldoni	7	33
Gorki	6	14
Grillparzer	5	11
Hacks	4	10
Hauptmann	8	28
Hofmann	2	12
Hofmannsthal	9	15
Ibsen	7	18
Ionesco	8	22

weiter Tabelle 39

Autor	Zahl der aufgeführten Werke	Zahl der Inszenierungen
Kaiser	8	15
Kipphardt	2	29
Kleist	4	33
Kohout	2	18
Lessing	5	40
Lope de Vega	6	12
Lorca	4	10
Miller	6	23
Molière	12	61
Molnar	8	10
Mrozek	4	14
Nestroy	13	22
O'Hara	1	24
O'Neill	11	26
Ostrowski	6	15
Pagnol	2	10
Pirandello	5	12
Popplewell	4	11
Priestley	6	19
Sartre	8	25
Saunders	7	32
Schiller	11	75
Schisgal	3	15
Schnitzler	6	11
Schwarz, J.	5	10
Shakespeare	26	151
Shaw	20	72
Sternheim	8	27
Strindberg	6	11

weiter Tabelle 39

Autor	Zahl der aufgeführten Werke	Zahl der Inszenierungen
Thoma	7	13
Thomas, R.	3	12
Tschechow	13	23
Tucholsky	2	11
Ustinov	1	13
Wedekind	7	14
Wilde	3	11
Wilder	6	13
Williams	6	16
Wittlinger	3	13
Zuckmayer	3	10

40. Tabelle

Autoren mit 10 und mehr Inszenierungen in der Spielzeit 1965/66 (BRD, DDR, Österreich, Schweiz)

Autor	Zahl der aufgeführten Werke	Zahl der Inszenierungen
Albee	5	21
Anouilh	18	46
Beckett	8	30
Brecht	24	88
Calderon	5	13
Camoletti	2	13
Camus	3	14
Duval	4	17
Dürrenmatt	8	31
Frisch	5	13
Giraudoux	9	16
Goethe	12	57
Goetz	10	26
Gogol	3	11
Goldoni	8	37
Grillparzer	8	22
Hacks	6	11
Hauptmann	11	33
Havel	2	16
Hofmann	2	13
Hofmannsthal	6	11
Ibsen	9	25
Ionesco	8	18
Kaiser	8	11
Kipphardt	3	20
Kleist	4	36

weiter Tabelle 40

Autor	Zahl der aufgeführten Werke	Zahl der Inszenierungen
Kohout	2	14
Lessing	6	50
Lope de Vega	8	13
Lorca	6	16
Marivaux	1	11
Miller	6	37
Molière	17	70
Mrozek	7	15
Nestroy	13	32
Obaldia	5	12
O'Casey	8	10
O'Hara	1	17
O'Neill	9	21
Ostrowski	6	12
Pinter	4	18
Priestley	6	24
Sartre	7	27
Saunders	7	40
Schiller	14	89
Schisgal	3	14
Schnitzler	8	11
Schönthan	2	10
Scribe	1	10
Shakespeare	24	116
Shaw	20	59
Simon	3	18
Sternheim	8	30
Thoma	8	20
Tschechow	10	21
Walser	3	10
Weiss	3	30
Wilde	4	10
Williams	5	12
Wittlinger	4	12

41. Tabelle

Autoren mit 10 und mehr Inszenierungen in der Spielzeit 1966/67 (BRD, Österreich, Schweiz)

Autor	Zahl der aufgeführten Werke	Zahl der Inszenierungen
Albee	5	21
Anouilh	16	38
Audiberti	9	10
Barillet-Gredy	1	15
Beckett	7	21
Brecht	22	64
Bruckner	3	10
Büchner	3	10
Camoletti	2	12
Dürrenmatt	11	26
Giraudoux	8	14
Goethe	11	31
Goetz	11	22
Goldoni	8	14
Grass	5	15
Grillparzer	5	11
Handke	3	13
Hauptmann	6	23
Ibsen	6	16
Ionesco	9	22
Kleist	4	23
Lessing	5	18
Lope de Vega	5	11
Lorca	5	11
Marcus	1	10
Michelsen	4	10
Miller	5	14
Molière	15	5o

weiter Tabelle 41

Autor	Zahl der aufgeführten Werke	Zahl der Inszenierungen
Mrozek	8	37
Nestroy	12	17
Obaldia	3	21
O'Neill	7	16
Ostrowski	6	13
Pagnol	5	12
Patrick	2	10
Pinter	5	15
Pirandello	8	10
Popplewell	4	14
Sartre	6	24
Saunders	6	24
Schiller	12	50
Schisgal	1	10
Schnitzler	6	10
Shakespeare	24	83
Shaw	20	58
Simon	3	14
Sternheim	7	18
Strindberg	7	11
Thoma	11	18
Thomas	3	10
Tschechow	7	18
Wilde	4	11
Wilder	7	14
Williams	7	15
Zuckmayer	8	24

42. Tabelle

Autoren mit 10 und mehr Inszenierungen
in der Spielzeit 1967/68 (BRD, Österreich, Schweiz)

Autor	Zahl der aufgeführten Werke	Zahl der Inszenierungen
Albee	6	21
Anouilh	12	32
Beckett	6	19
Bond	1	15
Brecht	24	71
Büchner	3	13
Camoletti	2	14
Coward	3	10
Dürrenmatt	8	16
Feydeau	5	11
Frisch	5	22
Genet	4	11
Giraudoux	6	10
Goethe	12	35
Goetz	10	29
Goldoni	9	16
Grillparzer	5	11
Hacks	8	10
Handke	5	15
Hauptmann	6	23
Hebbel	4	10
Hochhuth	3	15
Hofmannsthal	5	11
Ibsen	9	19
Ionesco	9	20
Kleist	4	17
Knott	2	10
Lessing	6	25
Marcus	2	11
Miller	6	18

weiter Tabelle 42

Autor	Zahl der aufgeführten Werke	Zahl der Inszenierungen
Moliere	13	34
Mrozek	8	45
Nestroy	10	15
Obaldia	5	16
O'Casey	7	12
O'Neill	8	21
Ostrowski	7	10
Pinter	5	12
Pirandello	8	12
Popplewell	3	10
Sartre	7	15
Saunders	8	18
Schiller	11	56
Schnitzler	7	10
Shaffer	3	17
Shakespeare	26	74
Shaw	16	34
Simon	3	10
Sternheim	7	19
Thoma	7	10
Tschechow	6	10
Ustinov	4	22
Wilde	4	11
Williams	11	18
Ziem	2	11
Zuckmayer	5	19

43. Tabelle

Autoren mit 10 und mehr Inszenierungen in der Spielzeit 1968/69 (BRD, Österreich, Schweiz)

Autor	Zahl der aufgeführten Werke	Zahl der Inszenierungen
Albee	8	26
Anouilh	14	27
Ayckbourn	1	16
Barillet-Gredy	2	15
Beckett	5	20
Brecht	24	68
Büchner	3	11
Camus	3	11
Dürrenmatt	6	18
Feydeau	8	25
Frisch	6	22
Giraudoux	5	11
Goethe	10	24
Goetz	13	30
Gogol	3	10
Goldoni	7	15
Hacks	2	12
Handke	5	29
Hauptmann	8	14
Havel	3	11
Hochhuth	1	13
Horvath	7	14
Ibsen	7	10
Ionesco	8	12
Kleist	5	16
Kohout	3	13
Lessing	4	16
Miller	6	31
Molière	14	46
Mrozek	7	25

weiter Tabelle 43

Autor	Zahl der aufgeführten Werke	Zahl der Inszenierungen
Nestroy	10	20
O'Neill	8	10
Pinter	4	13
Pirandello	6	13
Sartre	9	20
Saunders	7	14
Schiller	10	43
Shaffer	1	27
Shakespeare	25	88
Shaw	14	35
Simon	4	13
Sophokles	7	11
Sternheim	8	31
Tschechow	7	20
Ustinov	3	13
Walser	2	26
Williams	9	16
Ziem	2	14
Zuckmayer	4	12

44. Tabelle

Autoren mit 10 und mehr Inszenierungen in der Spielzeit 1969/70 (BRD, Österreich, Schweiz)

Autor	Zahl der aufgeführten Werke	Zahl der Inszenierungen
Albee	10	32
Anouilh	16	32
Arrabal	7	17
Barillet-Gredy	3	20
Bauer, W.	3	25
Beckett	5	29
Bond	3	10
Brecht	25	65
Büchner	3	15
Dürrenmatt	6	59
Feydeau	7	28
Frisch	4	20
Goethe	9	20
Goetz	8	17
Gogol	3	13
Goldoni	1o	15
Grass	2	14
Hacks	5	27
Handke	5	11
Hauptmann	5	11
Horvath	9	27
Ibsen	7	13
Jonesco	10	24
Kleist	4	17
Kohout	3	15
Lessing	4	22
Lope de Vega	5	10
Miller	3	17
Molière	11	42

weiter Tabelle 44

Autor	Zahl der aufgeführten Werke	Zahl der Inszenierungen
Mrozek	8	19
Nestroy	11	20
O'Casey	6	12
Orton	3	16
Pinter	8	19
Queneau	1	10
Sartre	6	20
Saunders	7	15
Schiller	9	36
Shakespeare	28	94
Shaw	12	26
Simon	4	11
Sternheim	9	27
Strindberg	7	11
Terson	3	18
Tschechow	4	12
Walser	2	14
Zuckmayer	3	11

45. Tabelle

Autoren mit 10 und mehr Inszenierungen in der Spielzeit 1970/71 (BRD, Österreich, Schweiz)

Autor	Zahl der aufgeführten Werke	Zahl der Inszenierungen
Albee	8	20
Anouilh	14	22
Arrabal	8	20
Ayckbourn	2	10
Barillet-Gredy	3	21
Bauer, W.	4	25
Beckett	6	36
Brecht	24	76
Camus	4	10
Dürrenmatt	10	51
Erdmann	2	11
Fassbinder	7	10
Feydeau	8	33
Flatow	2	18
Goethe	9	29
Goetz	12	21
Goldoni	8	22
Hacks	6	24
Handke	6	13
Hauptmann	9	18
Henkel	2	19
Hochhuth	3	17
Horvath	8	21
Ibsen	6	17
Jonesco	6	14
Kafka	3	10
Kleist	4	14
Kohout	5	24
Lessing	3	18
Ludwig/Krüger	1	11

weiter Tabelle 45

Autor	Zahl der aufgeführten Werke	Zahl der Inszenierungen
Miller	3	12
Molière	8	29
Mrozek	6	13
Nestroy	9	20
O'Casey	8	10
O'Neill	7	15
Orton	4	16
Pinter	7	25
Sartre	4	12
Saunders	6	12
Sauvajon	1	10
Schiller	6	28
Shaffer	1	12
Shakespeare	27	91
Shaw	12	30
Simon	4	10
Sternheim	8	30
Terson	4	12
Tschechow	9	21
Walser	3	10

46.Tabelle

Autoren mit 10 und mehr Inszenierungen in der Spielzeit 1971/72 (BRD, Österreich, Schweiz)

Autor	Zahl der aufgeführten Werke	Zahl der Inszenierungen
Albee	6	14
Anouilh	15	24
Arrabal	7	13
Barillet-Gredy	3	17
Bauer, W.	5	10
Beckett	6	24
Brecht	17	66
Büchner	4	15
Christie	5	10
Dürrenmatt	9	26
Feydeau	11	31
Flatow	2	13
Forte	3	16
Frisch	5	10
Gershe	1	10
Goethe	8	20
Goetz	11	19
Gogol	3	15
Goldoni	9	17
Hachfeld	5	17
Hacks	6	15
Handke	5	15
Hauptmann	6	11
Henkel	2	12
Horvath	8	25
Ibsen	6	26
Ionesco	7	17
Kleist	4	21
Kohout	5	16

weiter Tabelle 46

Autor	Zahl der aufgeführten Werke	Zahl der Inszenierungen
Ludwig	3	16
Miller	4	11
Molière	17	41
Mrozek	4	12
Nestroy	15	32
Orton	5	14
Pinter	6	19
Sartre	4	10
Saunders	7	21
Sauvajon	2	11
Schiller	9	26
Shaffer	1	10
Shakespeare	28	83
Shaw	13	25
Sternheim	7	29
Storey	2	13
Strindberg	4	12
Terson	3	10
Thoma	4	11
Tschechow	8	17
Vitrac	2	10
Wedekind	6	12
Weiss	4	17
Yeldham	1	12
Zuckmayer	4	13

47. Tabelle

Spielplan 1962 - 1972: Gesamtübersicht der Autoren, deren Werk(e) 10 und mehr Inszenierungen je Spielzeit hatten. (Bis einschl. Spielzeit 1965/66 sind die Daten für die DDR miterfaßt, ab Spielzeit 1966/67 beziehen sich die Daten lediglich auf BRD, Österreich und Schweiz.)

Autor	Spielzeit / Zahl der Inszenierungen									
	62/63	63/64	64/65	65/66	66/67	67/68	68/69	69/70	70/71	71/72
1. Albee	11	12	21	21	21	21	26	32	20	14
2. Anouilh	49	44	48	46	38	32	27	32	22	24
3. Audiberti	12				10					
4. Beckett	27	22	13	30	21	19	20	29	36	24
5. Brecht	58	74	72	88	64	71	68	65	76	66
6. Büchner	16	21	18		10	13	11	15		15
7. Calderon	21	14	15	13						
8. Camus	12	15	23	14			11		10	
9. Conners	15									
10. Dorst	18	12	11							
11. Dürrenmatt	68	42	27	31	26	16	18	59	51	26
12. Frisch	60	29	19	13		22	22	20		10
13. Giraudoux	18	18	26	16	14	10	11			
14. Goethe	79	61	54	57	31	35	24	20	29	20
15. Goetz	27	22	35	26	22	29	30	17	21	19

weiter Tabelle 47

Autor	Spielzeit / Zahl der Inszenierungen									
	62/63	63/64	64/65	65/66	66/67	67/68	68/69	69/70	70/71	71/72
16. Gogol	10	12	20	11			10	13		15
17. Goldoni	38	29	33	37	14	16	15	15	22	17
18. Hauptmann	127	20	28	33	23	23	14	11	18	11
19. Hebbel	11	35				10				
20. Hofmannsthal	10	11	15	11		11				
21. Ibsen	22	24	18	25	16	19	10	13	17	26
22. Ionesco	20	42	22	18	22	20	12	24	14	17
23. Kleist	26	19	33	36	23	17	16	17	14	21
24. Krasna	11	10								
25. Lessing	53	45	40	50	18	25	16	22	18	
26. Lope de Vega	2o	10	12	13	11			10		
27. Molière	47	45	61	70	50	34	46	42	29	41
28. Molnar	17		10							
29. Mrozek	12	21	14	15	37	45	25	19	13	12
30. Nestroy	33	28	22	32	17	15	20	20	20	32
31. Obaldia	15			12	21	16				
32. O'Hara	14	29	24	17						

weiter Tabelle 47

Autor	Spielzeit / Zahl der Inszenierungen									
	62/63	63/64	64/65	65/66	66/67	67/68	68/69	69/70	70/71	71/72
33. O'Neill	25	20	26	21	16	21	10		15	
34. Pirandello	13	14	12		10	12	13			
35. Priestley	11		19	24						
36. Sartre	22	29	25	27	24	15	20	20		10
37. Schiller	66	70	75	89	50	56	43	36	28	26
38. Shakespeare	114	209	151	116	83	74	88	94	91	83
39. Shaw	56	51	72	59	58	34	35	26	30	25
40. Sternheim	17	19	27	30	18	19	31	27	30	29
41. Strindberg	15	14	11		11			11		12
42. Thomas, R.	15		12		10					
43. Tschechow	15	21	23	21	18	10	20	12	21	17
44. Walser	24			10			26	14	10	
45. Watkyn	10	11								
46. Weisenborn	12	10								
47. Wilde	18	10	11	10	11	11				
48. Williams	25	28	16	12	15	18	16			
49. Wittlinger	12	19	13	12						
50. Wunderlich	11									

weiter Tabelle 47

Autor	Spielzeit / Zahl der Inszenierungen									
	62/63	63/64	64/65	65/66	66/67	67/68	68/69	69/70	70/71	71/72
51. Bahr		14								
52. Breffort		10								
53. Cocteau		12								
54. Fry		10								
55. Gorki		10	14							
56. Hochhuth		13				15	13		17	
57. Hofmann		14	12	13						
58. Kohout		13	18	14			13	15	24	16
59. Ostrowski		13	15	12	13	10				
60. Popplewell		19	11		4	10				
61. Saunders		16	32	40	24	18	14	15	12	21
62. Tirso de Molina		11								
63. Wilder		19	13		14					
64. Camoletti			16	13	12	14				
65. Claudel			10							
66. Grillparzer			11	22	11	11				
67. Hacks			10	11		10	12	27	24	15
68. Kaiser			15	11						
69. Kipphardt			29	20						

weiter Tabelle 47

Autor	Spielzeit / Zahl der Inszenierungen									
	62/63	63/64	64/65	65/66	66/67	67/68	68/69	69/70	70/71	71/72
70. Miller			23	37	14	18	31	17	12	11
71. Lorca			10	16	11					
72. Pagnol			10		12					
73. Schisgal			15	14	10					
74. Schnitzler			11	11	10	10				
75. Schwarz			10							
76. Thoma			13	20	18	10				11
77. Tucholsky			11							
78. Ustinov	18	22	13			22	13			
79. Wedekind			14							12
80. Zuckmayer			10		24	19	12	11		13
81. Duval				17						
82. Havel				16			11			
83. Marivaux				11						
84. O'Casey				10		12		12	10	
85. Pinter				18	15	12	13	19	25	19
86. Schönthan				10						
87. Scribe				10					12	
88. Simon				18	14	10	13	11	10	

weiter Tabelle 47

Autor	Spielzeit / Zahl der Inszenierungen									
	62/63	63/64	64/65	65/66	66/67	67/68	68/69	69/70	70/71	71/72
89. Weiss				30						17
90. Barillet-Grêdy					15		15	20	21	17
91. Bruckner					10					
92. Grass					15			14		
93. Handke					13	15	29	11	13	15
94. Marcus					10	11				
95. Michelsen					10					
96. Patrick					10					
97. Bond						15		10		
98. Coward						10				
99. Feydeau						11	25	28	33	31
100. Genet						11				
101. Knott						10				
102. Shaffer						17	27		12	10
103. Ziem						11	14			
104. Ayckbourn							16		10	
105. Horvath							14	27	21	25
106. Sophokles							11			
107. Arrabal								17	20	13

weiter Tabelle 47

Autor	Spielzeit / Zahl der Inszenierungen									
	62/63	63/64	64/65	65/66	66/67	67/68	68/69	69/70	70/71	71/72
108. Bauer								25	25	10
109. Orton								16	16	14
110. Queneau								10		
111. Terson								18	12	10
112. Erdmann									11	
113. Fassbinder									10	
114. Flatow									18	13
115. Henkel									19	12
116. Kafka									10	
117. Ludwig/Krüger									11	16
118. Sauvajon									10	11
119. Christie										10
120. Forte										16
121 Gershe										10
122. Hachfeld										17
123. Storey										13
124. Vitrac										10
125. Yeldham										12

48. Tabelle

Spielplan 1962 - 1972: Ausgewählte Autoren: ALBEE

Jahr	Einzeltitel mit 10 und mehr Inszenierungen		Jahre, in denen der Autor mit seinen Werken 10 und mehr Inszenierungen erreichte	
	Zahl der Aufführungen	Zahl der Inszenierungen	Zahl der Werke	Zahl der Inszenierungen
62/63	-	-	4	11
63/64	-	-	3	12
	Wer hat Angst vor Virgina Woolf?			
64/65	413	17	3	21
65/66	254	12	5	21
66/67	262	13	5	21
67/68	-	-	6	21
68/69	-	-	8	26
	Alles im Garten			
69/70	264	12	10	32
7o/71	-	-	8	20
70/71	-	-	6	14

49. Tabelle

Spielplan 1962 - 1972 - Ausgewählte Autoren: DÜRRENMATT

	Einzeltitel mit 10 und mehr Inszenierungen		Jahre, in denen der Autor mit seinen Werken 10 und mehr Inszenierungen erreichte	
Jahr	Zahl der Aufführungen	Zahl der Inszenierungen	Zahl der Werke	Zahl der Inszenierungen
	Die Physiker			
62/63	1.598	59	6	68
63/64	377	24	8	42
64/65	-	-	7	27
65/66	-	-	8	31
	Der Meteor			
66/67	270	12	11	26
67/68	-	-	8	16
68/69	-	-	6	18
	Play Strindberg			
69/70	696	33	6	59
70/71	579	32	10	51
71/72	126	10	9	26
	König Johann			
69/70	297	15		

50. Tabelle

Spielplan 1962 - 1972: Ausgewählte Autoren: FRISCH

	Einzeltitel mit 10 und mehr Inszenierungen		Jahre, in denen der Autor mit seinen Werken 10 und mehr Inszenierungen erreichte	
Jahr	Zahl der Aufführungen	Zahl der Inszenierungen	Zahl der Werke	Zahl der Inszenierungen
	Andorra			
62/63	896	47	4	60
63/64	186	12	6	29
64/65	-	-	7	19
65/66	-	-	5	13
66/67	-	-	-	-
	Biografie			
67/68	331	13	5	22
68/69	229	16	6	22
69/70	151	11	4	20
70/71	-	-	-	-
71/72	-	-	5	10

51. Tabelle

Spielplan 1962 - 1972: Ausgewählte Autoren: IONESCO

	Einzeltitel mit 10 und mehr Inszenierungen		Jahre, in denen der Autor mit seinen Werken 10 und mehr Inszenierungen erreichte	
Jahr	Zahl der Aufführungen	Zahl der Inszenierungen	Zahl der Werke	Zahl der Inszenierungen
62/63	-	-	10	20
	Der König stirbt			
63/64	377	23	11	42
64/65	179	12	8	22
65/66	-	-	8	18
66/67	-	-	9	22
67/68	-	-	9	20
68/69	-	-	8	12
69/70	-	-	10	24
70/71	-	-	6	14
71/72	-	-	7	17

52. Tabelle

Spielplan 1962 - 1972: Ausgewählte Autoren: MILLER

Jahr	Einzeltitel mit 10 und mehr Inszenierungen: Zahl der Auf-Führungen	Zahl der Insze-nierungen	Jahre, in denen der Autor mit seinen Werken 10 und mehr Inszenierungen erreichte: Zahl der Werke	Zahl der Insze-nierungen
62/63	-	-	-	-
63/64	-	-	-	-
64/65	-	-	6	23
	Zwischenfall in Vichy			
65/66	405	20	6	37
66/67	-	-	5	14
67/68	-	-	6	18
	Der Preis			
68/69	418	21	6	31
69/70	215	14	3	17
70/71	-	-	3	12
71/72	-	-	4	11

53. Tabelle

Spielplan 1962 - 1972: Ausgewählte Autoren: HOCHHUTH

Jahr	Einzeltitel mit 10 und mehr Inszenierungen		Jahre, in denen der Autor mit seinen Werken 10 und mehr Inszenierungen erreichte	
	Zahl der Aufführungen	Zahl der Inszenierungen	Zahl der Werke	Zahl der Inszenierungen
	Der Stellvertreter			
62/63	-	-	-	-
63/64	504	13	1	13
64/65	-	-	-	-
65/66	-	-	-	-
66/67	-	-	-	-
	Soldaten			
67/68	286	13	3	15
68/69	236	13	1	13
69/70	-	-	-	-
	Guerillas			
70/71	268	14	3	17
71/71	-	-	-	-

54. Tabelle

Spielplan 1962 - 1972: Ausgewählte Autoren: KIPPHARDT

	Einzeltitel mit 10 und mehr Inszenierungen		Jahre, in denen der Autor mit seinen Werken 10 und mehr Inszenierungen erreichte	
Jahr	Zahl der Aufführungen	Zahl der Inszenierungen	Zahl der Werke	Zahl der Inszenierungen
62/63	-	-	-	-
63/64	-	-	-	-
	In der Sache J. Robert Oppenheimer			
64/65	590	26	2	29
65/66	218	13	3	20
66/67	-	-	-	-
67/68	-	-	-	-
68/69	-	-	-	-
69/70	-	-	-	-
70/71	-	-	-	-
71/72	-	-	-	-

55. Tabelle

Spielplan 1962 - 1972: Ausgewählte Autoren: WALSER

Jahr	Einzeltitel mit 10 und mehr Inszenierungen		Jahre, in denen der Autor mit seinen Werken 10 und mehr Inszenierungen erreichte	
	Zahl der Aufführungen	Zahl der Inszenierungen	Zahl der Werke	Zahl der Inszenierungen
	Der Abstecher			
62/63	283	19	2	24
63/64	-	-	-	-
64/65	-	-	-	-
65/66	-	-	3	10
66/67	-	-	-	-
67/68	-	-	-	-
	Die Zimmerschlacht			
68/69	434	24	2	26
69/70	148	12	2	14
70/71	-	-	3	10
71/72	-	-	-	-

56. Tabelle

Spielplan 71/72 BRD am Beispiel Baden-Württembergs

BADEN

Baden-Baden

Deutschsprachige Moderne, jeweils ein Werk von:

Asmodi

Forte

Fremdsprachige Moderne,jeweils ein Werk von:

Ionesco

Orton

Deutsche und fremdsprachige Klassik einschl. der sogen. Klassik der Moderne, jeweils ein Werk von:

Brecht

Kleist

Molière

Shakespeare

Halbmoderne und Boulevard, jeweils ein Werk von:

Bisson

Kishon

Sauvajon

Thomas

Wallace

Kinder-, Jugendstücke bzw. nicht klassifizierbar:

2 Produktionen

Bruchsal

keine Angaben

weiter Tabelle 56

Freiburg

Deutschsprachige Moderne, jeweils ein Werk von:

Dorst
Fleischer
Weiss

Fremdsprachige Moderne, jeweils ein Werk von:

Beckett
Berrigan
Kohout
Orton
Terson

Deutsche und fremdsprachige Klassik einschl.der sogen. Klassik der Moderne, jeweils ein Werk von:

Brecht
de Vega
Grabbe
Schiller
Shakespeare
Shaw

Halbmoderne und Boulevard, jeweils ein Werk von:

Gershe
O'Hara

Karlsruhe

Staatstheater

Deutschsprachige Moderne, jeweils ein Werk von:

Forte
Turrini

weiter Tabelle 56

Fremdsprachige Moderne, jeweils ein Werk von:
- Barnes
- Kohout
- Storey

Deutsche und fremdsprachige Klassik einschl. der sogen. Klassik der Moderne, jeweils ein Werk von:
- de Vega
- Sternheim
- Tschechow
- Zuckmayer

Halbmoderne und Boulevard, jeweils ein Werk von:
- Barillet-Grêdy
- Goetz

Insel

Deutschsprachige Moderne, jeweils ein Werk von:
- Dürrenmatt

Deutsche und fremdsprachige Klassik einschl. der sogen. Klassik der Moderne, jeweils ein Werk von:
- Cocteau
- Goethe
- Ibsen

Fremdsprachige Moderne, jeweils ein Werk von:
- Sartre

Halbmoderne und Boulevard, jeweils ein Werk von
- Balderstone
- Camoletti
- Queneau

weiter Tabelle 56

Kinder-, Jugendstücke bzw. nicht klassifizierbar:
Bürkner
Kästner
Lindgren

Konstanz

Deutschsprachige Moderne, jeweils ein Werk von:
Walser

Fremdsprachige Moderne, jeweils ein Werk von:
Williams

Deutsche und fremdsprachige Klassik einschl. der sogen. Klassik der Moderne, jeweils ein Werk von:
Brecht
de Molina
Kleist
Werfel

Halbmoderne und Boulevard, jeweils ein Werk von:
Flatow
sowie 3 weitere Produktionen

Kinder-, Jugendstücke bzw. nicht klassifizierbar:
1 Produktion

Pforzheim

Deutschsprachige Moderne, jeweils ein Werk von:
Dürrenmatt
Turrini
Weiss

weiter Tabelle 56

Fremdsprachige Moderne, jeweils ein Werk von:
Berrigan

Deutsche und fremdsprachige Klassik einschl. der sogen. Klassik der Moderne, jeweils ein Werk von:
Lessing
Molière
Shakespeare

Halbmoderne und Boulevard, jeweils ein Werk von:
Feydeau
O'Hara

Kinder-, Jugendstücke bzw. nicht klassifizierbar:
2 Produktionen

WORTTEMBERG

Eßlingen

Deutschsprachige Moderne, jeweils ein Werk von:
Müller, H.
Walser

Fremdsprachige Moderne, jeweils ein Werk von:
Ionesco
Miller
Mrozek
Saunders

Deutsche und fremdsprachige Klassik einschl. der sogen. Klassik der Moderne, jeweils ein Werk von:
Anouilh
Brecht
Shakespeare
Sternheim

weiter Tabelle 56

Halbmoderne und Boulevard, jeweils ein Werk von:

Feydeau
Kerr
Kreuder
Scheu
Sheridan

Kinder-, Jugendstücke bzw. nicht klassifizierbar:

Preußler

Heilbronn

Deutschsprachige Moderne, jeweils ein Werk von:

Frisch
Henkel

Fremdsprachige Moderne, jeweils ein Werk von:

Albee
Beckett
Ionesco
Terson
Triana
Williams

Deutsche und fremdsprachige Klassik einschl. der sogen. Klassik der Moderne, jeweils ein Werk von:

Anouilh
Brecht
Calderon
Lessing
Molière
Priestley
Shaw
Wilde

weiter Tabelle 56

Halbmoderne und Boulevard, jeweils ein Werk von:
- Anderson
- Flatow
- Frühsorger
- Goetz
- Marcus
- O'Hara

Reutlingen

Deutschsprachige Moderne, jeweils ein Werk von:
- Handke

Fremdsprachige Moderne, jeweils ein Werk von:
- Bond
- Mc Grath

Deutsche und fremdsprachige Klassik einschl. der sogen. Klassik der Moderne, jeweils ein Werk von:
- Brecht
- Jarry
- Plautus

Halbmoderne und Boulevard, jeweils ein Werk von:
- Christie

Stuttgart

Theater der Altstadt

Deutschsprachige Moderne, jeweils ein Werk von:
- Dürrenmatt
- Faßbinder
- Henkel

weiter Tabelle 56

Fremdsprachige Moderne, jeweils ein Werk von:
Beckett

Deutsche und fremdsprachige Klassik einschl. der sogen. Klassik der Moderne, jeweils ein Werk von:
Scribe
Molière

Halbmoderne und Boulevard, jeweils ein Werk von:
Bramstoke
Knott

Staatsschauspiel

Deutschsprachige Moderne, jeweils ein Werk von:
Walser
Weiss

Fremdsprachige Moderne, jeweils ein Werk von:
Storey

Deutsche und fremdsprachige Klassik einschl. der sogen. Klassik der Moderne, jeweils ein Werk von:
Goldoni
Horvath
Ibsen
Kleist
Shakespeare
Valle-Inclan

Tübingen

Deutschsprachige Moderne, jeweils ein Werk von:
Weiss

weiter Tabelle 56

Fremdsprachige Moderne, jeweils ein Werk von:
Bond

Deutsche und fremdsprachige Klassik einschl. der sogen. Klassik der Moderne, jeweils ein Werk von:
Behan
Hauptmann
Jonson
Nestroy
Shakespeare
Sternheim
Strindberg

Ulm

Deutschsprachige Moderne, jeweils ein Werk von:
Turrini

Fremdsprachige Moderne, jeweils ein Werk von:
Barnes
Gombrowicz
Miller

Deutsche und fremdsprachige Klassik einschl. der sogen. Klassik der Moderne, jeweils ein Werk von:
Anouilh
Behan
Büchner
Goldoni
Ibsen
Wilde

Halbmoderne und Boulevard, jeweils ein Werk von:
Jacoby
Krasna
Marcus

Kinder-, Jugendstücke bzw. nicht klassifizierbar:
Penzoldt
Poss

57. Tabelle

Spielplan 71/72 der deutschsprachigen Schweiz nach Stückgattungen

Basel

Deutschsprachige Moderne, jeweils ein Werk von:

Forte
Henkel
Müller
Muschg
Weiß

Fremdsprachige Moderne, jeweils ein Werk von:

Ionesco

Deutsche und fremdsprachige Klassik einschl. der sogen. Klassik der Moderne, jeweils ein Werk von:

Brecht
Büchner
Grabbe
Jonson
Lenz
Molière
Tschechow

Halbmoderne und Boulevard, jeweils ein Werk von:

Feydeau

Bern

Atelier

Deutschsprachige Moderne, jeweils ein Werk von:

Fremdsprachige Moderne, jeweils ein Werk von:

Osborne

weiter Tabelle 57

Deutsche und fremdsprachige Klassik einschl. der sogen. Klassik der Moderne, jeweils ein Werk von:

Lessing
Shaw
Strindberg

Halbmoderne und Boulevard, jeweils ein Werk von:

Barillet-Grêdy
Bruno
Pulman
Simon
E. Williams

Bern

Kleintheater

Deutschsprachige Moderne, jeweils ein Werk von:

Handke

Fremdsprachige Moderne, jeweils ein Werk von:

Deutsche und fremdsprachige Klassik einschl. der sogen. Klassik der Moderne, jeweils ein Werk von:

Brecht

Halbmoderne und Boulevard, jeweils ein Werk von:

Friel
Goetz
Hoffmann

weiter Tabelle 57

Bern
Stadttheater

Deutschsprachige Moderne, jeweils ein Werk von:

Fremdsprachige Moderne, jeweils ein Werk von:
Barnes

Deutsche und fremdsprachige Klassik einschl. der sogen. Klassik der Moderne, jeweils ein Werk von:

Brecht
Grabbe
Lessing
Shakespeare
Tschechow

Halbmoderne und Boulevard, jeweils ein Werk von:
Camoletti
Erdmann
Kohlhaase

Biel
keine Angaben

Chur
keine Angaben

weiter Tabelle 57

Luzern

Deutschsprachige Moderne, jeweils ein Werk von:
- Hildesheimer

Fremdsprachige Moderne, jeweils ein Werk von:
- Arrabal
- Triana

Deutsche und fremdsprachige Klassik einschl. der sogen. Klassik der Moderne, jeweils ein Werk von:
- Brecht
- Bulgakow
- Horvath
- Nestroy
- Schiller
- Shakespeare

Halbmoderne und Boulevard, jeweils ein Werk von:
- Hamilton
- Obaldia

Kinder-, Jugendstücke bzw. nicht klassifizierbar:
- Busch

St. Gallen

Deutschsprachige Moderne, jeweils ein Werk von:
- Henkel
- Muschg

Fremdsprachige Moderne, jeweils ein Werk von:
- Grumberg
- Terson

weiter Tabelle 57

Deutsche und fremdsprachige Klassik einschl. der sogen. Klassik der Moderne, jeweils ein Werk von:

Anouilh
Brecht
Büchner
Goldoni
O'Neill
Zuckmayer

Halbmoderne und Boulevard, jweils ein Werk von:

Zürich
Schauspielhaus

Deutschsprachige Moderne, jeweils ein Werk von:

Bernhard
Dürrenmatt
Hochhuth
Pörtner
Schneider

Fremdsprachige Moderne, jeweils ein Werk von:

Saunders
Storey

Deutsche und fremdsprachige Klassik einschl. der sogen. Klassik der Moderne, jeweils ein Werk von:

Brecht
Büchner
Gogol
Lorca
Nestroy

Halbmoderne und Boulevard, jeweils ein Werk von:

------

weiter Tabelle 57

Zürich

Theater am Neumarkt

Deutschsprachige Moderne, jeweils ein Werk von:

- Bauer
- Fleisser
- Handke
- Jandl

Fremdsprachige Moderne,jeweils ein Werk von:

- Arrabal
- Beckett
- Pinget

Deutsche und fremdsprachige Klassik einschl. der sogen. Klassik der Moderne, jeweils ein Werk von:

- Aristophanes
- Nestroy

Halbmoderne und Boulevard, jeweils ein Werk von:

- Valentin

58. Tabelle

Spielplan 1971/72 BRD am Beispiel Baden-Württembergs: Gesamtübersicht

Ort	Deutschsprachige Moderne		Fremdsprachige Moderne		Deutsche-und fremdsprachige Klassik		Halbmoderne		Kinder-u. Jugend-stücke		Insgesamt	
	abs.	%	abs.	%	abs.	%	abs.	%	abs.	%	abs.	%
Baden												
Baden-Baden	2	8,3	2	6,7	4	6,6	5	14,3	2	18,2	15	9,3
Bruchsal												
Freiburg	3	12,5	5	16,7	6	9,8	2	5,7			16	10,0
Karlsruhe, Staatstheater	2	8,3	3	10,9	4	6,6	2	5,7			11	6,8
Karlsruhe, Insel	1	4,2			4	6,6	3	8,6	3	27,2	11	6,8
Konstanz	1	4,2	1	3,3	4	6,6	4	11,4	1	9,1	11	6,8
Pforzheim	3	12,5	1	3,3	3	4,9	2	5,7	2	18,2	11	6,8
Württemberg												
Eßlingen	2	8,3	4	13,3	4	6,6	5	14,3	1	9,1	16	10,0
Heilbronn	2	8,3	6	20,0	8	13,1	6	17,1			22	13,7
Reutlingen	1	4,2	2	6,7	3	4,9	1	2,8			7	4,3
Stuttgart, Staatsschausp.	2	8,3	1	3,3	6	9,8					9	5,6
Stuttgart, Altstadt	3	12,5	1	3,3	2	3,2	2	5,7			8	5,0
Tübingen	1	4,2	1	3,3	7	11,4					9	5,6
Ulm	1	4,2	3	10,0	6	9,4	3	8,6	2	18,2	15	9,3
	24	100,0	30	99,9	61	99,9	35	99,9	11	100,0	161	100,0
	14,9 %		18,6 %		37,9 %		21,7 %		6,8 %		100,0 %	

59. Tabelle

Spielplan 1971/72 deutschsprachige Schweiz: Gesamtübersicht

Ort	Deutschsprachige Moderne		Fremdsprachige Moderne		Deutsche-und fremdsprachige Klassik		Halbmoderne		Kinder- und Jugendstücke		Insgesamt	
	abs.	%	abs.	%	abs.	%	abs.	%	abs.	%	abs.	%
Basel	5	27,8	1	8,3	7	20,0	1	6,6			14	17,2
Bern, Atelier			1	8,3	3	8,6	5	33,3			9	11,1
Bern, Kleintheater	1	5,6			1	2,9	3	20,0			5	6,2
Bern, Stadt-Theater			1	8,3	5	14,3	3	20,0			9	11,1
Biel				keine	Angaben							
Chur				keine	Angaben							
Luzern	1	5,6	2	16,7	6	17,1	2	13,3	1	100,0	12	14,9
St. Gallen	2	11,1	2	16,7	6	17,1					10	12,3
Zürich, Schauspielhaus	5	27,8	2	16,7	5	14,3					12	14,9
Zürich Theater am Neumarkt	4	22,2	3	25,0	2	5,7	1	6,6			10	12,3
Summe	18	100,1	12	100,0	35	100,0	15	100,1	1	100,0	81	100,0
	22,2 %		14,9 %		43,2 %		18,5 %		1,2 %		100,0 %	

60. Tabelle

Die laut Kritikerumfrage wichtigsten Stücke der Spielzeit 1969/70

Autor	Titel	1+)	2+)	3+)
	1969/70			
Handke	Quodlibet	13	1	4886
Tabori	Kannibalen	29	1	5589
Erdman	Selbstmörder	93	4	11474
Bauer	Change	68	4	40878
Ionesco	Triumph des Todes	54	3	8484
Bond	Early Morning	38	4	6346
Sperr	Koralle Meier	19	1	10870
	1970/71			
Handke	Quodlibet	keine Aufführung		
Tabori	Kannibalen	142	8	27465
Erdman	Selbstmörder	157	10	55972
Bauer	Change	200	8	40434
Ionesco	Triumph des Todes	31	3	11761
Bond	Early Morning	10	1	5721
Sperr	Koralle Meier	5	1	5305
	1971/72			
Handke	Quodlibet	2	1	o. A.
Tabori	Kannibalen	8	1	866
Erdman	Selbstmörder	160	7	67977
Bauer	Change	18	2	2252
Ionesco	Triumph des Todes	23	2	19407
Bond	Early Morning	keine Aufführung		
Sperr	Koralle Meier	"	"	

Erläuterungen: +) 1 = Zahl der Aufführungen
2 = Zahl der Inszenierungen
3 = Zahl der Zuschauer

61. Tabelle

Die laut Kritikerumfrage wichtigsten Stücke der Spielzeit 1970/71

Autor	Titel	1+)	2+)	3+)
	1970/71			
Forte	Martin Luther	158	7	102869
Kroetz	Heimarbeit	13	1	2549
Handke	Ritt über den Bodensee	58	2	20268
Walser	Kinderspiel	13	1	7161
Kroetz	Hartnäckig	12	1	2549
Gombrowicz	Operette	29	2	18902
Müller	Halbdeutsch	45	3	5346
	1971/72			
Forte	Martin Luther	258	14	138385
Kroetz	Heimarbeit	27	1	1074
Handke	Ritt über den Bodensee	123	6	25546
Walser	Kinderspiel	45	3	9440
Kroetz	Hartnäckig	keine Aufführung		
Gombrowicz	Operette	78	2	56426
Müller	Halbdeutsch	9	1	990

Erläuterungen: +) 1 = Zahl der Aufführungen
2 = Zahl der Inszenierungen
3 = Zahl der Zuschauer

62. Tabelle

Die laut Kritikerumfrage wichtigsten Stücke der Spielzeit 1971/72

Autor	Titel	1+)	2+)	3+)
	1971/72			
Weiss	Hölderlin	175	8	122565
Pinter	Alte Zeiten	28	3	18320
Bond	Lear (noch nicht in deutscher Sprache aufgeführt			
Fassbinder	Bremer Freiheit	62	4	13505
Wedekind	Schloß Wetterstein	26	1	18763
	(in den vorhergehenden Jahren nicht gespielt)			
Fleisser	Fegefeuer in Ingolstadt	25	3	7099
Turrini	Der tollste Tag	25	1	10056

Erläuterungen: +) 1 = Zahl der Aufführungen
2 = Zahl der Inszenierungen
3 = Zahl der Zuschauer

63. Tabelle

In den Werkstatistiken 1962 - 1972 erscheinende Komponisten

1+)	2+)	3+)	1	2	3
Abraham	C	39	Lehar	C	48
Adam	A	1	Leoncavallo	A	13
d'Albert	A	2	Lincke	C	49
Auber	A	3	Loewe	C	50
Beethoven	A	4	Lortzing	A	14
Benatzky	C	40	Mascagni	A	15
Berg	B	30	Millöcker	C	51
Bizet	A	5	Mozart	A	16
Britten	B	31	Mussorgskij	A	17
Burkhard	C	41	Nicolai	A	18
Cimarosa	A	6	Offenbach	A	19
Donizetti	A	7	Orff	B	35
Dostal	C	42	Porter	C	52
Egk	B	32	Prokofjew	B	36
Fall	C	43	Puccini	A	20
Flotow	A	8	Raymond	C	53
Gluck	A	9	Rossini	A	21
Gounod	A	10	Smetana	A	22
Händel	A	11	Strauß, J.	A	24
Henze	B	33	Strauß, R.	A	23
Hermann	C	44	Strawinskij	B	37
Humperdinck	A	12	Suppe	C	54
Janacek	B	34	Tschaikowskij	A	25
Kalman	C	45	Verdi	A	26
Kern	C	46	Wagner	A	27
Künneke	C	47	Weber	A	28
			Weill	B	38
			Wolf-Ferrari	A	29
			Zeller	C	55

+) Spaltenerklärung:
1 = Name
2 = Zuordnungskategorie
A = klassisches Repertoire
B = zeitgenössisches bzw. modernes Repertoire
C = Operetten-, Musicalrepertoire
3 = angegebene Zahl entspricht der Numerierung, unter der der betreffende Komponist in der Tabelle "Gesamtübersicht" aufgeführt ist.

64. Tabelle

Komponisten mit 10 und mehr Inszenierungen ihrer Werke in der Spielzeit 1962/63 (BRD, DDR (1), Österreich, Schweiz)

Komponist	Zahl der aufgeführten Werke	Zahl der Inszenierungen
Abraham	3	10
Adam	2	11
Beethoven	1	28
Berg	2	12
Bizet	2	22
Burkhard	3	13
Cimarosa	2	11
Donizetti	7	37
Dostal	3	12
Fall	3	11
Flotow	1	16
Gluck	7	22
Händel	14	15
Humperdinck	1	11
Janacek	4	15
Kalman	5	30
Künneke	5	21
Lehar	7	55
Leoncavallo	1	11
Lortzing	7	56
Millöcker	6	45
Mozart	13	139
Nicolai	1	20
Offenbach	16	64
Orff	7	19

(1) Bis einschließlich Spielzeit 1965/66 sind die Daten für die DDR miterfaßt, ab Spielzeit 1966/67 beziehen sich die Daten lediglich auf BRD, Österreich, Schweiz.

weiter Tabelle 64

Komponist	Zahl der aufgeführten Werke	Zahl der Inszenierungen
Prokofjew	5	10
Puccini	9	109
Rossini	6	26
Smetana	2	22
Strauß, J.	6	73
Strauß, R.	10	71
Strawinskij	5	13
Suppé	4	36
Tschaikowskij	2	15
Verdi	13	187
Wagner	11	171
Weber	3	24
Zeller	2	29

65. Tabelle

Komponisten mit 10 und mehr Inszenierungen ihrer Werke in der Spielzeit 1963/64 (BRD, DDR, Österreich, Schweiz)

Komponist	Zahl der aufgeführten Werke	Zahl der Inszenierungen
Abraham	3	10
d'Albert	2	11
Beethoven	1	30
Benatzky	3	16
Bizet	5	31
Burkhard	1	16
Donizetti	5	33
Dostal	4	15
Fall	5	14
Flotow	2	12
Gluck	6	17
Händel	14	23
Humperdinck	2	14
Janacek	3	10
Kalman	5	38
Künneke	2	16
Lehar	10	60
Leoncavallo	1	18
Lortzing	5	52
Mascagni	1	18
Millöcker	6	34
Mozart	13	132
Nicolai	1	20
Offenbach	19	59
Orff	8	23
Prokofjew	5	12
Puccini	10	93
Rossini	7	29

weiter Tabelle 65

Komponist	Zahl der aufgeführten Werke	Zahl der Inszenierungen
Smetana	2	15
Strauß, J.	5	86
Strauß, R.	13	97
Strawinskij	5	12
Suppê	4	35
Tschaikowskij	3	13
Verdi	16	193
Wagner	11	151
Weber	3	22
Wolf-Ferrari	7	11
Zeller	3	20

66. Tabelle

Komponisten mit 10 und mehr Inszenierungen ihrer Werke in der Spielzeit 1964/65 (BRD, DDR, Österreich,Schweiz)

Komponist	Zahl der aufgeführten Werke	Zahl der Inszenierungen
Adam	2	10
Auber	1	12
Beethoven	1	27
Benatzky	4	16
Bizet	1	29
Burkhard	1	15
Cimarosa	3	11
Donizetti	6	33
Dostal	4	11
Fall	3	11
Gluck	6	16
Gounod	2	10
Händel	14	16
Humperdinck	2	22
Janacek	4	16
Kalman	6	44
Künneke	3	11
Lehar	9	54
Leoncavallo	1	19
Lincke	1	10
Lortzing	5	49
Mascagni	1	19
Millöcker	4	35
Mozart	10	137
Mussorgskij	2	13
Nicolai	1	18
Offenbach	15	61
Orff	7	24

weiter Tabelle 66

Komponist	Zahl der aufgeführten Werke	Zahl der Inszenierungen
Prokofjew	4	11
Puccini	9	102
Rossini	8	34
Smetana	3	18
Strauß, J.	7	75
Strauß, R.	12	82
Strawinskij	3	15
Suppé	5	26
Tschaikowskij	2	15
Verdi	16	192
Wagner	11	156
Weber	3	21
Wolf-Ferrari	5	13
Zeller	2	15

67. Tabelle

Komponisten mit 10 und mehr Inszenierungen ihrer Werke in der Spielzeit 1965/66 (BRD, DDR, Österreich, Schweiz)

Komponist	Zahl der aufgeführten Werke	Zahl der Inszenierungen
d'Albert	2	10
Beethoven	1	22
Benatzky	3	23
Bizet	3	31
Britten	6	11
Burkhard	1	18
Donizetti	5	38
Dostal	3	11
Egk	6	14
Flotow	1	11
Gluck	6	12
Händel	12	17
Henze	6	10
Humperdinck	1	18
Janacek	3	13
Kalman	4	43
Künneke	4	16
Lehar	10	55
Leoncavallo	1	21
Lortzing	6	54
Mascagni	1	18
Millöcker	4	40
Mozart	10	155
Mussorgskij	2	11
Nicolai	1	18
Offenbach	15	75
Orff	5	14

weiter Tabelle 67

Komponist	Zahl der aufgeführten Werke	Zahl der Inszenierungen
Porter	2	11
Puccini	9	97
Raymond	3	14
Rossini	7	37
Smetana	3	23
Strauß, J.	6	76
Strauß, R.	10	77
Suppé	4	19
Tschaikowskij	3	15
Verdi	15	196
Wagner	11	148
Weber	2	24
Wolf-Ferrari	4	16
Zeller	1	20

68. Tabelle

Komponisten mit 10 und mehr Inszenierungen ihrer Werke in der Spielzeit 1966/67 (BRD, Österreich, Schweiz)

Komponist	Zahl der aufgeführten Werke	Zahl der Inszenierungen
Beethoven	1	15
Benatzky	3	15
Berg	2	12
Bizet	2	20
Britten	5	13
Donizetti	8	31
Humperdinck	1	12
Janacek	4	10
Kalman	4	20
Künneke	2	12
Lehar	7	47
Leoncavallo	2	17
Lortzing	5	36
Mascagni	1	14
Millöcker	3	11
Mozart	11	111
Mussorgskij	3	10
Offenbach	13	33
Puccini	9	78
Rossini	5	24
Smetana	1	14
Strauß, J.	5	54
Strauß, R.	9	63
Suppé	2	12
Verdi	14	141
Wagner	12	110
Weber	1	20
Zeller	1	15

69. Tabelle

Komponisten mit 10 und mehr Inszenierungen ihrer Werke in der Spielzeit 1967/68 (BRD, Österreich, Schweiz)

Komponist	Zahl der aufgeführten Werke	Zahl der Inszenierungen
Abraham	2	13
Beethoven	1	23
Benatzky	2	14
Bizet	3	16
Donizetti	5	22
Henze	6	10
Kalman	3	29
Künneke	1	11
Lehar	8	47
Leoncavallo	1	12
Loewe	1	24
Lortzing	5	34
Mascagni	1	11
Millöcker	4	19
Mozart	10	99
Nicolai	1	10
Offenbach	9	32
Orff	5	10
Puccini	9	77
Rossini	6	33
Smetana	1	18
Strauß, J.	5	52
Strauß, R.	10	62
Strawinskij	5	13
Suppê	4	14
Tschaikowskij	5	12
Verdi	15	135
Wagner	10	119
Weber	1	16
Zeller	1	11

70. Tabelle

Komponisten mit 10 und mehr Inszenierungen ihrer Werke in der Spielzeit 1968/69 (BRD, Österreich, Schweiz)

Komponist	Zahl der aufgeführten Werke	Zahl der Inszenierungen
Beethoven	1	21
Benatzky	2	10
Bizet	1	12
Donizetti	6	24
Flotow	2	11
Humperdinck	1	10
Janacek	6	13
Kalman	3	21
Künneke	3	10
Lehar	7	52
Loewe	1	23
Lortzing	4	35
Millöcker	4	24
Mozart	10	104
Nicolai	1	1
Offenbach	11	34
Orff	5	10
Porter	2	10
Puccini	10	78
Rossini	10	25
Smetana	3	17
Strauß, J.	5	51
Strauß, R.	9	60
Verdi	14	136
Wagner	10	116
Weber	2	17
Weill	3	11
Zeller	1	11

71. Tabelle

Komponisten mit 10 und mehr Inszenierungen ihrer Werke in der Spielzeit 1969/70 (BRD, Österreich, Schweiz)

Komponist	Zahl der aufgeführten Werke	Zahl der Inszenierungen
Abraham	3	11
Beethoven	1	19
Benatzky	2	12
Berg	2	10
Bizet	2	19
Donizetti	9	29
Hermann	1	11
Humperdinck	1	12
Janacek	4	13
Kalman	4	21
Lehar	7	60
Loewe	1	22
Lortzing	5	33
Millöcker	3	19
Mozart	9	114
Offenbach	9	44
Orff	6	16
Porter	2	11
Puccini	8	71
Rossini	9	26
Smetana	4	13
Strauß, J.	5	47
Strauß, R.	10	65
Strawinskij	3	12
Verdi	15	141
Wagner	11	112
Weber	2	14
Wolf-Ferrari	3	10
Zeller	1	10

72. Tabelle

Komponisten mit 10 und mehr Inszenierungen ihrer Werke in der Spielzeit 1970/71 (BRD, Österreich, Schweiz)

Komponist	Zahl der aufgeführten Werke	Zahl der Inszenierungen
Beethoven	1	26
Berg	2	19
Bizet	1	20
Cimarosa	2	10
Donizetti	8	24
Händel	6	10
Hermann	1	11
Humperdinck	1	12
Kalman	3	22
Lehar	7	50
Leoncavallo	1	14
Loewe	1	16
Lortzing	4	30
Mascagni	1	12
Millöcker	3	16
Mozart	11	110
Nicolai	1	11
Offenbach	11	28
Orff	5	17
Porter	2	18
Puccini	9	81
Raymond	2	10
Rossini	7	28
Smetana	3	10
Strauß, J.	5	55
Strauß, R.	12	60
Tschaikowskij	2	12
Verdi	16	137
Wagner	11	116
Weber	1	16
Zeller	1	12

73. Tabelle

Komponisten mit 10 und mehr Inszenierungen
in der Spielzeit 1971/72 (BRD, Österreich, Schweiz)

Komponist	Zahl der aufgeführten Werke	Zahl der Inszenierungen
Beethoven	1	19
Benatzky	2	11
Berg	2	19
Bizet	1	18
Donizetti	7	28
Humperdinck	1	11
Janacek	4	14
Kalman	4	24
Kern	1	10
Lehar	8	50
Leoncavallo	1	10
Loewe	1	11
Lortzing	3	30
Mascagni	1	10
Millöcker	2	14
Mozart	11	106
Nicolai	1	14
Offenbach	10	31
Orff	5	17
Porter	2	15
Puccini	9	82
Rossini	4	26
Smetana	2	16
Strauß, J.	5	61
Strauß, R.	11	59
Strawinskij	4	14
Tschaikowskij	2	12
Verdi	14	137
Wagner	11	111
Weber	1	13

74. Tabelle

Spielplan 1962 - 1972: Gesamtübersicht der Komponisten, deren Werk(e) 10 und mehr Inszenierungen je Spielzeit hatten. (Bis einschließlich Spielzeit 1965/66 sind die Daten für die DDR miterfaßt, ab Spielzeit 1966/67 beziehen sich die Daten lediglich auf BRD, Österreich und Schweiz)

Komponist	1962/63		1963/64		1964/65		1965/66		1966/67		1967/68		1968/69		1969/70		1970/71		1971/1972	
	1+)	2+)	1	2	1	2	1	2	1	2	1	2	1	2	1	2	1	2	1	2
1. Adam	2	11			2	10														
2. d'Albert			2	11			2	10												
3. Auber					1	12														
4. Beethoven	1	28	1	30	1	27	1	22	1	15	1	23	1	21	1	19	1	26	1	19
5. Bizet	2	22	5	31	1	29	3	31	2	20	3	16	1	12	2	19	1	20	1	18
6. Cimarosa	2	11			3	11											2	10		
7. Donizetti	7	37	5	33	6	33	5	38	8	31	5	22	6	24	9	29	8	24	7	28
8. Flotow	1	16	2	12			1	11					2	11						
9. Gluck	7	22	6	17	6	16	6	12												
10. Gounod					2	10														
11. Händel	14	15	14	23	14	16	12	17									6	10		
12. Humperdinck	1	11	2	14	2	22	1	18	1	12			1	10	1	12	1	12	1	11
13. Leoncavallo	1	11	1	18	1	19	1	21	2	17	1	12					1	14	1	10
14. Lortzing	7	56	5	52	5	49	6	54	5	36	5	34	4	35	5	33	4	30	3	30
15. Mascagni			1	18	1	19	1	18	1	14	1	11					1	12	1	10
16. Mozart	13	139	13	132	10	137	10	155	11	111	10	99	10	104	9	114	11	110	11	106

+) Erklärung: 1 = Zahl der aufgeführten Werke 2 = Gesamtzahl der Inszenierungen

weiter Tabelle 74

Komponist	1962/63 1+)	2+)	1963/64 1	2	1964/65 1	2	1965/66 1	2	1966/67 1	2	1967/68 1	2	1968/69 1	2	1969/70 1	2	1970/71 1	2	1971/72 1	2
17. Mussorgskij					2	13	2	11	3	10										
18. Nicolai	1	20	1	20	1	18	1	18			1	10	1	11			1	11	1	14
19. Offenbach	16	64	19	59	15	61	15	75	13	33	9	32	11	34	9	44	11	28	10	31
20. Puccini	9	109	10	93	9	102	9	97	9	78	9	77	10	78	8	71	9	81	9	82
21. Rossini	6	26	7	29	8	34	7	37	5	24	6	33	10	25	9	26	7	28	4	26
22. Smetana	2	22	2	15	3	18	3	23	1	14	1	18	3	17	4	13	3	10	2	16
23. Strauß, R.	10	71	13	97	12	82	10	77	9	63	10	62	9	60	10	65	12	60	11	59
24. Strauß, J.	6	73	5	68	7	75	6	76	5	54	5	52	5	51	5	47	5	55	5	61
25. Tschaikowskij	2	15	3	13	2	15	3	15			5	12					2	12	2	12
26. Verdi	13	187	16	193	16	192	15	196	14	141	15	135	14	136	15	141	16	137	14	137
27. Wagner	11	171	11	151	11	156	11	148	12	110	10	119	10	116	11	112	11	116	11	111
28. Weber	3	24	3	22	3	21	2	24	1	20	1	16	2	17	2	14	1	16	1	13
29. Wolf-Ferrari			7	11	5	13	4	16							3	10				
30. Berg	2	12							2	12					2	10	2	19	2	19
31. Britten							6	11	5	13										
32. Egk							6	14												
33. Henze							6	10			6	10								
34. Janacek	4	15	3	10	4	16	3	13	4	10			6	13	4	13			4	14
35. Orff	7	19	8	23	7	24	6	14			5	10	5	10	6	16	5	17	5	17
36. Prokofjew	5	10	5	12	4	11														
37. Strawinskij	5	13	5	12	3	15					5	13			3	12			4	14
38. Weill													3	11						

+) 1 = Zahl der aufgeführten Werke 2 = Gesamtzahl der Inszenierungen

weiter Tabelle 74

Komponist	1962/63		1963/64		1964/65		1965/66		1966/67		1967/68		1968/69		1969/70		1970/71		1971/72	
	1+)	2+)	1	2	1	2	1	2	1	2	1	2	1	2	1	2	1	2	1	2
39. Abraham	3	10	3	10							2	13			3	11				
40. Benatzky			3	16	4	16	3	23	3	15	2	14	2	10	2	12			2	11
41. Burkhard	3	13	1	16	1	15	1	18												
42. Dostal	3	12	4	15	4	11	3	11												
43. Fall	3	11	5	14	3	11														
44. Hermann															1	11	1	11		
45. Kalman	5	30	5	38	6	44	4	43	4	20	3	29	3	21	4	21	3	22	4	24
46. Kern																			1	10
47. Künneke	5	21	2	16	3	11	4	16	2	12	1	11	3	10						
48. Lehar	7	55	10	60	9	54	10	55	7	47	8	47	7	52	7	60	7	50	8	50
49. Lincke					1	10														
50. Loewe											1	24	1	23	1	22	1	16	1	11
51. Millöcker	6	45	6	34	4	35	4	40	3	11	4	19	4	24	3	19	3	16	2	14
52. Porter							2	11					2	10	2	11	2	18	2	15
53. Raymond							3	14									2	10		
54. Suppé	4	36	4	35	5	26	4	19	2	12	4	14								
55. Zeller	2	29	3	20	2	15	1	20	1	15	1	11	1	11	1	10	1	12		

+) 1 = Zahl der aufgeführten Werke 2 = Gesamtzahl der Inszenierungen

75. INFRATEST-Untersuchung

75.1. Frage: "Waren Sie dieses Jahr schon mal im Theater? Ich meine in Schauspielen, Opern oder Operetten?

	Alle Befragten 19822 = 100
Ja, im Theater gewesen	18 %
Nein, nicht im Theater gewesen	82 %
	100 %

75.2. Frage:"Waren Sie dieses Jahr schon mal im Theater, Ich meine in Schauspielen, Opern oder Operetten?"

Ja, im Schauspiel	11 %
Ja, in der Oper	8 %
Ja, in der Operette	8 %
Nein, kein Theaterbesuch in diesem Jahr	82 %
	109 % +)

75.3. Frage:"Wie oft haben Sie in diesem Jahr - also seit Januar - ein Theater besucht?"

	Alle Theaterbesucher 3491 = 100
einmal	36 %
zweimal	18 %
dreimal	10 %
viermal	6 %
fünfmal	6 %
sechsmal	5 %
siebenmal	3 %
achtmal	3 %
neunmal	2 %
zehnmal und mehr	11 %
	100 %

+) Mehrfachnennungen

75.4. Frage: "Was für Stücke sehen Sie besonders gern?"

	Alle Theaterbesucher 3491 = 100
Klassische Schauspiele	36 %
Moderne Problemstücke	21 %
Moderne Unterhaltungsstücke	24 %
Kriminalschauspiele	15 %
Volksstücke	22 %
Klassische Opern	38 %
Moderne Opern	8 %
Operetten/Musicals	57 %
Keine Auskunft	1 %
	222 % +)

75.5. Theaterbesucher nach Geschlecht (Struktur)

	Gesamt	Schauspiel-	Opern-	Operetten-
		Besucher		
Basis	19822	2220	1515	1614
Männlich	46 %	43 %	42 %	44 %
Weiblich	54 %	57 %	58 %	56 %
	100 %	100 %	100 %	100 %

+) Mehrfachnennungen

75.6. Theaterbesucher nach Altersgruppen (Struktur)

	Gesamt	Schauspiel-	Opern-	Operetten-
			besucher	
Basis	19822	2220	1515	1614
Bis 19 Jahre	9 %	17 %	14 %	15 %
20 bis 29 Jahre	20 %	31 %	30 %	34 %
30 bis 39 Jahre	17 %	14 %	14 %	14 %
40 bis 49 Jahre	14 %	12 %	12 %	12 %
50 bis 59 Jahre	18 %	16 %	16 %	14 %
60 Jahre und älter	22 %	10 %	14 %	11 %
	100 %	100 %	100 %	100 %

75.7. Theaterbesuch nach Schulbildung (Reichweite)

	Volksschule/ Berufsschule ohne Abschluß	Volksschule mit abgeschlossener Lehre oder Berufsausbildung	Mittelschule, Oberschule ohne Abitur Fachschule Handelsschule	Oberschule mit Abitur Hochschule Universität
Basis	8111	8101	2708	825
Es haben mindestens einmal ein Schauspiel besucht	4 %	9 %	28 %	48 %
Es haben mindestens einmal eine Oper besucht	2 %	6 %	20 %	34 %
Es haben mindestens einmal eine Operette besucht	3 %	9 %	17 %	19 %

weiter
75.7. Theaterbesucher nach Schulbildung (Struktur)

	Gesamt	Schauspiel-	Opern- besucher	Operetten-
Basis	19822	2220	1515	1614
Volksschule (und Berufsschule) ohne abgeschlossene Lehre oder Berufsausbildung	41 %	15 %	11 %	18 %
Volksschule mit abgeschlossener Lehre oder Berufsausbildung	41 %	33 %	35 %	45 %
Mittelschule/ Oberschule ohne Abitur, mehrjährige Fachschule, Handelsschule	14 %	34 %	35 %	28 %
Oberschule mit Abitur	2 %	8 %	9 %	4 %
Hochschule/ Universität	2 %	10 %	10 %	5 %
	100 %	100 %	100 %	100 %

75.8. Theaterbesucher nach jetzigem oder früherem Beruf

	Gesamt	Schau-spiel	Opern- besucher	Operetten-
Basis	19822	2220	1515	1614
Inhaber und Geschäftsführer von größeren Unternehmen, Direktoren	-	-	-	-
Selbständige Geschäftsleute, Inhaber von kleineren Firmen, selbständige Handwerker	6 %	6 %	8 %	7 %
Freie Berufe	1 %	3 %	3 %	2 %
Leitende Angestellte	3 %	5 %	6 %	5 %
Sonstige Angestellte	14 %	26 %	31 %	29 %
Leitende Beamte	1 %	2 %	3 %	2 %
Sonstige Beamte	4 %	7 %	5 %	5 %
Facharbeiter, nicht selbständige Handwerker	16 %	8 %	7 %	12 %
Sonstige Arbeiter	15 %	5 %	3 %	5 %
Selbständige Landwirte	6 %	2 %	1 %	2 %
Landwirtschaftliche Arbeiter	1 %	1 %	-	-
Ohne Beruf (Schul- oder Berufsausbildung, nicht berufstätig, Hausfrau etc.)	31 %	34 %	32 %	30 %
Keine Auskunft	2 %	1 %	1 %	1 %
	100 %	100 %	100 %	100 %

75.9. Anteil der Theaterbesucher (Reichweite) in den einzelnen Ländern und Regierungsbezirken (=RB)

Basis		Theater-besucher	Keine Theaterbesucher
829	Berlin (West)	36 %	64 %
821	Schleswig-Holstein	15 %	85 %
681	Hamburg	35 %	65 %
438	RB Hannover	17 %	83 %
531	RB Hildesheim und RB Braunschweig	18 %	82 %
570	RB Lüneburg und RB Stade	13 %	87 %
763	RB Osnabrück, RB Aurich und RB Oldenburg	12 %	88 %
254	Bremen	26 %	74 %
2066	Siedlungsverband Ruhrkohlenbezirk	15 %	85 %
1027	RB Düsseldorf (ohne Ruhrkohlenbezirk)	18 %	82 %
436	RB Arnsberg (ohne Ruhrkohlenbezirk)	20 %	80 %
1140	RB Münster (ohne Ruhrkohlenbezirk) und RB Detmold	21 %	79 %
916	RB Köln und RB Aachen	21 %	79 %
504	RB Darmstadt	13 %	87 %
547	RB Kassel	9 %	91 %

weiter
75.9. Anteil der Theaterbesucher (Reichweite) in den einzelnen Ländern und Regierungsbezirken (=RB)

Basis		Theater-besucher	Keine The-aterbesucher
678	RB Wiesbaden	15 %	85 %
621	RB Koblenz, RB Trier und RB Montabaur	10 %	90 %
542	RB Rheinhessen und RB Pfalz	11 %	89 %
1048	RB Nord-Württemberg	17 %	83 %
536	RB Nord-Baden	18 %	82 %
1167	RB Süd-Württemberg/Hohenz. und RB Süd-Baden	14 %	86 %
803	RB Oberbayern	23 %	77 %
757	RB Niederbayern und RB Oberpfalz	16 %	84 %
1246	RB Oberfranken, RB Mittelfranken und RB Unterfranken	14 %	86 %
537	RB Schwaben	17 %	83 %
364	Saarland	17 %	83 %

76. MARPLAN-Untersuchung

76.1. Wie viele Personen sind in der Zeit vom 1. Januar bis Mitte Oktober 1964 ins Theater gegangen?

In dem erfaßten Zeitraum wurde mindestens einmal besucht: +)

Schauspiel	von 24 % aller Erwachsenen (ab 15 Jahren)
Oper	16 %
Operette/Musical	21 %
Konzert	22 %
Kino	58 %

+) Mehrfachnennungen erlaubt.

MARPLAN-Untersuchung

76.2. Häufigkeit des Theaterbesuches

Es haben
Veranstaltungen wie Konzerte,
Schauspiel, Oper, Operette/Musical
besucht:

	Alle Befragten n = 2000 %
Keine	58
mindestens 1 bis 2	14
mindestens 2 bis 3	8
mindestens 3 bis 4	5
mindestens 4 bis 5	3
mindestens 5 bis 6	2
mindestens 6 bis 8	3
mindestens 8 bis 10	2
mindestens10 bis 12	1
mindestens 12 bis 15	2
mindestens 15 bis 20	1
mindestens 20 bis 44	1
	100 %

MARPLAN-Untersuchung

76.3. Zitate zur Motivationsstruktur des Theaterbesuchs aus den Tiefeninterviews

Miterleben und Mitleiden

Es klingt vielleicht dumm, aber ich kam mir als junges Mädchen wie verzaubert vor, es war herrlich aufregend, all die Gestalten einmal lebendig zu sehen.

Vertreterin (Kaufmann), 35 - 44 Jahre, DM 700,-- - 999,--, gelegentlicher Besucher.

Es wird mir heiß und kalt, ich vergesse meine Umgebung vollkommen, wenn es traurig ist, dann weine ich und gehe auch noch weinend aus dem Theater.

Hausfrau (Angestellter), 35 - 44 Jahre, DM 1.000,-- - DM 1.199,--, Intensivbesucher.

Ich muß sagen, daß ich mich in ein Theaterstück so hineindenken kann, als wenn ich tatsächlich in der Handlung mitwirke; das kann so ausgeprägt sein, daß ich richtig eine nervliche Anspannung verspüre. Man wird aus der Wirklichkeit herausgerissen, manchmal werde ich so mitgenommen..., daß ich sehr erschöpft nach Hause gehe.

Bürovorsteher, 45 - 54 Jahre, DM 1.200,-- bis DM 1.499,--, interessierter Nichtbesucher.

Manchmal gelingt es der Aufführung, mich völlig in den Bann zu schlagen, aber leider kommt das nicht sehr oft vor. Früher in meiner Jugendzeit war das häufig der Fall. Vielleicht war ich dort eindrucksfähiger oder ich habe jetzt schon zu viel gesehen und gehe mit viel mehr Skepsis ins Theater. Ich kann nicht mehr mitgehen. Das wünsche ich mir eigentlich jedesmal, wenn ich ins Theater gehe und das ist dann nachher immer die große Ernüchterung, weil es fast nie der Fall ist.

Sekretärin (Beamter), 25 - 34 Jahre, DM 1.000,-- - DM 1.199,--, gelegentlicher Besucher.

Bedürfnis nach Lebenshilfe

Man hat hinterher das Bewußtsein, das Stück gesehen zu haben und mitsprechen zu können, wenn so etwas dargeboten wird, kann man seine eigenen Handlungen darin erkennen.

Laborant, bis 24 Jahre, DM 500,-- - DM 699,--, Intensivbesucher.

Oh ja, man kann aus einem guten Theaterstück sehr viel für das eigene Leben lernen. Es spiegelt sogar oft Teile des eigenen Lebens wieder.

Hausfrau (Verwaltungsoberinspektor), 35 - 44 Jahre, DM 700,-- bis DM 999,--, Intensivbesucher.

Man lernt, manche Fehler, die man im Leben macht, kann man vermeiden. Man lernt, die Klippen zu umschiffen.

Hausfrau (Angestellter), 33 - 44 Jahre, DM 1.000,-- bis DM 1.199,--, Intensivbesucher.

Theater dient vor allem zur Weiterbildung und zur Meisterung schwieriger Situationen im Leben.

Industriekaufmann (Maschinenschlosser), bis 24 Jahre, DM 1.000,-- bis DM 1.199,--, Intensivbesucher.

Wenn ich ins Theater gehe, will ich mir bewußt werden in bezug auf menschliche Probleme.

Rechtsanwältin, 25 - 34 Jahre, DM 700,-- bis DM 899,--, gelegentlicher Besucher.

Soziale Prestigewünsche

Ich sagte es schon, es ist für mich wie ein Feiertag so ein Theaterbesuch. Die gut angezogenen Menschen, eben die ganze Atmosphäre unseres Theaters. Auch dann der kleine Bummel während der Pausen durch den Spiegelsaal, man trifft an jeder Ecke Bekannte und dabei wird stets ein kleines Schwätzchen gehalten. Es kommt dabei leider Gottes öfter vor, daß auch die Landbevölkerung ins Theater geht, oder solche, die noch nie im Theater waren, deren Benehmen ist natürlich nicht so, wie man es von einem richtigen Theaterbesuch erwartet. Sie sprechen miteinander und rascheln mit Papier, und das stört natürlich.

Kaufm. Angestellter, 45 - 54 Jahre, DM 1.000,-- bis DM 1.199,--, gelegentlicher Besucher.

Es ist ein festlich gestimmtes Publikum versammelt, das erwartungsvoll sich leise unterhält, das Programm studiert und sich dem Genuß hingibt, den ein Theaterabend verspricht. Ich genieße das erwartungsvolle Fluidum, die festlich gekleideten Menschen in Feiertagsstimmung.

Hausfrau (Kapitän), 55 - 64 Jahre, DM 700,-- bis DM 999,--, interessierter Nichtbesucher.

Mich stört manches im Theater, z. B. zu sportliche Kleidung, aber auch, wenn sich jemand auffällig benimmt.

Laborant, bis 24 Jahre, DM 500,-- bis DM 699,--, Intensivbesucher.

Gewohnheit

Bei uns ist das Tradition, ich war es von Kind auf gewöhnt. Mein Man geht genau so gern wie ich ins Theater und wir gönnen uns ein paar schöne Stunden.

Hausfrau, 25 - 34 Jahre, DM 1.200,-- bis DM 1.499,--, Intensivbesucher.

Theater als gute, entspannende Unterhaltung

Richtiges Theater kann man nur profitierend erleben, wenn man sich im Bann der Schauspieler direkt befindet.

Betriebswirtschafter, 35 - 44 Jahre, DM 1.500,-- und mehr, Intensivbesucher.

Ich ziehe das Theater dem Fernsehen in jedem Fall vor. Es ist ja nur ein kleiner Bildschirm und das Erlebnis ist nicht so großartig wie im Theater, wo die Schauspieler lebendig vor einem stehen.

Bau-Ing., 25 - 34 Jahre, DM 700,-- bis DM 999,--, Intensivbesucher.

Theater als gesellschaftliches Erlebnis

Theater ist ein gesellschaftliches Erlebnis, das angeregte Unterhalten, gut gekleidete Menschen, kultivierte Atmosphäre.

Kaufm. Angestellter, 35 - 44 Jahre, DM 700,-- bis DM 999,--, Intensivbesucher.

77. KÖLNER Untersuchung Abonnementumfrage

77.1. Zu Teil I der Untersuchung

Fragenkatalog

Frage 1

Bevorzugen Sie persönlich für Opernhaus, Schauspielhaus und Kammerspiele getrennte, voneinander unabhängige Abonnements oder bevorzugen Sie ein großes, gemischtes Abonnement, das sowohl Aufführungen im Opernhaus und Schauspielhaus als auch in den Kammerspielen umfaßt?

Nachstehend finden Sie unter A - E fünf Möglichkeiten der Abonnementsgestaltung. Kreuzen Sie bitte möglichst nur eine dieser Möglichkeiten an und beantworten Sie auch die entsprechende Zusatzfrage.

A. Ich bevorzuge ein separates Abonnement für das Opernhaus .....

a 1) Zusatzfrage: Wie viele Vorstellungen pro Spielzeit sollte dieses Opernhaus-Abonnement umfassen?

..... 6 Vorstellungen
..... 8 Vorstellungen
..... 10 Vorstellungen

B. Ich bevorzuge ein separates Abonnement für das Schauspielhaus .....

b I) Zusatzfrage: Wie viele Vorstellungen pro Spielzeit sollte dieses Schauspielhaus-Abonnement umfassen?

..... 6 Vorstellungen
..... 8 Vorstellungen
..... 10 Vorstellungen

C. Ich bevorzuge ein separates Abonnement für die Kammerspiele .....

c 1) <u>Zusatzfrage:</u> Wie viele Vorstellungen pro Spielzeit sollte dieses Abonnement für die Kammerspiele umfassen?

..... 6 Vorstellungen

..... 8 Vorstellungen

..... 10 Vorstellungen

D. Ich bevorzuge ein großes, gemischtes Abonnement für Opernhaus und Schauspielhaus zusammen .....

d 1) <u>Zusatzfrage:</u> Wie viele Vorstellungen pro Spielzeit sollte dieses Abonnement für Opern- und Schauspielhaus insgesamt umfassen?

..... 12 Vorstellungen

..... 14 Vorstellungen

..... 16 Vorstellungen

d 2) <u>Zusatzfrage</u>: Wie viele der von Ihnen insgesamt gewünschten Vorstellungen sollen auf das Opernhaus entfallen und wie viele auf das Schauspielhaus?
(Bitte tragen Sie die Zahlen in die entsprechenden Kreise ein)

..... Zahl der Vorstellungen im Opernhaus

..... Zahl der Vorstellungen im Schauspielhaus

E. Ich bevorzuge ein gemischtes Abonnement für Schauspielhaus und Kammerspiele zusammen .....

e 1) Zusatzfrage: Wie viele Vorstellungen pro Spielzeit sollte dieses Abonnement für Schauspielhaus und Kammerspiele insgesamt umfassen?

..... 10 Vorstellungen
..... 12 Vorstellungen
..... 14 Vorstellungen

e 2) Zusatzfrage: Wie viele der von Ihnen insgesamt gewünschten Vorstellungen sollten auf das Schauspielhaus entfallen und wie viele auf die Kammerspiele?
(Bitte tragen Sie die Zahlen in die entsprechenden Kreise ein)

..... Zahl der Vorstellungen im Schauspielhaus

..... Zahl der Vorstellungen in den Kammerspielen

Frage 2

Um wieviel Uhr abends sollten die Theatervorstellungen nach Ihrer Meinung beginnen und um wieviel Uhr sollten die Vorstellungen spätestens beendet sein?

	Beginn		Ende
......	19,00 Uhr	......	22,00 Uhr
......	19,30 Uhr	......	22,30 Uhr
......	20,00 Uhr	......	23,00 Uhr

Frage 3

Sind Sie mit den täglichen Öffnungszeiten der Theaterkassen zufrieden?

Ja, ich bin zufrieden	.....
Nein, ich bin nicht zufrieden	.....
Die Öffnungszeiten sind mir nicht bekannt	.....

Frage 4

Sind Sie mit den Möglichkeiten der telefonischen Vorbestellung von Theaterkarten zufrieden?

Ja, ich bin zufrieden .....
Nein, ich bin nicht zufrieden .....
Die Möglichkeiten telefonischer Vorbestellung sind mir nicht hinreichend bekannt .....

Die folgende Frage 5 bitten wir nur dann zu beantworten, wenn Sie Inhaber eines Gala-Abonnements "Oper" (G) oder eines Premieren-Abonnements "Schauspiel" (P) sind.

Frage 5

In den letzten Jahren bestand eine Wahlmöglichkeit zwischen dem Gala-Abonnement "Oper" (Premieren, Neueinstudierungen, Gastspiele) und dem Premieren-Abonnement "Schauspiel" (8 Premieren Schauspielhaus und 4 Aufführungen in den Kammerspielen).

Würden Sie einer Fortsetzung dieser bisherigen Regelung zustimmen oder halten Sie eine Änderung für wünschenswert?

So könnten zum Beispiel für Opernhaus, Schauspielhaus und Kammerspiele getrennte, voneinander unabhängige Premieren-Abonnements eingeführt werden.

Oder es könnte ein gemischtes Premieren-Abonnement eingerichtet werden, mit einem Teil der Premieren in 3 Häusern.

Welche dieser Möglichkeiten würden Sie bevorzugen?

A. Ich befürworte eine Beibehaltung der bisherigen Regelung .....

B. Ich bevorzuge getrennte, unabhängige Premieren-Abonnements für Opernhaus, Schauspielhaus und Kammerspiele .....

C. Ich bevorzuge ein gemischtes Premieren-Abonnement für einen Teil der Premieren in den 3 Häusern. .....

c 1) Zusatzfrage: Wir beabsichtigen in der Spielzeit 1970/71 unserem Publikum 21 Premieren anzubieten, davon 8 im Opernhaus, 7 im Schauspielhaus und 6 in den Kammerspielen.

Wie viele Premieren sollten in einem gemischten Premieren-Abonnement enthalten sein und wie sollten sich diese auf die drei Häuser verteilen?
(Bitte tragen Sie die Zahlen in die entsprechenden Kreise ein.)

Das Premieren-Abonnement sollte insgesamt .....
Vorstellungen umfassen, davon:
..... Zahl der Vorstellungen im Opernhaus
..... Zahl der Vorstellungen im Schauspielhaus
..... Zahl der Vorstellungen in den Kammerspielen

77.2. KÖLNER Untersuchung
Fragenkatalog zu Teil II der Untersuchung
"Besucherbefragung"

1. Sind Sie Inhaber eines Abonnements, Mitglied einer Besucherorganisation oder kaufen Sie Ihre Theaterkarten im freien Kartenverkauf an den Theaterkassen? (Bitte kreuzen Sie die für Sie zutreffende Antwort an!)

   ..... Ich bin Inhaber eines Abonnements
   ..... Ich bin Mitglied einer Besucherorganisation
   ..... Ich kaufe meine Theaterkarten an der Theaterkasse

2. Wie oft ungefähr haben Sie in dieser Spielzeit, also seit September 1969, in Köln oder in anderen Städten ein Theater besucht? (Bitte setzen Sie die entsprechenden Zahlen jeweils ein.)

   Ich war etwa ...mal im Kölner Opernhaus
   Ich war etwa ...mal im Kölner Schauspielhaus
   Ich war etwa ...mal in den Kölner Kammerspielen
   Ich war etwa ...mal in anderen Kölner Theatern
   Ich war etwa ...mal in anderen Städten im Theater

3. Ganz allgemein gefragt, interessieren Sie sich vorwiegend für Schauspiele, für Opern, für Operetten oder Musicals, für Ballett oder sind Sie gleichermaßen interessiert am Sprech- und Musiktheater?

(Bitte kreuzen Sie nur eine der nachfolgenden Möglichkeiten an, höchstens jedoch zwei!)

..... Ich interessiere mich gleichermaßen für Sprech- und Musiktheater

..... Ich interessiere mich vorwiegend für Schauspiele

..... Ich interessiere mich vorwiegend für Opern

..... Ich interessiere mich vorwiegend für Operetten oder Musicals

..... Ich interessiere mich vorwiegend für Ballett

4. (Bitte kreuzen Sie auch bei der nachfolgenden Frage höchstens zwei Möglichkeiten an!)

Wenn Sie einen Theaterbesuch planen, wovon machen Sie es abhängig, ob Sie ein bestimmtes Schauspiel, eine bestimmte Oper oder ein bestimmtes Ballett besuchen?

..... Gehen Sie vornehmlich nur in solche Schauspiele und Opern, die Sie von früher her kennen?

..... Entscheiden Sie aufgrund von Kritiken, die Sie gelesen haben?

..... Entscheiden Sie aufgrund von Empfehlungen und Hinweisen, die Ihnen Bekannte, Verwandte oder Freunde geben?

..... Entscheiden Sie aufgrund von Programmankündigungen in Zeitungen oder auf Plakaten?

5. Wenn Sie ins Theater gehen, gehen Sie dann meist allein oder gehen Sie im allgemeinen mit Familienangehörigen, Verwandten oder Bekannten ins Theater?

..... Ich gehe meistens allein

..... Ich gehe im allgemeinen mit Familienangehörigen, Verwandten oder Bekannten ins Theater

6. Wenn Sie in Ihrer Freizeit einen Abend außer Hause verbringen und eine Veranstaltung besuchen, was tun Sie dann am häufigsten?

(Bitte kreuzen Sie auch hier nur eine der nachfolgenden Möglichkeiten an, höchstens jedoch zwei!)

..... Theater- und Opernbesuch

..... Filmbesuch

..... Besuch von Konzerten, wie z. B. Symphoniekonzerte, Kammerkonzerte

..... Besuch von Beat- oder Jazzkonzerten

..... Besuch von Sportveranstaltungen

..... Besuch anderer Unterhaltungsveranstaltungen

..... Keine der vorstehenden Möglichkeiten trifft zu

7. Wie oft verbringen Sie in der Woche einen Abend außer Hause, abgesehen von beruflichen Verpflichtungen?

..... mehr als dreimal in der Woche

..... dreimal in der Woche

..... zweimal in der Woche

..... ich gehe noch seltener aus

8. Wenn Sie ins Theater gehen, an welchen Tagen haben Sie die beste Gelegenheit dazu?

..... an einem der Tage Montag bis Donnerstag

..... Freitag

..... Samstag

..... Sonntag

..... das ist ganz unterschiedlich bzw. gleichgültig

Die Theater in der Bundesrepublik stehen vor einer Vielzahl von Forderungen aus allen gesellschaftlichen Bereichen. Diese Ansprüche und Erwartungen sind kaum auf einen Nenner zu bringen. Es erscheint uns jedoch wichtig zu erfahren, wie Sie als Theaterbesucher aus Ihrer Sicht diese Forderungen beurteilen. Bitte kreuzen Sie bei jeder der folgenden Aussagen an, ob Sie die jeweilige Forderung unterstützen, also ihre Verwirklichung für wünschenswert halten, ob Sie sie für nebensächlich halten, oder ob Sie die Verwirklichung dieser Forderung ablehnen, d. h. für nicht wünschenswert halten.

9. Ein Theaterabend sollte vor allem unterhaltsam sein.
...wünschenswert ...nebensächlich ...nicht wünschenswert

10. Die Menschen werden heute durch Film und Fernsehen Tag für Tag schockiert und verärgert. Im Theater sollte das Publikum von solch unerfreulichen Dingen verschont bleiben.
...wünschenswert ...nebensächlich ...nicht wünschenswert

11. Der Spielplan vieler Theater ist zu ernst und schwer. Man sollte häufiger Komödien oder auch Boulevardstücke in den Spielplan aufnehmen.
...wünschenswert ...nebensächlich ...nicht wünschenswert

12. Ein Theaterbesuch sollte neben der Unterhaltung dem Besucher eine Vergrößerung und Erweiterung seines Wissens und seiner Bildung vermitteln.
...wünschenswert ...nebensächlich ...nicht wünschenswert

13. Die Theater sollten sich nicht davon abbringen lassen, dem Publikum unbequem zu sein. Das Theater soll nicht nicht nur ein Spiegelbild der Wirklichkeit zeigen, vielmehr sollten vom Theater Impulse ausgehen, die in den gesellschaftlichen und politischen Bereich hineinreichen.
...wünschenswert ...nebensächlich ...nicht wünschenswert

14. Es ist zu begrüßen, daß nun endlich auch die altbekannten Schauspiele und Opern "entstaubt" werden und aus der Sicht der Moderne inszeniert werden. Der Aufführungs- und Darstellungsstil der Vergangenheit

wird in Frage gestellt, neue Lösungen werden gesucht. Wenn dieses Bemühen auch nicht immer erfolgreich ist, so sollte es doch unterstützt werden.

...wünschenswert ...nebensächlich ...nicht wünschenswert

15. Den Schauspielern und Sängern wird zu wenig Gelegenheit gegeben, ihr Können und ihre Fähigkeiten in großen Rollen unter Beweis zu stellen. Die Auswahl der Stücke und Opern sollte häufiger unter dem Gesichtspunkt erfolgen, die guten Schauspieler und Sänger in wirkungsvollen Rollen zu zeigen.

...wünschenswert ...nebensächlich ...nicht wünschenswert

16. Zu einem gelungenen Theaterabend sollte der entsprechende äußere Rahmen gehören wie z. B. bequeme Sitzgelegenheiten, große geräumige Pausenräume usw.

...wünschenswert ...nebensächlich ...nicht wünschenswert

17. Ein Theaterbesuch hat viel von seinem früheren Reiz verloren. Es sollte dafür gesorgt werden, daß ein Theaterabend in seiner Gesamtgestaltung wieder zu einem festlichen, gesellschaftlichen Erlebnis wird.

...wünschenswert ...nebensächlich ...nicht wünschenswert

18. Der Theaterbesucher sollte durch angemessene Kleidung und ein dem Theaterbesuch entsprechendes Verhalten zum Gelingen eines Theaterabends beitragen.

...wünschenswert ...nebensächlich ...nicht wünschenswert

19. Die Theater sollten sich wieder auf ihre eigentliche Aufgabe besinnen und die großen Werke der Klassik, die zu unserem Kulturgut gehören, vor dem Vergessenwerden bewahren. Auf dieser Grundlage aufbauend sollte aber auch die Aufführung guter, moderner Stücke nicht vernachlässigt werden.

...wünschenswert ...nebensächlich ...nicht wünschenswert

20. Der Theaterbesucher sollte im Theater mit den politischen und gesellschaftlichen Problemen unserer Gegenwart konfrontiert werden.

...wünschenswert ...nebensächlich ...nicht wünschenswert

21. Die Theater sollten viel mehr Werbung treiben, so wie es z. B. die Filmtheater tun. Auf diese Weise sollten neue Publikumsschichten gewonnen werden, die heute noch nicht ins Theater gehen.

...wünschenswert ...nebensächlich ...nicht wünschenswert

22. Die Ansicht, daß ein Theaterbesuch etwas Besonderes, etwas Nicht-Alltägliches darstellen soll, ist überholt. Dem Theater muß der Ruf des Exklusiven genommen werden. Das Theater sollte für alle da sein.

...wünschenswert ...nebensächlich ...nicht wünschenswert

23. Information, Aufklärung und Provokation - auch gegen den Protest des Publikums - sollten zu den Zielen des modernen Theaters gehören.

...wünschenswert ...nebensächlich ...nicht wünschenswert

24. Die Gewohnheit, sich für einen Theaterbesuch besonders gut oder festlich zu kleiden, ist überholt und paßt nicht mehr in unsere Zeit. Der Theaterbesucher sollte keine Scheu haben, sich so zu kleiden, wie es ihm persönlich am besten gefällt und wie er es üblicherweise in seiner Freizeit tut.

...wünschenswert ...nebensächlich ...nicht wünschenswert

25. Das Publikum sollte sich dagegen wehren,daß das Theater in Deutschland zur politischen Arena umfunktioniert wird. Das Publikum sollte solch ungewünschte Bevormundung und Beeinflussung ablehnen.

...wünschenswert ...nebensächlich ...nicht wünschenswert

26. Ein Theaterbesuch sollte ein entspannender Ausgleich sein zu den privaten und beruflichen Pflichten des Alltags.

...wünschenswert ...nebensächlich ...nicht wünschenswert

In den letzten Jahren ist das Theater Gegenstand öffentlicher Diskussionen geworden. Dabei werden sehr gegensätzliche Standpunkte vertreten. Im folgenden finden Sie eine Reihe Aussagen und Argumente, die immer wieder in der Diskussion gebracht werden. Bitte entscheiden Sie bei jeder der folgenden Aussagen, ob Sie die darin geäußerte Meinung für zutreffend, weniger zutreffend oder nicht zutreffend halten.

Kreuzen Sie bitte die zu Ihrer Meinung passende Antwort an!

27. Das deutsche Theatersystem in seiner gegenwärtigen Form entspricht nicht mehr den Ansprüchen unserer Zeit. Es ist in vieler Hinsicht (Verwaltung, Abonnementssystem, Spielplan, Inszenierungs-Darstellungsstil) ein Ausdruck vergangener Jahrzehnte. Es bedarf einer grundlegenden Reform und Neuorientierung, wenn es beim Publikum noch eine Chance haben will.

...zutreffend ...weniger zutreffend ... nicht zutreffend

28. Die Theater vertrauen noch zu sehr auf das klassische Schauspiel- und Opernrepertoire, wobei der Inszenierungs- und Darstellungsstil in vielen Fällen nicht mehr den Anforderungen und dem Geschmack der Gegenwart entsprechen. Die Bezeichnung "Deutschlands Theater ist Opas Theater" trifft ins Schwarze.

...zutreffend ...weniger zutreffend ... nicht zutreffend

29. Es wird vor allem von jüngeren Menschen behauptet: Die Theater haben immer noch zu wenig Mut, dem Publikum Neues und Unbekanntes anzubieten.

...zutreffend ...weniger zutreffend ...nicht zutreffend

30. Die Theater langweilen und verärgern ihr Publikum durch allzu viele Experimente mit neuen Stücken.

...zutreffend ...weniger zutreffend ...nicht zutreffend

31. Die klassischen Werke des Schauspiels und der Oper werden heute oft in einer Weise inszeniert, die allen guten und bewährten Traditionen widerspricht. Hierdurch werden die Zuschauer befremdet und bleiben auf die Dauer dem Theater fern.

...zutreffend ...weniger zutreffend ...nicht zutreffend

32. Es fehlen heutzutage die großen Schauspieler und Sänger, die einen Theaterabend erst zu einem echten Erlebnis machen.

...zutreffend ...weniger zutreffend ...nicht zutreffend

Zum Abschluß noch einige Fragen, die die Bühnen der Stadt Köln betreffen.

33. Sind Sie mit dem Spielplan der Bühnen der Stadt Köln zufrieden?
(Bitte antworten Sie getrennt für Oper und Schauspiel!)

<u>Opernhaus</u>

... Ich bin mit dem Spielplan im Opernhaus im allgemeinen zufrieden

... Ich bin mit dem Spielplan im Opernhaus nicht zufrieden

Schauspielhaus/Kammerspiele

... Ich bin mit dem Spielplan im Schauspielhaus und in den Kammerspielen im allgemeinen zufrieden

... Ich bin mit dem Spielplan im Schauspielhaus und in den Kammerspielen nicht zufrieden

34. Welche Wünsche haben Sie bezüglich der zukünftigen Spielplangestaltung in Oper, Schauspiel und Ballett?

Oper

... Keine Wünsche

... Ich wünsche mehr zeitgenössische Opern

... Ich wünsche mehr klassische Opern

Schauspiel

... Keine Wünsche

... Ich wünsche mehr neue, zeitgenössische Schauspiele

... Ich wünsche mehr klassische Schauspiele

Ballett

... Keine Wünsche

... Ich wünsche mehr modernes Ballett

... Ich wünsche mehr klassisches Ballett

35. Sind Sie zufrieden mit den Parkmöglichkeiten in Theaternähe, den Bus- und Straßenbahnverbindungen und dem Taxi-Dienst?

... Ja, ich bin zufrieden

... Nein, ich bin nicht zufrieden und wünsche mir

    ... mehr Parkmöglichkeiten

    ... bessere Bus- und Straßenbahnverbindungen

    ... besseren Taxidienst

36. Wieviel Geld geben Sie im allgemeinen höchstens für eine Theaterkarte aus?

... DM höchstens

37. Glauben Sie, daß die Eintrittspreise bzw. Abonnementspreise der Kölner Bühnen höher oder niedriger liegen alsin anderen Städten. Oder sind die Preise nach Ihrer Meinung in Köln etwa gleich hoch wie in anderen Städten?

... Weiß ich nicht
... In Köln sind Eintrittspreise höher
... In Köln sind Eintrittspreise niedriger
... In Köln sind Eintrittspreise etwa gleich hoch wie in anderen Städten

38. Die Kölner Zeitungen berichten regelmäßig über die Premieren im Opernhaus, Schauspielhaus und in den Kammerspielen. Glauben Sie, - insgesamt gesehen - daß die Kritiken den künstlerischen Leistungen gerecht werden? Oder sind die Kritiken zu gut oder zu schlecht?

... Das kann ich nicht entscheiden, da ich zu selten Kritiken lese
... Die Kritiken werden den gezeigten Leistungen gerecht
... Die Kritiken sind zu gut
... Die Kritiken sind zu schlecht

Falls Sie die folgenden Fragen 39 - 41 bereits bei der Abonnement-Umfrage beantwortet haben, betrachten Sie diese als erledigt und lassen Sie Frage 39 - 41 unbeantwortet.
Bitte beantworten Sie aber noch die statistischen Angaben am Ende des Fragebogens.

39. Um wieviel Uhr abends sollten die Theatervorstellungen nach Ihrer Meinung beginnen und um wieviel Uhr sollten die Vorstellungen spätestens beendet sein?

Beginn	Ende
...19,00 Uhr	...22,00 Uhr
...19,30 Uhr	...22,30 Uhr
...20,00 Uhr	...23,00 Uhr

40. Sind Sie mit den täglichen Öffnungszeiten der Theaterkassen zufrieden?

... Ja, ich bin zufrieden
... Nein, ich bin nicht zufrieden
... Die Öffnungszeiten sind mir nicht bekannt

41. Sind Sie mit den Möglichkeiten der telefonischen Vorbestellung von Theaterkarten zufrieden?

... Ja, ich bin zufrieden
... Nein, ich bin nicht zufrieden
... Die Möglichkeiten telefonischer Vorbestellung sind mir nicht bekannt

78. <u>Vorschlag eines Muster-Fragebogens für Publikumsbefragungen der Theater</u> (entwickelt in den Gremien des Deutschen Bühnenvereins)

A) <u>Standardfragen für jede Erhebung</u>

1. Angaben zur Person des Theaterbesuchers (da weder Name noch Adresse anzugeben sind, bleiben die Angaben anonym):

   a) männlich — weiblich

   b) Familienstand: ledig — verheiratet — verwitwet, geschieden, getrennt lebend

   c) Alter:
      unter 25 Jahre
      25 bis unter 45 Jahre
      45 bis unter 65 Jahre
      65 und mehr Jahre

   d) Beruf (Bitte nähere Angaben):

   e) erwerbstätig:
      nicht erwerbstätig:

   f) Kommen Sie aus einem auswärtigen Ort ins Theater?

      Wenn ja, aus welchem?

2. Wie oft waren Sie in den letzten 12 Monaten am Ort oder auswärts im Theater?

	am Ort:	auswärts:
a) in der Oper		
b) im Ballett		
c) in der Operette		
d) im Musical		
e) im Schauspiel		
f) im Kinder- und Jugendstück		

3. a) Haben Sie ein Abonnement?

   b) Sind Sie Mitglied einer Besucherorganisation:

   Volksbühne

   Theatergemeinde

   Kulturring

   c) Kaufen Sie die Eintrittskarte an der Abendkasse?

   Im Vorverkauf?

   Bestellen Sie telefonisch?

B) Fragen vor einer beabsichtigten Neugestaltung des Abonnements

Nur für Abonnenten:

a) Sind Sie mit der Art des Abonnements zufrieden?

b) Wenn nein, würden Sie ein gemischtes Abonnement wie bisher, aber mit weniger Vorstellungen bevorzugen,

c) ein Abonnement mit Klassikern und anerkannter Moderne,

d) ein Abonnement nur mit modernen und experimentellen Stücken,

e) ein Abonnement nur mit Unterhaltungsstücken,

f) ein Abonnement nur mit Werken nach eigener Wahl?

C) Fragen für den Fall, daß eine Änderung der Anfangszeiten erwogen wird

a) Liegt die Anfangszeit des Theaterabends für Sie günstig?

b) Wenn nein, sollen die Vorstellungen früher beginnen?

   Wann?

c) oder später?

   Wann?

D) Fragen zum Spielplan

1. Sind Sie mit dem bisherigen Spielplan zufrieden?
   Wenn nein, was gefällt Ihnen nicht?

2. a) Welche Aufführung haben Sie gesehen?

   b) Hat Ihnen das Stück gefallen?
      Bitte geben Sie die Gründe für Ihr Urteil an:

   c) Hat Ihnen die Inszenierung gefallen?
      Bitte geben Sie die Gründe für Ihr Urteil an:
      (Diese Fragen können ausgedehnt werden auf musikalische Leitung, Bühnenbild, Choreographie, Darsteller)

3. Welche Stücke sehen Sie besonders gern?
   Kreuzen Sie bitte das Zutreffende in dem entsprechenden Kästchen an:

   a) Klassische Schauspiele
   b) Problemstücke zeitgenössischer Autoren
   c) Politische Stücke zeitgenössischer Autoren
   d) Unterhaltungstheater (Boulevard-, Kriminal- und Volksstücke)
   e) Experimentiertheater
   f) Klassische Opern
   g) Opern zeitgenössischer Komponisten
   h) Operetten
   i) Musicals
   j) Ballette

E) Fragen zu Einrichtungen des Theaters

Sind Sie mit den folgenden Einrichtungen des Theaters zufrieden?

a) Organisation des Kartenverkaufs
b) Art des Foyers
c) Platzanordnung
d) Bestuhlung

e) Akustik

f) Sonstiges (bitte im einzelnen angeben):

Geben Sie bitte hier die Gründe näher an:

F) Fragen zur Verkehrssituation

a) Reichen die jetzt vorhandenen Parkplätze nach Ihrer Meinung aus?

b) Genügen die Verkehrsverbindungen vor oder nach der Vorstellung auch in die Vororte nach Ihrer Meinung?

Wenn nein, tragen Sie bitte Änderungswünsche ein:

79. Fragenkataloge typischer Publikumsbefragungen

79.1. Publikums-Befragung Städtische Bühnen Nürnberg-Fürth

Fanden Sie die Aufführung___________________________

___________________________________vom___________

I sehr empfehlenswert

II empfehlenswert

III mit Vorbehalt empfehlenswert

IV nicht empfehlenswert

MIR GEFIEL:

1) Es war ein unterhaltsamer Abend.
2) Es war ein anregendes Werk.
3) Die musikalische Interpretation.
4) Die Regie.
5) Die sängerische Gesamtleistung.
6) Die sehr gute sängerische-darstellerische Einzelleistung von:____________________________________
7) Der Opernchor.
8) Das Ballett.
9) Das Bühnenbild.
10) Die Kostümgestaltung.
11) Das Programmheft.

MIR GEFIEL NICHT:

1) Es war ein uninteressanter Abend.
2) Es war ein anspruchsloses Werk.
3) Die musikalische Wiedergabe.
4) Die Regie wurde dem Stil des Werkes, der Thematik nicht gerecht.
5) Die Besetzung ließ zu wünschen übrig.
6) Von den Hauptpartien waren schlecht besetzt:

   ____
7) Der Opernchor.
8) Das Ballett.
9) Das Bühnenbild.

10) Die Kostümgestaltung.
11) Das Programmheft.

Weiterhin gefiel mir oder gefiel mir nicht:

79.2. Publikums-Befragung Städtische Bühnen Freiburg i.Br.

1.) Welche Aufführung hat Ihnen in der letzten Zeit am besten gefallen?
In der Oper:_______________________________________
In der Operette:___________________________________
Im Schauspiel:_____________________________________

2.) Welche Aufführung hat Ihnen in der letzten Zeit am wenigsten gefallen?
In der Oper:_______________________________________
In der Operette:___________________________________
Im Schauspiel:_____________________________________
Können Sie kurz begründen, warum?
____

3.) Welche Werke vermissen Sie schon seit längerem auf dem Freiburger Spielplan?
In der Oper:_______________________________________
In der Operette:___________________________________
Im Schauspiel:_____________________________________

4.) Wünschen Sie sich für das neue "Podium", das die Städtischen Bühnen ab Herbst an der Stelle des ehemaligen Kamera-Kinos eröffnen werden, einen
überwiegend experimentellen
überwiegend leichten
streng gemischten Spielplan ?
(Nichtzutreffendes streichen)

5.) Gibt es eine Besonderheit unseres Theaters - sei es in der Geschäftsabwicklung, im Vorstellungsablauf oder in künstlerischen Belangen -, die Sie stört, seit Sie unser Theater besuchen:__________

Können Sie uns einen Verbesserungsvorschlag machen?

6.) Gibt es auch etwas besonders Positives in unserem Theater, das Ihre ausdrückliche Zustimmung findet oder zumindest von Ihnen als selbstverständliche Dienstleistung gern angenommen wird? Scheuen Sie sich bitte nicht, uns einmal auch ein Lob zu spenden:

----

80. Auszug aus der Satzung der Genossenschaft Deutscher Bühnen-Angehörigen: Zweck und Aufgabe der Genossenschaft Deutscher Bühnen-Angehörigen sind die Wahrung und Förderung der künstlerischen, sozialen, wirtschaftlichen und rechtlichen Belange des deutschen Theaters im allgemeinen und ihrer Mitglieder im besonderen.
Die Aufgaben der Genossenschaft Deutscher Bühnen-Angehörigen im einzelnen sind folgende:
a) Organisation aller demokratischen Kräfte für die Erhaltung und den Ausbau der Kultur auf überparteilicher Grundlage.
b) Aufklärung der Mitglieder über ihre soziale Lage und über die Bedeutung ihrer verpflichtenden Aufgaben auf dem Gebiet der Kunst.
c) Zusammenarbeit mit den Betriebs- und Personalräten.
d) Die Verbesserung der Gehalts- und Arbeitsbedingungen durch Tarifverträge, Betriebsvereinbarungen und sonstige Abkommen.
e) Sicherung der Altersversorgung.
f) Anwendung aller gewerkschaftlichen Mittel einschließlich des Streiks.
g) Pflege der Berufsstatistik.
h) Mitwirkung bei der Regelung und Oberwachung der Stellenvermittlung.
i) Bereitstellung von Mitteln zur Erreichung der Organisationsziele.
k) Erteilung von Rechtsrat und Rechtsschutz bei Streitigkeiten aus dem Arbeitsverhältnis, der Sozialversicherung sowie der Versorgungsanstalt der deutschen Bühnen im Rahmen der besonderen Rechtsschutzordnung.
l) Herausgabe einer eigenen Zeitschrift und des Deutschen Bühnen-Jahrbuches.
m) Anschluß an einen freigewerkschaftlichen Spitzenverband, Pflege und Förderung der Beziehungen zu in- und ausländischen Berufsorganisationen des Theaters.
n) Weiterentwicklung des Arbeitsrechts am Theater, insbesondere durch Errichtung und Unterhaltung von Bühnenschiedsgerichten.

o) Vertretung von Standesangelegenheiten vor der Öffentlichkeit.
p) Förderung des Nachwuchses.
q) Mitwirkung an der Regelung und Überwachung des gesamten Unterrichtswesens für das Theater, an der Errichtung von Fachschulen und Prüfungsstellen.
r) Einwirkung auf die das Kulturleben betreffende Gesetzgebung.
s) Förderung jeder Weiterentwicklung der künstlerischen Arbeit auf dem Gebiet des Theaters.

Auszug aus der Satzung des Deutschen Bühnenvereins:
§ 2 Aufgaben
(1) Der Verein verfolgt den Zweck, das deutsche Theater und die ihm nahestehenden Orchester zu erhalten, zu festigen und fortzuentwickeln. Er will sie bei der Erfüllung ihrer Aufgaben fördern, ihre Gesamtinteressen wahrnehmen, den Erfahrungsaustausch unter ihnen pflegen sowie der Gesetzgebung und Verwaltung mit Rat und Gutachten dienen. Dabei wird er eine enge Zusammenarbeit seiner Mitglieder untereinander und mit den verwandten künstlerischen Institutionen anstreben und insbesondere das Einvernehmen zwischen den Rechtsträgern und den künstlerischen Leitern (Intendanten) sich angelegen sein lassen.
(2) Theater im Sinne dieser Satzung sind Bühnenunternehmen, die überwiegend mit eigenem, mindestens auf Stückdauer verpflichteten Ensemble von Berufskünstlern dramatische, musikalische oder choreographische Bühnenwerke aufführen...
§ 3 Besondere Aufgaben
Der Verein kann für seine Unternehmermitglieder Tarifverträge abschließen, auch sonstige Vereinbarungen für seine Mitglieder treffen und andere sie bindende Beschlüsse fassen, insbesondere:

a) über arbeitsrechtliche Beziehungen der Unternehmermitglieder zu den Arbeitnehmern einschließlich deren Versorgung;
b) über Beziehungen der Mitglieder zu einschlägigen in- und ausländischen Verbänden oder Organisationen (Vereinigung von Theatern, Hör- und Fernsehfunk, Film, Autoren, Verlegern usw.) oder deren Mitgliedern;
c) über Beziehungen der Mitglieder untereinander im Rahmen des Aufgabenbereiches des Vereins.

5. Literaturverzeichnis

F. Adler, Stichwort "Kunstsoziologie", in: W. Bernsdorf (Hrsg.), Wörterbuch der Soziologie, 2. Ausgabe, Stuttgart 1969, S. 616 ff.

Th. W. Adorno, Thesen zur Kunstsoziologie, in: Ohne Leitbild. Parva Aesthetica, Frankfurt/M. 1967 (zuerst in: Kölner Zeitschrift für Soziologie und Sozialpsychologie, 19. Jg., 1967, S. 87 ff.)

M. C. Albrecht, J. H. Barnett u. M. Griff (Hrsg.), The Sociology of Art and Literature, London 1970

Arbeitsgemeinschaft Theaterpraxis (Hrsg.), Zur Forschung im subventionierten städtischen, staatlichen oder Landes-Theater im Rahmen eines Studiums der Theaterwissenschaft, Köln o. J. (wahrscheinlich 1971), hektogr.

J. Bab, Das Theater im Lichte der Soziologie, Leipzig 1931 (unveränderter Nachdruck als Band 1 in der von A. Silbermann, R. König u. a. hrsg. Reihe "Kunst und Gesellschaft", Stuttgart 1974)

Ders., Der Wert der Kritik und das Publikum, in: Theater und Zeit, 8. Jg., Nr. 2, 1960, S. 29 ff.

C.-H. Bachmann, Über ein dialektisches Theater: Was kann die Bühne heute leisten?, in: Theater und Zeit, 11. Jg., Nr. 2, 1963, S. 21 ff.

P. Bächlin, Der Film als Ware, Basel 1947 (als Diss. 1945)

J. H. Barnett, The Sociology of Art, in: R. K. Merton, L. Broom u. L. S. Cottrell, Jr., (Hrsg.), Sociology Today, New York 1959, S. 197 ff.

R. Baumgart, Ein Kulturkampf in Basel, in: Süddeutsche Zeitung, 20./21. 10. 1973, S. 109

E. Bentley, What is Theatre?, Boston (Mass.) 1956

B. Berelson, The State of Communication Research, in: Public Opinion Quarterly, Vol. 23, 1959, S. 1 ff.

Ders. u. M. Janowitz (Hrsg.), Reader in Public Opinion and Communication, New York 1950 u. 1953

W. Bernsdorf (Hrsg.), Wörterbuch der Soziologie, 2. Ausgabe, Stuttgart 1969

H. W. Bierhoff, Zur Voraussage in der Freizeitforschung, in: R. Schmitz-Scherzer (Hrsg.), Freizeit, Frankfurt/M. 1973, S. 15 ff.

G. Blöcker, F. Luft, W. Grohmann u. H. H. Stuckenschmidt, Kritik in unserer Zeit, Göttingen 1960

H. Blumer, Über das Konzept der Massengesellschaft, in: A. Silbermann (Hrsg.), Militanter Humanismus, Frankfurt/M. 1966, S. 19 ff.

L. Bogart, Consumer and Advertising Research, in: I. de Sola Pool, F. W. Frey, W. Schramm, N. Maccoby u. E. B. Parker (Hrsg.), Handbook of Communication, Chicago 1973, S. 706 ff.

P. Bourdieu, Outline of a Sociological Theory of Art Perception, in: International Social Science Journal, Vol. 20, Nr. 4, 1968, S. 589 ff.

Ders., Zur Soziologie der symbolischen Formen, Frankfurt/M. 1970

W. Breed, Mass Communication and Sociocultural Integration, in: Social Forces, Vol. 37, 1958, S. 109 ff. Abgedruckt in: L. A. Dexter u. D. M. White (Hrsg.), People, Society, and Mass Communications, London 1964, S. 183 ff.

R. Breuer, An der Met flackern die Lichter..., in: Süddeutsche Zeitung, Nr. 38, 14. 2. 1974, S. 11

D. Brier, Dramaturgie und Regie des Rundfunks unter Berücksichtigung der Bühne und des Films, Wien 1951

P. Brook, The Empty Space, London 1968 (deutsche Ausgabe: Der leere Raum, Hamburg 1969)

X W. Brosche, Vergleichende Dramaturgie von Schauspiel, Hörspiel und Film, Wien 1954

L. Bryson (Hrsg.), The Communication of Ideas, New York 1964 (zuerst 1948)

J. Burckhardt, Die Kultur der Renaissance in Italien, Stuttgart 1947 (zuerst 1860)

R. C. Burke, A History of Televised Opera in the United States, The University of Michigan 1963/64

J. Burkhardt, Die Besuchersituation in den Theatern der DDR, in: R. Rohmer u. J. May (Hrsg.), Theater hier und heute, Berlin (Ost) 1968, S. 213 ff.

K. H. Busse, Diskussion über "Soziologie der Kunst", in: Verhandlungen des Siebenten Deutschen Soziologentages vom 28. September bis 1. Oktober 1930 in Berlin, Tübingen 1931, S. 182 ff.

A. Campbell u. G. Katona, The Sample Survey: A Technique for Social Research, in: L. Festinger u. D. Katz (Hrsg.), Research Methods in the Behavioral Sciences, New York 1965 (zuerst 1953), S. 15 ff.

Ch. F. Cannell u. R. L. Kahn, Interviewing, in: G. Lindzey u. E. Aronson (Hrsg.), The Handbook of Social Psychology, 2. Aufl., Bd. II, Reading (Mass.), Menlo Park (Cal.), London, Don Mills (Ont.) 1968, S. 526 ff.

N. F. Cantor u. M. S. Werthman (Hrsg.), The History of Popular Culture, New York/London 1968

J. Carcopino, Bread and Circuses, in: N. F. Cantor u. M. S. Werthman (Hrsg.), The History of Popular Culture, New York/London 1968, S. 53 - 60 (zuerst 1940)

E. Cassirer, Philosophie der symbolischen Formen. 2. Aufl., Darmstadt 1953/54 (zuerst 1923-1929)

D. Chaney, Processes of Mass Communication, London 1972

S. C. Chenoweth, A Study of the Adaptation of Acting Technique from Stage to Film, Radio and Television Media in the United States, 1900-1951, o. O. 1957

D. Claessens, Rolle und Macht, 2. Aufl., München 1970

J. S. Coleman, The Adolescent Society. The Social Life of the Teenager, and its Impact on Education, Glencoe (Ill.) 1961

M. Crozier, Le phénomène bureaucratique, Paris 1963

W. Dadek, Die Filmwirtschaft. Grundriß einer Theorie der Filmökonomik, Freiburg 1957

R. Dahrendorf, Homo Sociologicus, Köln und Opladen 1965 (zuerst 1958)

M. L. De Fleur, Theories of Mass Communication, New York 1966

N. Demuth, The New Paris Opera, in: N. F. Cantor u. M. S. Werthman (Hrsg.), The History of Popular Culture, New York/London 1968, S. 358 ff. (zuerst 1963)

H.-G. Dennemark, Der Theaterbesuch als Triebsättigung - Das moderne Theater aus der Sicht des Psychiaters, in: Theater Rundschau, 17. Jg., Nr. 10, 1971, S. 3

M. Descotes, Le public de théâtre et son histoire, Paris 1964

Deutscher Bühnenverein (Hrsg.), Vergleichende Theaterstatistik 1949 - 1968, Köln 1970

Ders. (Hrsg.), Studie zum Kinder- und Jugendtheater, Köln 1971

Ders. (Hrsg.), Theaterstatistik 1970/71, Köln 1972

Ders. (Hrsg.), Informationstagung des Deutschen Bühnenvereins am 26. und 27. Oktober 1973 in Freiburg i. Br., Köln 1974

B. De Voto, The Literary Fallacy, Boston 1944

J. Dewey, Art as Experience, New York 1934

L. A. Dexter u. D. M. White (Hrsg.), People, Society, and Mass Communications, London 1964

E. Dichter International Ltd., Bericht zu einer motivpsychologischen Studie über die Einstellung des deutschen Publikums gegenüber dem Kino bzw. Filmtheater in seiner derzeitigen Erscheinungsform, ausgearbeitet für die Filmförderungsanstalt Berlin, Oktober 1969 (hektogr.) (auszugsweise in: D. Prokop (Hrsg.), Materialien zur Theorie des Films, München 1971, S. 339 ff.)

F. R. Dulles, America Learns to Play, New York 1940

H. Duna, Qualität vom Abnehmer bestimmt, in: Bühne und Parkett, Volksbühnen-Spiegel, 18. Jg., Nr. 9, 1972, S. 4

H. D. Duncan, Language and Literature in Society. A Sociological Essay on Theory and Method in the Interpretation of Linguistic Symbols with a Bibliographical Guide to the Sociology of Literature, Chicago 1953

E. Durkheim, Die Regeln der soziologischen Methode, hrsg. von R. König, 2. Aufl., Neuwied u. Berlin 1965

J. Duvignaud, L'Acteur, Paris 1965

Ders., Sociologie du théâtre. Essai sur les ombres collectives, Paris 1965

K. Eckstein, Zur Soziologie der Kulturindustrie, Diss., München 1951

S. Elghazali, Literatur als Fernsehspiel, Hamburg o. J.

W. G. Eliasberg, The Stage Thriller: Sociometric Interpretation of the Relationship between the Stage, the Play, and the Audience, in: Journal of Social Psychology, Vol. 19, 1944, S. 229 ff.

EMNID (Hrsg.), Jugend zwischen 15 und 24, Bielefeld 1955

Ders. (Hrsg.), Freizeit im Ruhrgebiet, Bielefeld/Essen 1971

R. Escarpit, Das Buch und des Leser, Köln und Opladen 1961 (zuerst Paris 1958)

A. Etzioni, A Comparative Analysis of Complex Organizations, New York 1961

K. P. Etzkorn, Georg Simmel and the Sociology of Music, in: Social Forces, Vol. 43, 1964, S. 101 ff.

Evangelische Akademie Loccum (Hrsg.), Die Stadt und ihr Theater, Loccumer Protokolle 5/1970

A. Everding, Die Stadt und ihr Intendant, in: Deutscher Bühnenverein (Hrsg.), Informationstagung des Deutschen Bühnenvereins am 26. und 27. Oktober 1973 in Freiburg i. Br., Köln 1974

E. Feldmann, Theorie der Massenmedien, München/Basel 1962

Ders., Neue Studien zur Theorie der Massenmedien, München/Basel 1969

Chr. v. Ferber, Die Gemeindestudie des Instituts für sozialwissenschaftliche Forschung, Darmstadt, in: R. König (Hrsg.), Soziologie der Gemeinde, Sonderheft 1 der Kölner Zeitschrift für Soziologie und Sozialpsychologie, 1956

R. M. Fisher (Hrsg.), The Metropolos in Modern Life, Garden City (N. Y.) 1955

K. Fohrbeck u. A. J. Wiesand, Der Künstler-Report, München/Wien 1975

P. Francastel, Problèmes de la sociologie de l'art, in: G. Gurvitch (Hrsg.), Traité de sociologie, Bd. 2, Paris 1960

E. Freidson, Communications Research and the Concept of the Mass, in: American Sociological Review, Vol. 18, 1953, S. 313 ff.

L. von Friedeburg (Hrsg.), Jugend in der modernen Gesellschaft, Köln/Berlin 1965

R. Fröhner, Das Buch in der Gegenwart, Gütersloh 1961
H. N. Fügen, Die Hauptrichtungen der Literatursoziologie und ihre Methoden, Bonn 1964
L. Gesek, Wo steht die Filmwissenschaft?,in: Wissenschaft und Weltbild, 4. Jg., Nr. 10, 1951, S. 346 ff.
W. Goldman, The Season. A Candid Look at Broadway, New York 1969
J. S. R. Goodlad, A Sociology of Popular Drama, London 1971
M. Green u. M. Wilding in Zusammenarbeit mit R. Hoggart, La politique culturelle en Grande-Bretagne, Paris, Unesco,1970
J. Gregor, Das Zeitalter des Films, Wien/Leipzig 1932
K. M. Grimme, Neue Aspekte der Schaubühne, in: Theater Rundschau, 19. Jg., Nr. 10, 1973, S. 1
D. J. Grout, A Short History of Opera, 2. Auflage, New York 1966
S. Günther, Die Musik in der pluralistischen Massengesellschaft, in: Kölner Zeitschrift für Soziologie und Sozialpsychologie, 19. Jg., 1967, S. 64 ff.u.283 ff.
G. Gumpert, Television Theatre as an Art Form, Wayne State University 1963/64
G. Gurvitch, Sociologie du théâtre, in: Les lettres nouvelles, 4. Jg., Nr. 35, 1956, S. 196 ff.
Ders. (Hrsg.), Traité de sociologie, Bd. 2, Paris 1960
W. Haacke, Publizistik und Gesellschaft, Stuttgart 1970
H. Hänisch, Studien über die vorliegende Literatur zur Soziologie der Freizeit, Diplomarbeit, Frankfurt/M. 1968
A. Hänseroth, Über die Notwendigkeit und Wege einer empirischen Soziologie des Theaters, in: Kölner Zeitschrift für Soziologie und Sozialpsychologie, 21. Jg., 1969, S. 550 ff.
Ders., Zur sozialen Lage der Theaterschaffenden in der Bundesrepublik Deutschland, in: A. Silbermann u. R. König (Hrsg.), Künstler und Gesellschaft, Sonderheft 17 der Kölner Zeitschrift für Soziologie und Sozialpsychologie, 1974, S. 279 ff.

A. E. Haigh, The Audiences of Greek Drama, in: N. F. Cantor u. M. S. Werthman (Hrsg.), The History of Popular Culture, New York/London 1968, S. 12 ff. (zuerst 1855)

D. Hanhart, Arbeiter in der Freizeit, Bern/Stuttgart 1964

Hans Bredow-Institut (Hrsg.), Fernsehen im Leben der Erwachsenen, Hamburg 1968

A. Hausbrandt, Polish Theatrical Audiences in Figures (1946-1967), Warschau 1970

A. Hauser, Soziologie der Kunst, München 1974

H. Heine, Zeitungsberichte über Musik und Malerei, hrsg. von M. Mann, Frankfurt/M. 1964

T. Heinze, Theater zwischen Wirklichkeit und Möglichkeit, Köln/Wien 1973

B. Henrichs, Geld für den Widerspruch, in: Die Zeit, Nr. 37, 6. 9. 1974, S. 17

H. Herdlein, Versorgungsanstalt der deutschen Bühnen - Träger moderner Sozialpolitik, in: Die Bühnengenossenschaft, 25. Jg., Nr. 7/8, 1973, S. 245 ff.

Ders., Theaterlandschaft vom Reißbrett oder: Wie man Theater zu Tode ordnet, in: Die Bühnengenossenschaft, 25. Jg., Nr. 10, 1973, S. 329 ff.

Ders., Normalvertrag wird brüchig, in: bühnengenossenschaft, 26. Jg., Nr. 5, 1974, S. 194 ff.

G. F. Hering, Theater als Information. Kritik als Information, in: Theater und Zeit, 11. Jg., Nr. 7, 1964, S. 121 ff.

M. Herrmann, Die Entstehung der berufsmäßigen Schauspielkunst, aus dem Nachlaß herausgegeben von R. Mövius, Berlin 1962

R.-D. Herrmann, Über das gesellschaftliche Sein des Künstlers, in: Zeitschrift für Ästhetik und allgemeine Kunstwissenschaft, Bd. 13, Nr. 2, 1968, S. 113 ff.

Ders., Der Künstler in der modernen Gesellschaft, Frankfurt/M. 1971

R. L. Hilliard, Concepts of Dramaturgical Technique as Developed in Television Adaptions of Stage Plays, New York 1959

W. Höfig, Der deutsche Heimatfilm 1947-1960, Stuttgart 1973

X M. Högel, Theater und Fernsehen, in: Theater Rundschau, 19. Jg., Nr. 7/8, 1973, S. 5 f.

J. Hoffmeister (Hrsg.), Wörterbuch der philosophischen Begriffe, 2. Aufl., Hamburg 1955

J. Hofmann, Theorie des Theatralischen als Wirkungskritik mimetischer Praxis, Stuttgart 1970 (Eigenverlag)

Ders., Wirkungen von Theater. Zuschauer - Beeinflussung durch engagiertes Institutionstheater?, Stuttgart 1970 (Eigenverlag)

H. Holzer, Kommunikationssoziologie, Reinbek bei Hamburg 1973

K. Honolka, Das schrumpfende Opernmuseum, in: Theater Rundschau, 20. Jg., Nr. 1, 1974, S. 1 f.

P. Hübner, Ärgernis und Chance. Zur Problematik des Tournee-Theaters, in: Theater Rundschau, 20. Jg., Nr. 4, 1974, S. 1 f.

M. Hürliman (Hrsg.), Das Atlantisbuch des Theaters, Zürich 1966

Internationales Institut für Musik, Tanz und Theater in den audio-visuellen Medien (Hrsg.), Das Publikum des Musiktheaters und die technischen Medien, IMDT DOC 25/15/9/70, Wien 1970

Dass. (Hrsg.), Forschungsprojekt Nr. 1 "Das Publikum des Musiktheaters", IMDT DOC 26/16/9/70, Wien 1970

Dass. (Hrsg.), Das "Ballet du XXe siècle"-Brüssel, Analyse des effektiven und potentiellen Publikums: erste Phase, IMDT DOC 28/3/11/1970, Wien 1970

N. Jacobs (Hrsg.), Culture for the Millions?, Princeton 1961

Jugendwerk der Deutschen Shell (Hrsg.), Jugend - Bildung und Freizeit, o.O. u. J.

R. L. Kahn u. Ch. F. Cannell, The Dynamics of Interviewing, New York 1957

J. Kaiser, Kleines Theatertagebuch, Reinbek bei Hamburg 1965

G. Kammerer, Jugend und Theater in der Zukunft, in: Die Bühnengenossenschaft, 22. Jg., Nr. 1, 1970, S. 13

H. Kellerer, Statistik im modernen Wirtschafts- und Sozialleben, Reinbek bei Hamburg 1960

A. Kerr, Die Welt im Drama, hrsg. von G. F. Hering, Köln/Berlin 1954

H. Kindermann, Theatergeschichte Europas, 10 Bde., Salzburg 1957-1974

F. Klausmeier, Jugend und Musik im technischen Zeitalter, Bonn 1963

P. Kleinschmidt, Workshop Theatre und Theaterwissenschaft, in: Theater und Zeit, 10. Jg., Nr. 9, 1963, S. 167 ff.

R. Kloiber, Handbuch der Oper, Bd. 1, München 1973.

J. Klossowicz, Grotowski en Pologne, in: Le Théâtre en Pologne, Bulletin mensuel du Centre Polonais de l'Institut International du Théâtre, 13. Jg., Nr. 5, 1971, S. 3 ff.

R. König (Hrsg.), Das Interview, Köln 1952

Ders. (Hrsg.), Soziologie der Gemeinde, Sonderheft 1 der Kölner Zeitschrift für Soziologie und Sozialpsychologie, 1956

Ders., Grundformen der Gesellschaft: Die Gemeinde, Hamburg 1958

Ders., Soziologische Orientierungen, Köln/Berlin 1965

Ders., Die Rolle der Sozial- und Meinungsforschung in der Gegenwartsgesellschaft, in: Ders., Soziologische Orientierungen, Köln/Berlin 1965,S. 533 ff.

Ders. (Hrsg.), Handbuch der Empirischen Sozialforschung, 2 Bde., Stuttgart 1967 und 1969

Ders. (Hrsg.), Soziologie, Neuausgabe, Frankfurt/M. 1967

Ders., Stichwort "Massenkommunikation", in: Ders. (Hrsg.), Soziologie, Neuausgabe, Frankfurt/M. 1967, S. 181 ff.

Ders., Kunst und Gesellschaft heute, in: H. Koschwitz u. G. Pötter (Hrsg.), Publizistik als Gesellschaftswissenschaft, Konstanz 1973, S. 391 ff.

Ders., Das Selbstbewußtsein des Künstlers zwischen Tradition und Innovation, in: A. Silbermann u. R. König (Hrsg.), Künstler und Gesellschaft, Sonderheft 17 der Kölner Zeitschrift für Soziologie und Sozialpsychologie, 1974, S. 341 ff.

Ders. u. A. Silbermann, Der unversorgte selbständige Künstler, Köln/Berlin 1964

Ders. u. J. Winckelmann (Hrsg.), Max Weber zum Gedächtnis, Sonderheft 17 der Kölner Zeitschrift für Soziologie und Sozialpsychologie, 1963

H. Koschwitz u. G. Pötter (Hrsg.), Publizistik als Gesellschaftswissenschaft, Konstanz 1973

S. Kracauer, Theorie des Films, Frankfurt 1964 (zuerst New York 1960)

A. Krättli, Theaterkritik, in: M. Hürlimann (Hrsg.), Das Atlantisbuch des Theaters, Zürich 1966, S. 371 ff.

S. Krause, Schule und Theater, in: Die Bühnengenossenschaft, 22. Jg., Nr. 5, 1970, S. 174 f.

A. Kuhn, The Study of Society, Homewood (Ill.)/London 1963

Kulturdezernat der Stadt Bonn (Hrsg.), Köln-Bonner Theaterfusion - ein Zukunftsmodell?, Bonn 1973

M. Kunczik (Hrsg.), Führung. Theorien und Ergebnisse, Düsseldorf und Wien 1972

Ders., Der Stand der Führungsforschung, in: Ders. (Hrsg.), Führung. Theorien und Ergebnisse, Düsseldorf und Wien 1972, S. 260 ff.

W. Kunold, Mitbestimmung - Lernprozeß im Stadttheater, in: Die Deutsche Bühne, 43. Jg., Nr. 12, 1972, S. 9 f.

H. D. Lasswell, The Structure and Function of Communication in Society, in: L. Bryson (Hrsg.), The Communication of Ideas, New York 1964 (zuerst 1948), S. 37 ff.

H.-J. Lieber, Stichwort "Theater", in: W. Bernsdorf (Hrsg.), Wörterbuch der Soziologie, 2. Ausgabe, Stuttgart 1969, S. 1148 ff.

G. Lindzey (Hrsg.), Handbook of Social Psychology, Bd. I, Cambridge (Mass.) 1954

Ders. u. E. Aronson (Hrsg.), The Handbook of Social Psychology, 2. Aufl., Bd. II, Reading (Mass.), Menlo Park (Cal.), London, Don Mills (Ont.) 1968

X W. Liwanec, Theater, Kino, Fernsehen. Zusammenhänge und Tendenzen, Detailfragen der Kulturpolitik, Wien 1964

M. Löffler (Hrsg.), Das Publikum, München 1969

J. Lorcey, Georges Feydeau, Paris 1972

L. Lowenthal, Biographies in Popular Magazines, in: B. Berelson u. M. Janowitz (Hrsg.), Reader in Public Opinion and Communication, New York 1950 u. 1953, S. 289 ff. (zuerst erschienen in: P. F. Lazarsfeld u. F. N. Stanton (Hrsg.), Radio Research 1942-43, New York 1943, S. 507 ff.)

Ders., Literatur und Gesellschaft, Neuwied und Berlin 1964

R. Lübbren, Ist das Theater eine moralische Anstalt?, in: Theater und Zeit, 10. Jg., Nr. 4, 1962, S. 61 ff.

F. Luft, Berliner Theater 1945-1961. Sechzehn kritische Jahre, Velber bei Hannover 1961

E. E. Maccoby u. N. Maccoby, The Interview: A Tool of Social Science, in: G. Lindzey (Hrsg.), Handbook of Social Psychology, Bd. I, Cambridge (Mass.) 1954, S. 449 ff.

K. MacGowan u. W. Melnitz, The Living Stage: A History of the World Theatre, Hemel Hempstead 1955

B. Malinowski, A Scientific Theory of Culture and Other Essays, Chapel Hill 1944

Ders., The Functional Theory, in: Ders., A Scientific Theory of Culture and Other Essays, Chapel Hill 1944, S. 145 ff.

P. H. Mann, Surveying a Theatre Audience: Methodological Problems, in: British Journal of Sociology, 1966, S. 101 ff.

Ders., Surveying a Theatre Audience: Findings, in: British Journal of Sociology, 1967, S. 75 ff.

K. Mannheim, Das Problem der Generationen, in: L. von Friedeburg (Hrsg.), Jugend in der modernen Gesellschaft, Köln/Berlin 1965, S. 23 ff.

M. Marek, M. Hromádka u. J. Chroust, Cultural Policy in Czechoslovakia, Paris, Unesco, 1970

Ch. C. Mark, La politique culturelle aux États- Unis, Paris, Unesco, 1969

MARPLAN, Forschungsgesellschaft für Markt und Verbrauch mbH., Marktforschung für das Theater, Frankfurt/M. 1965

B. Mauer, Theater: Öffentlichkeitsarbeit und Werbung, in: Deutscher Bühnenverein (Hrsg.), Informationstagung des Deutschen Bühnenvereins am 26. und 27. Oktober 1973 in Freiburg i. Br., Köln 1974

H. Mayer, Augenblicke im amerikanischen Theater, in: Süddeutsche Zeitung, Nr. 148, 30. 6. 1973, S. 125

R. Mayntz, Soziologie der Organisation, Reinbek bei Hamburg 1963

Dies. u. R. Ziegler, Soziologie der Organisation, in: R. König (Hrsg.), Handbuch der Empirischen Sozialforschung, II. Bd., Stuttgart 1969, S. 444 ff.

S. Melchinger, Keine Maßstäbe?, Versuch einer Selbstkritik der Kritik, Zürich und Stuttgart 1959

W. Mellers, Musik und Gesellschaft, 2 Bde., Frankfurt/M. 1964/65

R. K. Merton, Social Theory and Social Structure,rev.ed., Glencoe/London 1957 (zuerst 1949)

Ders., L. Broom, L. S. Cottrell, Jr., (Hrsg.), Sociology Today, New York 1959

B. Mewes, Die Besucherkurve stieg!, in: Die Deutsche Bühne, 46. Jg., Nr. 5, 1975, S. 4

G. Meyer, Brecht und Verdi, Yeldham und Johann Strauß, in: Die Deutsche Bühne, 43. Jg., Nr. 12, 1972, S. 1

M. Mierendorff, Über den gegenwärtigen Zustand der Theaterkritik, in: Theater und Zeit, 8. Jg., Nr. 9, 1961, S. 171 ff.

A. Moles, Die Synthese von Theater und Technik, in: Theater und Zeit, 9. Jg., Nr. 1 u. Nr. 2, 1961, S. 215 ff. u. S. 227 ff.

Ders., Informationstheorie und ästhetische Wahrnehmung, Köln 1971

J. H. Mueller, Fragen des musikalischen Geschmacks, Köln u. Opladen 1963

G. Müller, Dramaturgie des Theaters, des Hörspiels und des Films, Würzburg 1954

W. Münch, Datensammlung in den Sozialwissenschaften, Stuttgart 1971

C. Münster, Die Oper im Fernsehen. Technische Voraussetzungen und künstlerische Möglichkeiten, o. O. 1958 (hekt.)

R. Mukerjee, The Meaning and Evolution of Art in Society, in: American Sociological Review, Vol. 10, 1945, S. 496 ff.

Ders., The Sociological Approach to Art, in: Sociology and Social Research, Vol. 30, 1945-1946, S. 177 ff.

Ders., The Social Function of Art, New York 1950

A. Nadell, Understanding Theatre Television, New York 1939

A. Nicolai, The Author Must Become a Man of the Theatre, in: International Theatre Informations, Winter 1971, S. 13 f.

K. Niehoff, Unsere Zeit - wo ist sie geblieben?, Nach dem Berliner Theatertreffen, in: Süddeutsche Zeitung, 1. 6. 1974, S. 86

C. Niessen, Handbuch der Theaterwissenschaften, Emsdetten 1949

E. Noelle-Neumann, Die Methodik der Publikumsforschung, in: M. Löffler (Hrsg.), Das Publikum München, 1969, S. 32 ff.

W. Noetzel, Versuch zu einer Didaktik des Theaterbesuchs, in: Der Spielkreis, 21. Jg., Nr. 2, 1970, S. 22 f.

A. N. Oppenheim, Questionnaire Design and Attitude Measurement, London 1966

T. Osterwold, Das Schaufenster als Massenmedium, in: Württembergischer Kunstverein (Hrsg.), Schaufenster - Die Kulturgeschichte eines Massenmediums, Stuttgart 1974, S. 6 ff.

J. Parry, The Psychology of Human Communication, London 1967

T. Parsons, Structure and Process in Modern Societies, Glencoe (Ill.) 1960

Ders., Some Ingredients of a General Theory of Formal Organization, in: Ders., Structure and Process in Modern Societies, Glencoe (Ill.) 1960, S. 59 ff.

Ders., Evolutionary Universals in Society, in: American Sociological Review, Vol. 29, 1964, S. 339 ff.; deutsche Obersetzung: Evolutionäre Universalien der Gesellschaft, in: W. Zapf (Hrsg.), Theorien des sozialen Wandels, Köln/Berlin 1969, S. 55 ff.

S. L. Payne, The Art of Asking Questions, Princeton 1951

K. Pfaff, Kunst für die Zukunft. Eine soziologische Untersuchung der Produktiv- und Emanzipationskraft Kunst, Köln 1972

A. Pfeifer MdB, Das Theaterleben muß gefördert werden, in: Oper und Tanz, Nr. 74, 1973, S. 1

J. R. Pierce, Phänomene der Kommunikation, Düsseldorf und Wien 1965 (zuerst New York 1961)

H. K. Platte, Soziologie der Massenkommunikationsmittel, München/Basel 1965

K. Poerschke, Das Theaterpublikum im Lichte der Soziologie und Psychologie, in: Die Schaubühne, Bd. 41, 1951

A. Polgar, Ja und Nein, Darstellungen von Darstellungen, 1956

H. Powdermaker, Hollywood the Dream Factory, Boston 1950

D. Prokop (Hrsg.), Materialien zur Theorie des Films, München 1971

U. Rapp, Handeln und Zuschauen. Untersuchungen über den theatersoziologischen Aspekt in der menschlichen Interaktion, Darmstadt und Neuwied 1973

R. Ravar u. P. Anrieu, Le spectateur au théâtre. Recherche d'une méthode sociologique d'après M. Biedermann et les incendiaires, Brüssel 1964

H. Read, Kunst und Gesellschaft, Wien-Frankfurt o. J. (zuerst London 1937)

L. F. Rebello, Identification... Distanciation... Participation, in: International Theatre Informations, Winter 1971, S. 20 f.

P. Rech, Engagement und Professionalisierung des Künstlers, in: Kölner Zeitschrift für Soziologie und Sozialpsychologie, 24. Jg., 1972, S. 509 ff.

K. Revermann, 8 Thesen, in: Die Deutsche Bühne, 43. Jg., Nr. 7, 1972, S. 9 f.

Ders., Intendanz, Direktorium oder Mitbestimmung von der Basis - Fragen zur inneren Theaterstruktur, in: Deutscher Bühnenverein (Hrsg.), Informationstagung des Deutschen Bühnenvereins am 26. und 27. Oktober 1973 in Freiburg i. Br., Köln 1974

K. Richter, Feedback auch beim Theater? Ansätze einer neuen Publikumsdramaturgie, in: Die Deutsche Bühne, 45. Jg., Nr. 2, 1974, S. 10 ff.

S. Riemer, The Modern Society, New York 1952

H. Rischbieter (Hrsg.), Theater im Umbruch, München 1970

K. Rössel-Majdan, Rundfunk und Kulturpolitik, Köln und Opladen 1962

R. Rohmer u. J. May (Hrsg.), Theater hier und heute, Berlin (Ost) 1968

L. Rosenmayr, E. Köckeis u. H. Kreutz, Kulturelle Interessen von Jugendlichen, Wien und München 1966

H. Rosenthal u. J. Warrack, Friedrichs Opernlexikon, Velber bei Hannover 1969

G. Rühle, Was ändert sich am Theater?,in: Die Deutsche Bühne, 43. Jg., Nr. 12, 1972, S. 4 ff.

K. Rülicke-Weiler, Die Dramaturgie Brechts, Berlin 1968

F. Sack, Mißverständnisse um die Soziologie des Theaters, in: Theater und Zeit, 9. Jg., Nr. 3, 1961, S. 241 ff.

K. Sauermann, Die sozialen Grundlagen des Theaters, Emsdetten 1947

H. J. Schaefer, Das Theater: Spiegel oder Anreger der Öffentlichen Meinung?, Bad Homburg v. d. H., Berlin, Zürich 1967

J. Scharioth, Kulturveranstaltungen und Publikum. Eine sozialwissenschaftliche Analyse, in: R. Schmitz-Scherzer(Hrsg.), Freizeit,Frankfurt/M.1973, S. 458 ff.

D. L. Scharmann, Konsumverhalten von Jugendlichen, München 1965

H. Scheerer, Die sozialen Prozesse im Theater, Köln 1947

E. K. Scheuch, Die Problematik der Freizeit in der Massengesellschaft, in: Universitätstage 1965, Berlin 1966, S. 104 ff.

Ders., Das Interview in der Sozialforschung, in: R. König (Hrsg.), Handbuch der Empirischen Sozialforschung, I. Bd., Stuttgart 1967, S. 136 ff.

Ders., Auswahlverfahren in der Sozialforschung, in: R.König (Hrsg.), Handbuch der Empirischen Sozialforschung, I. Bd., Stuttgart 1967, S. 309 ff.

Ders., Soziologie der Freizeit, in: R. König (Hrsg.), Handbuch der Empirischen Sozialforschung, II. Bd., Stuttgart 1969, S. 735 ff.

H. Schleicher, Die Beteiligung von Betriebs- und Personalrat an der Regelung der personellen Angelegenheiten von Bühnenkünstlern, Diss., München 1973

R. Schmitz-Scherzer(Hrsg.), Freizeit, Frankfurt/M. 1973

E. Schöndienst, Wer läßt Sozialpartnerschaft veröden?, in: Die Deutsche Bühne, 45. Jg., Nr. 5, 1974, S. 2

B. Schöne, Schauspiel und Publikum, Diss., Frankfurt/Detmold 1927

U. Schreiber, Theater muß politisch sein. Hansgünther Heyme und das Erbe Piscators, in: Die Deutsche Bühne, 44. Jg., Nr. 12, 1973, S. 10

Ders., Schallplatten-Jahrbuch 1, Karlsruhe 1973

B. Schuchardt, Opernsänger im Gefängnis und im Altersheim, in: Die Deutsche Bühne, 43. Jg., Nr. 12, 1972, S. 14

L. L. Schücking, Soziologie der literarischen Geschmacksbildung, 3. Aufl., Bern und München 1961 (zuerst 1923)

K. F. Schuessler, Social Background and Musical Taste, in: American Sociological Review, Vol. 13, 1948, S. 330 ff.

W. Schulze-Reimpell, Thespis im rollenden Einsatz, in: Die Deutsche Bühne, 44. Jg., Nr. 5, 1973, S. 7 ff.

Ders., Konkurrenz für Tourneetheater, in: Die Deutsche Bühne, 45. Jg., Nr. 1, 1974, S. 6

Ders., Probleme mit PR-Arbeit im Theater, in: Die Deutsche Bühne, 45. Jg., Nr. 1, 1974, S. 7 f.

A. Schulze Vellinghausen, Theaterkritik 1952-1960, Hannover 1961

E. Seefehlner, Oper in unserer Zeit, in: Die Bühnengenossenschaft, 24. Jg., Nr. 9, 1972, S. 300 ff.

W. Semper, Theater und Theaterwissenschaft, in: Theater und Zeit, 11. Jg., Nr. 3, 1963, S. 41 ff.

Service des études et recherches du Ministère des affaires culturelles, Aspects de la politique culturelle française, Paris, Unesco,1970

E. Shils, Mass Society and Its Culture, in: N. Jacobs (Hrsg.), Culture for the Millions?, Princeton 1961 (zuerst 1959), S. 1 ff.

B. Sichtermann und J. Johler, Ober den autoritären Geist des deutschen Theaters, in: Theater heute, Nr. 4, 1968 (ebenfalls abgedruckt in: H. Rischbieter (Hrsg.), Theater im Umbruch, München 1970, S. 130 ff.)

A. Silbermann, Wovon lebt die Musik? Die Prinzipien der Musiksoziologie, Regensburg 1957

Ders., Die Ziele der Musiksoziologie, in: Kölner Zeitschrift für Soziologie und Sozialpsychologie, 14. Jg., 1962, S. 322 ff.

Ders., Die Pole der Musiksoziologie, in: Kölner Zeitschrift für Soziologie und Sozialpsychologie, 15. Jg., 1963, S. 425 ff.

Ders., Max Webers musikalischer Exkurs. Ein Kommentar zu seiner Studie: "Die rationalen und soziologischen Grundlagen der Musik", in: R. König u. J. Winckelmann (Hrsg.), Max Weber zum Gedächtnis, Sonderheft 7 der Kölner Zeitschrift für Soziologie und Sozialpsychologie, 1963, S. 448 ff.

Ders., Die soziologischen Aspekte des Theaters, in: Ders. (Hrsg.), Militanter Humanismus, Frankfurt/M. 1966, S. 173 ff.

Ders. (Hrsg.), Militanter Humanismus, Frankfurt/M. 1966

Ders., Sammelbesprechung zur Kunstsoziologie, in: Kölner Zeitschrift für Soziologie und Sozialpsychologie, 18. Jg., 1966, S. 183 ff.

Ders., Theater und Gesellschaft, in: M. Hürlimann (Hrsg.), Das Atlantisbuch des Theaters, Zürich 1966, S. 387 ff.

Ders., Anmerkungen zur Musiksoziologie. Eine Antwort auf Theodor W. Adornos "Thesen zur Kunstsoziologie", in: Kölner Zeitschrift für Soziologie und Sozialpsychologie, 19. Jg., 1967, S. 538 ff.

Ders., Rezension Kunst- und Kultursoziologie, in: Kölner Zeitschrift für Soziologie und Sozialpsychologie, 19. Jg., 1967, S. 383 ff.

Ders., Stichwort "Kunst", in: R. König (Hrsg.), Soziologie, Neuausgabe, Frankfurt/M. 1967, S. 164 ff.

Ders., Von den Aufgaben des Theaters heute und morgen, in: Zeitwende, 40. Jg., Nr. 10, 1969, S. 658 ff.

Ders., Störfaktoren zwischen Theater und Publikum, in: Evangelische Akademie Loccum (Hrsg.), Die Stadt und ihr Theater, Loccumer Protokolle 5/1970

Ders., Empirische Kunstsoziologie, Stuttgart 1973

Ders. (Hrsg.), Mediensoziologie Band I: Film, Düsseldorf und Wien 1973

Ders., Schwerpunkte der empirischen Soziologie der Bildenden Kunst, in: Festschrift Klaus Lankheit, hrsg. von W. Hartmann, Köln 1973, S. 33 ff.

Ders., Öffentlichkeitsarbeit fürs Theater, in: Deutscher Bühnenverein (Hrsg.), Informationstagung des Deutschen Bühnenvereins am 26. und 27. Oktober 1973 in Freiburg i. Br., Köln 1974

Ders. u. A. Hänseroth, Freizeitverhalten und Zeitbudget, in: Die Deutsche Bühne, 45. Jg., Nr. 1, 1974, S. 8 ff.

Ders. u. R. König (Hrsg.), Künstler und Gesellschaft, Sonderheft 17 der Kölner Zeitschrift für Soziologie und Sozialpsychologie, 1974

Ders. u. U. M. Krüger, Soziologie der Massenkommunikation, Stuttgart 1973

Ders. u. E. Zahn, Die Konzentration der Massenmedien und ihre Wirkungen, Düsseldorf und Wien 1970

I. de Sola Pool, F. W. Frey, W. Schramm, N. Maccoby, E. B. Parker (Hrsg.), Handbook of Communication, Chicago 1973

Ständige Konferenz der Kultusminister der Länder in der Bundesrepublik Deutschland (Hrsg.), Die Ausgaben der Länder für Kunst und Kulturpflege einschließlich der Erwachsenenbildung und des Büchereiwesens 1961 bis 1970, Dokumentation Nr. 32, September 1971

Ständige Konferenz der Kultusminister (Hrsg.), Kulturpolitik der Länder 1969 und 1970, Bonn 1971

Statistisches Bundesamt (Hrsg.), Statistisches Jahrbuch für die Bundesrepublik Deutschland 1971, Stuttgart u. Mainz 1971

D. Steinbeck, Einleitung in die Theorie und Systematik der Theaterwissenschaft, Berlin 1970

H. Stephan, Fusion-Konfusion-Illusion, in: Theater Rundschau, 19. Jg., Nr. 10, 1973, S. 3

W. Stephenson, The Play Theory of Mass Communication, Chicago/London 1967

B. Strauß, Bilderbuch der Schauspielsaison 1967/68, in: Theater 1968, Chronik und Bilanz des Bühnenjahres, Velber bei Hannover 1968, S. 39 ff.

P. Stromberger, Malerei und Broterwerb. Die Ergebnisse einer Hamburger Befragung als Beitrag zur Berufssoziologie der Bildenden Künstler, Diss., Münster 1964

W. Strzelewicz, Jugend in ihrer freien Zeit, München 1965

R. Supek, Soziologie und Sozialismus, Freiburg 1970 (zuerst Zagreb 1966)

H. Swedner, Drei Perspektiven zum Theater: Marketing, Interaktion, Sozialer Wandel, in: A. Silbermann u. R. König (Hrsg.), Künstler und Gesellschaft, Sonderheft 17 der Kölner Zeitschrift für Soziologie und Sozialpsychologie, 1974, S. 265 ff.

E.Sweeting, Report on the Provincial Audience, Oxford 1964 (hektogr.)

A. Szalai u. a., The Use of Time. Daily Activities of Urban and Suburban Populations in Twelve Countries, Den Haag/Paris 1972

R. Szydlowski, Le théâtre et la personnalité de l'homme, in: Le Théâtre en Pologne, Bulletin mensuel du Centre Polonais de l'Institut International du Théâtre, 12. Jg., Nr. 6/7, 1970, S. 3 ff.

H. P. Thurn, "Berufsrolle" Künstler?, in: Kölner Zeitschrift für Soziologie und Sozialpsychologie, 25. Jg., 1973, S. 159 ff.

Ders., Soziologie der Kunst, Stuttgart 1973

N. S. Timasheff, Sociological Theory: Its Nature and Growth, 3. Aufl., New York 1967

J. M. Trenaman, Communication and Comprehension, London 1967

E. Ude, Mitbestimmung am Theater. Versuche in Nürnberg, in: Die Bühnengenossenschaft, 22. Jg., Nr. 7/8, 1970, S. 257 ff.

Ders., Anmerkungen zur Lage der Theater und ihrer Beschäftigten, in: Die Bühnengenossenschaft, 24. Jg., Nr. 12, 1972, S. 422 ff.

Unesco (Hrsg.), Cultural Policy - A Preliminary Study, 2. Aufl., Paris 1969

Ders. (Hrsg.), Statistical Yearbook 1970, Paris 1971

M. Vogel, ...und neues Leben blüht aus den Kulissen. Theaterstreifzüge durch Deutschland, Wien 1963

M. Wagner, Die Wirkungen des Theaters auf die Öffentlichkeit. Eine Untersuchung zur Soziologie des Theaters., Diss., Heidelberg 1948

G. Wahnrau, Studien zur Gestaltung der Handlung in Spielfilm, Drama und Hörspiel, Diss., Rostock 1939

O. D. Waldorf, Aldwych Theatre Audience Survey, Prepared for the Royal Shakespeare Theatre Company with Assistance from the BBC Audience Research Department and S. Field Reid, London 1964

M. Weber, Wirtschaft und Gesellschaft, Anhang: Die rationalen und soziologischen Grundlagen der Musik, in: Grundriß der Sozialökonomik, 2. Halbband, 3. Aufl., Tübingen 1947, S. 818 ff. (als Einzelveröffentlichung: Tübingen 1972)

O. Weddigen, Geschichte der Theater Deutschlands, Berlin 1904 und später

E. Weingarten, Konzepte und Methoden in der Kunstsoziologie, Diplomarbeit, Köln 1967/68

J. Wendland, So ein Theater. Eine Tagung über Theaterreform in Arnoldshain, in: Süddeutsche Zeitung, Nr. 38, 14. 2. 1974, S. 10

R. N. Wilson (Hrsg.), Das Paradox der kreativen Rolle. Soziologische und sozialpsychologische Aspekte von Kunst und Künstler, erschienen als Bd. 2 der von A. Silbermann, R. König u. a. hrsg. Reihe "Kunst und Gesellschaft", Stuttgart 1975 (Originalausgabe: The Arts in Society, Englewood Cliffs 1964)

R. Wippler, Freizeitverhalten: ein multivariater Ansatz, in: R. Schmitz-Scherzer (Hrsg.), Freizeit, Frankfurt/M. 1973, S. 91 ff.

Württembergischer Kunstverein (Hrsg.), Schaufenster - Die Kulturgeschichte eines Massenmediums, Stuttgart 1974

W. Zapf (Hrsg.), Theorien des sozialen Wandels, Köln/Berlin 1969

D. E. Zimmer, Die Oper, die noch einmal davonkam, in: Die Zeit, Nr. 37, 6. 9. 1974, S. 18

A. A. Zvorykine unter Mitarbeit von N. J. Goloubtsova u. E. J. Rabinovitch, La politique culturelle en Union des républiques socialistes soviétiques, Paris, Unesco, 1970

A. Zweig, Juden auf der deutschen Bühne, Berlin 1928

Presserezensionen zu F. Hebbels "Die Nibelungen", inszeniert von H. Heyme, in: Die Deutsche Bühne, 44. Jg., Nr. 11, 1973, S. 6 f.

Presserezensionen zu W. Shakespeares "Kaufmann von Venedig", inszeniert von P. Zadek, in: Die Deutsche Bühne, 44. Jg., Nr. 2, 1973, S. 4 f.

O. V., Die Zukunft der Stückeschreiber, in: Theater 1969, Velber bei Hannover 1969, S. 6 ff.

O. V., So-Called "Popular" Theatre, in: International Theatre Informations, a) Winter 1971, S. 27 ff.; b) Frühjahr 1971, S. 14 ff.

O. V., Brauchen wir das Theater, in: Dokumente, 29. Jg., Nr. 3, 1973, S. 187 ff.

O. V., Immer mehr Schauspieler arbeitslos, in: Theater Rundschau, 19. Jg., Nr. 11, 1973, S. 3

O. V., Lieber flirten als heiraten, Fusionspläne Köln - Bonn, in: Oper und Tanz, Nr. 74, 1973, S. 2 f.

O. V., Eine Theaterakademie tut not!, in: Die Deutsche Bühne, 45. Jg., Nr. 7, 1974, S. 6 f.